# 王 莽 传

孟祥才 著

人民出版社

# 目　　录

# 引　言

　　始建国元年正月初一,公元 8 年 12 月 1 日,当群鸡报晓的啼鸣迎来漫天朝霞的时候,凛冽寒风中的巍峨的未央宫中,开始举行新朝皇帝登基的大典。黄色的龙旗在朔风吹拂下如浪翻飞,夹陛而立的卫士手持刀矛默默对视。殿内文武臣僚各依秩级排列整齐地垂手站立。随着司礼的太常一声呼叫,震天的鼓乐立刻响彻云霄。此时,一个头戴纯金冠冕、身着黄色龙袍、体高 7 尺 5 寸的汉子,在一群宦官宫女的导引簇拥下,穿过肃立的卫士和官员组成的夹道,高视阔步地迈向金碧辉煌的龙座。当他转过身来,安坐御案的时候,文武臣僚一齐匍匐在地,北面行三跪九叩之礼,"吾皇万岁,万岁,万万岁"的欢呼声如海啸般声震屋瓦。在宦官以抑扬顿挫的声音宣读即位诏书之时,文武百官才敢稍稍抬起头,把自己的目光投向这位新朝皇帝。只见他年过 50,宽方脸上一张大嘴巴,泛红的眼珠突现在鹰鼻之上,滴溜溜直视殿下诚惶诚恐的臣子。这位新朝皇帝就是王莽。在他用篡政的方式取代刘汉皇朝建立以国号为"新"的新皇朝的时候,已是 54 岁之年。

　　由于王莽是中国封建社会历史上第一个用篡弒的办法窃取皇位的封建帝王,亵渎了"忠君"这一最神圣的封建道德信条,所以,从东汉至晚清,他就几乎被众口一词地骂为"乱臣贼子"了。写《汉书》的班固斥责他是"行骄夏癸,虐烈商辛。伪稽黄虞,谬称典文"①，"滔天虐民，穷凶极恶，毒流诸夏，乱延蛮貉"②的无道之尤。唐朝诗人白居易在他那脍炙人口的《放言》诗中写道："周公恐惧流言日，王莽谦恭未篡时，向使当初身便死，一生真伪复谁知！"③白居易慨叹知人论事之难，因为不少人戴着假面具。王莽的奸佞真面目是到他登上龙座才彻底暴露的。班固、白居易与一般封建的政治家、思想家和史学家一样，他们对王莽的评价共同倾向是集中谴责他篡汉立新，更易皇统，自己做了皇帝。在他们眼里，王莽的滔天大罪不在于给数以千万计的百姓带来了灾难，而在于他背叛了臣子必须忠于一家一姓的封建道德信条，在于他开创了一个恶劣的先例，在历史上树起了一面篡弑的硕大黑旗。

马克思主义的历史研究，是以唯物史观作为评价历史人物的根本观点。因而，坚决摒弃以封建道德作为标准去评价历史人物的是非功过。对于历史上层出不穷的"弑君""篡位"事件，只能从分析这些事件的阶级内容和历史作用中去作出恰当的评价。因为弑者和被弑者，篡者和被篡者，都是特定历史条件下，一定阶级、阶层或社会集团的代表。被奴役的奴隶和农民，忍无可忍，奋起反抗，杀掉那些为非作歹、恶贯满盈的奴隶主、封建主以及他们的代表帝王将相，无疑是推动历史前进的英雄壮举，应该热情讴歌和颂扬。对于纯属统治阶级内部争权夺利的弑和篡，也只有从弑、篡者双方所代表的阶层和集团的地位，从其活动对历史的作用上进行具体分析，才能作出科学的评价。比如，三国时代的曹操，尽管本人生前没有"篡汉"，仅仅是"挟天子以令诸侯"，然而，由于他本人的活动确实为儿子曹丕的"篡汉"创造了条件，因而也就受到《三

① 《汉书》卷100《叙传》。
② 《汉书》卷99下《王莽传》。
③ 《全唐诗》卷7《放言五首》。

国演义》之类小说、戏剧的唾骂,操、莽并称,作为封建时代"奸雄"的代名词几乎达到妇孺皆知的程度。平心而论,如果把曹操视为"黄巾起义军的遗嘱继承人",从而刻意讴歌赞颂,显然是不妥当的。但是,与那些同曹操势不两立并且千方百计要搞掉他的东汉皇朝的那些"忠臣义士"相比,我们应该肯定的恰恰就是千百年来被詈骂的曹操。因为正是在东汉末年天下大乱,分裂割据之势如水之趋下的条件下,曹操崛起于政坛,利用汉献帝象征性的"天下共主"的地位,东征西讨,扫荡封建割据势力,搏击为虐乡里的恶霸豪强,完成了北中国的统一。继而北征乌桓,挥鞭碣石,巩固了边防。同时,不拘一格,选取人才,澄清吏治,大兴屯田,兴办文教,促进了北中国经济文化的发展和社会秩序的稳定。这一切,都具有推动历史发展的进步意义。所以,以历史唯物论的观点看,恰恰是曹操的活动体现着历史的统一和进步的因素,他是那个时代的了不起的英雄人物。评价王莽,我们的着眼点不在于他的代汉立新。作为当时社会的一员,他完全有权力成为争夺皇冠的胜利者,因为,既然改朝换代被认为天经地义,皇帝的位子就不能由一家一姓垄断。我们着力注意的是王莽的那些关键性的历史活动,对社会发展究竟起了什么作用,给广大的劳动人民带来了什么后果?当然,这里也必须涉及对王莽的个人品质的评价。但是,这种评价也只有与其代表的阶级或社会集团联系起来,与其活动的历史作用联系起来考察才有意义。

面对两汉之际那光怪陆离、云谲波诡的历史场景,面对王莽在政治舞台上迅速地飞升和急剧地沉落,千百年来,许多历史学家都在认真地思考:王莽作为一个虚伪奸诈的历史丑角,为什么能够顺利地代汉立新?又为什么在攫取皇位后命运多舛,事事梗阻,最后被戮于渐台,尸骨也荡然无存,落下千年骂名?

刘邦的"斩蛇起义"是一个流传很广的故事。此事最早见于《史记·高祖本纪》。由于受当时传说的影响,特别经过"三统三正""五德终始"观念的改铸,《史记》的记载已经蒙上了神怪迷信的色彩。后来,到了写《西汉演义》之类的小说家手里,"斩蛇起义"就进一步套上了宿命论的锁链:黑夜沉沉的丰西泽中,一条硕大的白蛇挡住刘邦的去路,并告诉刘邦说他当贵为天子,奄有四海,但蛇决心同他捣乱。刘邦要杀它,蛇说你斩头我闹你头,斩尾我闹你尾。刘邦于是毅然将蛇拦腰斩断。据说,后来的王莽就是这条蛇的转生,莽就是蟒。因为它被腰斩,所以就闹了中间,故而在两汉之间便横插进一个为时15年的新朝。这种神道主义的宿命论,是一种最省事、最偷懒的因果论,也是中国历史上有着广泛影响的封建迷信的糟粕。

迷信不能诠释历史,恰恰相反,只有历史才能诠释迷信。在这一方面,中国古代的历史学家就曾进行过认真的探索。他们力图撇开迷信,从时势事实出发对历史的前因后果进行追踪。新朝末年,班彪对陇西割据者隗嚣的一段谈话中,就试图探求王莽代汉成功的原因和失败的根源。他说:"汉家承秦之制,并立郡县,主有专己之威,臣无百年之柄。至于成帝,假借外家,哀、平短祚,国嗣三绝,危自上起,伤不及下。故王氏之贵,倾擅朝廷,能窃号位,而不根于民。是以即真之后,天下莫不引颈而叹。十余年间,内外骚扰,远近俱发,假号云合,咸称刘氏,不谋而同辞。"[①]班固不愧为良史之才,他接续自己的父亲,对此问题进行了更加深入的探索。在《汉书·王莽传》中,他写下了如下一段总结式的话:

---

① 《汉书》卷100《叙传》。

王莽始起外戚，折节力行，以要名誉，宗族称孝，师友归仁。及其居位辅政，成、哀之际，勤劳国家，直道而行，动见称述。岂所谓"在家必闻，在国必闻"，"色取仁而行违"者邪？莽既不仁而有佞邪之材，又乘四父历世之权，遭汉中微，国统三绝，而太后寿考为之宗主，故得肆其奸慝，以成篡盗之祸。推是言之，亦天时，非人力之致矣。及其窃位南面，处非所据，颠覆之势险于桀纣，而莽晏然自以黄、虞复出也。乃始恣睢，奋其威诈，滔天虐民，穷凶极恶，毒流诸夏，乱延蛮貉，犹未足呈其欲焉。是以四海之内，嚣然丧其乐生之心，中外愤怨，远近俱发，城池不守，支体分裂，遂令天下城邑为墟，丘垄发掘，害遍生民，辜及朽骨，自书传所载乱臣贼子无道之人，考其祸败，未有如莽之甚者也。

这里，班氏父子对于王莽所以顺利地代汉立新和迅速灭亡的解释，基本上舍弃了斩蛇之类的神道迷信，力图寻找人事方面的社会原因。其中，"不根于民"和"四海之内，嚣然丧其乐生之心"，不能不说是一种相当有识见的看法。不过，此后一些封建史家的解释，并未显著超过班氏父子。而近代以来一些资产阶级学者如胡适之类的解释，虽然也不乏一些新的见解，但仍有许多偏见和歪曲。

呈献给读者的这本王莽的传记，希望在吸取前贤优秀成果的基础上，通过对王莽代汉和败亡历史的研究，着力阐明如下几个问题：武帝以后西汉历史的发展，特别是阶级矛盾和社会矛盾的纠结，给王莽的代汉造就了怎样的客观条件；王莽新朝的社会基础和阶级关系；新政的内容与归宿；新朝迅速覆亡的原因与反莽力量的不同倾向；王莽的才干与品质，作为其代表的阶级本性在王莽身上的个性化的体现,在王莽的全部政治活动中起了什么作用。因为王莽代汉的条件是在武帝以后逐渐积累的,所以,我们的叙述就从武帝以后的"昭宣中兴"开始。

# 第一章　愁日夕阳中的西汉皇朝

## 1. 儿子做皇帝，母亲被处死，接踵而至的却是西汉皇朝的一次"中兴"

西汉皇朝(公元前 205 年—公元 8 年)，历时 213 年，有高帝、惠帝、文帝、景帝、武帝、昭帝、宣帝、成帝、哀帝、平帝、孺子婴等 12 个皇帝相继登基。武帝以前，由于推行"黄老政治"，社会安定，经济发展，因而出现了中国封建社会前期的第一个盛世"文景之治"，为武帝时期达到西汉历史的顶峰准备了充分的条件。汉武帝是继秦始皇之后出现的又一位雄才大略的英主。他于建元元年(公元前 140 年)登上皇位以后，遂即抛掉了黄老思想，而把经过董仲舒改造过的儒家学说奉为统治思想，全面推行新政策。他抑三公，任尚书，以中朝掌中枢，大大加强了皇帝专制；他推行"左官律""附益法""推恩令"，解决了一度困扰汉中央的诸侯王割据称雄问题；他设十三部刺史监察郡县，任用酷吏搏击豪强，进一步加强了中央集权；他厉行盐铁官营，酒专卖，统一货币，平准均输，算缗告缗等一系列政策，强化了经济上的集中统制；他一反"和亲"政策，北伐匈奴，解除了来自北方的武力威胁；又大力经营西南夷，在今日之川、滇、黔等边远地区设立郡县，以促进其封建化进程与经济文化的发展；他派张骞凿通西域，开辟丝绸之路，促进了中西经济文化的交流与发展。所有这一切，提高了中华民族的声威，使古老的中国文明远播海外。但是,这些足以使炎黄子孙自豪的辉煌成就,却是以"海内虚耗,户口减半"为代价的。显然,汉武帝一方面建立了永垂青史的不朽业绩,另一方面也导致了西汉皇朝由盛及衰的历史转折。由于他对外连年大规模用兵,在内大兴功作,再加上豪华奢侈的享受,国家各项开支越来越大。虽然主持财政的桑弘羊使出浑身解数增加财政收入,但几十年间,还是将文景时期的大量积蓄挥霍殆尽。由于不断加强剥削的力度,人民,尤其是农民的苦难显著加深了。"田鱼重税,关市急征,泽梁毕禁,网罟无所布,耒耜无所设,民力竭于徭役,财用殚于会赋,居者无食,行者无粮,老者不养,死者不葬,赘妻鬻子,以给上求,犹不能澹其欲"①。为了维护汉皇朝的专制统治,保证越来越繁重的赋税的收取和徭役、兵役的征发,汉武帝进一步强化了刑罚:

> 及至孝武即位,外事四夷之功,内盛耳目之好,征发烦数,百姓贫耗,穷民犯法,酷吏击断,奸轨不胜。于是招进张汤、赵禹之属,条定法令,作见知故纵、监临部主之法,缓深故之罪,急纵出之诛。其后奸猾巧法,转相比况,禁网寖密。律令凡三百五十九章,大辟四百九条,千八百八十二事,死罪决事比万三千四百七十二事。……文书盈于几阁,典者不能遍睹。是以郡国承用者驳,或罪同而论异。奸吏因缘为市,所欲活则傅生议,所欲陷则予死比,议者咸冤伤之。②

除此而外,贵族、官僚、地主和商人也竞相对人民肆意盘剥与掠夺。在这种情况下,阶级矛盾和社会矛盾必然越来越尖锐。到

---

① 《淮南子》卷8《本经训》。
② 《汉书》卷23《刑法志》。

汉武帝晚年,数以十计的农民和铁官徒的起义接二连三地爆发,波及了关东的大部分郡国,持续了五六年之久。人民的反抗斗争虽然最后被汉武帝以极其残酷的手段镇压下去,但也使他从昏昏然中清醒了。他一面向全国下"罪己诏"(即《轮台诏》),反省自己的过错,明确宣布恢复文景时期与民休息的政策。接着封田千秋为"富民侯",以赵过为搜粟都尉,推广"代田法",发展生产,减轻剥削,使阶级矛盾与社会矛盾逐渐缓和下来。同时,又宣布幼子刘弗陵为太子,处死其母钩弋夫人,命霍光、上官桀和金日磾为太子的辅政大臣。所有这一切,都为"昭宣中兴"打下了基础。后元元年(公元前88年),汉武帝寿终正寝的时候,西汉皇朝又进入一个较为稳定发展的时期。

始元元年(公元前86年),年仅8岁的武帝太子刘弗陵即帝位,他就是汉昭帝。霍光、上官桀辅政。霍光是名将霍去病的弟弟,一个眼光明敏、老谋深算的政治家。他任大司马大将军录尚书事,成为大汉帝国的实际掌舵人。为了进一步调整汉武帝时期实行的政策,他以昭帝的名义于始元四年(公元前83年)二月,召开了"盐铁会议",让从民间请来的贤良文学作为自己的代言人,同坚持汉武帝政策的御史大夫桑弘羊就国家的大政方针进行了一场十分激烈的辩论,以此为契机,对武帝时期的政策进行了较大幅度的调整,在部分地区停止了盐铁专卖,同时,罢免了专卖的酒官,放松了由国家对工商业的统制。特别是在武帝"轮台诏"的基础上,增强恢复清静无为的黄老政治指导下的政策力度,轻徭、薄赋、节俭、省刑,为农业生产的恢复和发展创造了一个较好的环境。如,昭帝根据霍光的提议,多次下诏减免赋税、田租,把国家苑囿的土地租给无地、少地的农民耕种,并宣布削减运往京师的粮食数量,禁止严刑暴政。始元二年(公元前85年)三月,"遣使者振贷贫民毋种食者"。八月，又下诏："往年灾害多，今年蚕麦伤，所振贷种，食勿收责，毋令民出今年田租。"①始元四年（公元前83年）七月，再次下诏："比岁不登，民匮于食，流庸未尽还，往时令民共出马，其止勿出。诸给中都官者，且减之。"②元凤二年（公元前79年）正月，宣布将中牟苑交给贫民耕种，又下诏说："乃者民被水灾，颇匮于食，朕虚仓廪，使者振困乏。其止四年毋漕。三年以前所振贷，非丞相御史所请，边郡受牛者勿收责。"③元平元年（公元前74年），又下令减口赋："天下以农桑为本。日者省用，罢不急官，减外徭，耕桑者益众，而百姓未能家给，朕甚愍焉。其减口赋钱。"④由此，减少了十分之三的人头税。昭帝当政时期，还粉碎了燕王旦、盖长公主与上官桀、上官安、桑弘羊等互相勾结窃夺帝位的阴谋，维持了汉皇朝内部的稳定。同时与匈奴恢复和平交往关系。消弭了边境的烽烟。所以，昭帝当国的时间尽管只有13年，但在霍光等的辅佐下，由于政策对头，措施有力，汉皇朝终于摆脱了汉武帝后期的震荡，又走上了发展的坦途。

元平元年（公元前74年），年仅21岁的汉昭帝死去，因其无子，霍光先立汉武帝之孙昌邑王刘贺为皇帝。怎奈这个皇帝淫乱成性，因而即位27天即被霍光废黜。之后，霍光又立汉武帝的曾孙，即戾太子的孙子刘病已（后改名刘询）为皇帝。他自幼养在民间，对百姓的疾苦耳闻目睹，对官吏政风好坏与百姓忧乐的关系体会更深。即位之后，他继续推行汉昭帝与民休息，发展生产，轻徭薄赋等一系列政策。如，本始四年（公元前70年）正月，下诏说：

---

① 《汉书》卷7《昭帝纪》。
② 《汉书》卷7《昭帝纪》。
③ 《汉书》卷7《昭帝纪》。
④ 《汉书》卷7《昭帝纪》。

"盖闻农者兴德之本也,今岁不登,已遣使者振贷困乏。其令太官损膳省宰,乐府减乐人,使归就农业。丞相以下至都官令丞上书入谷,输长安仓,助贷贫民。"①地节三年(公元前67年)十月,又下诏说:"池籞未御幸者,假与贫民。郡国宫馆,勿复修治。流民还归者,假公田,贷种、食,且勿算事。"②他还注意减轻刑罚,禁止官吏苛暴害民。如,元康二年(公元前64年)五月,他下诏说:"狱者万民之命,所以禁暴止邪,养育群生也。能使生者不怨,死者不恨,则可谓文吏矣。今则不然,用法或持巧心,析律贰端,深浅不平,增辞饰非,以成其罪。奏不如实,上亦亡繇知。此朕之不明,吏之不称,四方黎民将何仰哉!二千石各察官属,勿用此人。吏务平法。或擅兴徭役,饰厨传,称过使客,越职逾法,以取名誉,譬犹践薄冰以待白日,岂不殆哉!"③他又注意广开言路,鼓励吏民上书。为了避免吏民因上书独犯忌讳,他特别将自己的名字改为不常用的"询"字。宣帝尤其注意澄清吏治。霍光死后,他躬亲万机,励精图治。每五日一次召见群臣议事,自丞相以下所有京师官员都前去汇报工作,聆听训示。对于新任命的刺史、郡守、诸侯王国相等重要的地方官员,他总是亲自一一接见,听取他们对自己工作的设想和自律的保证,然后,随时考察他们在任上的实际行动。遇有名实不符、言行不一者,一定仔细调查了解,找出原因,并作出适当的处置。他常说:"庶民所以安其田里而亡叹息愁恨之心者,政平讼理也。与我共此者,其唯良二千石乎!"④他认为,郡国守相是最重要的理民官,频繁调动,官民互不熟悉,百姓也难服教化。因此,必须

---

① 《汉书》卷8《宣帝纪》。

② 《汉书》卷8《宣帝纪》。

③ 《汉书》卷8《宣帝纪》。

④ 《汉书》卷89《循吏传》。

使他们在一个地方长期任职，使百姓熟悉他们，不敢欺罔，老老实实地服从教化，就会取得地方安定的效果。所以，对于政绩卓异的郡国守相，宣帝一般不是晋升他们到皇朝中央做官，而是以"玺书勉厉"，增加俸禄，赏赐金钱，或赐爵至关内侯，使他们有一种责任感、荣誉感，更好地做好本职工作。正因为宣帝重视地方官的选拔和使用，所以，取得了"汉世良吏，于是为盛"的效果。一批著名的循吏，如王成、黄霸、朱邑、龚遂、郑弘、召信臣等，都是"所居民富，所去见思，生有荣号，死见奉祀"①的好官。其中，如庐江（今属安徽）人朱邑，少时任舒桐乡啬夫，清正廉平，爱护百姓，尤其关心孤寡老人，得到当地人民的爱戴。后升任北海太守，因治行第一，被任为大司农。死时遗嘱葬桐乡，百姓果然为之立祠祭祀。龚遂曾任昌邑王的郎中令，因为昌邑王被立为皇帝时淫乱不道，龚遂被连累免为庶人。宣帝即位不久，渤海地区遭遇灾荒，爆发农民起义。郡守尉不能对付。丞相御史推荐龚遂，宣帝任命他做了渤海太守。此时，他已年过70，从宣帝那里讨得一切便宜行事的权力后，单车至郡，下令罢免各县镇压起义的官吏，然后发布文告：凡持田器从事生产者皆为良民，官吏不得拿问；持刀兵者为盗贼，严加剿灭。起义百姓皆弃刀兵而持田器，兵不血刃而使起义军消弭。他又开仓济贫，选用良吏，使渤海恢复了安定。接着，他又针对"齐俗奢侈，好末技，不田作"的陋习，"乃躬率以俭约，劝民务农桑"②，要求每口人种1棵榆树，百本薤，50本葱，1畦韭，每家养2头母猪，5只鸡。劝持刀剑者卖剑买牛，春、秋、夏三季都要全力务农。由于他治理有方，4年之后，渤海郡"皆有畜积，吏民皆富贵。狱讼止息"③。

---

① 《汉书》卷89《循吏传》。
② 《汉书》卷89《循吏传》。
③ 《汉书》卷89《循吏传》。

出现了一片安定繁荣的景象。由于宣帝实行了以上一系列行之有效的政策措施,使汉皇朝沿着昭帝时期的政况、国势向前发展,从而创造了汉武帝时期之后又一个与"文景之治"相辉映的时代,史称"昭宣中兴"。班固对宣帝在位 25 年的成就十分赞赏,给予了很高的评价:

> 孝宣之世,信赏必罚,综核名实,政事文学法理之士咸精其能,至于技巧工匠器械,自元、成间鲜能及之,亦足以知吏称其职,民安其业也。遭值匈奴乖乱,推亡固存,信威北夷,单于慕义,稽首称藩。功光祖宗,业垂后嗣,可谓中兴,侔德殷宗、周宣矣。①

此一评价,不能说无溢美之处,但基本上还是接近历史事实的。

然而,"昭宣中兴"与"文景之治"却不可同日而语。这是因为,文景时期是迈向西汉历史极峰的前奏和铺垫,其总的方向呈现向上的势头,各种符合时代要求的政策措施的优越性与生命力得到了最大限度的发挥。各种社会矛盾虽然在不断积累中,但除了汉中央与诸侯王的矛盾外,其他皆远未达到激化的程度。整个社会处在充满信心,昂扬向上的状态。与之相反,"昭宣中兴"是在西汉历史经历了极峰的辉煌而走向下坡路的时期,在"海内虚耗、户口减半",各种社会矛盾激化到诉诸武力的条件下出现的。它根本不可能遏制西汉帝国下滑的趋势,而只能延缓它的步伐;它也根本无法消解已经积累起来的社会与阶级矛盾,而只能稍稍缓和它激化的程度。如此一来,"昭宣中兴"就不会导致另一个发展的

---

① 《汉书》卷 8《宣帝纪》。

高峰,而只能留住一抹前一个高峰辉煌的余光。所以,它也只能如一现的昙花,在历史上留下更多的咨嗟与叹息。事实上,在宣帝当国表面的繁荣下,黑暗与污秽在不断潜滋暗长。外戚霍氏的专权自吕氏集团覆灭后,第二次对刘氏皇朝造成威胁。使宣帝最后不得不以诛杀数十家皇亲国戚来清除这一毒瘤。宣帝虽然不失为一个明察的皇帝,但在奸佞之辈的包围下,他也无法避免一般封建皇帝听信谗言,误杀忠良的失误。如,司隶校尉盖宽饶清正廉明,刚直不阿,"刺举无所回避","公卿贵戚……皆恐惧莫敢犯禁,京师为清"①。他虽月俸数千,但自奉简约,半数以上送给了给予他帮助的吏民,儿子也"常步行自戍北边"。但正由于他疾恶如仇,得罪了不少皇亲贵戚,因为他直言敢谏,惹得龙颜不颐,也酿成了自身的悲剧。宣帝当时特别重视刑法的作用,对中朝尚书宦官也十分信任。盖宽饶对此很不满意,就直言不讳地上书皇帝说:"当今是圣王之道逐渐废弃,儒家学说不得实行,以宦官为周公、召公,把法律当成诗书。"又引用"韩氏易传"发挥说:"五帝官天下,三王家天下,家以传子,官以传贤,若四时之运,功者去,不得其人则不居其位。"②尽管宣帝比较能够容纳不同意见,但面对如此尖锐的言辞,他还是被深深地激怒了。一些平时对盖不满的人也借机排陷他,更是落井下石,力主严惩。只有谏大夫郑昌挺身而出,上书为盖辩诬说情。他说:

> 臣闻山有猛虎,藜藿为之不采;国有忠臣,奸邪为之不起。司隶校尉宽饶居不求安,食不求饱,进有忧国之心,退有死节之义,上无许、史(外戚)之属,下无金、张(近臣)之讬,职在司

---

① 《汉书》卷 77《盖宽饶传》。
② 《汉书》卷 77《盖宽饶传》。

察,直道而行,多仇少与,上书陈国事,有司劾以大辟,臣幸得从大夫之后,官以谏为名,不敢不言。①

这番出自肺腑的直谏之言没有打动汉宣帝,他大概认为盖宽饶的上书属于"恶毒攻击"之类,不予宽贷。结果逼使盖"引佩刀自刭北阙下",为自己的耿耿忠心献出了生命。再如,御史大夫韩延寿也是一个才能卓异的好官,曾任颍川和东海太守多年。在其治理下,这两个地方社会安定,令行禁止,秩序井然,吏无追捕之苦,民无棰楚之忧,郡中打官司和坐牢的人也很少。因政绩显著,调任左冯翊,很快也使该地出现安宁和平发展繁荣的景象。不料他的政绩引起御史大夫萧望之的嫉妒。萧诬告韩延寿贪污公款,宣帝下令严查,办案人员望风承旨,韩便被定成了死罪。临刑前,他告诫自己的三个儿子接受自己的教训,千万不要做官了。与韩延寿同时的几个好官,如赵广汉、尹翁归、严延年、张敞等都颇有政声,但也都遭受诬陷死于非命。这些屈死的冤魂,显然给"昭宣中兴"的明丽天空布上了几朵乌云,似乎预示着宣帝的子孙再也不会有一个"盛世"与之相伴,"中兴"的历史很快就要画上句号了。

## 2. "自乱汉家制度",汉元帝使 西汉皇朝急剧滑坡

马克思在《致路·库格曼》的信中说:

如果"偶然性"不起任何作用的话,那末世界历史就会带有非常神秘的性质。这些偶然性本身自然纳入总的发展过程

---

① 《汉书》卷77《盖宽饶传》。

中，并且为其他偶然性所补偿。但是，发展的加速和延缓在很大程度上是取决于这些"偶然性"的，其中也包括一开始就站在运动最前面的那些人物的性格这样一种"偶然情况"。①

宣帝之后，恰恰是汉元帝这样一位有点糊涂的皇帝登基这一偶然因素，又恰恰是他选娶王政君做皇后这一偶然因素，再加上其他众多偶然因素的组合，造成王氏外戚集团的坐大，从而使王莽这个王氏外戚集团的佼佼者因利乘便地实现篡汉立新。

黄龙元年（公元前49年），汉宣帝以42岁之年病逝，他的儿子刘奭即皇帝位，第二年改元初元，他就是汉元帝，其时已经27岁了。元帝是宣帝在民间时与许后生的儿子，8岁时被立为太子。在儒学被定为一尊的文化气氛熏陶下，他"柔仁好儒"，与一批儒家名士和官僚建立了良好关系。而他的父亲宣帝，却与昭帝、武帝一样，虽然表面上对儒学、儒生相当尊重，但骨子里却是更倾向于刑名霸道。"所用多文法吏，以刑名绳下"。如此一来，父子间在政治上的冲突就不可避免了，刘奭见父亲用法深刻，一些儒生如盖宽饶、杨恽等皆因直言敢谏被处以极刑，内心不忍，就从容规劝宣帝说："陛下持刑太深，宜用儒生。"②不料宣帝愤然作色，大声斥责儿子说："汉家自有制度，本以霸王道杂之，奈何纯任德教，用周政乎！且俗儒不达时宜，好是古非今，使人眩于名实，不知所守，何足委任！"又叹息说："乱我家者，太子也！"宣帝不幸而言中。他的这个儿子即位后，就改变了乃祖乃父的统治方略，更多地向儒生倾斜，就使"昭宣中兴"的发达景象很快地如夕阳西下，大汉帝国从此滑入了衰败的快车道。

---

① 《马克思恩格斯选集》第4卷，人民出版社1995年版，第343页。
② 《汉书》卷9《元帝纪》。

老天爷仿佛专门同元帝作对。他登基的鼓乐之声还未散尽，自然灾难便接踵而至。初元元年（公元前48年）九月，"关东郡国十一大水，饥，或人相食"①。初元二年（公元前47年）二月，陇西郡（今甘肃临洮、渭源、礼县一带）发生强烈地震，山崩地裂，水泉涌出。狄道（今甘肃陇西、武山间）为震中，房屋倒塌，"压杀人众"。连远在800里之外的长安也有强烈震感，太上皇庙壁上的木饰亦被震落。同年六月，"关东饥，齐地人相食"，"北海水溢，流杀人民"②。以后，终元帝之世，16年间，自然灾害不断，百姓的日子每况愈下。尽管元帝也不断采取诸如"以分田振业贫民""贷种，食""减租赋"、罢角抵、废齐三服官、北假田官、盐铁官、常平仓，以及赐民爵，奖孝悌力田等措施，希图减轻灾害带来的损失，但却不能从根本上改变经济衰颓的趋势。这是因为，元帝时政治的腐败趋势，正以不可遏止之势迅速发展。

宣帝病逝前，为元帝安排了三位辅政大臣，他们是大司马史高、太傅萧望之和少傅周堪。史高家是宣帝父亲的外祖父家，对宣帝有养育之恩。宣帝登基后，史高贵幸，因举发大司马霍禹反叛之事封乐陵侯。元帝即位后，他任大司马、车骑将军、领尚书事，成为三个辅政大臣之首。但是，史高的贵幸并不是因为他有什么本事，而是凭的宣帝对他们家的那份感恩之情。元帝登基后，信任的是萧望之和周堪，因为这两人不仅是当时的名儒硕彦，而且都做过他的老师，在感情上有着较深的联系。史高为了加强自己的势力，就勾结宦官弘恭和石显，用他们对付萧望之与周堪。石显与弘恭都是胁肩谄笑的奸佞之辈。他们因"少坐法腐刑"，成为宦官。宣帝

---

① 《汉书》卷9《元帝纪》。
② 《汉书》卷9《元帝纪》。

时,弘恭任中书令,石显为尚书仆射,大见信用。元年即位数年,弘恭死去,石显成为中书令。这时候,元帝身体不太好,加上又喜好音乐,不愿亲理政事。他见石显明习法令,办事快捷,在中书令任上干得十分出色。同时又感到他身为宦官,少骨肉之亲,婚姻之家,所以,"精专可信任",因而就放心地把政事交给他处理。结果是"事无大小,因显白决,贵幸倾朝,百僚皆敬事显"①。石显这个人聪明狡猾,他善于不动声色地察知皇帝的意旨,讨得皇帝的欢心,对于他不喜欢的人,则千方百计设计陷害,"忤恨睚眦,辄被以危法"。他自知大权在握,专擅由己,害怕皇帝用自己周围的人为耳目,侦知自己的活动,于是,故意制造一个自己违法的事故,以巩固皇帝对自己的信任。他先向皇帝请求,在他有急事须向皇帝报告时,允许宫吏在深夜漏尽后也破例开门,得到元帝的许可。不久,石显故意夜深回宫,宣称诏书允准,让宫门吏开门入宫。不久,果然有人上书元帝,告发石显"颛命矫诏开宫门"。石显朝见元帝时,元帝笑着将告发的上书给他看。石显流着泪对元帝说:

> 陛下您过于信任小臣,委任我处理国家大事,群臣无不嫉妒,人人都想陷害我。这样的事情并非一桩,唯独陛下能够明察。小臣卑微下贱,实在不能使自己的所作所为让万众满意,以一身当天下之怨。我愿意交出陛下赐予的权柄,到后宫任洒扫庭除之事,死无所恨。唯请陛下哀怜小臣的一片忠心,全活小臣的一条小命吧。②

元帝被石显的眼泪和一席忠心的话语所感动,不仅未能识破

---

① 《汉书》卷93《石显传》。
② 《汉书》卷93《石显传》。

他的奸佞之心，反而认为他忠贞可信，对其更加重用，"加厚赏赐"。大多数朝臣也对他更加奉迎阿谀，赏赐和贿赂多达一万万。巩固了元帝对自己的信任后，石显更加有恃无恐，为所欲为。他与史高相勾结，把萧望之、周堪置于死地。

萧望之是东海兰陵（今属山东）人，因治《齐诗》《论语》等享誉京师。昭、宣时期，历任郎官、大行治礼丞、谏大夫、丞相司直、平原太守、少府、左冯翊、大鸿胪、御史大夫、太傅，以《论语》《礼服》教授太子刘奭。宣帝逝世前，拜为前将军、光禄勋、领尚书事，与史高和拜为光禄大夫的周堪共同辅佐元帝。萧望之在宣帝时尽管也陷害过韩延寿，显示了他作为官僚集团中人嫉贤妒能的通病，不过，从总体上看，他与石显之类的奸邪之辈还不是一路人。他眼见石显等宦官占据中书令这样重要的位子，深感不安，于是上书元帝，建议中书令及其机构的官员由士人担任。他说："尚书是百官之本，掌握国家枢机，应该用通明公正的士人担任。武帝游宴后庭，需用宦官侍候，故而改用宦官任此职，实在不合古制。应该罢中书宦官，以符合古礼'刑人不在君侧'的规定。"①元帝一心只想着声色犬马，认为多一事不如少一事，未接受萧的建议。石显从旁看得清楚，深恨萧企图剥夺自己的权力，于是挖空心思寻机报复。恰在此时，两个行为污秽的儒生郑朋和华龙因投靠萧望之、周堪不得信用，转而投靠石显和弘恭。石显、弘恭立即挟郑朋、华龙，诬告萧望之、周堪以及宗正刘更生三人"朋党相称举，数谮诉大臣，毁离亲戚，欲以专擅权势，为臣不忠，诬上不道"②，要求元帝下令谒者"召致廷尉"即下狱治罪。元帝即位不久，不知"召致廷尉"的意

① 《汉书》卷93《石显传》。
② 《汉书》卷78《萧望之传》。

19

思是下狱治罪,还认为是与廷尉等官员辩诘,就糊里糊涂地"可其奏"了。待明白真相后,才知上了石显等人的当。虽然没有对萧等人治罪,但还是听信史高、石显等人的谗言,免除了三人的职务。后数月,元帝有点醒悟,觉得在查无实据的情况下罢师傅的官实在不妥,于是又下诏赐萧望之关内侯,食邑 600 户,并打算相机任其为丞相。萧望之看到元帝恢复了对自己的信任,就想借机洗刷石显一伙对自己的诬陷。于是让时任散骑中郎的儿子萧级上书为自己讼冤。石显等人正愁找不到机会置萧望之于死命,立即上书元帝,攻击萧望之"不悔过服罪,深怀怨望,教子上书,归非于上",建议"讼望之于牢狱,塞其快快心"①。元帝又一次糊里糊涂地"可其奏",于是这位年逾 60 的老翁只得仰药自杀了。

石显害死萧望之以后,进而把迫害的触须伸向其他与之不合的臣子,后太中大夫张猛、魏郡太守京房、待诏贾捐之均死于非命,御史中丞陈咸髡为城旦。京房是以治《易》出名的儒生,他充分利用论说灾异的长处,接近元帝,同石显及其依附者五鹿充宗斗争。一次,他乘与元帝讲论治乱问题的机会,指出元帝即位以来灾害连年的情况是"日月失明,星辰逆行,山崩泉涌,地震石陨,夏霜冬雷,春凋秋荣,陨霜不杀,水旱螟虫,民人饥疫,盗贼不禁,刑人满市"②。而造成此一窘况的根本原因就是石显之类的巧佞之人当道。石显明白京房留在京师对己不利,就将其排挤到魏郡做太守,同时乘机将京房与淮阳王之舅张博密谋,通过淮阳王上书罢免石显等的策划奏知元帝,以"非谤政治,归恶天子。诖误诸侯王"③的罪名将京房和张博下狱治罪,处以死刑。满朝群臣眼见与石显作

---

① 《汉书》卷 78《萧望之传》。
② 《汉书》卷 75《京房传》。
③ 《汉书》卷 75《京房传》。

对的人非死即废,谁也不敢与他争锋,相反,依附逢迎者越来越多,到元帝晚年就形成了石显独自专擅朝政的局面。石显乘此机会,安插走狗,结党营私,贪污受贿,大肆挥霍。据记载,在齐三服官工作的只有4人,一年的花费却上万元。为宫廷生产金银器皿的蜀广汉的作坊,每年花费500多万。蜀地的三宫官,每年花费高达5 000万,而东西织室每年的耗费也不少于此数。诸宫中所蓄养的供宫廷驱使的奴婢达10万之众,每年靡费亦高达五六万。此外,供皇室游猎用的马,用的兽,都要消费大量的粮食和钱财。加上庞大的官僚机构日益增加的费用,昭、宣时期一度得到缓解的国家财政状况又趋紧张。汉元帝平时大部分时间都是在宫中饮酒作乐,鼓琴吹箫,度曲歌舞,在半醉半醒中享受他的糊涂福,可一旦清醒时,他也不寒而栗,无可奈何地承认国家混乱,百姓贫困。为了挽回衰颓之势,他也不时干几件利国利民的好事,如,轻徭薄赋、假田赈灾之类。尤其是在竟宁元年(公元前33年),他接受匈奴呼韩邪单于的要求,毅然恢复"和亲"政策,支持王昭君远嫁塞外,留下了我国民族关系史上的千古佳话,更是值得称道。然而,所有这一切都无法改变西汉皇朝走向没落衰败的趋势。因为,这个皇朝建立近200年来所积累的腐败因素是它本身无力解决的。彻底清除腐败因素,就要使这个皇朝及其整套官僚机构走向灭亡,这是它本身无法做到也绝对不愿做到的。不彻底清除腐败,它也只能同日益积累的腐败一起被外部强力所推翻。元帝死后,他的儿子汉成帝和孙子汉哀帝相继当政,这两个汉朝皇帝中的无赖儿郎加速了将祖宗基业导向毁灭的步伐,当然也为王莽的篡汉立新创造了水到渠成的条件。

## 3. 矛盾，矛盾，不断激化的矛盾，朝廷上下已是焦头烂额

西汉皇朝到成帝(公元前 32 年—公元前 7 年在位)、哀帝(公元前 6 年—公元前 2 年在位)当国的 30 年间,进入历史上的多事之秋。大汉帝国的繁荣局面已成为当权者们神往的回忆,而现实展现给人们的却是江河日下,黄昏届临的一片没落景象。社会矛盾和阶级矛盾在不以人们意志为转移的客观规律支配下日趋激化:土地兼并日益剧烈;奴婢问题日趋严重;赋役剥削日甚一日;刑罚苛暴与日俱增;劳动人民的处境急剧恶化;统治阶级更加没落腐朽。汉皇朝的统治已经走到穷途末路,连地主阶级及其知识分子也把继续维护封建统治的希望寄托于一次改朝换代的"受天明命"。这一独特的时代氛围,为王莽的和平篡政提供了一个千载难逢的良机。

土地是封建社会的主要生产资料,是财富的重要标志。土地占有状况的变化在很大程度上可以看作社会稳定程度的指示器。西汉前期,土地集中的现象相对说来还不十分严重。这是因为,封建土地国有制此时还维持着,人们土地私有的观念还不像后世那么强烈。而秦末农民大起义的烽火造成的人口锐减,又使土地占有的不均衡状态大大缓解,与此同时,汉初实行的"重豪强兼并之法"在一定程度上对贵族地主和富商大贾兼并土地的活动有所抑制。如此一来,耕种国有土地或拥有个人土地的小农阶层,就成为汉初农业人口中稳定的多数。正是他们的辛勤劳动,辅以与民休息的得体政策,创造了文景时期封建经济高度繁荣的局面。但是,封建国有土地的逐步私有化是不可逆转的历史趋势,兼并土地是

地主阶级和富商大贾刻意追求的经济目标,土地不断走向集中是中国封建社会铁的经济规律。除了大规模的农民起义和农民战争可以暂时抑制土地兼并之外,封建统治阶级自身采取的任何灵丹妙药都不能阻止这一倾向的发展。到武帝时期,土地兼并的轮子开始加速。眼光锐敏的著名儒学大师董仲舒就惊呼"富者田连阡陌,贫者无立锥之地"了。汉武帝以后,特别是汉元帝以后,土地兼并日益构成严重的社会问题。此后,尽管汉皇朝也多次重申"抑兼并"的既定国策,但实际情况却是抑者自抑,兼者自兼。除个别兼并者受到惩罚(其中多数是出于政治原因)外,一般兼并者都是安然无恙。这里应着一句老话:法不治众。这是因为,皇帝为首的封建国家就是最大的土地拥有者和兼并者。它掌握着大量的国有土地,史书上屡屡出现的"官田""公田""草田""山泽陂池""苑囿"等都是属于皇帝为代表的封建国家的,也统称之为"公田"。当然,随着"授田"的逐步私有化,真正的国有土地在总数上已不占绝对优势,但是,其他来路进入国有系统的土地仍然使之保持着相当的数量。如,没收六国后裔以及其他强宗大姓、官僚、豪强的土地,在告缗中没收的富商大贾的土地,也是"大县数百顷,小县百余顷"。然而,有些皇帝却不满足于这些国有土地。汉成帝就在"公田"之外饶有兴趣地经营纯属自己的"私田"。所以,谷永在一次上书中就毫不客气地批评他"弃万乘之至贵,乐家人之贱事;厌高美之尊称,好匹夫之卑字","置私田于民间,畜私奴车马于北宫"①。诸侯王、列侯、公主等贵族在其封地和封地以外的地方,也竞相兼并土地,"田宅无限,与民争利"②。汉武帝时期,淮

---

① 《汉书》卷27《五行志》。
② 《汉书》卷11《哀帝纪》。

南王太子刘迁和衡山王等都强夺民田。此外，不少功臣、外戚都或因功，或因裙带关系，或因感情特别投契而被封侯赏爵，从而得到大量土地。如宠臣董贤一次就从哀帝那里得到2 000顷土地的赏赐。王莽一家获得侯爵者不下几十人，自然也得到很多土地作为封赏。例如，元始四年(公元4年)，王莽一次就得到25 600顷土地的赏赐。而就在此前一年，他为了献媚元后，带头献出30顷土地用于所谓"赈济贫民"，可见其土地数量之多。除了从封爵获得土地外，这些贵族、外戚更多地通过强占、贱买等种种手段，肆无忌惮地攫取土地。如，红阳侯王立，依仗汉成帝舅父的身份，让自己的门客通过南郡太守李尚，"占垦草田数百顷"。实际上这些田地原属少府管辖的"陂泽"，已经租给当地百姓开发成良田。王立勾结李尚，指为草田占为己有。继而又表示愿将该田入官。成帝同意接收，指令南郡太守估定价格，结果高出时价一万万以上①。这是贵族勾结地方官通过占田大捞好处的例子之一。

　　除皇室、贵族、外戚占有大量土地外，一般官僚地主也利用权势和财力，以霸占、强夺、贱买等手段大量兼并土地。酷吏宁成犯罪被刑后，设法逃回家，发誓说："仕不至二千石，贾不至千万，安可比人乎？"②于是，"乃贳贷陂田千余顷，假贫民，役使数千家。数年，会赦，致产数千万，为任侠，持吏长短，出从数十骑。其使民，威重于太守"③。张汤的孙子张延寿占有大量土地，"租入岁千余万"。汉成帝时做过六年丞相的张禹，更是一个大量兼并土地，富埒王侯的典型官僚地主，《汉书·张禹传》说他"为人谨厚，内殖货财，家以田为业，及富贵，多买田至四百顷，皆泾、渭溉灌，极膏腴上

　　①　《汉书》卷77《孙宝传》。
　　②　《汉书》卷90《宁成传》。
　　③　《汉书》卷90《宁成传》。

贾。"他对土地的占有欲没有餍足的时候,年老时,因看中了平陵肥牛亭附近的土地,于是上书皇帝请求赐给他。成帝舅父曲阳侯王根认为张禹的要求不妥,他对成帝说:"这个地方是昭帝平陵寝庙衣冠出游所经过的道路,还有亭舍,一旦赐张禹,就要迁徙亭舍,十分不便。"他建议另寻一片土地赐张禹。然而,汉成帝碍于张禹作为他师傅的面子,还是下令迁徙亭舍,将该处土地赐给了张禹。一般地主,也利用他们在地方上的权势,包揽词讼,侵吞小民,兼并土地。还有富商大贾,更利用他们经营工商业所获取的大利,广置田宅,兼并土地。还在汉文帝时期,晁错在其上书中,就曾以极其生动的笔触,描绘了这些人交通王侯,趾高气扬的情景:

> 商贾大者积贮倍息,小者坐列贩卖,操其奇赢,日游都市,乘上之急,所卖必倍。故其男不耕耘,女不蚕织,衣必文采,食必粱肉;亡农夫之苦,有仟伯之得,因其富厚,交通王侯,力过吏势,以利相倾;千里游敖,冠盖相望,乘坚策肥,履丝曳缟。此商人之所以兼并农人,农人所以流亡者也。①

到成、哀时期,富商大贾的势力进一步膨胀。他们之中不少人进入官府,利用权势,进一步兼并土地,役使百姓。土地兼并日益剧烈的结果,是大量自耕农的破产。这些人丢去了自己赖以生存的小块土地,变成了奴婢、佃客和流民。汉武帝时关中的流民一度多达 200 万人。此后,流民人数虽然时多时少,但终西汉之世,却一直是统治者无法解决的问题。土地兼并以及随之而来的自耕农的破产,不仅激化了农民与封建国家的矛盾,也严重影响了封建国家的赋税收入,增加了整个社会的不安定因素。

---

① 《汉书》卷 24《食货志》。

西汉后期,困扰封建皇朝的除土地问题之外,还有奴婢问题。秦汉两朝都处在中国封建社会的前期阶段,虽然封建的生产关系已在社会经济中占了主导地位,但是,作为封建生产关系的补充,奴隶制的残余还依然严重地存在着。不仅在官营手工业和商业中大量地使用奴隶劳动,而且在皇室、贵族、官僚、豪强地主和富商大贾那里,也役使着大量奴婢。西汉开国之初,刘邦为了巩固和扩大封建的生产关系,曾下令因饥饿而自卖为奴婢者可复为庶人,这在当时对限制奴婢数量的增加起了一定的作用,但是,这只是针对战乱时代的特殊情况而采取的临时措施,国家并未明令全面禁止奴婢买卖。文帝时,贾谊在上书中就提到奴婢买卖问题:"今之民卖僮者,为之绣衣丝履偏诸缘,内之闲中。"[1]可见,当时就有不少繁荣的奴婢市场。西汉中期以后,随着土地兼并的日益发展,大量自耕农因破产而离开土地,畜奴和买卖奴婢的现象更是日渐增多。"置奴婢之市,与牛马同栏",更成为司空见惯的事情。再加上封建法律日趋繁密苛酷,因犯罪而被罚做官奴婢的人数也不断增加。文景之后,汉代的奴隶制残余有明显的回升之势。汉朝后期奴隶(或说奴婢)的数量到底有多少? 汉代的史料没有留下明确的记载。翦伯赞的估计是数十万[2]。胡寄窗的估计是 230 万左右[3]。另外,也有人估计得更多一些,总之是一个相当可观的数目。不然,何以引起那么多地主阶级政治家的注意呢? 史书记载中提到的某些贵族、官僚和富商大贾所占有的奴隶数量之多是十分惊人的。如,陆贾有奴婢百人,卓王孙有家僮 800 人,其女卓文君嫁司马相如后,生活艰窘,他就送 400 个家僮作陪嫁。张安世有"家僮

---

　　① 《汉书》卷 48《贾谊传》。
　　② 《关于西汉的官私奴婢问题》,《历史研究》1954 年第 4 期。
　　③ 《中国经济思想史》中册,上海人民出版社 1963 年版,第 150 页。

七百人,皆有手技作事"。得到汉武帝青睐的骗子奕大有僮千人。霍光奴婢百七十人。王氏五侯僮奴以千百数。史丹"僮奴以百数,后房妻妾数十人"[1]。西汉中期以后,越来越多的农民或因破产,或因"犯罪",而沦为封建国家、贵族、官僚、地主和富商大贾的奴婢,从而产生了极其严重的社会后果。一方面,由于这些人中的相当部分不从事社会生产,而为剥削阶级从事宫廷或家内服务,必然增加封建国家和地主阶级对农民的剥削,同时,也减少了社会必要劳动力;另一方面,它使封建国家控制的服役纳税人数减少,势必严重地影响封建国家的财政收入。更重要的是,奴婢的大量出现成为阶级矛盾激化的重要因素。奴婢可以随便买卖,生命无任何保障,主人只要向官府打个招呼,就可以随意杀死奴婢。广大奴婢为了摆脱悲惨的处境,不时掀起武装起义,向封建官府展开英勇斗争。后来,在新朝末年农民大起义的浪潮中,奴婢成为一支重要的力量。

在专制主义中央集权的封建皇朝统治下,中国劳动人民所遭受的剥削一般较之诸侯割据条件下的欧洲封建社会的剥削为重,西汉皇朝到武帝时期尤其武帝以后,广大劳动人民,特别是农民,所受的封建剥削和压迫也一天比一天严重。因为统治阶级的贪欲没有止境,他们生活的穷奢极欲必然日甚一日地增加着社会财富的浪费,而逐步膨胀的官僚机构更是要吞掉大量的民脂民膏。例如,官僚机构的官禄总额在吕后当国时不过数十万石,到汉武帝时就陆续增至 600 万石,哀帝时的官员总数已达 130 285 人[2],其开支当远远超过武帝时的总量。而且随着后宫嫔妃的日益增多和外

---

[1] 《汉书》卷82《史丹传》。

[2] 《汉书》卷19《百官公卿表》。

戚封侯获爵者的不断增多,也必然大量增加政府的财政开支。特别是武帝时期"内兴动作,外攘夷狄"的活动,更是靡费着难以计数的国民财富。所有这一切,自然都加在劳动人民特别是农民的身上。

汉代的农民要负担田租、刍稿、算赋(或口赋)和徭役。汉代的田租即土地税,在高帝时期是十税一,后来减至十五税一,从景帝二年(公元前155年),规定三十税一,以后,终西汉之世,大体没有发生太多变化,同历代相比,应该说是比较轻的。但是,由于"强民有所隐藏,而弱民兼赋",加上官吏对农民额外的敲诈勒索,"乡部私求,不可胜供",实际上田租的数量已远远超过三十税一,成为压在贫苦农民头上的沉重负担。而随着土地兼并的发展,不少自耕农失去土地成为佃农,"三十税一"的田租只是使新兴的大土地所有者得到实惠。因为,地主对佃农的地租剥削通常是二五分成,剥削率达百分之百以上。董仲舒讲"或耕豪民之田见税十五",王莽改制令讲"豪民侵凌,分田劫假,厥名三十,实十税五",就反映了当时地主对佃农剥削的真实情况。东汉的荀悦在其《汉纪》一书中则进一步指出,西汉减轻田租的政策实际上便利了豪强富人对土地的兼并:"古者什一而税,以为天下之中正也。今汉民或百一而税,可谓鲜矣,然豪强富人,占田愈侈,输其赋大半,官收百一之税,民输大半之赋,官家之惠,优于三代,豪强之暴,酷于亡秦氏。上惠不通,威福分与豪强也。文帝不正其本,而务除租税,适足以资豪强耳。"与田租一并征收的还有刍稿,即柴草。所谓"已奉谷租、又出稿税"[1],"田租刍稿,以给经用"[2]。说明它是

---

① 《汉书》卷72《贡禹传》。
② 《汉官六种》,中华书局1990年版,第135页。

一种常科税收。实际征收时,往往把刍稿折成粮食按顷亩征收。如《云梦秦简·田律》规定:"入顷刍稿,以其受田之数,无狼(垦)不狼(垦),顷入刍三石,稿二石。"刍稿主要用于军需,汉代承袭秦制,数额大概也与之相当。

田租、刍稿之外,汉代劳动人民还要交纳算赋即成人丁税,每人每年120钱,口税即儿童税每人每年23钱。由于这些税种是不问财产多少的单纯人头税,吃亏的自然是无地或少地的佃农与自耕农。除了以上这些经常性的税收之外,汉朝政府还搞些临时性的加征摊派。如,汉成帝时,翟方进做丞相,就实行过名目繁多的增税措施。后来,成帝在下诏免去翟的丞相职务时,还将此算作他的一条罪状:"百僚用度各有数。君不量多少,一听群下言,用度不足,奏请一切增赋,税城郭堧及园田,过更,算马牛羊,增盐铁,变更无常。"①

按照汉代徭役制度的规定,每个成年男子每年要为封建国家服役一个月,一生服兵役两年。汉武帝之前,此一规定基本得到执行。武帝以后,随着大规模对外征发的实施,徭役的征发自然突破了原来的规定。并且,由于贵族、官僚等势宦之家都享有免役的特权,而豪强地主和富商大贾又可以通过入粟、入钱买爵而获得免役的权利。即使一般中小地主也可以通过交纳更赋而逃脱徭役。这样,汉代的徭役在实际上就都落到了自耕农、半自耕农和佃农头上,"常有更赋,罢癃咸出"。显然,统治阶级也并不认真执行自己规定的政策,尤其到西汉中期以后,官府延长服役时间和年龄的情况在在多有。有的在边境地区服役三年以上得不到轮换。按规定56岁应该免除徭役,可在居延汉简中,居然可以看到65岁的老兵

---

① 《汉书》卷84《翟方进传》。

还在服役的记载。汉代农民服役之苦,早在贾谊《新书·属远篇》中就已提及:"汉往者家号泣而送之,其来徭使者,家号泣而遣之。"服徭者离家后更是牵动所有家人的心:"父母忧愁,妻子永叹,愤懑之恨,发动于心,慕思之情,痛入骨髓。"①沉重的徭役剥夺了劳动人民相当多的必要劳动时间,是造成自耕农破产流亡的重要原因之一。

保证封建国家和整个地主阶级对广大劳动人民进行剥削和压迫的,是汉皇朝的法律。这个法律的最初文本,是萧何损益《秦律》而制定的九章律。它鲜明地体现着地主阶级的国家对农民阶级实行专政的本质。所以,即使封建皇帝大力表彰的那些严格按照法律条文办事的所谓"循吏",执行的也不过是对劳动人民专政的职能。更何况还有酷吏、贪官,他们上下其手,狼狈为奸,劳动人民遭受的残害就更是无法想象的了。汉武帝时期,"外事四夷之功,内盛耳目之好,征发烦数,百姓贫耗,穷民犯法,酷吏击断,奸轨不胜"②于是招进张汤和赵禹等酷吏,对九章律进行修改和补充,把律令增加到了 59 章,使汉皇朝的法律进一步繁密苛酷。汉武帝之后,汉朝的法网在昭宣之世虽然一度呈松弛之势,但由于固有的阶级矛盾和社会矛盾没有从根本上缓解,元、成之后的汉朝法律依然朝着繁密苛酷的方向发展。遍布城乡的如狼似虎的官吏,上下勾结,罗织罪名,严刑逼供,草菅人命,把越来越惨烈的迫害加在百姓头上。还在汉宣帝时,路温舒在上书中就指出:狱吏"上下相驱,以刻为明","专为深刻,残贼而亡极,媮为一切,不顾国患"。结果造成"死人之血流漓于市,被刑之徒比肩而立,大辟之计岁以

---

① 《盐铁论·徭役》。
② 《汉书》卷 23《刑法志》。

万数"①的惨状。汉元帝在诏书中也承认法律条文的繁密给老百姓带来的危害。他说:"今律令烦多而不约,自典文者不能分明,而欲罗元元不逮,斯岂刑中之意哉?"②但是,汉元帝指出的弊端后来不仅没有消除,反而变本加厉了。越来越多的无辜的劳动人民,因触犯那些多如牛毛的法律而被治罪。如,汉成帝时的栎阳令谢游"治行烦苛,适罚作使千人以上,贼取钱财数十万,给为非法,卖买听任富吏,贾数不可知"③。"郡国被刑而死者岁以万数,天下狱二千余所,其冤死者多少相覆"④。如此惨不忍睹的状况,连荒唐的汉成帝也承认是不应该出现的,因而,在诏书中发出了"殆苛暴深刻之吏未息,元元冤失者众"⑤的哀叹。但是,由于封建国家和农民的矛盾处在日益激化的状态下,汉皇朝运用法律手段对农民的镇压并不因成帝假惺惺的哀叹而有所减轻。此后,就是汉成帝的诏书所反映的,也恰恰是冤杀无辜这一现象的日益发展:"数敕有司,务行宽大,而禁苛暴,讫今不改,一人有辜,举宗拘系。"⑥"今大辟之刑千有余条,律令烦多,百有余万言,奇请它比,日以益滋,自明习者不知所由,欲以晓喻众庶,不亦难乎!于以罗元元之民,灭绝亡辜,岂不哀哉!"⑦

在土地兼并剧烈发展,封建剥削日益严重,封建法律更加繁密苛酷的情况下,广大劳动人民的生活自然是十分悲惨的。远在号称"盛世"的景帝时期,著名政治家晁错就在一篇上书中真实地描

---

① 《汉书》卷51《路温舒传》。
② 《汉书》卷23《刑法志》。
③ 《汉书》卷23《刑法志》。
④ 《汉书》卷83《薛宣传》。
⑤ 《汉书》卷10《成帝纪》。
⑥ 《汉书》卷10《成帝纪》。
⑦ 《汉书》卷23《刑法志》。

述了当时的小自耕农的异常艰窘的生活：

> 今农夫五口之家，其服役者不下二人，其能耕者不过百亩，百亩之收不过百石。春耕夏耘，秋获冬藏，伐薪樵，治官府，给徭役；春不得避风尘，夏不得避暑热，秋不得避阴雨，冬不得避寒冻，四时之间亡日休息；又私自送往迎来，吊死问疾，养孤长幼在其中。勤苦如此，尚复被水旱之灾，急征暴虐，赋敛不时，朝令而暮改。当具有者半贾而卖，亡者取倍称之息，于是有卖田宅鬻子孙以偿债者矣。①

汉武帝时期，由于长期对匈奴用兵，凿通西域，征伐西南夷，空前地加剧了对广大劳动人民的压迫和剥削，大大激化了阶级和社会矛盾。在其晚年，农民起义的烽火就开始在不少地方燃起，具有奴隶身份的铁官徒也连连掀起暴动的烟尘。元帝以后，每况愈下，劳动人民的处境更是一天天地坏下去。初元二年（公元前47年），元帝在诏书中也不得不承认当时劳动人民的悲惨状况："灾异并臻，连年不息。……间者岁数不登，元元困乏，不胜饥寒，以陷刑辟。"②著名御史大夫贡禹的奏疏，则更多地展示了农民终岁劳苦，到头来却免不了落得一个惨死沟壑的下场："今民大饥而死，死又不葬，为犬猪所食。人至相食。""农夫父子，暴露中野，不避寒暑，摔草杷土，手足胼胝，已奉谷租，又出稿税，乡部私求，不可胜供。故民弃本逐末，耕者不能半，贫民虽赐之田，犹贱卖以贾，穷则起为盗贼。"③成帝时，情况进一步恶化了。谷永在上书中说："建

---

① 《汉书》卷24《食货志》。
② 《汉书》卷24《食货志》。
③ 《汉书》卷72《贡禹传》。

始元年以来，二十载间，群灾大异，交错锋起，多于《春秋》所书。"
"百姓财竭力尽，愁恨感天，灾异屡降，饥馑仍臻，流散冗食，馁死
于道，以百万数。公家无一年之畜，百姓无旬月之储，上下俱匮，无
以相救。"①连成帝自己也不能不承认他面临着十分严峻的形势：
"灾异数见，岁比不登，仓廪空虚，百姓饥馑，流离道路，疾疫死者
以万数，人至相食，盗贼并兴。"②广大劳动人民已经被逼上绝路，
小规模的农民起义已是此起彼伏，西汉皇朝的统治也已经是风雨
飘摇。对于造成农民起义的原因，当时不少敢于面对现实的政
治家都清醒地看到了。龚胜在上书中直言不讳地指出：农民造反
是由于"百姓贫……吏不良，风俗薄，灾异数见……制度太奢，刑
罚太深，赋敛太重。"③谷永则更进一步指出："诸夏举兵，萌在民饥
馑而吏不恤，兴于百姓困而赋敛重，发于下怨离而上不知。"④然
而，此时的汉皇朝犹如一个生命垂危的久病之人，尽管不少明智的
臣子都看到了问题的症结所在，但谁也没有本领使之起死回生。
到哀帝统治时期，农民的痛苦进一步加深了。司隶校尉鲍宣在一
篇上书中描述了农民"七死""七亡"的苦难境遇：

> 凡民有七亡：阴阳不和，水旱为灾，一亡也；县官重责，更
> 赋租税，二亡也；贪吏并公，受取不已，三亡也；豪强大姓，蚕食
> 无厌，四亡也；苛吏徭役，失农桑时，五亡也；部落鼓鸣，男女遮
> 迣，六亡也；盗贼劫略，取民财物，七亡也。七亡尚可，又有七
> 死，酷吏殴杀，一死也；治狱深刻，二死也；冤陷无辜，三死也；

---

① 《汉书》卷85《谷永传》。
② 《汉书》卷83《薛宣传》。
③ 《汉书》卷72《龚胜传》。
④ 《资治通鉴·成帝·元延元年》。

盗贼横发,四死也;怨仇相残,五死也;岁恶饥饿,六死也;时令疾疫,七死也。民有七亡而亡一得,欲望国安,诚难;民有七死而无一生,欲望刑错,诚难。……今贫民菜食不厌,衣又穿空,父子夫妇不能相保,诚可为酸鼻。①

　　西汉后期,随着劳动人民苦难的不断加深,阶级矛盾和社会矛盾自然进一步尖锐。酝酿已久的农民起义开始在不少地方爆发了。成帝初年,关中南山(今陕西秦岭终南山)一带有倗宗领导的数百人起义,历时一年有余,京师长安为之震动。建始四年(公元前24年),有东郡茌平(今山东茌平)侯毋辟领导的暴动。阳朔三年(公元前22年),颖川(今河南禹县)郡铁官徒申屠圣等180人起义,势力很快扩大到9个郡。鸿嘉三年(公元前18年),广汉(今四川梓潼)郑躬等60余人起义,自称"山君",很快发展成上万人的大军。永始三年(公元前14年),尉氏(今河南尉氏)有樊并起义,杀死陈留太守,坚持了一年多的斗争。同年,山阳(今山东巨野南)人铁官徒苏令率228人起义。这支起义军运用游击战术,转战南北,经历了19个郡国,杀太守,诛郡尉,给西汉皇朝以沉重打击。此外,全国各地还有不少地方零星的起义。哀帝元寿二年(公元前1年),长安附近的人民愤怒地放火焚烧汉武帝的陵邑。广大劳动人民心中郁积的愤懑不时通过各种形式迸发出来。例如,成帝建始三年(公元前30年)秋天,关中连降大雨四十余天,有一个十多岁的女孩跑进皇宫,呼喊大水将至,一霎时搅得首都满城风雨,百姓奔走上城,连朝廷也匆忙召集公卿商量对策,其实是场虚惊。哀帝建平四年(公元前3年),"关东民无故惊走,祠

---

① 《汉书》卷72《鲍宣传》。

西王母"①。一个十多岁小女孩的一声呼喊可以搅动京师,二十多郡的老百姓千百相传,走火入魔般地去祭祀谁也说不清来路的什么西王母,这一切都说明,百姓的苦难已达到难以忍受的程度,他们再也不愿意,再也不能够照旧生活下去了。

## 4.出路在哪里? 为什么不能
## 换一个非刘姓的皇帝

面对刘氏皇朝日甚一日地昏聩腐朽和劳动人民对它的深恶痛绝,一部分代表中小地主利益的政治家,特别是一些儒生都认为"汉德已衰""气数已尽",希望另有"贤德"的人来取代刘氏的帝位,以维护整个地主阶级的统治。就是当权的豪族地主和在经济上有很大势力的富商大贾,也渐渐对刘氏皇朝失去了信心,他们希望最高统治者来一次换马,以便在新皇朝的形式下使自己的既得利益得到巩固和扩大。这样,从西汉中期以后,统治阶级中"改朝换代"的思潮便潜滋暗长了。这种思潮与战国以来流行的"五德终始说"和"三统""三正"之类的理论结合起来,在舆论上产生了越来越大的力量和影响。

在中国历史上,改朝换代的意识很早就产生了。商纣王相信自己的江山永固,因为他坚信"上天"既是至上神又是自己的祖宗神,上天对自己的祐护是不附带任何条件的。所以,当武王统率的诸侯联军在牧野向他发起冲锋时,他还高叫着"我生不有命在天"而不屑一顾。然而,上天没有保佑他,地上的政权转到了周人手里。纣王带着毕生的遗憾葬身于鹿台的熊熊火海,周王朝的卓越

---

① 《汉书》卷 11《哀帝纪》。

政治家和思想家周公姬旦却必须找到改朝换代的理论根据,以论证周朝替代商朝的正义性与合理性。于是,周公就把商朝人至上神与祖宗神的一元论改造成至上神的天与祖宗神的祖的二元论,祖宗神虽可保佑自己的子孙,但至上神的天却公正无私,他只能把地上的王权交给有"德"之人,这就是"皇天无亲,惟德是辅"。由此,周公找到了改朝换代的理论根据,也使改朝换代作为重要的政治文化观念日益为臣民所接受。后来,《易传·革卦·象传》进而鼓吹:"天地革而四时成。汤、武革命,顺乎天而应乎人。革之时大矣哉!"把汤放桀、武王代纣所标志的改朝换代说成正义凛然的壮举。后来,秦始皇统一中国后,曾幻想赢氏政权一世、二世以至万世,千秋万代传下去,但实际上秦朝却成为中国历史上的最短命的皇朝之一。在秦末农民战争中首举义旗的陈胜讲过一句脍炙人口的话:"王侯将相,宁有种乎?"这说明改朝换代的观念已经深入到普通百姓中。人们普遍认为,任何一家一姓的皇朝都不是永存的,它一旦搞得国是日非,民不聊生,一个新的皇朝就有理由代替它。西汉皇朝的日益腐朽黑暗和无能,使人们把改变现状的希望寄托于一次改朝换代是顺理成章的。

此时,西汉朝野改朝换代的思潮是与"五德终说"和"三统""三正"联系在一起的。"五德终始说"创自战国时代的齐人邹衍。他把中国古老的阴阳五行理论加以改造,利用土、木、金、火、水五种物质之间表面上看似"相生""相胜"的联系,附会到王朝的更替上。它认为,历史上每个受命的王朝都必须得着木、火、土、金、水五行中的一德,五行相生又相胜,木生火,火生土,土生金,金生水,水生木;木胜土,土胜水,水胜火,火胜金,金胜木。因而,朝代也是按着五行相胜的原则运行,周而复始。邹衍的这套理论在《史记·孟子荀卿列传》《吕氏春秋·应同篇》等文献中保存下来。

《吕氏春秋·应同篇》记载：

> 凡帝王者之将兴也，天必先见祥乎下民。黄帝之时，天先见大螾大蝼。黄帝曰："土气胜！"土气胜，故其色尚黄，其事则土。及禹之时，天先见草木，秋冬不杀。禹曰："木气胜！"木气胜，故其色尚清，其事则木。及汤之时，天先见金刃生于水。汤曰："金气胜！"金气胜，故其色尚白，其事则金。及文王之时，天先见火，赤乌衔丹书，集于周社。文王曰："火气胜！"火气胜，故其色尚赤，其事则火。代火者必胜水，天且先见水气胜，故其色尚黑，其事则水。

这一"五德终始"的理论在战国时代广泛流传。秦始皇对此深信不疑。他认为自己的皇朝继周而起，当水德，因而，一切设施都依水德的要求设计。秦始皇似乎不明白，他既然承认"五德终始说"，就同时必须承认自己的皇朝是不能永久的，一世、二世至万世不啻梦呓？"五德终始论"既是一种历史宿命论，又是一种历史循环论，是当时人们对历史的一种肤浅的错误认识。汉武帝时期的大思想家董仲舒一方面接受"五德终始"的理论，另一方面又创造出"三统""三正"的历史循环论。他的"三统"是指黑、白、赤三统，他认为夏王朝是黑统，商王朝是白统，周王朝是赤统，三者依次循环，周而复始，改朝换代。在改朝换代时必须在礼仪制度历法等方面依统做相应的改变，即所谓"改正朔，易服色"。所谓"三正"就是从"正朔"的观点出发实行新的历法。如，夏朝以寅月（农历正月）为正月，商朝以丑月（农历十二月）为正月，周朝以子月（农历十一月）为正月。这种"改正朔，易服色"，就是表示一个新的皇朝重新接受天命获得统治百姓的权力。

昭帝元凤三年（公元前78年）正月，泰山莱芜山南麓忽然好像有数百人呐喊的声音,百姓疑惧,纷纷跑去观看,发现有巨石突兀而立,该石高1丈5尺,大48围,入地深8尺,由三块石头支撑着。同时,有数百白色的乌鸦围绕其四周飞翔。差不多同一时间,昌邑(今山东金乡)有枯死的社树夏生,长出繁茂的枝条和绿叶。上林苑中有断枯卧地的大柳树也自己站立起来,重新恢复了生机。这些不常见的自然现象,在董仲舒倡导的"天人感应"的神学目的论四处弥漫的时代氛围里,自然会引起人们的许多联想与猜度。这时,有一个官至符节(今四川合江)令的儒生眭弘,深谙《公羊春秋》,他根据《春秋》推演灾异的学说,推断说:

> 大石和柳树皆属阴类,是下层百姓的象征,泰山为岱宗之岳,是改朝换代的君王祭告上帝的地方,现在大石自立,枯柳复活,都不是人力所能达到的。这是预示有匹夫当为天子啊。先师董仲舒曾说过纵使有继体守文的君主,也不妨害圣人重新受命。汉朝刘氏皇帝为尧之后,命运注定要把江山传给异姓之君。当今皇帝应顺天应人,问择天下贤者,禅让帝位,自己则退封百里之地,如殷、周二王的后人,以承顺天命。

眭弘自觉官职卑微,于是托友人,时任内官长丞的赐代自己上书皇帝,劝谏昭帝禅位。这自然是触犯大忌之举。其时霍光辅政,眭弘及其友人就以"妖言惑众,大逆不道"[1]的罪名被砍了脑袋。其后,任司隶校尉的盖宽饶在宣帝时又上书,引《韩氏易传》为根据,说:"五帝官天下,三王家天下,家以传子,官以传贤,若四时之运,功成者去,不得其人则不居其位。"[2]隐约劝宣帝传贤,也落得

---

[1] 《汉书》卷75《眭弘传》。
[2] 《汉书》卷77《盖宽饶传》。

自杀身死的下场。但是,由于刘汉皇朝的统治越来越丧失人心,改朝换代的思潮依然在广泛传播,并渐成澎湃之势。汉成帝时,齐人甘忠可造了《天官历》《包元太平经》共12卷,宣传"汉家遭天地之大终,当更受命于天",并说是天帝使真人赤精子自天而降,向他传授这一密旨。甘忠可到处传播他这套理论,门徒夏贺良、丁广世、郭昌等也起劲地为老师呐喊助威,引起官方的注意。中垒校尉刘向上书成帝,揭露甘忠可"假鬼神罔上惑众",结果被下狱致死。甘忠可的惨死并未使弟子们缩手,他的弟子夏贺良继续招收弟子,传授他的学说。哀帝即位以后,司隶校尉解光因明经通灾异得到宠幸,就将夏贺良所拥有的甘忠可之书上奏皇帝。哀帝将此事交奉车都尉刘歆鉴别,刘歆与其父刘向态度一致,认为甘忠可之书不合《五经》,不宜施行。此时,骑都尉李寻十分喜好甘忠可之书,甘忠可的弟子郭昌时为长安令,就要求李寻助夏贺良一臂之力。于是李寻向哀帝推荐了夏贺良等人,使之待诏黄门。哀帝数度殷殷垂询,夏贺良感到时机已到,就于建平元年(公元前5年)上书,鼓吹"再受命":"汉历中衰,当更受命。成帝不应天命,故绝嗣。今陛下久疾,灾异屡数,天所以遣告人也,宜急改元易号,乃得延年益寿,皇子生,灾异息矣。"①并警告说,明白道理而不果断实行,必然咎殃并至,迅速灭亡,不久将有洪水突发,火灾并起,滌荡百姓。此时的哀帝大概是病急乱投医吧,希望他的预言能够应验,就接受了夏贺良的建议,下诏丞相和御史大夫,命令改制"再受命"。诏令中说:

> 朕以眇身入继太祖,承皇天,总百僚,子元元,未有应天心之效。即位出入三年,灾变数降,日月失度,星辰错谬,高下贸

---

① 《汉书》卷75《李寻传》。

易,大异连仍,盗贼并起。朕甚惧焉,战战兢兢,唯恐陵夷。惟汉兴至今二百载,历纪开元,皇天降非材之右,汉国再获受命之符,朕之不德,过敢不通夫受天之元命,必与天下自新。其大赦天下,以建平二年为太初元年,号曰陈圣刘太平皇帝。漏刻以百二十为度。布告天下,使明知之。①

此后月余,哀帝之疾丝毫不见好转,对夏贺良之"再受命"已经产生了疑惑,夏贺良等人决不满足于皇帝改个年号和称谓,进而提出改变政事的计划。因为此事涉及朝中权力的分配,触动了大臣们的实际利益,他们据理力争,坚决不予通过。夏贺良等人又上奏哀帝,要求罢免丞相和御史大夫,而以支持变政的解光和李寻为辅政大臣。至此,夏贺良等人变政的目的已暴露在光天化日之下,他们向往的是攫取官位与权力。一方面因无效验,另一方面因臣子的群起反对,哀帝反悔了,下诏废除变政措施,以"反道惑众"的罪名将夏贺良一伙下狱治罪。经光禄勋平当、光禄大夫毛莫如以及御史中丞、廷尉等"杂治",给夏贺良一伙定了个"执左道,乱朝政,倾覆国家,诬罔主上"②的罪名,加以诛杀。支持夏贺良的李寻及解光也减死一等,流放敦煌了。由夏贺良导演,哀帝担任主角的,以摆脱困境为目标的汉朝"再受命"的丑剧,仅仅经过两个月就草草收场。从此以后,中小地主和统治集团中部分人期求通过汉皇朝的"再受命"而继续维持其统治的一线希望也最后破灭了。正在统治集团陷于迷惘,百姓陷于困苦郁闷而为未来忧心忡忡之时,王莽引人注目地出现于西汉政坛,整个社会很快把他当成秩序的救主,把摆脱困境的希望寄托在他的身上。

---

① 《汉书》卷75《李寻传》。
② 《汉书》卷75《李寻传》。

# 第二章　王氏外戚集团的崛起

## 1.贵人吉相,王家姑娘入宫,
## 为汉元帝生下了太子

　　如果说王莽篡汉立新的时代条件是历史积累的结果,那么,王莽篡汉立新的机遇则是由他的姑母王政君入宫成为汉元帝的皇后而创造的。

　　王氏家族是田齐的流裔。王莽篡汉做皇帝后,写了一个《自本》追述自己的世系,其中说:

> 黄帝姓姚氏,八世生虞舜,舜起妫汭,以妫为姓。至周武王封舜后妫满于陈,是为胡公,十三世生完。完字敬重,奔齐,齐桓公以为卿,姓田氏。十一世,田和有齐国,世称王,至王建为秦所灭。项羽起,封建孙安为济北王。至汉兴,安失国,齐人谓之"王家",因以为氏。①

　　这里,我们没有必要去给王莽搞烦琐的世系考证,更没有必要用世系考证去证明他的血统是否高贵。因为从历史唯物主义观点看来,此类血统论除了可以作为研究封建政治历史观的材料外,没有其他任何用处。这里应该指出的是,除了王莽作为齐国田氏的

---

　　①　《汉书》卷98《元后传》。

后裔这一点没有疑义外,他胡诌出的田氏之前那个虚无飘渺的世系没有多少真实的历史根据。王莽之所以把半是传说,半是真实的世系捏合在一起,目的就是给自己的篡汉从祖宗那里寻找一个神圣的根据。因为刘邦自诩为尧的后代,那么,按照"五德终始"和"三统""三正"之类的理论,如同舜代尧一样,作为舜的后代的王莽,其取代尧的后裔的刘氏皇朝也是命中注定,天理昭然的。

秦汉以来,王莽的家世是清楚的。文景时期,田安的孙子王遂居于东平陵(今山东章丘),生王贺,汉武帝时做绣衣御史,这是武帝专门设立的用于监军的监察官员。武帝后期,不少地方爆发了农民起义,这些绣衣御史被派往农民起义军势力强大的郡县,督责郡县官吏严厉镇压起义军,对很快安定地方的秩序起了重要作用。如,绣衣御史暴胜之等人奏杀镇压起义军不力的郡县官吏以及与起义军通消息供饮食的百姓万余人。当时,王贺被派往魏郡(今河北临漳一带)督责郡守县令等围剿坚卢等起义军。他没有采取残酷的镇压措施,对坚卢的部众网开一面,对镇压不力的官员也曲予回护、优容,结果被别人告发,他自己因此丢掉了官职。但他并不后悔,而是叹息着说:"我听说挽救千人之命者子孙就能封侯,我救活者超过万人了,后世子孙应该兴旺发达吧!"王贺免官后,因与东平陵的终氏结怨,就举家迁居魏郡元城(今河北大名东)的委粟里,因德高望重,被任为三老,为当地百姓办了不少好事,受到魏郡百姓的敬重。

王贺生子王禁,字稚君,少时在长安学习法律,做廷尉史。本始三年(公元前71年),生女儿王政君,她就是后来元帝的皇后。王禁有大志,不拘小节,好酒色,娶了不少妻妾,生了四个女儿八个男孩,长女名君侠,次女政君,三女君力,四女君弟;儿子依次为凤字孝卿,曼字元卿,谭字子元,崇字少子,商字子夏,立字子叔,根字稚卿,逢时字季卿。其中,王凤、王崇与王政君同母。其母为王禁的嫡妻,是魏郡李家的女儿,后因妒被王禁赶走,更嫁河内(今河南焦作一带)苟宾为妻。

　　据说,当年王政君的母亲怀她时,曾梦见月亮投入她的怀抱。及其长大,"婉顺得妇人道"。至待嫁之年,王禁一连给她许配数户人家,男方都在结婚前夕莫名其妙地死去。后来,东平王刘宇聘其为姬,未入王府,刘宇也死去。王禁十分惊异,于是找算命先生为女儿相面,得到的回答是:"当大贵,不可言。"①王禁深以为然,就教女儿读书学琴,使之受到良好的教育。五凤三年(公元前55年),18岁的王政君被王禁献进宫中,"入掖庭为家人子",进入后补嫔妃的行列。约年余,皇太子刘奭的爱妾司马良娣病重,死前,她对太子说:"我命不该死,我是被你的那些娣妾良人诅咒而死的。"司马良娣死后,太子悲痛过度,大病一场。他迁怒于那些娣妾,谁也不再亲近。后来,宣帝见太子闷闷不乐,知道他憎恨诸娣妾,就要皇后在后宫家人子中选取几位淑女侍奉太子。皇后选取王政君等5人,等太子朝见自己时,让她们与太子见面,并令长御问太子喜欢哪一个。这一天,太子来朝,皇后令王政君等5人待坐一侧。当长御问太子喜欢哪一个时,太子其实一个也没有看上,但碍于皇后的面子,只得随口答道:"其中一人可以。"当时王政君离太子最近,又独独穿着绛色的大掖衣,长御以为太子中意的就是她。皇后于是令侍中杜辅、掖庭令浊贤将王政君送入了太子宫,很快有了身孕。在此之前,太子宫中的娣妾不下十数人,侍候太子时间长者已七八年,但没有一个人生孩子。独王政君入宫即孕,并于甘露三年(公元前51年),生下一个儿子,他就是后来的汉成帝。

_____

　　① 《汉书》卷98《元后传》。

其时,汉宣帝尚在位,他对孙子的出世十分高兴,亲自为之起名骜,字太孙,时常放在身边逗弄。黄龙元年(公元前49年),宣帝崩逝,太子即位,是为孝元帝。以儿子刘骜为太子,王政君为婕妤,封王禁为阳平侯。三天之后,又宣布立王政君为皇后,王禁位特进,王禁的弟弟王弘为长乐卫尉,即皇后的侍卫官。永光二年(公元前42年),王禁死去。其长子王凤嗣爵阳平侯,同时为卫尉侍中,成为皇宫的卫士长。王政君生子以后,元帝很少召幸,夫妻之间没有多少感情。太子年长后,喜欢饮酒,又好燕私之乐,元帝认为他不具备做皇帝的才能。而此时,傅昭仪正得到汉元帝的宠幸,她生的儿子即后来的定陶共王多才多艺,很得元帝的欢心,"坐则侧席,行则同辇"①。这时,元帝身体不太好,就把政事委于臣下,自己"留好音乐",自取其乐。他把鼙鼓置于殿下,自己在殿上凭栏投掷铜丸击鼓,能够"声中严鼓之节"②即符合鼓之节拍。后宫姬妾及左右宦官们学着元帝的办法投丸击鼓,但谁也达不到元帝的水平,只有定陶王能够做到。元帝曾当着不少臣子的面夸奖定陶王。时任驸马都尉侍中的史丹心向太子,就对元帝说:"人们所说的才能,应该是聪敏好学,温故而知新,有丰厚的知识积累,皇太子就具备这样的才能。若是将熟谙丝竹鼓鼙看作才能,那就是把音乐家陈惠、李微放在丞相匡衡以上,可以让他们做丞相了。"一席话把元帝说得"嘿然而笑"。建昭四年(公元前35年),汉元帝最小的弟弟中山哀王刘竟去世。太子与这位小叔一同上学,一起成长。太子前往吊唁,元帝看见自己的儿子,想到小弟少年夭亡,悲痛之情难以自抑。但太子到小叔灵前,却表现不出丝毫哀痛之情。

---

① 《汉书》卷98《元后传》。
② 《汉书》卷82《史丹传》。

元帝非常生气,恨恨地说:"安有人不慈仁而可奉宗庙而为民父母者乎!"①同时,将太子的表现告诉史丹,责备他推崇太子不符合实情。史丹的反应十分机敏,他立即摘掉帽子,向前谢罪。说:"臣见陛下对中山王之死哀痛不已,深恐损伤御体。太子进去吊唁前,我私下告诫他不要痛哭流涕,以免引起陛下的伤心。此事罪责在臣,该当死罪。"史丹的曲意回护,打消了元帝对太子的不满。

竟宁元年(公元前33年),元帝病重,傅昭仪和定陶王一直在病榻前侍候,而皇后与太子却难得一见。元帝的病一天比一天沉重,废太子另立定陶王的心思也愈益强烈,多次向尚书询问当年汉景帝废太子刘荣而改立胶东王刘彻为太子的故事。面对如此严峻事态,皇后、时任卫尉侍中的王凤以及太子皆十分忧虑,百思不知计从何出。这时候,史丹正以元帝最亲近的臣子在元帝跟前侍候,他瞅准机会,待元帝独处卧室时,即迅速跑到元帝床前,伏青蒲上连连叩首,痛哭流涕地说:

> 今皇太子以嫡长子得立,已经十多年了,名号已深入百姓之心,普天之下,莫不归心愿为臣子。现在见定陶王一直得到陛下的爱幸,道路之上,流言四起,以为太子的地位发生动摇。如果真的如此,公卿以下所有臣子必然誓死力争,不奉诏命。愿陛下先赐小臣以死,以昭示群臣。②

元帝素仁弱,缺乏主见,今见史丹痛哭失声,言语恳切,十分感动,长叹一声,悲戚戚地说,"我的身体一天不如一天,而太子和两个王子都还幼小,我一样地爱恋他们,时时在念!决没有废立太子

---

① 《汉书》卷82《史丹传》。
② 《汉书》卷82《史丹传》。

的意思。并且,皇后一贯谨慎,先帝又非常喜爱太子,我怎能违背先帝的意旨! 驸马都尉的一席话究竟从何而起?"①史丹听罢,心中一块石头落地,他后退一步,叩头触地,说:"这是愚臣妄听之言,不足为凭,臣罪该万死!"元帝见史丹一片忠心,话又说得比较得体,就打消了潜藏于心中的废立念头,采纳了史丹的意见,同时对史丹嘱托:"我病日渐沉重,恐怕没有好转的希望了,我死之后,还望你尽心辅导太子,不要辜负我的一片心意!"②史丹唏嘘而起。太子的地位算是稳定了下来。元帝死后,太子即位,是为汉成帝。他为了报答史丹保住自己太子地位的功劳,登基伊始,即提升史丹为长乐卫尉,不久又升右将军,赐爵关内侯,食邑 300 户,给事中。再后徙左将军、光禄大夫,一直得到信用。鸿嘉元年(公元前 20年),成帝感念史丹的功劳,又封他为武阳侯,食邑 1 100 户。其实,史丹其人没有什么大本事,也未建树什么文治武功,他只是凭着政治上的敏感与机智,在保住成帝的太子地位上立了一功。由此,他在成帝一朝备受信任,为将军前后达 16 年之久,"食大国邑,重以旧恩,数见褒赏,赏赐累千金",过着极其奢华的生活,"极滋味声色之乐"③。他的九个儿子也"以丹任并为侍中诸曹,亲近在左右",得到享不尽的荣华富贵。

汉成帝登基后,他的母亲成为皇太后。他任命自己的长舅王凤为大司马大将军,领尚书事,加封 5 000 户。又封太后的同母弟王崇为安成侯,食邑万户。王凤的庶弟王谭等皆赐爵关内侯,食邑。王氏外戚集团由此兴旺发达起来,成为专擅西汉朝政的起点。在此之前,王政君虽然已经贵为皇后,但因得不到元帝的宠幸,自

① 《汉书》卷 82《史丹传》。
② 《汉书》卷 82《史丹传》。
③ 《汉书》卷 82《史丹传》。

己的皇后位子和儿子的太子位子也不十分巩固,因而在行动上格外小心谨慎,不敢为自己的外家谋太多的利益。尽管其父王禁因皇后的关系位特进,但只不过在礼仪上受到尊崇,在实际上却没有什么权力。王禁之弟王弘的官职长乐卫尉,秩不过千石,仅仅是皇后的卫士长,远没有进入汉皇朝的决策圈。王禁死后,尽管袭爵的王凤做了卫尉待中,也不过承担了率领卫士在宫内巡逻和守卫皇宫的职责,他还只能远望着丞相府和中朝的厅堂叹息。然而,元帝仙逝,成帝登基,一夜之间,吉星高照,整个汉帝国开始向王氏外戚倾斜,命运之神向王氏外戚发出了会心的微笑。

如果说历史的必然性通过无数的偶然事件为自己开辟道路,那么,在导向王氏外戚集团专权的道路上,仿佛冥冥之中有一只无形的手,在每个关键时刻都使偶然事件走向对王氏有利的结果。你看,如果王政君在入宫之前顺利出嫁,她就只能做个贤妻良母生儿育女,王氏宗族根本做不了外戚,他们家的荣华富贵只能靠自己的拼搏来获取。如果东平王刘宇不年少夭折,王政君也只能在他的王宫中度过寂寞的岁月,王家宗族靠这种关系绝对成不了什么气候。如果元帝之妃司马良娣不早逝而与元帝恩爱终生,王政君恐怕连与元帝谋面的机会都没有,她只能做个白头宫女日夜对着皇宫的高墙流泪叹息,遑论什么皇后和王氏宗族的勃兴。如果宣帝、皇后为太子选取良家子时王政君未能入选,即使入选了而在太子朝见皇后时她的座次换个位置,王政君也入不了太子宫,其后的一切也就无从发生。如果王政君进入太子宫也像其他嫔妃一样不能怀孕生子,或者只生个女儿,那她也只能终生处在嫔妃的行列,王氏宗族即使能沾到一点荣光也微乎其微。如果汉元帝也有乃祖景帝的主见,武帝的雄才,能够毅然改立太子,毫不犹豫地废去刘骜的太子地位,立定陶王为太子,王政君也就只能默默地做个诸侯王之太后了却自己的一生,王氏宗族自然也不会显赫到操持国柄等等。然而,这一切"如果"都没有发生,命运之神仿佛对王政君及其家族特别钟情,王氏外戚的专擅朝政也就水到渠成了。不过,王氏外戚集团在汉皇朝的专政擅权究竟持续多长时间,达到何种程度,关键还在于汉成帝的性格、才智和魄力,因为从法理上讲他是汉皇朝真正的主人。尽管王氏外戚是他的外祖父之家,但这并不意味着他必须把国家的政柄交到他们手上,只要他敢于和善于运用自己手中的权力,有意识地贬抑王氏,王氏外戚集团也不会在朝野形成盘根错节的势力,以后的一切也就难以发生。但是,汉成帝恰恰是一个不争气的皇帝,汉高帝刘邦播下的龙种,经过长期的演化变异,终于变成了可卑、可悲而又可笑的跳蚤。

## 2. 汉成帝不争气,将军国大权 拱手送给了舅父和表兄弟

竟宁元年(公元前33年),汉元帝寿终正寝,他的长子刘骜即帝位,他就是汉成帝。初为太子时,"好经书,宽博谨慎",很得元帝欢心。他最初住在桂宫,有一次元帝紧急召见他,他出来桂门后,不从最近的驰道去元帝居住的宫殿,因为按照当时的礼仪制度,驰道只供皇帝的车马驰驱。他于是绕道向西,从直城门折回,再由作室入宫。由于绕道而行,费去不少时间。元帝问他为何姗姗来迟,他据实禀告。元帝十分高兴。同时颁下命令,允许太子的车骑得以从驰道而行。其后,元帝虽然发现太子并不是理想的皇位继承人,但因种种因素的制约,他到底未能改易太子,成帝的皇位也就保住了。平心而论,汉成帝并非一无是处。他面目姣好,又"善修容仪",是一个美男子。他平时十分注意自己的形象,上车

时,一定先端端正正地站好,在车内,不回头看,不很快地说话,不用手指指画画。每逢上朝,他端坐殿上,不苟言笑,"尊严若神",有穆穆天子之容。他的智商甚高,"博览古今",喜好音乐舞蹈。在他做皇帝的25年中,也做过一些好事,如,罢斥了元帝时的佞臣石显,撤除了中书宦官;多次下诏,鼓励臣民直言敢谏;多次下诏,奖励孝悌力田,减免租赋,大赦罪人,等等。但是,从总体上看,成帝不是一个励精图治的好皇帝。他放弃那些本属于自己的权柄,放手让王氏外戚集团专政擅权,势力急剧膨胀,终成尾大不掉之势;面对日益激化的阶级矛盾与社会矛盾,他除了发布一些节俭、省刑、减免租赋之类不关痛痒的诏令之外,拿不出具有实质意义的切实可行的解决办法;特别重要的是,他太爱享受,太喜欢女色,从而使汉皇朝的腐败之风愈演愈烈,他作为一个巨大的腐败源起了极其恶劣的作用。

汉成帝的皇后许氏是大司马车骑将军许嘉之女,她漂亮、聪慧、善史书,一段时间,宠冠后宫。后来,因许后无子,且又与大将军王凤不睦,再加年岁渐长,色衰爱弛,终于在鸿嘉四年(公元前17年)被废,最后逼令其自杀。在此前后,成帝还宠幸过班倢伃及其侍者李平。但不久,因为得到了赵飞燕及其妹赵合德,他的注意力就全在她们姊妹身上了。

原来,因为汉成帝特重女色,时间长了,对宫中那些循规蹈矩的淑女们逐渐失去了兴趣,侍中张放便为其出谋划策,怂恿他出宫寻欢作乐。于是,他每每化装成富平侯(其时嗣爵者即张放)家的公子,到宫外四处冶游。时间一长,此事也就在宫内外、吏民之间传开了。当时,一般臣子不便也不愿对成帝劝谏。恰在此时,刚刚迁为凉州刺史的谷永在京奏事。待其准备离京赴任时,传来东莱(今山东半岛一带)出现黑龙的消息。成帝知道谷永是一个颇有儒学修养,并且经常对符瑞变异发表见解的人物,就让尚书拜访谷永,询问他对出现黑龙的看法。谷永正对成帝特别喜好女色并且不顾帝王体面经常冶游的行径不满,于是,借机草拟了一份长篇上书,通过尚书递给了成帝。在上书中,他大讲夏、商、周三代因宠幸女人亡国的事实。对成帝的所作所为提出了尖锐的批评。首先,批评他重女色,登基之初,宠幸许后和班婕妤,致使"许、班之贵,顷动前朝,熏灼四方,赏赐无量,空虚内藏"①。接着,对他的冶游进行直截了当的指责:

> 王者必先自绝,然后天绝之。陛下弃万乘之至贵,乐家人之贱事,厌高美之尊号,好匹夫之卑字,崇聚儇轻无义小人以为私客,数离深宫之固,挺身晨夜,与群小相随,乌集杂会,饮醉吏民之家,乱服共坐,流湎媟嫚,溷殽无别,闵免遁乐,昼夜在路。典门户奉宿卫之臣执干戈而守空宫,公卿百僚不知陛下所在,积数年矣。②

这里,谷永用生动传神的语言,描画了成帝一伙冶游的丑态,为后人留下了一幅难得的画面,使人如闻其声,如见其形。其次,谷永又对成帝"大兴徭役,重增赋敛"等一系列加重剥削的政策措施提出抨击,特别对他两次改变自己寿陵的陵址的做法表示了强烈的愤激之情。原来,按照惯例,一个皇帝登基后,大都很快选定自己寿陵的地址,随即开始兴建,以便给自己准备好一个富丽堂皇的归宿。成帝即位的第二年(公元前31年),就选定渭城(今陕西咸阳东北)延陵亭为初陵,开始动工兴建。10年以后,即鸿嘉元年

---

① 《汉书》卷85《谷永传》。
② 《汉书》卷85《谷永传》。

（公元前20年），又听信将作大将解万年的意见，认为新丰（今陕西临潼东北）戏乡风水更好，于是，停建初具规模的初陵，以新丰戏乡为昌陵县，在此重新开工建陵。无奈该地地势低洼，首先需填土垫基，结果费时5年，迄未完工。永始元年（公元前16年），成帝只得下令停工，再回过头来修建初陵。一来一往，费时15年，花费巨亿，寿陵还未建成。成帝虽然最后以惩办解万年，将其流放敦煌以求平息臣民的愤怒，但他所造成的劳民伤财的巨大损失却无法挽回了。谷永对此极为恼火，愤激之情溢于言表：

> 王者以民为基，民以财为本，财竭则下畔，下畔则上亡。是以明王爱养基本，不敢穷极，使民如承大祭。今陛下轻夺民财，不爱民力，听邪臣之计，去高敞初陵，捐十年功绪，改作昌陵，反天地之性，因下为高，积土为山，发徒起邑，并治宫馆，大兴徭役，重增赋敛，征发如雨，役百乾谿，费疑骊山，靡敝天下，五年不成而后反故。又广盱营表，发人冢墓，断截骸骨，暴扬尸柩。百姓财竭力尽，愁恨感天，灾异娄降，饥馑仍臻。流散冗食，馁死于道，以百万数。公家无一年之畜，百姓无旬日之储，上下俱匮，无以相救。[①]

最后，谷永对成帝发出语重心长，近乎椎心泣血的劝谏，希望他改弦更张，励精图治，使汉皇朝渡过危机，再创辉煌。他说：汉朝建立以来，已历经9代，190余年了。此前继承大业的君主有七人，都能承天顺道，遵循祖宗法度，或创造中兴之局，或守住承平之世。只是到了陛下临朝，独独违背天道，纵欲无度，轻贱万乘之体，肆意妄为，正当盛壮之年，没有继嗣带来的福分，空有危亡的忧虑，

---

① 《汉书》卷85《谷永传》。

屡屡失却君王应有之道,违反天意。作为先人的继体之君,有责任守住先人的功业,您如今的行为,岂不是有负先人的重托么! 今天,社稷宗庙福祸安危之机系于陛下一身,陛下应该激发圣明之大德,幡然悔悟,敬畏上天的盛怒,警惧危亡的征兆,荡涤邪辟的欲念,励精图治,专心致志,恢复到正确的轨道,排拒群小私客,免除任命不当的官员,全部除去北宫私奴车马等冶游之具,克己复礼,不再重犯微行出饮之类过错,以防止切身之祸。同时,深思日食再现的天戒之意,抑损后宫之宠,拒听后宫之请谒,除去掖庭之狱草菅人命之弊政,撤去炮格之类酷刑。还应该诛杀那些邪佞之臣以及以左道旁门侍奉陛下的人,以满足天下臣民的愿望。进而停止初陵之工,罢去缮治宫室之役,轻徭减赋,与民休息,抚邮救济贫困之人以安定远方,奖励忠直之臣,放逐贪残之辈,无使庸碌无为者尸位素餐。以上建议,请陛下依次实行,坚持下去,不打折扣,夙兴夜寐,孜孜以求,时时警醒,且勿懈怠,旧有错误一一改掉,新的德政则彰明较著,细小的邪念不复存于己心,那些惊心怵目的大灾异亦自然消弭,远离我去的天命可以回复,社稷宗庙也就有望保住了。在成帝一朝的臣子中,敢于在上书中如此尖锐、激烈和直言不讳者,谷永当属首选。他之所以敢于如此放言无忌,是因为背后有王氏外戚集团的支持,而此前的一些上书又一一得到成帝的褒奖,所以胆子也就斗了起来。然而,由于此次上书太失"温柔敦厚"之意,使成帝的面子太过不去,引起成帝的震怒,下令侍御史收捕谷永治罪。早已得到消息的卫将军王商通知谷永赶快离开长安,使侍御史的收捕计划落了空。

尽管谷永等人对成帝的荒唐行径进行苦口婆心的劝诫,但是,言者谆谆,听者藐藐,他不仅照旧冶游如故,而且很快迷上了赵飞燕姊妹。赵飞燕本名赵宜主,她出生之时大概有些怪异,所以父母将她抛在一边,三天不予理睬,目的是让她死去。谁知三天以后她仍然活得很精神,于是就将她养起来。长大后,送入宫中做婢女。不久,又转到阳阿公主家服务。这位青春少女长得娇小玲珑,异常美丽,而且聪敏机智,善解人意。对于歌舞有一种特殊的感悟能力。无论多么复杂的歌舞,她不仅一学就会,并且能够超常发挥,那婉转清丽的歌喉,婀娜多姿的身段,使所有见过的人为之倾倒。由于她体轻如燕,舞姿似飞,故号曰飞燕。她的艳名在京师达官贵人中流传,自然也瞒不过成帝。于是,他为了一睹赵飞燕的芳容,借一次外出化装冶游的机会,悄悄溜到阳阿公主家里。阳阿公主竭诚招待,不用说赵飞燕的歌舞是非看不可的,成帝眼见她俏丽的容颜,优美的舞姿,耳听她动人的歌声,甜甜的话语,直觉得仿佛仙女自天外飞来,不由得如醉如痴。为了能够日日与她厮守在一起,就下令将其召入宫中,宠幸无比。不久,赵飞燕又将其妹赵合德引进宫中,成帝见妹妹比姐姐更娇艳动人,也下令收进宫中,姐妹"俱为健仔,贵倾后宫"①。一时间,成帝的心思全在她姐妹二人身上,对其他嫔妃不屑一顾。相形之下,真是"六宫粉黛无颜色"了。

许皇后被废之后,成帝一心一意想把赵飞燕立为皇后。无奈皇太后王政君嫌她出身卑微,坚决不予批准。急得成帝茶饭无心,愁眉不展。此时,太后姐姐之子淳于长正做侍中,在成帝身边服务,看准这是讨好皇帝的好机会,于是千方百计在太后面前为成帝说项,终于得到太后的认可。永始元年(公元前16年)四月,成帝先封赵飞燕的父亲赵临为成阳侯,改变她家卑微的身份,六月,就封她做了皇后。赵飞燕做了皇后,虽然获得了那个时代作为女人的最显赫的地位,但成帝对她的宠爱却大不如前。因为在成帝眼里,最

---

① 《汉书》卷97《外戚传》。

光彩照人的是她的妹妹。成帝封赵合德为昭仪,让其居住在昭阳宫中。为了讨她的欢心,命人将该宫精心装饰一番:中庭涂以彤朱之色,殿内油漆一新,门限以黄铜镶饰,并涂上黄金。上殿的阶梯以白玉砌成,殿内壁上露出的如带一般的横木以金环装饰,同时,嵌入蓝田玉璧、明珠、翠羽,其富丽奢侈,为后宫之最。赵飞燕姐妹虽然相继专宠后宫十多年,但谁也没生出孩子。姐妹二人明白,由于成帝的皇后嫔妃谁也没生出儿子,因而生子就成为巩固和提高自己地位的重要条件。为此,二人不惜冒险与其他男子偷情,以期生出挂在成帝名下的孩子。然而,天不从人愿,二人机关算尽,也没有能怀孕生子。绥和二年(公元前7年)春天,成帝暴病而亡。由于成帝身体素质强健,又值45岁之盛年,他的突然死去引起朝野的猜疑,一时间,议论纷纷,归罪于赵昭仪的纵欲无度。皇太后下令大司马王莽等朝廷有关官员对成帝死因进行调查,赵昭仪知道自己难脱干系,只得自杀以求解脱。

哀帝继位之后,赵飞燕被尊为皇太后。大概因为她在拥立哀帝问题上有功,所以终哀帝之世,总算保住了皇太后的位子。不过,哀帝即位仅仅数月,司隶校尉解光就上书皇帝,揭出成帝亲子被害的案件,矛头隐隐指向赵飞燕。上书中说,我命令属下的从事掾业和从事史望二人,验问知内情的掖庭狱丞籍武,不久前任中黄门的王舜、吴恭、靳严,在宫中任婢女的曹晓、道房、张弃,以及曾任赵昭仪御者的于客子、王偏、臧兼等人,都说曹宫是曹晓的女儿,曾任中宫史,精通史、诗,教授皇后。道房与曹宫结为同性夫妇,关系密切。元延元年(公元前12年),六七月的某一天,曹宫对道房说:"皇帝同我睡过觉。"后数月,曹晓入宫,见女儿肚子大起来,就问怎么回事,女儿回答:"我怀上了皇帝的孩子。"十月中旬,曹宫在掖庭的牛官令舍生下了一个男孩,有婢女六人侍候。随即中黄门田客持皇帝诏记,盛于缘色绨缯做的书囊中,封口盖有御史中丞的大印,交于籍武说:"取牛官令舍妇人新生的孩子和婢女六人,全部收系暴室狱中,不要问孩子是男是女,也不要问是谁的儿子!"籍武遵命将曹宫、新生儿及六个婢女一起收进暴室狱。曹宫对籍武恳求道:"请妥善藏好我儿的胎衣,您应该明白这孩子是谁的儿子啊!"三天以后,田客又持诏记与籍武,悄悄问:"那孩子死了么?请在简牍背面书告我。"籍武即在牍背面写上:"小孩仍在,没有死。"田客默然有顷,把籍武拉到室外,小声怒斥说:"皇上与昭仪十分震怒,为什么还不杀?"籍武伏地叩头,哭着说:"不杀这孩子,我知道自己活不成;杀了这孩子,我也活不成!"他请田客转奏自己给皇帝的上书,其中说:"陛下未有继嗣,儿子无贵贱,都是您的血胤,请留意吧!"奏入宫内,田客旋又持诏记予籍武说:"今夜漏上五刻之时,你抱持孩子交于王舜,地点是东交掖门。"籍武悄声问田客:"陛下见到我的上书,有什么表示?"田客神秘地说:"瞠目结舌。"籍武按时将孩子交给王舜,王舜根据成帝的诏命将孩子留在宫中,并为之选择了一个乳母抚养他。王舜嘱咐乳母:"精心养育这个孩子,有重赏。但千万不要将此事泄露出去!"王舜为孩子选定的这个乳母就是张弃。此时孩子已生下八九天了。三天后,田客又持诏记,封记与第一次一样,交与籍武。籍武见其中有一封着的小绿匣子,诏记的意思是:"告诉籍武将匣中的物品与书信交给狱中的妇人曹宫,由籍武监视她,将药喝下去。"籍武打开小匣子,见其中有两枚裹着的药丸,一张名曰赫蹏的薄纸上写着:"告诉伟能(即曹宫),必须将此药喝下去,不能再入宫中,一切你自己应该明白!"曹宫读毕,悲愤地说:"果然如此,她们姐妹兄弟想专擅天下!我的儿子额上有一撮粗壮的头发,很像孝元皇帝,她们容不下。现在孩子在哪里?他危在旦夕,怎么能让皇太后知道此事？"说完，即喝药自杀。接着，六个宫婢被召入宫。出来后对籍武说："昭仪说：'我知道你们无罪，但却不能活下去。你们是愿意在宫内自杀，还是愿意到宫外被杀？'我们愿意在宫内自杀。"说完皆自缢身死。籍武如实将情况上奏。张弃抚养那孩子11天后，宫长携诏书将他取走，再也不知他的下落了。还有许美人生子的问题。许美人住在上林涿沐馆，皇上数次召她到饰室，一年再三召幸，有时留数月或半年之久。元延二年（公元前11年）怀孕，当年十一月产下儿子。皇帝下诏中黄门靳严带儿科医生及五种和药丸三，送到美人住处。后来，昭仪御者于客子、王偏、臧兼，听昭仪对汉成帝说："你常骗我说你从中宫（皇后之宫）回来，如果是这样，许美人的儿子是怎么生出来的？难道许氏还要被立为皇后么？"她怒从中来，用手自己打自己，用头去撞击窗上的柱子，又从床上滚到地下，痛哭失声，不肯吃饭，怒气冲冲地对成帝说："你今天就设法安置我，我要回家去！"成帝也生气地说："今天有意将事情告诉你，你反倒怒气冲天，真是不可理喻！"成帝也拒绝用食。昭仪稍稍平静了一点儿，说："陛下早知如此，为什么不吃饭？陛下常发誓对我决不负心。今天美人竟生下儿子，这不是负约吗？为什么？"成帝讨好地说："因为与你们姐妹有约，所以不立许氏。我一定不让天下女子超出赵氏，你不必担忧就是了！"接着，成帝诏使靳严持绿囊盛书信送交许美人，并对靳严说："美人一定送东西给你，你收下放予饰室中门帘子外就可以了。"许美人用一苇子编织成的匣子放置所生子，将匣子封闭，与绿囊所盛书信一起交给靳严。靳严依成帝吩咐，将匣子与书信一起放置饰室帘子南面后离去。成帝与昭仪坐饰室内，命于客子开启匣子。客子还未解开封匣的绳子，成帝就将于客子、王偏和臧兼支使出去，自己关上门，独与昭仪在室内，不一会儿，又招呼于客子等三人，让他们将匣子封好,与绿色缯囊一起放置于屏风东。中黄门吴恭受命,将匣子与绿囊交给籍武,封缄上盖有御史中丞的印鉴。对籍武说:"告诉你,匣中有一死儿,你埋于僻静处,不要使人知晓。"籍武于是在监狱的院墙边挖一小坑,将孩子埋葬。王业、任婳、公孙习以前在长定宫许贵人、成都侯和平阿侯家做婢女,后免为庶人。不久,成帝召她们入宫,做了昭仪的私人婢女。成帝崩逝后,遗体还未入殓,悲哀中的昭仪自知罪恶深重,又明白王业等人曾为许贵人和王氏家族的婢女,怕她们把她的罪行泄露出去,就将大婢女羊子等赐给她们各10人,以使她们感到安慰、满意,同时,嘱咐她们不要说出昭仪一家的罪孽。元延二年(公元前11年)五月,原掖庭令吾丘遵对籍武说:

> 掖庭之中,丞吏以下吏员都与昭仪相通,没有什么人可以说点真心话,独独可以与你讲点私房话。我没有儿子,无所畏惧,你是有子嗣的人,恐怕不敢仗义执言吧?掖庭中的嫔妃宫女,凡为皇帝生子者就被杀死,因怀孕而被强令堕胎者更是不计其数,我想与你一起将此事告之当政的大臣,可是骠骑将军王根贪财受贿,不能与之计议大事,怎么设法让太后知道这些事情呢?

不久,吾丘病重,对籍武说:"我很快就要死了,以前讲的事情,你一个人恐怕办不了,切记守口如瓶!"

解光在讲述了上面的情况后,即要求对赵氏一家予以严惩。结果是哀帝下诏免去赵飞燕兄弟新成侯赵钦、侄儿成阳侯赵䜣的侯爵,贬为百姓。赵飞燕因拥立哀帝有功,暂时保住了皇太后的位子,但也只能在深宫之中遥望蓝天白云,过她寂寞难耐的日子。

解光讲述的两个赵氏害死皇子案,扑朔迷离,真假难辨。从情理推断,存在的可能不大。因为,一、封建皇帝个个希望有子嗣继承皇位,无子为大忌。成帝既然与许美人和曹宫生有儿子,且自己又完全了解其内幕,怎么会在赵昭仪挟持下杀害亲子呢?以皇帝的威严与权力,只要一纸诏书,就可以给曹宫一个倢伃、美人之类名号,名正言顺地确定孩子与自己的关系,完全用不着寻乳母偷偷抚养,更不可能屈服于赵昭仪的压力处死曹宫,使孩子不知所终。许美人的名分在那里,她与成帝生出儿子是天经地义,以成帝中年盼子的心情推断,此事完全应该大肆庆祝。即使碍于赵氏颜面低调处理,也不至于同赵氏一起杀死孩子。只要成帝还有常人的理智,此事是断断做不出来的。成帝乃祖刘邦年轻时风流成性,与情妇曹氏生子刘肥,做皇帝以后,公开承认与情妇的关系,又将齐国这一东方大国封给这个儿子。朝中大臣和嫔妃们谁也没有提出疑义。成帝与许美人和曹宫生子,总比刘邦与情妇生子更名正言顺吧! 二、成帝做皇帝时,王政君及王氏外戚已基本上控制了汉皇朝的大权,在成帝周围也有许多耳目,赵昭仪与成帝一起如此处置两个孩子,难道能一点不走漏风声? 王政君与王氏外戚盼望成帝生子的心情恐怕不亚于成帝自己,他们对成帝嫔妃怀孕生子之事肯定异常关注,中朝班子中不乏王氏族人、亲友,宫女队伍中亦不会缺少亲信,一个小小的赵昭仪,在如此环境中做出如此伤天害理之事而又能瞒过王氏外戚集团,几乎是不可能的。既然此事存在的可能性甚小,解光又为什么能编造出这样情节离奇、人证众多的宫闱秘闻? 而赵昭仪及身为皇后的赵飞燕又为什么不出来澄清真相,奋力抗争呢? 这里的原因其实更为简单:赵飞燕姐妹出身卑微,她们的发达靠的是成帝的色令智昏。成帝在位时虽然给了她们的外家以封侯的赏爵,但并未抓到任何实权,还形不成有力的奥援。与王氏外戚集团相比不可同日而语。她们的飞扬跋扈,靠的是成帝那杆硕大的保护伞。成帝一死,她们立即陷入孤立无援的困境,更由于她们姐妹在成帝在位时树敌太多,与嫔妃之间积怨甚深,成帝一死,落井下石者在在多有,众口铄金,使她们有口难辩。昭仪知道汉朝后宫那连栋以千百的屋宇再也没有她可以容身的空间,她也就只能以自杀求解脱,到地下去追随她亲爱的夫君了。解光审讯的这一案件,就是在此背景下出台的,那些全靠人证构成的案情,其可靠性是可想而知的。

汉成帝并不是如乃父般的糊涂皇帝,但是一个过于迷恋女色的荒唐皇帝。由于迷恋女色,他把本来属于自己,不可分割的最高权力,拱手让给了王氏外戚集团,并为之提供了发展势力、结党营私的环境和条件。由于迷恋女色,他终日生活在温柔之乡,不仅生不出儿子,而且在精壮之年撒手人寰。同时,过分迷恋女色,必然穷奢极欲,加速政治腐败的步伐。在位期间,他不顾连年自然灾害肆虐,广征民役,大修宫室,又在南山地区,西自褒斜(今陕西眉县南),东至弘农(今河南灵宝),北至长安,南到汉中的广大地区,圈占农田,设置猎场,其中,纵放各种畜兽,供他与一般达官贵人游猎。他两次更换寿陵陵址,浪费了大量的人力、物力和财力。由此,必然激化社会矛盾与阶级矛盾。就在他登基3年之后,铁官徒的暴动和农民的起义就接二连三地爆发,时间持续达10年之久。尽管这些暴动和起义最后都被一一镇压下去,但却表明:汉皇朝统治的根基已经动摇了。

由于汉成帝中年无子,他曾考虑让自己的弟弟定陶王刘康为皇位继承人,但因王氏外戚的阻止未能成功。后来,刘康早于成帝病逝。绥和元年(公元前8年),成帝已44岁,看来靠自己的皇后与嫔妃产下皇子的希望已十分渺茫,于是,决定在其同辈兄弟的儿子中选一位作为皇位继承人。其时,其弟中山王刘兴正值壮年,御史大夫孔光以殷朝王位继承中兄终弟及的例子为依据,建议立刘兴为继承人。因为成帝同中山王不睦,又是兄弟辈,所以不予考虑。成帝原来就与定陶王刘康兄弟情深,爱屋及乌,因而,对他的儿子刘欣情有独钟,加上此时刘欣的祖母傅太后对赵皇后和赵昭仪姐妹大量行贿,使二人在成帝面前为之说项,进一步坚定了成帝立刘欣为太子的决心。二月,成帝下达了立太子的诏书,其中说:

> 朕承太祖鸿业,奉宗庙二十五年,德不能绥理宇内,百姓怨望者众。不蒙天祐,至今未有继嗣,天下无所系心。观于往古近事之戒,祸乱之萌,皆由斯焉。定陶王欣于朕为子,慈仁孝顺,可以承天序,继祭祀,其立欣为皇太子。封中山王舅谏大夫冯参为宜乡侯,益中山国三万户,以慰其意。①

成帝的考虑似乎也周到,在立刘欣为太子的同时,增加了中山国三万户,目的大概在于使中山王刘兴心理比较平衡吧。成帝完成了预立太子的大事之后只一年零一个月,便于绥和二年(公元前7年)的三月逝去。

成帝在位的 26 年,是汉皇朝江河日下的 26 年,从政治、经济到社会秩序,均呈现日甚一日的衰败景象。即从皇位继承人的情况看,也使刘氏宗族感到"皇灵之不永"。西汉前期皇帝们多子多孙的兴旺景象此时不见了,衰颓的国势仿佛影响了皇族的生育功能。成帝生不出儿子,两个兄弟每人也只生了一个儿子,可供选择的皇位继承人实在太少了。成帝最后选中刘欣为继承人,是符合当时的礼制的。然而,较之成帝,他是更荒唐、更昏聩、更无能的帝王,在他手里,大汉皇朝只能加速江河日下的步伐,为虎视眈眈的

---

① 《汉书》卷10《成帝纪》。

王莽创造更有利的篡政的环境和条件。

## 3."一门十侯,五大司马",王家势力如日中天

上面提到,王氏外戚集团之所以能够崛起,是因为他们家族出了一个皇后王政君。而这个家族真正操纵朝政则是随着汉成帝登基的鼓乐开始的。建始元年(公元前32年),成帝登基伊始,他的长舅王凤就做了大司马大将军,领尚书事,"王氏之兴自凤始"①。因为,此时王凤的职务成为西汉皇朝的政治重心,所以有必要叙述一下它的来历。西汉一朝在汉武帝以前继承秦制,朝廷中央最重要的官吏是丞相。自刘邦为汉王在汉中地区建立政权时起,丞相的职位一直由皇帝最信任的大臣担任,萧何、曹参、陈平、王陵、周勃等都是汉朝前期的名相。担任丞相职务者一旦死去或因罪被杀、免,总是很快地任命新人来替代,不可空缺。相反,大司马大将军(或太尉)虽然号称与丞相同级的"三公"之一,但实际上它不仅不是政权的中枢,而且也不是常设的官职。除因军事需要而设置外,在军事告一段落以后往往弃置不设。汉武帝即位以后,为了加强自己的威权,削弱丞相的职能,不断加强尚书的权力,逐渐形成了新的决策机构中朝(或称内朝)。而以丞相为首的政府机构则逐渐失掉了决策权,变成了单纯的执行机构。本来,秦朝时,尚书是少府的属官,设尚书令、尚书仆射、尚书丞以及左右曹诸吏等,初步形成了自己的办事机构,但地位并不重要。汉武帝时,由于他有意识地提高尚书的权力,赋予它以决策的职能,权柄逐渐扩大。上

---

① 《汉书》卷98《元后传》。

面提到的石显任中书令时,已经是"贵幸倾朝"①了。成帝时正式建三公官,由丞相总理政务的中央政府一变而为司徒、司马、司空三公分权的中央政府。作为中朝的尚书的权力进一步扩大,尚书员额增至五人,分工管理公卿、郡国、吏民上书、外国夷狄及断狱等事务,正式组成了宫廷内的政治机构。但是,尚书在名义上仍然属于少府,且秩级很低,仅为千石之官,与丞相地位相差太远。为了使中朝的首领与丞相旗鼓相当,汉武帝于是改太尉为大司马,冠以将军称号,再加上一个领尚书事的加官头衔,让他做中朝的首领,中朝的地位就大大提高了。与此同时,汉武帝及以后的皇帝还把领尚书事的加官赐予其他亲信,让他们参与决策。如此一来,在汉武帝以后,不管什么官职,只要兼领尚书事,他就进入了政权的中枢。在丞相(外朝)与中朝权力的转换中,霍光是一个转折式的关键人物。在霍光之前,西汉历史上担任太尉或大司马大将军者共七人,他们依次是卢绾、周勃、灌婴、周亚夫、田蚡、卫青、霍去病。其中,除卫青在任 13 年,周亚夫在任 7 年外,其他无一人任职超过 2 年。自霍光于武帝后元二年(公元前 87 年),任大司马大将军之后,发生了两个重要变化:一是大司马大将军成为一种常设的官职;二是由于担任此职的人大都兼领尚书事,因而,汉朝中央政府的重心就由丞相府彻底转移到大司马大将军领导的中朝那里去了。霍光是西汉历史上任大司马大将军时间最长的一个。其后,终西汉之世,担任此职的都是外戚,而且几乎每个人都有着权倾朝野的威势。王凤担当这一职务,标志着王氏外戚专擅朝政的开始。

建始元年(公元前 32 年)夏天,黄色的大雾突然荫天蔽日,一天没有消散。生活在董仲舒倡导的"天人感应"氛围中的人们,对

---

① 《汉书》卷 93《石显传》。

于这一不多见的天候现象自然生出许多联想。刚刚登上帝位的汉成帝比别人更敏感，就向谏大夫杨兴、博士驷胜询问天象出现变异的原因。这两位儒生对王氏外戚势力的急剧膨胀忧心忡忡，于是，借机发挥说："黄雾是阴气盛而侵阳气的表现。高祖在世时曾有誓约，非功臣不封侯，今天太后的兄弟们都以无功而封侯，这不符合高祖的誓约，也是外戚中从未有过的，所以上天以变异见告。"①成帝又征询别的臣子的看法，不少人都附和杨兴与驷胜的意见。面对朝中舆论上的压力，王凤有些害怕。为了对变异和臣子们的舆论有个交代，更重要的是要试一下外甥皇帝对自己的态度，于是来个以退为进的策略，向成帝递上了辞呈。其中说：

> 陛下即位以后，倾慕殷朝高宗居丧缄默不言，不理政事，故而诏命臣凤典领尚书事，主持国家政务。我在任内，上不能显扬陛下的圣德，下不能刷新政治。现在天象异常，错误都应在臣下的身上，应当对我明正典刑，以谢天下。今天，陛下缄默之期已过，丧仪也已完毕，应该亲理万机，主持国家政务，以副上天之望。

最后提出了辞职的要求。成帝一方面感到王凤无错误可言，另一方面又怕批准他辞职会伤老母的心，更重要的是成帝也找不到一个可以替代王凤的人，于是对他的这位老舅报以热情的挽留：

> 朕承先帝圣绪，涉道未深，不明事情，是以阴阳错缪，日月无光，赤黄之气，充塞天下。咎在朕躬。今大将军乃引过自予，欲上尚书事，归大将军印绶，罢大司马官，是明朕之不德

---

① 《汉书》卷98《元后传》。

也。朕委将军以事，诚欲庶几有成，显先祖之功德。将军其专
心固意，辅朕之不逮，毋有所疑。

这里，成帝把一切责任都揽在自己身上，要求他老舅放心大胆
地主持朝政，使王凤不仅渡过了一次小小的政治危机，而且进一步
巩固了自己的政治权力。成帝迷恋女色，懒得过问繁杂的国家政
务，放心地将一切军国政务交给王凤处理，王氏外戚集团变成了大
汉皇朝的实际当国者。河平元年（公元前 28 年），王政君的同母
弟、时任诸吏散骑的安成侯王崇病逝，她哀痛不已。王崇遗腹子王
奉世出生后，太后立即下诏让他承袭爵位。第二年，在太后的示意
下，成帝一次下诏封舅父王谭为平阿侯，王商为成都侯，王立为红
阳侯，王根为曲阳侯，王逢时为高平侯。因五人同日封侯，故世谓
之"五侯"。至此，太后的几个兄弟们，除王曼早逝外，其余都得到
了侯爵。但是，太后意犹未尽。她的母亲李氏，因与父亲王禁不
和，更嫁苟宾为妻，生一男名参，不久，苟宾死去，李氏寡居。王政
君做皇后之后，要求父亲王禁召还其母。同时，又要求儿子援田蚡
作为汉景帝皇后同母异父兄弟封侯之列，封苟参为侯爵。成帝认
为当年封田蚡为侯不合朝廷礼制，未予封赏，但任命苟参做了侍中
水衡都尉，这是一个油水很大的肥缺。成帝登基仅五六年，王氏一
家就有七人封侯，"子弟皆卿大夫侍中诸曹，分据势官满朝廷"[1]，
成为西汉建国以来继吕氏、霍氏之后权势最大的外戚集团。没有
这个集团的参与和认可，身为皇帝的汉成帝连一件小事也办不了。
"大将军凤用事，上遂廉让无所专"[2]，实际上被剥夺了作为皇帝的
最高权力。有一次，成帝周围的人推荐光禄大夫刘向的小儿子刘

---

① 《汉书》卷98《元后传》。
② 《汉书》卷98《元后传》。

歆学识渊博,才能卓异,建议成帝给他一个职务,放在身边服务。成帝命人召刘歆进宫,与之交谈。刘歆的父亲刘向是当时著名的古文经学的大师,在经史方面有很高的造诣。刘歆从小受父亲熏陶调教,在经、史、文学等方面皆有深厚的修养,是第一流的学问家,在成帝面前,风华正茂的刘歆诵读诗赋,讲论经书,旁征博引,侃侃而谈,一下子拉近了与成帝的距离。成帝十分喜欢这个年轻的学者。就决定任命刘歆做中常侍,一个秩级约千石的加官,以便留在身边服务。成帝命人取来中常侍的官服,准备即刻举行一个简单的就职仪式。谁知成帝周围的人异口同声说:"此事还未报告大将军,不宜仓促决定。"成帝有点不以为然,说:"这等小事,何必麻烦大将军?"左右之人齐刷刷跪在地上,力劝成帝先告知王凤。成帝于是暂时搁置对刘歆的任命。不久,他在与王凤会面时提起此事,谁知王凤坚决不同意,成帝也无可奈何,只能屈从于王凤。一个皇帝,连人事方面的如此区区小事都无权定夺,他的权力不等于被剥夺净尽了么!

令成帝难堪的事情一桩接着一桩。

不久,王凤与任丞相的王商发生了冲突。王商字子威,涿郡蠡吾(今河北肃宁西)人,后徙至杜陵(今西安市东南)。其姑母为汉宣帝的母亲,因而宣帝时其父王武封为乐昌侯,其伯父王元故封为平昌侯。王商年少时为太子中庶子,在太子刘奭跟前服务,其父死后,他嗣爵为乐昌侯,由于"推财以分异母诸弟,身无所受,居丧哀慽"①,很为大臣们所推崇,被拔擢为侍中中郎将。元帝时,升官至右将军、光禄大夫。元帝晚年,曾打算改易太子,王商以外戚重臣的身份辅政,劝谏元帝打消了这个念头,从而保住了刘骜的太子地

---

① 《汉书》卷82《王商传》。

位。显然，王商不仅有功于成帝，也有恩于王氏外戚一家。成帝即位以后，自然十分敬重王商，升其为左将军。此时，由于王凤以大将军领尚书事，专断朝政，就与王商发生了不可避免的冲突。建始三年(公元前30年)秋天，京师长安的百姓无故互相惊扰，传言大水将到，人们纷纷逃难，互相践踏，老弱呼叫，长安城中一片混乱。成帝亲自召集公卿大臣，商量对策。王凤建议立即请太后、天子与后宫嫔妃上船，通知官员百姓登城墙避水。与会群臣皆附和王凤的建议。独有王商持疑义，他说："自古以来，就是无道之国，也没有大水淹没城郭之事。现在政治和平，没有战争，上下都非常安定，为什么会有大水突然降临？这必然是讹言相传，不应下令百姓上城，以免无故惊扰。"成帝认为王商的意见有道理，要求官员百姓镇定。不一会儿，长安城中安静下来，经查问，果然是谣言。成帝对于王商的镇定冷静大为赞赏，多次当着群臣的面赞扬他。相比之下，王凤十分尴尬，后悔失言，也迁怒于王商。第二年，王商代匡衡为丞相，增加封户一千，成帝对他愈加尊重。河平四年(公元前25年)，匈奴单于前来朝见，在白虎殿引见。王商在未央宫中接见他，一番交谈，单于佩服得五体投地。离开时，单于面向王商，慢慢后退而出。成帝知晓这一情况后，不由赞叹说："他真显示了大汉丞相的风采呀!"王凤听到此事后，自然心里不是滋味。不久，王凤与王商发生了正面冲突。王凤与琅邪太守杨肜为儿女亲家，这一年，该郡发生了14起灾害，上报丞相府以后，王商令部下稽查，准备惩治。王凤为杨肜讲情，对王商说："灾异是老天爷的事儿，不是人自己造成的，并且，杨肜一直是一个能干的官吏，这次就不要惩罚，让他以后努力干事吧。"谁知王商不给王凤面子，竟下令免去杨肜的官职。至此，王凤感到王商是自己专权的障碍，决心除掉他，于是，派人秘密收集他的罪证材料。很快，王凤就借一桩"闺门内事"向王商发难。事情的原委是这样的：成帝即位之初，太后下诏问王商女儿的情况，打算将她纳入后宫。当时，女儿生病，王商也不想让女儿到那个销蚀青春的地方，就以女儿生病为由，拒绝了太后的要求。不想，王凤却抓住此事大做文章，使人上书成帝，状告王商对天子不忠。成帝认为此乃"暗昧之过"，不过是小事一桩，不值得因之而损伤大臣。王凤却坚持认为此事乃原则问题，必须追查到底，施以严惩。成帝拗不过他，只得将此案交司隶校尉处理。王商知道王凤心狠手毒，自己对女儿入宫一事的处置亦欠周详，惶恐之中，决定纳女入宫以为奥援，于是，希图通过成帝一时宠幸的李倢伃之家使女儿与成帝相见，以实施这一构想。然而，这一着恰恰使王商自入困境。此案正调查中，满朝已闹得沸沸扬扬，正巧，发生了日食。时任太中大夫的蜀郡人张匡看到这是一个讨好王凤的绝好时机，即刻上书愿对朝中执政大臣陈说日食之咎，左将军史丹受命听取张匡的意见。张匡于是肆无忌惮地罗列罪状，对王商进行不遗余力的攻击。他说：

> 我私自观察，丞相王商作威作福，从外挟制皇上，意欲所行，总能达到目的。他生性残贼不仁，经常密遣小吏迅速私求别人罪过，加以严惩，以此树立自己的威严，天下深患其苦。前时频阳（今陕西耀县东）人耿定上书，揭发王商与其父婢女私通，另外其妹淫乱，杀掉奸夫，怀疑为王商教唆。此章奏交主管官员审处，王商十分怨恨。王商之子王俊打算上书告发父亲，王俊妻为左将军史丹之女，她持书于史丹，史丹厌恶王商父子乖戾忤逆，请求王商让女儿离开这个家庭。王商不能尽忠纳善以辅佐君王达于至德，虽知皇帝崇尚孝道，远别女色，后宫之事皆听命皇太后，太后听说他有一女，想将其纳入

后宫，他却以女儿有病为由加以拒绝。待耿定上书弹劾，他又违制通过李贵人家纳其女入后宫。这一切，说明王商以左道旁门搅乱政治，欺君罔上背离臣子之节，上天正为此而出现日食。……从前丞相周勃以诛除诸吕再建大功，到孝文帝时因表示了小小的一点不满，日食就出现了，为此立即让周勃去职回到自己的封地，终于避免了大的忧患。今天，王商于国家无尺寸之功，而其家三世蒙朝廷宠幸，身为三公，宗族为列侯、吏二千石、侍中诸曹等高官，在宫禁内服务，与诸侯王连婚，权力和宠幸达到极点。今审查王商有祸乱朝政，冤杀无辜，怨恨皇上之罪，理应彻底追查，予以严惩。臣听说，秦国丞相吕不韦见秦王无子，企图拥有秦国，于是觅漂亮的女人为妻，待密知其有身孕后献给了秦王，结果生下了始皇帝。楚国宰相春申君也看到楚王无子，就想占夺楚国，遂即将已怀孕的妻子献给国君而生下怀王。汉朝建立以来，曾遭遇吕氏、霍氏之祸，今天王商本性不仁，又因怨恨之事纳女入后宫，其中的奸谋实在难以测度。以前景帝朝发生吴楚七国之乱时，将军周亚夫认为如果反叛者得到洛阳大侠剧孟，关东之地就不是朝廷的了。今日王商宗族的权势，皆不下巨万，私奴以千计，不是剧孟匹夫之辈所能比拟。况且，失道达于极点，亲戚也会背叛，家中发生内乱，父子也互相攻讦，希望如此之人辅佐皇上宣明圣德，以广教化，协和海内，安定百姓，岂不荒谬之极么！王商任丞相五年以来，不仅政绩每况愈下，而且有大奸大恶显于百姓中，实在是亏损皇上盛德，有损国典。臣愚以为，皇上正年富力强，即位以来，还没有建立惩罚奸恶的威权，加上继嗣未立，罕见的灾异屡屡出现，在此形势下，尤其应该诛除讨伐那些不忠的臣子，以遏抑还未发生的不测事件。只要一人受到惩罚，必将引起海内震动,百奸之路也就堵塞了。

史丹看到正是借机向王凤讨好靠拢的千载难逢之时,于是联合朝中一批趋炎附势的官吏,落井下石,上奏成帝,要求严惩王商:

> 王商位至三公,爵为列侯,亲受皇上之诏策为天下师表,却不遵守朝廷法度以辅翼国家社稷,反而凶险丑恶以权谋私,执左道以乱国政,为臣不忠,罔上不道。……臣请皇上下诏,命谒者召王商到若卢之狱,听候处置。①

成帝素来器重王商,明白张匡的上书包藏祸心,下令不予追究。可是,禁不住王凤的要挟,只得勉强同意免去王商的丞相之职。王商又气又恼,三日后即"发病殴血"而死了。平心而论,王商这个人无论就品格和才能而言,都没有多少值得称道的地方。他以外戚起家,在元帝废立太子问题上党与元后。成帝即位后又不甘屈居王凤之下予取予求,想惩办渎职之吏却不能坚持到底,受到王凤一伙的排陷后不是通过正道据理力争,没有利用成帝对自己信任的有利条件进行堂堂正正的拮抗,相反,而是希冀以纳女入宫的邪门歪道使自己摆脱险境,结果是一直无法脱出被动局面,最后造成官去人亡的悲剧。在此事件中,以王凤为首的王氏外戚集团的刻薄寡恩、凶险无情的嘴脸也得到充分的暴露。尽管王商有恩于王氏,尽管他的存在对王氏外戚集团构不成根本性的威胁,但是,只要他不愿俯首帖耳听命于己,只要他对自己的专权稍示疑义,王凤也要毫不犹豫地加以清除。因为在他们看来,容忍一个异己分子就可能为其他异己分子留下榜样,就会给王氏外戚集团的

---

① 《汉书》卷82《史丹传》。

专政擅权留下后患。所以，王凤不仅置王商于死地，而且将其在中枢任职的亲族一个不留地逐出了京师。

成帝继位数年，未生下皇子，又常感身体不适，小病不断。一次，他的弟弟定陶王刘康来朝，王政君与成帝秉承元帝的遗意，对刘康特别另眼相看，赏赐十倍于他王，不因当年元帝有以刘康代成帝为太子之事而介意。刘康朝见后，依礼仪规定应定期回归封地，成帝将他留下，不让回国。并深情地对他说："我至今没有儿子，身体又不太好，人命无常，不必讳言，一朝有不测，就再也不能相见了。愿你长期留下来陪伴我吧！"此后，成帝身体每况愈下，刘康就留在京城的定陶王国邸，且夕在成帝身边侍候，成帝对他也更加亲近倚重。此事被王凤看在眼里，他担心精明强壮的刘康留在成帝身边会妨碍自己的专权，就决定寻机将他赶出京师。恰巧，不久出现日食。王凤抓住机会，对成帝说："日食出现，表明阴胜过阳，是一种非常的变异。定陶王与陛下虽为亲兄弟，但按照礼仪应当驻在封国。现在长留京师，违犯了正常的规定，所以才出现日食以示警告。因此，应该立即命定陶王归返封国。"成帝内心虽不情愿，但又不敢对王凤的意见表示疑义，只得同意照王凤的意思办。这弟兄二人只得"相对涕泣而决"①。这件事朝中大臣们看在眼里，但谁也不敢站出来指责王凤专权欺主。此时，刚直敢言的王章正做京兆尹，为首都的行政长官。他对王凤的所作所为实在看不下去，也借日食上书言事，认为王凤逼使成帝遣定陶王归国包藏祸心。上书句句说到成帝的心坎上，他立即下令召见王章，以详细询问他对政事的看法。王章直言不讳地揭露王凤欺主罔上，专权自恣的罪行，要求罢免王凤，选贤能之人接替他的职务。王章说：

---

① 《汉书》卷98《元后传》。

上天聪明正直，保护善行，惩罚恶行，以符端和灾异显示自己的意志。今天陛下因自己未有继嗣，所以亲近定陶王，目的是为了宗庙社稷，是上顺天心，下安百姓的善事，按理应当有祥瑞出现，实际上来的却是灾异，这是为什么？实际上，所以出现灾异，是大臣专政的缘故。听说大将军将日食之出归咎于定陶王，并建议遣之归国，目的就是使天子孤立无援，以便于自己专擅朝政，谋取私利，这不是忠臣的所作所为。说到日食，的确是阴侵阳，应在臣子专权，侵害君威。今天，国家政事，不论大小都由王凤决定，天子一件事也管不着，王凤不内省自责，反而归咎善人，使定陶王远离天子。而且，王凤欺罔君主，诬陷大臣，并非一事。前丞相乐昌侯王商，本是先帝的外家，品德高尚，在群臣百姓中又有威望，出将入相，是国家的柱石之臣，就因为他忠正不阿，不肯屈节随王凤俯仰，就被王凤以闺门之事罢免，最后在忧郁愤懑中死去，百姓都对他非常同情。还有，王凤明知他的小妾之妹张美人曾经嫁人，按礼不能够再侍奉皇帝，可是，他以张美人能够生儿子为理由，硬将她纳入后宫，目的是为他的妻妹谋取荣华富贵。后来张美人也未生出儿子，可见王凤所说并不真实。据说，羌胡等夷狄尚且杀死妻子所生第一个儿子，目的是不使杂入异姓血统，当今堂堂天子，怎么能接受已婚之女为嫔妃呢！以上所举三件事皆非小事，都是陛下所亲历自见，由此举足可以推知其他事。王凤的所作所为，表明他不宜主持朝政，应该罢免他的大司马大将军之职，到封地闭门思过，选拔忠正贤明的臣子取代他的职位。

罢斥丞相王商，逐定陶王刘康出京师，两事皆出自王凤的主张,深拂成帝之意。成帝虽勉强允准,内心却忧愤难平。如今听了王章一番肺腑之言,仿佛豁然感悟,毅然决定接受他的意见。他动情地对王章说:"要是没有京兆尹的这番直言相告,我是难以听到为社稷着想的忠言谠论的!古语说,唯有贤者能认识贤者,请君为我推荐一个辅弼的贤明之人吧。"王章于是立即上书,向成帝推荐中山孝王刘兴的舅父,时任琅邪太守的冯野王,赞扬他"先帝时历二卿,忠信质直,智谋有余"①,能够辅佐君王成大事。成帝为太子时就多次听说冯野王是名臣,声誉远过王凤,此次经王章提及,遂准备以他取代王凤。这里有必要介绍一下冯野王这个人物。他是上党潞(今山西黎城南)人,其父冯奉世为昭、宣、元时期的名将,曾立功西域,敉平过陇西羌人的反叛,官至左将军、光禄勋。冯野王为冯奉世的第三个儿子,其长姊为元帝昭仪,中山孝王的生母。野王年少时从博士受业,是一个通晓《诗经》的儒生。曾任太子中庶子,后任当阳(今湖北荆门南)长,继升栎阳(今陕西富平东南)令,迁夏阳(今陕西韩城南)令。元帝时升任陇西(今甘肃临洮一带)太守,因政声卓异,擢升左冯翊(今陕西西安以北地区)。在任期间,惩治贪污,澄清吏治,雷厉风行,建立了很高的威望,因而晋升为九卿之一的大鸿胪。数年后,御史大夫李延寿病逝,朝中官吏都推荐冯野王继任。但元帝斟酌再三,没有任命他当此职,为的是避任人唯亲之嫌。成帝继位以后,有人上书成帝,认为冯野王为中山王之舅,依制不应该任九卿之官,于是以原秩出任上郡(今陕北一带太守),不久转为琅邪太守,所到之处,都留下了令人称道的政绩。以这样一个人来取代王凤掌握汉皇朝的政柄,在成帝看来自然是一种比较理想的选择。然而,王章没有料到,他的建议不仅

---

① 《汉书》卷98《元后传》。

给自己带来杀身之祸,也使冯野王丢了官。

本来,汉成帝与王章谋划以冯野王取代王凤都是在避开他人的情况下秘密进行的,但是,仍然走漏了风声。因为此时王政君叔父王弘的儿子王音正作为侍中在成帝身边服务,实际上是王凤的耳目。他见成帝每次召见王章都极为诡秘,就设法留在不易被发现的地方谛听,对成帝与王章谋划的内容一一知晓,并随时向王凤报告。王凤了解全部实情后,气得火冒三丈。于是又拿出对付他这个做皇帝的外甥的老办法,叫作"称病出就第,上疏乞骸骨"。他在上疏中说:

> 臣才能低下,又愚笨刚直,因为外戚之家,兄弟七人都封为列侯,宗族蒙朝廷大恩,赏赐不计其数。辅政已经七年,国家委以军国大事,所有建议即刻采纳,所荐士人大都得到任用。但是,七年之间却无一善政,以致阴阳不调,灾异屡屡出现,责任在臣奉职无能,这是臣当辞职的第一个原因。《五经》传记所载,经师所作论说,都以日食出现应在大臣任非其人……这是臣当辞职的第二个原因。河平以来,臣久病连年,数次离任休息,空废职任,徒受禄秩,这是臣当辞职的第三个原因。陛下因皇太后之故,不忍心对臣加以废黜,但臣却自知应该流放远方。不过,臣又慎重考虑,唯恐兄弟宗族因我之故而蒙受不测之祸,所以宁愿杀身碎骨死于天子脚下,不想因无正当理由而生远离宫门之心。近一年多时间,我疾病加剧,日甚一日,难以实现自己的大愿,只希望允我全身而退,归家调养,幸赖陛下神灵,死神远遁,仅历月余,身体逐步康复,又能襄赞帷幄,不然的话,这把老骨头,一定埋于沟壑了。臣以不才蒙陛下私爱,天下都知道受国恩之深,今以病得以安全归

养,天下都知道臣荷圣恩而被怜受,必然更加尊仰陛下的威德。这样,臣之进退都维护了国家朝廷的声威,臣子万民都不会有丝毫非议。唯恭请陛下体味臣之苦衷,批准臣辞职的请求。①

这篇上书处处为成帝着想,宁愿牺牲个人而维护朝廷的尊严,摆着一副"忠而见疑,信而遭谤"的孤苦无告的情态,实在令人同情。太后知道王凤上书的内容后,难过得流下热泪,连饭也吃不下了。面对此情此景,历来缺乏决断的成帝犹豫起来,同时又忆起小时候与这位长舅的亲昵之情,于是以冯野王替代王凤的决心彻底动摇。他回书王凤,挽留他继续担任现职,其中说:"朕秉事不明,政事多阙,故天变屡臻,咸在朕躬。将军乃深引过自予,欲乞骸骨而退,则朕何嚣焉……务专精神,安心自持,期于亟瘳,称朕意焉。"②王凤以退为进的策略又一次奏效,舅舅战胜了外甥。王凤得到成帝的回书后,霍然而起,立即向策划此次密谋的王章施以最严厉的报复。他指使尚书劾奏王章,罪行是两条:一是明明知道冯野王作为王舅不宜在朝廷任职,所以出任地方官,仍然私下向皇帝推荐,目的就是让他以朝官的身份勾结诸侯王;二是明知张美人得到皇上宠幸,而故意引证羌胡杀子荡肠的典故加以影射,非臣子所当言。遂即将王章交司法官吏审理,唯王凤之马首是瞻的廷尉心领神会,毫不犹豫地将王章定了个"大逆罪",罪名是"比上夷狄,欲绝继嗣之端;背叛天子,私为定陶王"。其实这两条都是"欲加之罪",真正的罪名应是谋划推倒王凤,王凤没有推倒,王章的命运也就决定了:他自己毙死狱中,妻子也流放合浦(今广西合浦

① 《汉书》卷98《元后传》。
② 《汉书》卷98《元后传》。

北),落得个家破人亡。处死王章,王凤仍然难消心头之恨,同时把复仇的目光指向了冯野王。本来,冯野王远在琅邪任职,他本人并没有参与王章的谋划,只是在王章案发后,他才知道自己被牵扯进去。内心恐惧非常,懊恼致病。按规定他请了三个月的病假,与妻子一起回到故乡杜陵(今陕西西安西南)医病。此举正好被王凤找到了弹劾的理由,他立即讽喻御史中丞劾奏冯野王"赐告养病而私自便,持虎符出界归家,奉诏不敬"①,要求对冯野王加以惩处。这又是一条"欲加之罪"。因为汉朝的行政法规并没有不准官吏回故乡治病的规定。当时杜钦正在王凤幕中服务,他对冯野王父子两代的人品才能十分钦佩,对王凤千方百计加害于冯野王不满,出于同情,诚恳劝谏王凤对冯高抬贵手,特别指出私自出郡不违犯汉朝法律,希望王凤本着"刑赏大信,不可不慎"②的原则对冯野王予以宽宥。但王凤坚决不听,下令免去冯的太守之职,并且由此形成了一条新的行政法规:"郡国二千石病赐告不得归家。"③不过,由于冯野王毕竟是中山王的外戚,也没有参加倒王凤的密谋,所以结局较之王章好得多,不仅得以居家善终,爵位也保留下来并传之子孙。

王章与冯野王的事件向天下臣民传达了一个重要信息:王氏外戚集团已牢牢地控制了西汉皇朝的军政大权,如想得到荣华富贵,就必须投到他家门下,与之对抗,无异以卵击石。由是,王氏外戚集团的地位和威势得到了进一步的巩固、扩展,上了一个新台阶。《汉书·元后传》描写王氏一家炙手可热的气势说:

---

① 《汉书》卷79《冯野王》。
② 《汉书》卷79《冯野王》。
③ 《汉书》卷98《元后传》。

75

自是公卿见凤，侧目而视，郡国守相刺史皆出其门。又以侍中太仆音为御史大夫，列于三公。而五侯群弟，争为奢侈，赂遗珍宝，四面而至；后庭姬妾，各数十人，僮奴以千百数，罗钟磬，舞郑女，作倡优，狗马驰逐；大治第室，起土山渐台，洞门高廊阁道，连属弥望。百姓歌之曰："五侯初起，曲阳最怒，坏决高都，连竟外杜，土山渐台西白虎。"其奢僭如此。①

王凤任大司马大将军领尚书事共 11 年，由于他的苦心经营，王氏外戚集团在朝野形成了盘根错节的势力。他牢牢控制最高权力，决不准异己力量染指。但他不胡来，使西汉的政治基本上在有序的状态下运行；他的家族兄弟子侄虽然争相奢侈，但并不昏聩，他们大都能"通敏人事，好士养贤，倾财施予"②，颇能赢得士林的好感。所以，尽管有些反对派人士力图攫取王凤手中的权力，但因势单力薄，终难形成气候。

阳朔三年（公元前 22 年）秋天，王凤一病不起，成帝数次亲自到他的府第慰问，拉着他的手，泣不成声，悄声问："大将军病成这个样子，如发生不可测之事，平阿侯王谭可代将军辅政吗？"王凤也流着眼泪，轻轻摇着头说："王谭等人虽与臣属至亲兄弟，但行为奢侈僭越，不能以表率作用率导百官和百姓，不如御史大夫王音谨慎严肃，臣愿以死保荐他。"王凤临死前，上疏向成帝谢恩，再一次保荐王音接替自己的职务，同时，力言王谭、王商、王崇、王立、王根等五个亲兄弟不能重用，得到成帝的首肯。王凤临死时宁肯推荐叔伯兄弟代替自己而不肯偏爱自己的亲兄弟，其中，既有感情的因素，也显示了他的知人之明。王谭这个人一直自视甚高，傲视一

---

① 《汉书》卷98《元后传》。
② 《汉书》卷98《元后传》。

切,不把兄长王凤放在眼里,不肯折节侍奉王凤。而王音这个人与之相反,对王凤毕恭毕敬,犹如儿子侍奉父亲,特别是在其为侍中时,首先侦悉王章倒王凤的密谋,向王凤报告,使之精心策划了反击措施,从而保住了大司马大将军的位子,因而赢得了王凤的信任。

王凤死后,成帝依王凤的推荐任命王音为大司马车骑将军领尚书事,而仅任命王谭位特进,领城门兵。这是王谭始料不及的。因为王谭在王氏兄弟中排行第三,由于老二王曼已逝,此时在王氏兄弟中就属他年长了,环顾左右,他认为王凤的位子非己莫属。可是,等任命的诏书下达,他只得了个领城门兵的实缺官,内心自然是愤愤不平。平心而论,这个官儿等于首都的卫戍司令,不是皇帝的亲信,一般人是可望而不可即的。但是,对于一心觊觎大司马位子的王谭来说,担任此官就太感委屈了。这时,党与王氏集团的安定(今宁夏固原地区)太守谷永很为王谭抱不平,就致书于他,劝他不接受这一职务,以让成帝与王音知道自己的不满。书中说:

> 君侯有着周公、召公的品德,具备管仲和晏婴的操行和才能,敬重贤人,折节下士,乐行善事不倦,早就应该居上将之位了,因大将军在职,故而郁郁于家,不得一展积愤。今大将军不幸早逝,论亲疏,讲才能,大将军的位子理应由君侯接任。所以,任命之诏颁布时,京师士大夫皆怅然失望。此等结果之出现,全因谷永等愚蠢拙劣,不能襃扬君侯功德于万一。任命君侯以特进领城门兵,这是让车骑将军从容大度秉政于中枢,而要皇上的至亲贤舅在外做管理城门龠匙的小事,愚臣实在不能为君侯高兴呀。依我之见,君侯应坚决表示辞职,自谦浅薄不足以担当城门守备之责,以求获得当年太伯让位于王季

那样谦让的美名,以谦谦君子的姿态,闭门高枕,才是智者首要的选择。愿君侯与阅历丰厚之人详细计议,小子认为君侯应采取这样的策略。

王谭得谷永书信后大为感动,遂决定辞让对自己的任命。王音知道王谭坚不受命是针对自己来的,心中很不高兴,二人的矛盾终生也没有解开。

王音虽然代王凤秉政,但他明白自己的身份和处境,他不是成帝的亲舅,关系就远着一层;成帝的六个亲舅对自己不买账,办起事来就不会十分顺当。因此,他处处小心谨慎,保证行政不出大的纰漏。经过一年多时间,成帝对他的辅政还觉满意,于是下诏封王音为安阳侯,食邑与王氏五侯等同,皆为 3 000 户,至此,王音在爵位上才达到五侯的同等位置。尽管王音小心翼翼地辅政,但由于他不具备王凤的威望和手段,特别对五侯之家的奢僭难以干预,结果还是出了问题,引来成帝的严厉责难。事情出在王商和王根身上。当初,成都侯王商生病时,医生主张避暑疗养,他就向成帝借光明宫暂住,此举已非臣子之所为。后来,他又私自命人穿决长安城,将沣水引入自己府第的湖泊中,以便利其行船自娱。他在船上设置羽盖,张设帷幕,让击楫之人高唱越人之歌。一次,成帝来到王商府第,见湖水穿城引入,十分不满,记在心中,没有发作。又一次,他化装出宫,从曲阳侯王根的府第旁边经过,看见其花园中土山上渐台的建筑酷似白虎殿,立即龙颜大怒,严厉质问王音为什么对如此僭越之事熟视无睹,不予处理。王商、王根知道皇帝震怒后,恐惶之中,打算自己施以黥刑和劓刑,然后双双到太后面前谢罪。成帝知悉后,更加愤怒,立即命尚书责问司隶校尉和京兆尹:"你们明知成都侯王商擅自穿决长安城,引沣水入第,曲阳侯王根骄奢淫逸,僭越罔上,赤色台阶,青画大门刻连环文,红阳侯王立父子藏匿奸猾亡命之徒,指使宾客为群盗,却放纵不举,不施之以法!"司隶校尉和京兆尹吓得赶忙入宫,在成帝面前叩头自省待罪。又赐策书给王音说:"外家为何甘愿乐于祸败,而竟打算自施黥、劓之刑,自取辱于皇太后面前,伤慈母之心,以危乱国家!外家宗族强盛,朕一身积弱日久,今天我将一并施刑。命君召集王氏诸侯,在大司马府第以待诏命。"同日,成帝还命尚书奏上文帝诛杀其舅薄昭故事,摆出要对他的三个舅父施以严刑的架势。王音知道事情严重,赶快端坐柴草上请罪,王商、王根和王立则皆负斧到成帝面前谢罪。但成帝既无乃祖文帝的英明,更缺乏文帝的决断,面对四位请罪就诛的舅父,想到年迈的母亲,他的心又软了下来,下令赦免了他们。王氏外戚集团又渡过了一次政治危机,在皇太后的庇护下,他们的权势和财富并未受到丝毫损失。

平阿侯王谭因未争得大司马的位子,抑郁而终,他的儿子王仁嗣爵。此时,太后王政君的几个兄弟,包括叔伯兄弟王音皆获得侯爵,唯独早逝的王曼未得爵位,儿子王莽也因年少幼孤未赶上赐封。太后每每为此感到过意不去,时时念叨。王谭、王音等这些王莽的叔叔们也多次称赞王莽。在太后的授意下,成帝于永始元年(公元前 16 年),下诏追封王曼为新都哀侯,而由王莽嗣爵为新都侯。紧接着,又封太后的外甥淳于长为定陵侯,至此,王氏外戚及亲属中已有 10 人获得侯爵。他们是阳平侯王禁(王凤嗣侯)、安成侯王崇、平阿侯王谭、成都侯王商、红阳侯王立、曲阳侯王根、高平侯王逢时、安阳侯王音、新都侯王莽、定陵侯淳于长。在西汉外戚之家中,就封侯之多而论,实无出王氏之右者。

平阿侯王谭死后,成帝很是后悔,因为没让这位老舅辅政,实在是委屈了他。他决定任命成都侯王商以特进,领城门兵,同时允准他置幕府,在征辟、举荐官吏方面与大将军享有同等的权力。其时在朝中为郎官的杜邺看在眼里,知道成帝对王商的宠幸可能会造成王商与大司马王音的矛盾。杜邺与王音相友善,就劝王音接受与王谭不睦的教训,主动搞好与王商的关系。他说:

> 我听说,凡人之情,恩义深厚者待遇必然优渥,特别亲爱的人所求之事也多。关系亲近而得不到特殊礼遇,谁能毫无怨意?……今见成都侯王商以特进领城门兵,并有诏特许他举吏如五府,这不是明确表示将要宠幸他么。将军应该秉承顺应圣上之意,一定与往昔大不一样,每事凡议决,必须征求王商的意见,然后以至诚推出自己的看法,如此一来,谁还能不诚心悦服呢![①]

王音认为杜邺的话很有道理,于是加意搞好与王商的关系,王音的地位也更加稳定了。当时,王氏宗族,如日中天,权势显赫,作奸犯科之事日有发生。只有王音为官较清正,多次进谏成帝,保持了忠贞臣子的本色。辅政八年,虽无显著建树,但仍使汉皇朝在平稳中运行,其功不可没。永始二年(公元前15年)正月,王音死去,丧礼之隆可比王凤,其子王舜嗣爵。成帝任命王商为大司马卫将军,领尚书事,继王音辅政。红阳侯王立接替他的原任职务,位特进,领城门兵。王商辅政四年后,于元延元年(公元前12年)十二月,在晋升为大司马大将军后病逝,其子王况嗣侯。本来,大司马的位子依次应由王立继任,可是,那时王立勾结南郡太守李尚占垦草田数百顷而又卖于国家多得钱一万万的案子,被丞相司直孙

---

① 《汉书》卷85《杜邺传》。

宝按验核查,成帝决定不用王立,而是任命曲阳侯王根为大司马骠骑将军,领尚书事,继王凤、王音、王商之后,第四个出来辅政。此时,王氏外戚已相继辅政20年,亲戚党羽,布满中央和地方,树大根深,已具深固不摇之势。无论什么人想在汉朝的中央或地方政府为官,不走王家的门路几乎是不可能的。绥和元年(公元前8年),成帝即位已二十四载,成群的妻妾却无一人为他生下一个儿子,而此时,成帝的龙体又经常被疾病缠绕,从近支宗室中确立继嗣的问题已到了非解决不可的时候了。定陶王刘欣的祖母傅太后认为为孙儿争取皇位的时机已到,立即使出浑身解数,一面贿赂对成帝可进枕边之言的皇后赵飞燕和其妹赵昭仪,让她们在成帝面前说项,一面又以重金贿赂对军国大事具有决策权的大司马王根。在赵氏姐妹与王根的劝说下,加之成帝对定陶王父子又一直有着好感,皇太子的桂冠终于落到了刘欣的头上。王根办了这件大事之后,因身体有病请求成帝批准他辞去辅政大臣的职务。成帝虽然同意这位年迈老舅卸任颐养天年,但要求他在离任前物色一位辅政大臣继续执政。经过一番折冲,王根和皇太后终于选定王莽继任大司马领尚书事,实现了权力的顺利交接。王莽由是成为王氏外戚集团中的第五位大司马。"一门十侯,五大司马"。王氏外戚集团终于在西汉皇朝的历史上,谱出了外戚专政擅权的新篇章。

# 第三章　脱颖而出的王莽

## 1. 孤儿寡母之家出了一个
## "知书达理"的少年

在刘汉皇朝日趋腐朽,改朝换代思潮潜滋暗长的情况下,王氏外戚集团的势力却急剧膨胀起来,在成帝在位的二十多年间,王凤兄弟相继辅政,形成了盘根错节的权力网。这一切,显然为后来王氏家族取代刘汉政权创造了特殊的机遇和条件,但是,在王氏家族中究竟由谁出来利用这些条件实行对刘汉皇朝的篡夺,把可能变成现实,这却要由篡夺者本身的条件来决定。恰恰是看起来最不具备代汉条件的王莽,成为日后代汉的唯一人选,除了机遇之外,最根本的条件是他的努力与"才干"。

王莽,字巨君,是孝元皇后王政君同父异母的兄弟王曼的次子。王曼在其兄弟中排行第二,因为死得早,他的史迹基本湮灭。初元元年(公元前45年),王莽降生的时候,他的姑母已经做了汉元帝的皇后,王氏宗族开始凭借裙带关系登上政治舞台。但是,由于此时的王政君已经得不到元帝的宠幸,王氏宗族还难以跻入汉皇朝的权力圈,他们还只能流着三尺长的涎水对出入丞相府和大司马府第的官员投去惊异、羡慕和嫉妒的目光。成帝即位后,王氏集团迅速勃兴。王莽的伯父、叔父皆获得封侯的荣宠,居位辅政,

"家凡九侯,五大司马"①,声势显赫,不可一世。唯独王莽的父亲王曼去世较早,没有享受到封侯任官带来的富贵荣华。因此,少年时代的王莽就只能守着寡居的母亲,在伯叔兄弟煊赫的声势与自己孤苦寂寞的巨大反差中过着他的默默无闻的生活。但是,如同任何事情都有利弊相杂的二重性一样,王莽少年时代的处境,虽然使他无法享受到兄弟辈骄奢淫逸的生活,却养成了他好学深思的品性。当"将军五侯子乘时侈靡,以舆马声色佚游相高"②的时候,王莽正"折节为恭俭",开始人生路上最初的奋斗。王莽的时代,"罢黜百家,独尊儒术"的思想文化政策已实行百年左右,五经十四博士正向那些想跻入"利禄之路"而"皓首穷经"的莘莘学子传授着《诗》《书》《易》《礼》《春秋》等今文经典。当其时,儒家经典的修养水平不仅标志着一个人的素质,更是做官的必备条件。王莽在此时代氛围中生活,攻读经书自然成了少年时代经历的主要内容。除了五经的一般知识他都具备外,王莽还特别对《礼经》下了一番功夫。他拜沛郡(今江苏安徽北部交界处)人陈参为师,"勤身博学,被服如儒生"③,在儒学的修养上达到了较高的水平。正因为如此,他与同时代的许多儒生建立了良好的关系。以致后来他代汉做皇帝时,儒生们成为一支重要的拥戴力量。而他在全部代汉进程中和在建立新朝后实行的许多"新政"中,都能较娴熟地运用儒家经典,也说明儒学的修养帮了他的大忙。不仅如此,由于他的父亲早逝,兄长王永亦在青年时代病逝,他年纪轻轻便成了王曼一支顶门立户的男子,过早承担了与他的年龄不相当的权利和义务。但是,王莽还真能胜任愉快,他"事母及寡嫂,养孤兄子,

---

① 《汉书》卷96上《王莽传》。
② 《汉书》卷99上《王莽传》。
③ 《汉书》卷99上《王莽传》。

行甚敕备"①,从而在家族中赢得了广泛的赞誉。与此同时,王莽还把自己的目光投向社会,倾心结交社会上各方面有权势有威望的人物,从中央政府的高级官吏到各地有名望的儒生,从德高望重的耆老到青年俊彦,都一一建立起比较密切的关系,以便扩大自己的影响,树立起与日俱增的威望。更重要的是,王莽深切认识到,他的升迁必须依靠王氏宗族的力量,为此,他不仅要在姑母王政君那里留下最佳印象,而且还要给当权的伯父、叔父们以敬老爱幼,知书达理,明敏干练的好感。王莽以自己善于观察,明于行事,恰到好处的服务,赢得了元后和王凤等长辈的欢心。阳朔中期,伯父大将军王凤病重,王莽"侍疾,亲尝药,乱首垢面,不解衣带连月"②,其孝心之诚远远超过亲生儿子。王莽的行动使不久于人世的王凤深受感动,看着王莽那憔悴的面容,他自然想到早逝的兄弟,怜爱之意油然而生。在弥留之际,王凤郑重地将王莽托付给元后和汉成帝。王凤病逝后,成帝先任命王莽为黄门郎,这是隶属中朝的一个加官,职责是为皇帝服务,秩六百石。官职虽不大,但地位相当重要,因为它接近皇帝,晋升的机会很多。果然,王莽任该职不久,又升为射声校尉,这个官职是汉武帝设的八校尉之一,其职任是管理待诏射声士,即一支射技高超的军队的指挥,秩为二千石。这一年为阳朔三年(公元前 22 年),王莽只有 24 岁。二千石的射声校尉,与地方大吏郡太守秩级相当,不少人在官场上奋斗一辈子也达不到这一秩级。然而,王莽一个二十多岁的年轻人,自进入官场起,不到一年的工夫就升到如此的高位,在汉朝历史上是不多见的。王莽自己明白他如此迅速地飞升原因在哪里,所以,在他

①《汉书》卷 99 上《王莽传》。
②《汉书》卷 99 上《王莽传》。

登上最高官位之前,依然小心翼翼,竭尽全力侍奉他的姑母和叔父们。

在王氏宗族中,王莽是不幸的。由于父亲与兄长的早逝,使他过早地告别了少年时代,走上人生搏击的战场。王莽又是幸运的,他较早地读书,理家交友,品味人生,又使他迅速成熟起来,小小年纪即对复杂的官场应付裕如,为以后进行更尖锐的政治斗争积累了经验,增长了才干。特别重要的是,由于他是王氏外戚集团的一员,因而做官伊始就接近最高权力层,并很快晋升到较高的秩级,从而为掌握最高权力占据了最有利的前进基地。

## 2. 尊师好学,敬老礼贤,他的声誉
## 让父辈望尘莫及

在中国封建社会里,名、利、权三者,曾是统治阶层中各种代表人物发疯般的追逐的对象。名、利、权三位一体,密不可分,有名就有利,名利又可转化为权;有了权又可以猎取更大的名和更多的利。然而,在一定条件下,名、利、权又可能发生一些矛盾和冲突。你看,尽管剥削阶级的大多数代表人物都是贪得无厌的饕餮者,但封建道德不是在那里不厌其烦地提倡清正和廉洁么!尽管他们实际上在做着男盗女娼的勾当,但在口头上不是把仁义道德喊得震天响么!正因为三者有矛盾,所以,有些人就会在一定时候和一定条件下,暂时放弃对权和利的追求,转而专门去猎取那虚假的声名。两汉时代的许多"贤良"和"孝廉"在入仕以前,不少人就是专门不择手段取美名的无耻之徒。这其中,虽然有个别人因统治阶级的内部斗争使丑行败露而身败名裂,但绝大多数却凭借其"美名"而飞黄腾达。王莽正是一个熟谙封建社会中名、利、权三者关

系的人物。所以,他在即真做皇帝以前的相当一段时间内,千方百计地去追逐那些封建道德所肯定的忠孝节义的虚名,而有意识地放弃一些小权小利,有时甚至故意让出一些小权小利。王莽这样做取得了相当的成功,使他赢得了超过王氏宗族中任何人的声望,从而为以后他代其诸父辅政并走向权力的极峰创造了条件。

王莽外交儒生、名士,内事诸父的行动,使他在官途上稳步前进。永始元年(公元前 16 年),他的叔父成都侯王商向成帝上书,愿分户邑以封王莽。这实际上是为王莽从成帝那里讨封,他明白成帝决不会从他那里分户封赏王莽。恰在此时,王莽广泛结交名士的活动也收到效果。长乐少府戴崇,侍中金涉,胡骑校尉箕闳,上谷都尉阳并,中郎陈汤等一班颇有影响的儒学名士,也都闻讯而动,一齐异口同声地赞扬王莽。本来,成帝早就对他这位表弟颇有好感,因为在其他王氏表兄弟们"争为奢侈……罗钟磬,舞郑女,作倡优,狗马驰逐"[1]的时候,只有王莽在苦读经书,显示了不同凡响的品性和作风。此时,看到如此多的人为王莽说项,对他自然更加器重。于是,下令封王莽为新都侯,以南阳新野之新都乡(今河南新野东南)为封地,领户 1 500。同时晋升为骑都尉光禄大夫侍中。在中朝成为决策机构之后,王莽一身而兼的三个官职中,骑都尉与侍中都是中朝官,而光禄大夫虽不属于中朝官,但在光禄勋之下也是最高级的参谋人员。由此,王莽便成为经常在皇帝左右,颇有影响和权力的大臣。同时,由于职务的关系,他还可以与更替担任大司马领尚书事的诸位叔父有更多的接触,建立更密切的感情联系。这次升迁,对王莽来说,不过是他政治生涯中向前迈进的一个阶梯,但他的目标却远不止此。在他看来,这正是进一步求名的

---

① 《汉书》卷 98《元后传》。

好机会。因此,他不仅没有忘乎所以,显示出一般贵族子弟得官辄沾沾自喜的浅薄相,而是恰恰相反,他"宿卫谨敕,爵位益尊,节操愈谦。散舆马衣裘,振施宾客,家无所余。收赡名士,交结将相卿大夫甚众"①。王莽的这些举措自然收到了意料之中的效果,在中央和地方任职的王氏党徒纷纷上书成帝,推荐王莽"才可大用",在野的儒学名士们也一齐鼓噪,吹捧王莽的德行为"世之楷模"。这时候,刚到而立之年的王莽在汉皇朝朝野所获得的声望,不仅超过了他那些终日声色犬马的兄弟辈,甚至也使他那些大权在握的叔父们相形见绌,即所谓"虚誉隆洽,倾其诸父矣"②。在声誉日隆的情况下,王莽更热衷于制造沽名钓誉的"激发之行",即使这些活动有时暴露了他虚伪做作的本色,他也处之泰然,毫无愧色。王莽的兄长王永早死,遗下一个儿子王光。王莽对这个侄儿十分尽心,视同己出。他为王光选拜一位儒学博士做老师,登门求学。他还经常去拜望这位博士先生。每次去时,他必然郑重其事地沐浴,然后穿戴齐备,乘车前往,随带羊酒等大量的礼物,对老师慰劳有加,同时,惠及王光的所有同学。正因为如此,所以,每逢王莽来拜望博士时,总引得学生们前来围观,使长老们赞叹不已,由此,使学生和家长们对王莽产生由衷的敬畏和感激。王光的年龄小于王莽的长子王宇,王莽故意让二人同时娶妇,并摆下盛宴招待四方宾朋。这一天,王莽的府第张灯结彩,鼓乐悠扬,宾客盈门,热闹非常。王莽陪同一班最尊重的客人饮宴。在觥筹交错,欢声笑语的筵席上,有侍者几次悄悄告诉王莽,他的母亲服药的时候到了,王莽于是数次离开宴席到后堂探视,服侍母亲用药。宾客们目睹这

---

① 《汉书》卷 99 上《王莽传》。
② 《汉书》卷 99 上《王莽传》。

一情景,都对王莽啧啧称赞。借着这些宾客之口,王莽大孝的美名便不胫而走,四处传扬了。在此前后,王莽曾偷偷地买过一个漂亮的侍婢,这在当时达官贵人的圈子里,本来是平常而又平常的小事,放在一般人身上,绝不会引起什么风波。但是,由于王莽一贯以正人君子自居,世人也对他刮目相看,所以,他那一群终日声色犬马的兄弟们便对其窃窃私议起来,讥讽他是一个伪君子。王莽了解这一情况后,当机立断,煞有介事地对他的兄弟们说:我听说后将军朱子元没有儿子,有人说这个女子宜于生儿子,我是特地为朱将军而买的。说罢,立即命人将这个侍婢盛装乘车送到朱子元家里。朱子元,名博,时任后将军,王莽为什么倾心与之结交呢?原来朱博是一位政绩卓异的官吏,在朝野颇有盛名。他是杜陵(今陕西西安市东南)人,出自一个并不富裕的家庭。青年时担任亭长这样的基层小吏。他喜结宾客,特别爱与同辈的青年人交朋友。他忠于职守,对辖地罪犯,不管其背景如何,皆敢于搏击追捕,无所畏惧,因而,不久即升为县功曹。在县中,他侠肝义胆,广事交游,追随主管长官,倾心政务,不避风雨寒暑,显示出超人的才干。由于在首都近郊任职,他与前将军萧望之之子萧育、御史大夫陈万年之子陈咸等一些人建立了很深的友情。不久,任安陵丞,又入京兆尹幕中任职,都留下很好的政声。其时,任御史中丞的陈咸因泄露官府的秘密,被逮捕入廷尉管辖的监狱。朱博为救助朋友,乔装医生入狱与陈咸相会,了解案情,之后,又改名换姓,四处为陈咸收集无罪的证据,最后使其无罪释放。朱博因此在首都名声大显,升为郡功曹。成帝即位后,王凤任大司马大将军,任陈咸为大司马府长吏。陈咸于是推荐萧育和朱博到大将军幕中任职,王凤惊异朱博的才干,推举他任栎阳(今陕西富平东南)令,又调任云阳(今陕西淳化西北)、平陵(今陕西咸阳西北)县令,因政绩卓著调为长安

（今西安）令，治理京师，很快取得显著效果，晋升冀州（今河北地区）刺史。不料上任后行部巡视时，即遇到麻烦，吏民数百人拦道告状。朱博估计为原刺史的属吏故意制造事端刁难他，于是不动声色，从容与告状的吏民相见，同时，又使从吏明确告诉他们："欲状告县丞县尉者，非刺史的职任所管，可各自去所隶郡府上告。如欲状告二千石的长吏，待刺史巡视还，可到其驻地上告。至于百姓为官吏冤枉，以及盗贼和民事，刑事等诉讼案件，各由有关主管官员受理解决。"如此处置，四五百拦道告状的百姓很快散去，使吏民对朱博的应变能力十分佩服。经过调查，朱博弄清事为一年老从事鼓动，一气之下，毅然将他处决。这样一来，州郡吏民都敬畏朱博，再也无人敢刁难他了。不久，调任并州（今山西一带）刺史，升任琅邪（今山东日照、诸城一带）太守。到郡后，又遇到属吏称病要挟之事，朱博毫不客气将他们罢斥，同时下令改变齐地官吏长期养成的办事迟缓的传统，大大提高了办事效率。任职数年，甚有政声，于是升任左冯翊（今陕西西安以北地区），成为首都的行政长官之一。他发挥自己一贯雷厉风行的政风，软硬兼施，宽猛相济，将首都北部治理得井井有条。在任时，他处置长陵百姓尚方禁一事颇为典型。尚方禁年轻时行为不怎么检点，曾通奸别人之妻，被其丈夫砍伤面部，面上留下明显疤痕。郡府功曹受贿，向朱博推荐尚方禁任郡尉。朱博早知其劣迹，就以其他事由召见尚方禁，看他脸上果然有明显疤痕。就支开左右，意味深长地问尚方禁："这疤痕是怎么来的？"尚方禁明白朱博已知底细，赶忙叩头，如实交代。朱博笑着说："年轻人出这等事，不可避免，可以理解。我准备与你削去耻辱，加以重用，你能努力效命吗？"[1]尚方禁听罢，又

---

① 《汉书》卷83《朱博传》。

喜又怕,慷慨表白说:"一定尽上死力!"朱博对他说:"不要泄露我对你说的话,外面但凡有非常之事,你必须就便记下,禀报于我。"从此,尚方禁成为朱博的亲信耳目。尚方禁于是夜中侦察郡中盗贼以及奸邪之事报告朱博,使之受到严惩。尚方禁也因而被提升为县令。事过之后,朱博又召见那位受贿的功曹,闭门历数他接受尚方禁贿赂等事,并给他笔札使之自己一一写清,并警告说:"凡受取一钱以上,都必须一一记清,不得有所隐瞒。有半句谎话,脑袋就保不住了!"功曹惊恐万状,老老实实写上自己受贿的事实,不敢有半点隐瞒。朱博知道他据实交代,就丢刀给他,让他削去所记,示意赦免其罪,并授予新职。这位功曹明白朱博不可欺罔,终日战战兢兢,小心奉职,朱博也就使他得以逐步升迁。不久,朱博晋升大司农,这是朝廷九卿之一,掌管全国的户口和税收。但仅一年多时间,即因一小过失而降级任犍为(今四川内江、宜宾及云南北部一带)太守,在任平定南蛮叛乱。后改任山阳(今山东巨野、嘉祥、金乡、单县一带)太守。再迁光禄大夫、廷尉。廷尉为朝廷最高司法官员,管理全国重大案件的审理与量刑。朱博唯恐被属吏欺瞒,上任伊始,即召集正监典法掾史,宣布说:

> 我是武吏出身,不太熟悉法律,幸而有众贤卿佐助,我有什么可忧虑的!不过,本官在郡守任上审狱断案也有二十多年的历史了,日日耳闻,知道三尺律令,可以人情加以推断。请你们把以前议决的疑难案件选数十例,送与本官,看我与诸君审判结果如何。

正监认为朱博故意充内行,实际上未必能准确量刑。就共同选择一些案例,送与朱博。朱博于是招来掾吏,并坐审理,一一量刑,十之八九,与原判相同。由此,廷尉属官都佩服朱博的才干和精通官事的本领。朱博每调任一次新的职务,即对属吏们展示自己处理职事的才能,使他们不敢轻视自己,以便尽职尽力地协助自己有条不紊地履行职责。再后,朱博晋升为后将军,与红阳侯王立有着十分密切的关系。正因为朱博在朝野颇有能名,与王凤、王立等王氏外戚集团的重要人物相友善,其升迁更与相继辅政的王凤等权势人物息息相关,所以,他自然也就成王莽倾心结交的对象。因为与这等人物结交,不仅可以抬高自己的身价,而且可以通过他进一步密切同诸位叔父的关系。由于与朱博结交甚早,王莽对朱博的经历、品性以及家事了如指掌,他知道朱博人到中年,还只有一个女儿。所以,当面对兄弟辈的攻讦时,他灵机一动,就把这位侍婢送到朱博的家里。这一着果然很有效,王莽诸兄弟们的窃窃私议不仅戛然而止,而且又使王莽关心朋友胜过自己的美名传遍遐迩。王莽的匿情求名,就是做得如此干净利落,不露形迹。

## 3. 将表兄弟送上断头台,自己登上了一人之下、万人之上的尊位

由于王莽十分注意保持自己的美好形象,他的声誉与日俱增,而大司马大将军的官位也向他展示出迷人的微笑。

绥和元年(公元前8年),正做着大司马大将军的王根已处于重病之中。他数次上疏"乞骸骨",要求离职养病。许久以来就对大司马大将军这个汉朝政权中最高的官位垂涎三尺的王莽,此时却显得益发寝食不安。他明白,王根病退后,他的叔父辈中,只有一个王立在做着"位特进,领城门兵"的高官,不过因为王立有霸占南阳草田的前科,年龄又长于王根,在朝野声誉欠佳,代王根而辅政的可能不大。因而,在王氏宗族中,能够继王根而为大司马大将军

的，只有王莽是最合适的人选，他那些终日追逐声色犬马的群弟们无论在能力、声望等方面都是无法与之竞争的。但是，此时偏偏有个淳于长站到了与王莽相匹敌的位置。王莽心里明白，淳于长不仅是自己的有力竞争者，而且有可能成为获胜者，只要自己稍有不慎，掉以轻心，大司马大将军的桂冠就会落到淳于长的头上。因此，他必须在关键时刻，使出有力的一击，彻底击败淳于长并致其于死命！

淳于长，何许人也？他为什么能够成为王莽的竞争对手呢？

无独有偶，淳于长与王莽犹如一根藤上的两个瓜，有许多相似之处。淳于长字子孺，魏郡元城（今河北大名东）人，是元后王政君姐姐王君侠的儿子。少年时即因元后的关系，与王莽差不多同时当上了黄门郎，开始在宫廷服务。大概因为他贵族公子哥儿的习气很重，不像王莽那样地匿情求名，因而好长时间未得进幸。阳朔三年（公元前22年）秋天，大将军王凤病重，淳于长与王莽一样，看到这是一个求得晋身之阶的好机会，于是，暂时收起奢靡享乐的品性，全力为他的舅舅服务，"长侍病，晨夜扶丞左右，甚为甥舅之恩"①。这自然使王凤十分感动，临终时，亲自将淳于长托付给太后和汉成帝，要求对其予以重用。成帝对老舅向来言听计从，王凤死后，立即任命他为校尉诸曹，继升水衡都尉侍中，很快晋升卫尉。这是朝廷的九卿之一，职责是统率卫士，守卫宫门，相当于皇宫的卫戍司令。此时，淳于长的官位和权势甚至超过了与他同时的王莽。也正在此时，汉成帝对赵飞燕爱得死去活来，千方百计要立她为皇后。但元后因为赵氏出身卑微迟迟不肯答应。淳于长看到这是一个讨好汉成帝、获取晋身之机的绝好机会，就利用自己的特殊身份在元后面前反复为赵飞燕说项。一年之后，元后终于

---

① 《汉书》卷93《佞幸传》。

答应了成帝的要求,赵飞燕被立为皇后。自然,汉成帝对淳于长在其中的斡旋之功异常感激,投桃报李,对淳于长大加封赏。但真正的理由又羞于说出口,于是提出淳于长建言复昌陵于故处的功劳作为封赏的依据,下诏书说:"前将作大匠解万年奏请营作昌陵,罢弊海内,侍中卫尉长数白宜止徙家反故处,朕以长言下公卿,议者皆合长计。首建至策,民以康宁。其赐长爵关内侯。"[1]淳于长得到了食邑千户的封赏。元延三年(公元前10年),又被封为定陵侯。此后,更是"大见信用,贵倾公卿。外交诸侯牧守,赂遗赏赐亦累钜万。多蓄妻妾,淫于声色,不奉法度"[2],胡作非为,什么事情也敢做。在此之前,他已与被废居的许皇后发生了一段纠葛。原来汉成帝的这位许皇后是元帝时的大司马车骑将军许嘉的女儿,是元帝为儿子选配的夫人。为人贤淑,颇识诗书。许后虽为成帝生过一儿一女,但却夭折了,这使她处于十分不利的地位。成帝即位后,王凤专权,许嘉很快失掉了大司马的官位,许后由此也失去有力的后援。不过,成帝与许后一向感情甚笃,"自为妃至即位,常宠于上,后宫稀得进见"[3]。然而,由于许后未为成帝生下继嗣,元后与成帝诸舅就都迁怒于她。刘向、谷永等人看元后与王氏外戚的颜色行事,将灾异归咎于皇后。成帝听信二人的话,于是减省皇后的用度。许后感到委屈,于是上书成帝,在辞气卑恭的背后,委婉地提出了抗议。成帝对许后敢于对自己的决定提出异议十分震怒,又采纳刘向与谷永的意见,回书一封,对许后进行异常严厉的谴责,把他即帝位之后出现的一切灾难一股脑儿归到许后头上。至此,夫妻情分已荡然无存。许后的皇后名分虽然还存在,

---

② 《汉书》卷93《佞幸传》。
③ 《汉书》卷97下《外戚传》。

但实际得到的却是日甚一日的冷遇。其后三年,连年有日食。当时人们对此非常重视,认为这种阳受损的征兆肯定是皇权受到威胁或损害。有人将此一现象归咎于王凤权威太盛,而谷永等人却将其归咎于已经失宠的许皇后。许皇后也明白自己越来越不为王氏外戚所容。在极度愁苦中她同意自己的姐姐平安刚侯夫人许谒用巫祝的办法诅咒王凤及正为成帝宠幸而怀孕的王夫人。不料事不保密被发觉,皇太后王政君大怒,下令严厉制裁。许谒被诛杀,许皇后被废处昭阳宫,一年后又徙长定宫,许后的亲属都被赶回山阳(今山东金乡)故里。就在许后在长定宫过着度日如年的凄苦日子的时候,她的另一个姐姐许嬷成为淳于长的小妻。原来许嬷是龙额思侯的夫人,长得异常漂亮。与龙额思侯结婚不长时间,丈夫就死去了。淳于长一次偶然的机会得以邂逅这位光彩照人的夫人,先是与之私通,之后干脆取为小妻。如此一来,废居的许后便也与淳于长攀上了亲戚。她见淳于长权势日重,特别是为赵飞燕立为皇后斡旋成功,知道他在成帝面前是个举足轻重的人物,因而,幻想通过他到成帝和元后那里为自己说情,使自己获得婕伃的封号。为此,她不惜倾尽自己做皇后时的所有积蓄,包括金钱、乘舆、服御物,总数达千万以上,一次又一次地贿赂了淳于长。淳于长也多次欺骗许后,说他有办法劝说成帝立她为左皇后。淳于长知道许后已是孤苦无告之人,在骗得她的大量钱物的同时,还不断地戏侮她。每次许嬷去长定宫,淳于长都让她带一书信给许后,用极其污秽的语言污辱许后。许后因抱着重睹圣颜的一线希望,对淳于长的无理行为隐忍不发。此时的淳于长,官愈大胆愈大,"交通书记,赂遗连年"①,为非作歹之事越干越邪乎。比如,他与霸陵

---

① 《汉书》卷93《佞幸传》。

的恶霸杜穉季关系密切,以致以敢于击断著名的孙宝任京兆尹时也不敢动杜的一根毫毛。孙宝上任后,原京兆尹的一个名叫侯文的小吏不肯继续任职,因为他刚正不阿,不愿与不同脾性的长官共事。孙宝知道侯文是一个有能力、善决断的人才,对他恩礼有加。孙宝放下长官的架子,亲自设宴款待侯文,并让妻子出面作陪,表示愿与侯文"为布衣友"。侯文深受感动,要求做京兆尹的掾吏,"进见如宾礼"。数月后,孙宝任命侯文署理东部督邮,对京师东部辖区执行督察之责,对该地的官吏和百姓进行监察,对不法者予惩罚。立秋这一天,孙宝召见侯文,命令说:"今天是鹰隼出击的日子,应当顺应天时惩罚奸恶之徒,以成严霜之诛,你的辖区有这类人吗?"侯文胸有成竹地回答:"没有这类人我岂敢白白接受这一职务。"孙宝问:"目标是谁?"侯文回答:"就是霸陵的杜穉季。"孙宝摇摇头说:"拿下一个开刀吧。"侯文正义凛然,说:"豺狼横道,不宜复问狐狸!"①孙宝默默然无以应对。因为杜穉季是远近闻名的恶霸,与淳于长和大鸿胪萧育等关系密切。孙宝不久前因一点小过失丢掉车骑将军的高官,又与红阳侯王立不睦,害怕危及自己的前程。看见此时的淳于长与王立关系密切并且贵倾朝廷,就有意识地与之结交。因为上任前淳于长已与孙宝打过招呼,要求他照顾杜穉季,所以不敢不听。淳于长的阴私,被王莽一一记下,不动声色,待机而发。不久,王根因病上疏告退,王莽看到大司马大将军的位子有可能被淳于长承袭,觉得出击的时机已到,决定立即行动。王莽对待王根与当年对待王凤一样,在王根生病时侍疾在侧,其尽心和忠诚,超过了王根的亲儿子。而当年与王莽一样侍奉王凤的淳于长因此时官位已高,同时又感到成帝对自己相当

---

① 《汉书》卷77《孙宝传》。

信任，认为没有必要在王根面前献殷勤了，就在骄奢淫逸中静等大司马大将军官位的到来，根本就想不到他的表兄弟王莽会在关键时刻向他射出致命的暗箭。王莽在侍候王根时，瞅准机会对王根煽惑说："淳于长见大将军病了这么长的时间，十分高兴。他自己认为必定要代您为大司马大将军，甚至已经对不少人讲了他上台以后的人事安排，封官许愿，连谁担任什么职务都定下来了。"接着，王莽又添油加醋地把淳于长的丑行大讲了一通。王根越听越感到气不打一处来，就斥责王莽说："既然如此，你为什么不早点告诉我？"王莽辞气卑恭地回答说："我不知道您对淳于长是什么态度，又怕您听了生气，因此没敢向大人报告。"王根说："赶快报告太后。"王莽于是又见太后，将淳于长的淫逸骄奢的事实着实渲染了一番，着重揭露淳于长策划取代王根为大司马，不顾礼仪，在王莽母亲面前昂然登车，与许后之姊通奸，收取许后贿赂等一系列丑恶之行。元后听了也勃然大怒，命王莽说："这孩子混账到如此地步，赶快向皇帝报告。"王莽晋见成帝，状告淳于长的种种不法之事，成帝于是下令免去淳于长的官职，要他到自己的封地上闭门思过。本来此事已告一段落，谁知红阳侯王立出面为淳于长说情，结果是帮了倒忙，把淳于长送上了断头台。原来王立与淳于长甥舅关系并不亲密。当淳于长为侍中，周旋于太后和成帝之间大见信用时，恰恰是王立因南阳草田之事不得任大司马辅政之时，王立怀疑淳于长在元后和成帝面前说了自己的坏话，因而长期怨恨于他。这件事成帝早知道。及至淳于长因罪当就国，王立的嗣子王融乘其失势之际向淳于长索要车骑，淳于长认为这是讨好王立的好机会，不仅送了车骑，还通过王融大大贿赂了一番王立。在王凤兄弟中，王立是个见钱眼开的轻薄之辈，得到淳于长的贿赂后，立即在成帝面前为之说情。成帝对王立的反常表现产生了怀疑，下令有司对事情的原委进行调查。有关官吏前去逮捕王融,王立知道事情不妙,立即命儿子自杀以灭口。成帝越发怀疑他们之间有不可告人的勾当,遂逮捕淳于长于洛阳狱加以穷根究底。经过审讯,淳于长一一承认了自己戏侮许后,为之谋立左皇后并贿赂王立等罪行,定为"大逆"之罪,毙死狱中。妻子连坐流放合浦,其母也遣归故里。红阳侯王立也丢掉官职,被赶到封地上悔罪。与此案有牵连的将军、卿大夫、郡守等数十人被罢官。通过此一案件,两个最有条件接任大司马大将军位子的人物淳于长和王立被从候选名单上剔除了。在这次竞争中,王莽初施谋略,便取得了彻底胜利,在38岁的时候,就"拔出同列,继四父而辅政"①,登上了大司马大将军的宝座,在他的政治生涯中,迈出了具有决定意义的一步,这一年是成帝绥和元年(公元前8年)。

王莽做了大司马大将军,作为仅次于皇帝的百官之首,的确是位极人臣,名、权、利三者齐备,王氏外戚的权势由此达到了新的高度。那么,王莽是否由此就心满意足了呢? 没有。如果王莽的奋斗目标仅仅就是大司马大将军,他的确可以欢呼胜利了。但是,在刘氏皇朝日薄西山,改朝换代的思潮由暗而明、日渐澎湃的时代氛围里,王莽觊觎的并不仅仅是大司马大将军,而是他的表兄弟汉成帝所占据的那个皇帝宝座。所以,他对自己取得的成功虽然欣喜却并不满足。在他看来,当前还不是高居官位孜孜享乐的时候。他的当务之急,是使自己远播朝野的声名再高再大。因此,王莽并不因官高位尊而盛气凌人,暴戾恣睢,如淳于长与王氏群弟之所为,而是"克己不倦,聘诸贤良以为掾吏",广泛网罗知识分子,进一步拉近与儒生的关系,让这批在舆论上最有力的人物不断制造

---

① 《汉书》卷99上《王莽传》。

对自己更有利的舆论,同时,"赏赐邑钱悉以享士,愈为俭约",千方百计地收买人心,扩大政治影响,拉拢和积聚自己的力量,增强统治基础;又不时搞出一些"激发之行",不断重塑自己的形象,沽名钓誉。比如,王莽的母亲生病的消息传出后,满朝的公卿、列侯和其他远官贵人,不管出于什么目的,都纷纷遣夫人前往探视。一时间,王莽的府第,车水马龙,煞是热闹。王莽故意让他的妻子短衣布裙恭迎宾客,以致这些满身珠光宝气的贵夫人都把王莽的妻子当作他家的婢女,待知道她就是大司马大将军的尊贵的夫人时,她们在惊诧之余是如何为王莽及其一家传名播誉就可想而知了。

# 第四章　南阳蛰居

## 1. 为了一次排座次,丢掉了大司马的官职

　　正当王莽在大司马大将军的位子上千方百计猎取声名,巩固权势,在逼近皇帝宝座的征途上踌躇满志地稳步前进时,一年之后,绥和二年(公元前7年)三月,汉成帝以45岁之年病死。因其无子,定陶共王刘康的儿子刘欣便依照预定的安排于同年四月被推上帝位,他就是汉哀帝。这一事件在王莽的政治生涯中引出了巨大的曲折和波澜。由于哀帝外戚随着新皇帝的登基而大量地涌进朝廷并纷纷占据要津,所以,与王氏外戚集团争权夺利的矛盾就不可避免地产生并逐步尖锐起来。已被尊为太皇太后的王政君意识到这一点,就下诏让王莽离职就第,以避开与哀帝外戚的权力冲突。王莽虽然很不情愿,但姑母的话仍是圣旨,只得"上书乞骸骨",表示愿意让出自己占据的高位,其中也隐含着试探哀帝的意思。因为,哀帝尽管名分上是成帝的过继儿子,但同王莽终究是隔着一层。刚刚即位的汉哀帝明白自己实际上是处于王氏外戚集团的包围中,此时不仅不能得罪王莽,还必须借助于他稳定自己的统治。于是派尚书令,送给王莽词恳意切的挽留诏书,其中说:"先帝委政于君而弃群臣,朕得奉宗庙,诚嘉与君同心合意。今君移病求退,以著朕之不能奉顺先帝之意,朕甚悲伤焉。已诏

尚书待君奏事。"①与此同时，又派出丞相孔光、大司空何武、左将军师丹、卫尉傅喜等面见元后，传达哀帝的意旨说："皇帝闻太后诏，甚悲。大司马即不起，皇帝即不听政。"②王政君与王莽从哀帝那里得到一个信号：他必须依靠王氏外戚集团，一切听命于王莽，王莽不辅政，他宁肯不做这个皇帝。元后于是下令王莽继续执政，哀帝登基后的第一场小小的政治风波很快过去了。王莽虽然暂时保住了大司马大将军的位子，继续操持政柄，但他明白，只要与他没有任何血缘联系的哀帝占据那个至高无上的位子，形势就会变得对他越来越不利。因为，问题非常明显，纵使哀帝一时不得不屈从于王莽外戚集团的威权之下，他的急于获取太皇太后名分的祖母和获取皇太后名分的母亲，也不会甘心长期处于王氏外戚集团的阴影中。况且，还有一大批攀龙附凤的人物麇集于哀帝周围，他们也希望哀帝尽早摆脱王氏集团的挟持，自由自在地做他的太平皇帝。特别是，当时中央和地方的权柄大都掌握在王氏宗族及其党羽手中，但是，哀帝的外戚集团仍然能够利用皇帝拥有的形式上至尊的权威同王莽集团进行斗争。果然，冲突很快就到来了。哀帝虽然保留了王莽大司马大将军的官职，但对他却有着发自内心的不信任感，他于五月下令封舅丁明为阳安侯，舅子丁满为平周侯，皇后父傅晏为孔乡侯，给予他们较大权力，牵制王莽。此事被师丹看在眼里，于是，他站在王氏集团一边对哀帝进行规劝。师丹字仲公，琅邪东武（今山东诸城）人，治《诗》，曾任博士，成帝时曾任光禄大夫、少府、侍中，甚得信任，是一个儒生出身的官僚。成帝立刘欣为太子后，师丹被任命为太子太傅。哀帝即位后，他为左将

---

① 《汉书》卷99上《王莽传》。
② 《汉书》卷99上《王莽传》。

军,领尚书事,封高乐侯,又继为大司空,成为当时统治集团的核心人物之一。因为他曾为哀帝的师傅,因而得到哀帝特别的信任,连连高升。但是,他骨子里却是党与王氏集团。所以,当他看到哀帝意欲排斥王氏集团时,就上书劝谏说:

> 古时候新即位的国君三年不说话,国家大事听任辅政大臣处理,三年不改父亲为政之道。前时成帝的灵柩还停在殿堂,陛下就下诏任命臣及亲属高官,并受荣宠。封舅为阳安侯,尽管皇后尊号未定,她的父亲也预先被封为孔乡侯。与此同时,王氏外戚中的侍中王邑,射声校尉王邯等都被免职。任免的诏书一个接一个下,屡屡变动政事,连渐进的过程都不要了。我既未能对陛下陈明大义,又未能坚决让出爵位,只是随着大伙白白接受封爵,以增加陛下的过错。近日郡国多处发生地震,大水汹涌,淹死百姓,日月昏暗,五大恒星也失序运行,这一切都是由于国家举措失当,号令不定,法度失理,阴阳混浊的效应啊。……愿陛下深思先帝所以立陛下为继体之君的意蕴,克己躬行以观群臣百姓之风从教化。天下是陛下之家,亲戚何愁不富贵?但不宜太仓促。先帝不体察臣之愚顽,任我为太傅,陛下又以臣任师傅之任,虽无功德而用之备鼎足,封大国,加赐黄金,位为三公,职在辅佐,但却不能尽忠补过,致使百姓窃窃私议,灾异多次出现,这是为臣的大罪过呀。臣不敢言乞骸骨归隐海滨悠游岁月,怕世人说我虚伪做作。实在惭愧,身负重任,忠义所关,不得不冒死进谏。①

师丹一连上书数十起,以"切直之言"劝哀帝在进退政府要员

---

① 《汉书》卷86《师丹传》。

的问题上不要操之过急,以免激化矛盾,影响国家大局的稳定。哀帝即位之初,尊元后为太皇太后,成帝后赵飞燕为皇太后。自己的祖母傅太后与母亲丁后仍留在定陶共王在京师的宫邸,没有改变原来的称号。高昌侯董宏看准这里有讨好皇帝的文章可做,就上书说:"秦朝庄襄王的母亲为夏氏,他又被华阳夫人认为儿子,庄襄王继位后,夏氏与华阳夫人都称太后。依此,定陶共王后也应立为皇太后。"哀帝没有自作决定,而将董宏的建议交朝中官员研究决定。师丹与王莽立即共同上书,弹劾董宏大逆不道:"知皇太后至尊之号,天下一统,而称引亡秦以为比喻,诖误圣朝,非所宜言,大不道。"①哀帝面对师丹和王莽二人咄咄逼人之势,不得不违心地将董宏免为庶人。不料此举引来傅太后的雷霆之怒,她对师丹、王莽故意贬抑自己早就忍耐不住了,立即要求哀帝给自己上尊号。哀帝自然不敢拂逆老祖母的意旨,于是下诏追尊自己的父亲定陶共王刘康为定陶共皇,祖母傅太后为共皇太后,母亲丁后为共皇后。此时,郎中令冷褒、黄门郎段犹明白继续讨好哀帝绝无罢官丢职的危险,还会得到很多好处。于是共同上奏说:"定陶共皇太后、共皇后皆不宜复引定陶藩国之名以冠大号,车马衣服宜皆称皇之意,置吏二千石以下各供厥职,又宜为共皇立庙京师。"②这个上奏意思明白,傅太后与丁后应该得到与元后和成帝皇后同等的名号和待遇。哀帝将二人的奏议交百官议决,百官异口同声附和二人奏议。独独师丹提出不同意见说:

> 圣王制礼取法于天地,故尊卑之礼明则人伦之序正,人伦
> 之序正则乾坤得其位而阴阳顺其节,人主与万民俱蒙祐福。

---

① 《汉书》卷86《师丹传》。
② 《汉书》卷86《师丹传》。

尊卑者,所以正天地之位,不可乱也。今定陶共皇太后、共皇后以定陶共为号者,母从子妻从夫之义也。欲立官置吏,车服与太皇太后并,非所以明尊卑无二上之义也。定陶共皇号谥巳前定,义不得复改。①

师丹的奏议当然不合哀帝的心意,自然也不会被采纳。此后,哀帝与这位师傅的裂痕越来越大,政见屡屡出现分歧,他的官位也快保不住了。而在此之前,王莽却因傅太后的座位安排被罢官了。就在哀帝下诏立傅太后为共皇太后,丁后为共皇后不久,哀帝在未央宫举行登基以来的最大一次盛宴。内者令为傅太后张幄设坐,与元后的座位并列。王莽看到后,严厉斥责内者令说:"定陶太后藩妾,何以得与至尊并!"②下令撤去,另在侧旁设一座位。因为在王莽看来,傅太后尽管已上尊号为共皇太后,但毕竟是藩王之后,怎么也不能与处在至尊之位的元后并列。傅太后看到自己坐不上正位,大骂王莽目中无人,坚决拒绝出席宴席。结果闹得沸反盈天,好端端一个宴会不欢而散。王莽面对这一尴尬的局面,干脆再来一次"上书乞骸骨"的故技,向哀帝示威。哀帝一方面鉴于傅太后的压力,更重要的是对这位逼近龙座、气势凌人的王莽感到畏惧和厌恶,就借元后的"令莽就第"来个顺水推舟,"赐莽黄金五百斤,安车驷马,罢就第",免去了王莽的官职,让他在京师的家中休息了。这时,朝中许多官员都对王莽十分同情,虽不便劝谏哀帝收回成命,但却大大称颂王莽的功德。哀帝于是加给王莽一些荣宠,令中黄门十日赐一次饮食,又下诏说:

---

① 《汉书》卷 86《师丹传》。
② 《汉书》卷 99 上《王莽传》。

新都侯王莽忧劳国家，执义坚固，朕希望与他共同治理好国家。但太皇太后下诏书让他去官就第，朕实在不敢拂逆太后的意旨，只能对王莽表示同情。今特以黄邮聚三百五十户增为王莽的封户，位特进，给事中，朝朔望见礼如三公，朕出行时，特准乘绿车相随。

这里，哀帝虽然加给王莽许多荣誉，但却剥夺了他的权柄，明眼人看得出，王莽已被赶下政治舞台，王氏外戚集团遭遇了第一次大挫折。不要以为上尊号与否的正藩之争仅仅是一个形式上的名号问题，仿佛无足轻重。事实上，借改变事物的名称以改变事物的性质，乃是人类天赋的辩证法。王莽在这个问题上之所以如此执意坚决，宁肯离开他梦寐以求的大司马大将军的位子而不肯通融，显然是有他的一番苦衷的。因为尊号之争实际上反映了统治阶级内部关于权力和财产再分配的斗争。傅太后与丁后在获得尊号以后，就能够利用封建社会的君道尊严、等级名分而为所欲为，颐指气使，更可以利用形式的尊严去夺取实际的权力。王莽看到这是一场生命攸关的权力之争，因而针锋相对，寸步不让。而在这一回合的斗争中，汉哀帝也正是利用专制皇帝至高无上的权力，使王莽遭到了连他自己也意想不到的失败。王莽只得忍气吞声，含着复仇的激愤，离开大司马大将军的位子，回到了自己的宅第。随着王莽的去职，不少王氏党羽也纷纷被调离重要官位或罢官去职。另有一些本来与王莽关系密切的人物也见风转舵，投到哀帝那里，竭诚为之服务。个别人甚至以排拒王莽对哀帝显示自己的忠诚。那位王莽赠予婢女的朱博就是这样一个人物。哀帝即位后，朱博被重新起用为京兆尹，他入京之后，即与傅太后从弟孔乡侯傅晏打得火热。在傅太后、丁后上尊号问题上态度特别坚决，得到哀帝的赏识。师丹免官后,他代大司空。接着,又与傅晏合谋,排拒与王莽关系密切的丞相孔光与大司马傅喜,使他们一一罢职,朱博由此当上了丞相。紧接着,他翻脸不认人,全不顾与王立昔日的友情,也不顾王莽对自己的恩意,把弹劾的对象毫不犹豫地定在了王莽身上,他上奏哀帝说:"莽前不广尊尊之义,抑贬尊号,亏损孝道,当伏显戮,幸蒙赦令,不宜有爵土,请免为庶人。"①朱博此举,对王莽无异落井下石。因为他了解王莽,知道他不是一个容易对付的人物,只有彻底剥夺他的官职爵位,使之变成一介平民百姓,哀帝的皇位才能巩固。不过,朱博的建议哀帝并未完全接受。因为一来碍于太皇太后王政君的颜面,她毕竟在立哀帝为皇帝问题上没起坏的作用,事情不能做得太绝情。二来哀帝认为王莽的权力既已被剥夺,对自己也就构不成什么大的危险,何必为之太甚呢。于是,下令王莽离开京师,到南阳的封地上过日子。王莽由是开始了南阳约三年的蛰居生活。

被迫蛰居南阳,这对在政途上一路顺风顺水的王莽来说,当然是不小的打击和挫折。但是,在宦海中沉浮达 20 年之久的王莽比任何人都更明白:尽管哀帝及其左右的谋臣策士可以利用皇帝的威严与权力使他罢官就国,也能够轻而易举地罢免王氏外戚推荐引用的官吏僚佐。但是,他们却无法在短时间内扫除王氏外戚集团执掌朝政二十多年来所造成的巨大影响,无法消除多年来王莽用多种办法建立起来的威望和声名,更无法毁掉王氏集团在朝野的社会基础。特别是国势每况愈下的汉皇朝决不是哀帝及其左右能够得心应手地治理的,接踵而至的难题会使他们束手无策,政策的失误会令他们焦头烂额,狼狈不堪。而这一切,恰恰会激起

---

① 《汉书》卷 99 上《王莽传》。

朝野对王氏集团的怀念，成为他东山再起的重要条件。此后，王莽身居南阳，眼观京师，犹如一只双爪按地随时做好搏击准备的猛兽，一旦时机到来，它就会旋风般地冲出来，以猛力的一击制敌于死命。

## 2. 荒唐的汉哀帝将朝政交给了<br>一个 22 岁的同性恋者

以外藩入继大统的汉哀帝刘欣是定陶共王刘康的儿子。汉成帝在位时与刘康这位同父异母的兄弟感情甚笃，曾一度打算立他为皇位继承人，因王凤等从中作梗未果。后来，刘康先于成帝死去，爱屋及乌，成帝对刘康的儿子就有着特殊的亲近感。因年近四十无子，刘欣就成了皇位继承人，这其中，刘欣的祖母傅太后、母亲丁姬，通过贿赂皇后赵飞燕起了很大作用。刘欣继位时，仅是一位20岁的青年。如果他聪明能干，励精图治，享祚久长，王莽为首的外戚集团再度崛起的条件就消失了。可是，刘欣偏偏是一位昏庸无能、愚蠢荒唐而又享祚不长的封建帝王，而身为太皇太后的王莽姑母王政君偏偏又极富春秋，这样一来，王氏外戚集团的重新崛起就成为现实了。

哀帝继位后，清楚地知道王氏外戚集团是他帝位的最大威胁，所以上台伊始，就把打击的矛头指向了王氏外戚。首先，罢了王莽大司马大将军的官职，将侍中王邑、射声校尉王邯赶出京师，到边远地区做小官。接着，又下令已病退在家的王根离京就国，把王商之子、成都侯王况免为庶人，不少王根、王商引荐的官吏也连带去职。一时间，王氏外戚集团的势力被大大削弱了。与此同时，哀帝祖母傅太后，母亲丁后两家外戚都迫不及待地涌进朝廷，要官要权,死去的得到追封,活着的得到封赏,父子兄弟布列朝堂。当朝为官的,没有几个清正廉洁之辈。如,任丞相的朱博虽在任地方官时厉行杀伐,有点政声,也不过敢于对付地方上没有根基的流氓恶霸而已。看到王氏外戚集团势力膨胀,他依附上去,与王立、王莽等都有着密切的关系。哀帝即位,他立即又对傅、丁外戚集团献媚讨好,他在任京兆尹时因极力主张为傅太后、丁后上尊号,得到傅太后的欢心,代师丹做了大司空。后见傅太后对大司马傅喜、丞相孔光不满,又弹劾"丞相光志在自守,不能忧国。大司马喜至尊至亲,阿党大臣,无益政治"①,使哀帝下令罢傅喜之官就国,孔光免为庶人,他因而做了丞相。再后,他又顺傅太后之指,与御史大夫赵玄共同上书,要求免傅喜、何武为庶人。谁知此事引起了哀帝的怀疑,最后查出幕后与傅太后、赵玄等的密谋,落了个"亏损上恩,以结信贵戚,背君乡臣,倾乱政治,奸人之雄,附下罔上,为臣不忠不道"②的罪名而自杀。为朱博取代的丞相孔光,也不是什么正直骨鲠之臣,而是一个老谋深算、圆滑机敏的老官僚。他虽然与王氏外戚集团十分接近,但哀帝当国后,他为了自己的功名利禄,又对当权的傅、丁两家外戚百般曲意逢迎。后来做丞相的平当更是一个随世俯仰的平庸之辈。朝廷的实权,先后掌握在哀帝舅父大司马大将军丁明,以及傅太后的兄弟,后来代丁明做大司马的傅晏手里。以上这些人,无论就资质、能力、才干、威望,都无法与王凤、王莽等人相比。他们除了凭借傅、丁两后的势力作威作福外,政治上根本不会有什么建树。政权控制在这样一些人手上,再加上暴富的傅、丁两家外戚恃势擅权,结党营私,其政治的昏乱是可想而知

---

① 《汉书》卷83《朱博传》。
② 《汉书》卷83《朱博传》。

的。在此政治气候中，有点作为的好官是难以立足的。如比较有点头脑的师丹，一度做大司马而又比较清廉的傅喜，都被一一罢斥。而"倾邪不道"的傅太后侄子傅迁，在被哀帝明令免去侍中的官职后，却因傅太后的一句话而又官复原职。几年之内，傅氏外戚侯者3人，丁氏外戚侯者2人，傅太后的同母弟子郑业也被封为阳信侯。这样，哀帝外戚侯者已达6人。虽与王氏外戚"一门十侯，五大司马"相比还有差距，但王氏集团达到如此盛况经历了二十多年，而哀帝外戚秉政仅仅两三年就达到如此境况，其暴发的速度和程度较之王氏集团真是有过之而无不及了。元寿元年（公元前2年）正月一日，哀帝决定举行孔乡侯傅晏任大司马大将军、阳安侯丁明任大司马骠骑将军的就职仪式。仪式刚开始，就发生了日食。当时人们认为这很不吉利，哀帝于是下诏举方正直言，以对此事所应人事作出判断。扶阳侯韦育举荐杜邺为方正。其时杜邺刚因病从凉州刺史任上免职家居。杜邺作为一介儒生，知道当时人都对天人感应笃信不疑，就借机直言不讳地大谈朝政得失。他认为自然界的变异都是由阴阳不调引起，而历史上的外戚擅权威胁皇权，曾是引来无数次灾异的原因。接着，他对王氏外戚、傅氏外戚和丁氏外戚接连专权提出了大胆的批评：

前大司马新都侯莽退伏弟家，以诏策决，复遣就国。高昌侯宏去蕃自绝，犹受封土。制书侍中驸马都尉迁不忠巧佞，免归故郡，间未旬月，则有诏还，大臣奏正其罚，卒不得遣，而反兼官奉使，显宠过故。及阳信侯业，皆缘私君国，非功义所止。诸外家昆弟无贤不肖，并侍帷幄，布在列位，或典兵卫，或将军屯，宠意并于一家，积贵之势，世所希见所希闻也。至乃并置大司马将军之官。皇甫虽盛，三桓虽隆，鲁为作三军，无以甚

此。当拜之日，晻然日食。不在前后，临事而发者，明陛下谦
逊无专，承指非一，所言辄听，所欲辄随，有罪恶者不坐辜罚，
无功能者毕受官爵，流渐积猥，正尤在是，欲令昭昭以觉
圣朝。[1]

最后，他恳求哀帝"加致精诚"，下决心改变外戚专权的局面。
然而，言之谆谆，听之藐藐。处于傅氏与丁氏外戚包围中的汉哀
帝，是既没有勇气和能力，也没有环境和条件来改变这一局面。好
在杜邺一席话是"天人感应"之言，哀帝与傅、丁两家也不好立竿
见影给予报复，更因杜邺不久之后即染病而死，否则，即使傅、丁两
家饶了他，王莽这一关他也难以通过。

哀帝即位以后，天灾变异接连不断地发生。人们对刘氏政权
能否使天下太平心存疑忌，因而改朝换代的思潮日渐膨胀，在此背
景下，发生了哀帝于建平二年（公元前 5 年），改元易号"再受命"，
称"陈圣刘太平皇帝"的闹剧。结果是两个月即草草收场。一方
面因为改朝换代思潮广为传播，一方面因为哀帝以外藩入继大统，
哀帝及其臣子老是觉得有人觊觎皇位，他们于是把触角伸到各个
诸侯王那里，时刻注意观察那里的蛛丝马迹。正是在此背景下，发
生了所谓东平王刘云谋反的案件。刘云是东平王刘宇的儿子，嗣
爵为王。刘宇是汉宣帝与公孙倢伃生的儿子，封东平王，国于今之
山东济宁、汶上一带。元帝死时，即有不守礼法的表现，被加上削
地的惩罚。刘云嗣位后，已到哀帝当国之时。突然，境内的无盐危
山"自起覆草，如驰道状，又瓠山石转立"[2]。这显然是自然界的一
起变异：山上长出了状如驰道的青草，一块巨石竖立起来。这或许

① 《汉书》卷 85《杜邺传》。
② 《汉书》卷 80《宣元六王传》。

与地下水位变化和地壳运动有关,本不值得大惊小怪。可在当时"天人感应"迷信泛滥的情况下,就成了人们议论的大事。因为发生在东平国,自然引起了东平王的注意。出于对"天人感应"的警戒之心,刘云以及妻子自动来到竖起的大石旁,祭祀了一番。回到宫中,又命工匠立起一块状如瓠山的大石头,其上束以黄倍草,恭而敬之地祭祀起来。此事自然也传到了京师,佞臣息夫躬、孙宠等告发了刘云。这时,哀帝正为疾病所苦,疑神疑鬼,心神不定,怀疑刘云有什么不可告人的勾当,下令治罪。刘云夫妇被逮至狱中,一番严刑逼供,刘云夫妇就供出了自己的不规之罪:指使巫傅恭与奴婢合欢等人祭祀大石,诅咒哀帝,为刘云求天子之位。刘云又与明知灾异的高尚等人观察星宿,认为哀帝之疾必不能痊愈,刘云理当得天下。大石无故而竖起,就是宣帝起立的表征。审理此案的官员认定刘云夫妇"大逆不道",应判死罪。哀帝下诏刘云废徙房陵(今湖北房县)。刘云自缢,其妻"弃市"。这就是轰动一时的刘云谋反案。此案扑朔迷离,十之八九是严刑逼供的结果。因为变异发生在东平国,东平王因惊惧而祭祀是顺理成章的事,这与谋反并不能画等号。刘云夫妇除此表现外,没有其他任何谋反的迹象。后来审讯中供出的那些罪状,显然不足为凭。所以,丞相王嘉对此事持怀疑态度是有道理的。

哀帝的荒唐与汉成帝相比有过之而无不及,尽管当时汉皇朝的政况国势一天不如一天,广大百姓日日在"七死七亡"的困苦境况中挣扎,哀帝奢侈享乐的劲头却有增无已。同成帝一样,他特别迷恋女色,后宫佳丽玩腻了,他微服冶游。后来又迷恋男色,董贤因为与他同性恋而发迹,是哀帝人生中最丑恶的一幕,无疑可以看作这个时期政治状况的缩影。

董贤字圣卿,云阳(今陕西淳化西北)人。其父董恭,为御史。

哀帝被立为太子后，董贤任太子舍人。哀帝即位以后，董贤做了郎官，在宫中服务。他除了有一副漂亮的脸蛋、优美的身段，并且会胁肩谄笑、奉承巴结外，再也没有什么特长了。建平二年（公元前5年），某天夜里，正在殿下侍漏的董贤由于一个偶然的机会被哀帝赏识。哀帝"悦其仪貌"，"引上与语"，即被任为黄门郎，成为贵幸的起点。"父因子贵"，董贤的父亲也很快由云中侯、御史升为霸陵令，不久又升为光禄大夫。哀帝自从发现董贤后，一对同性恋者爱得难舍难分。不到一个月，就将其晋升为驸马都尉侍中。"出则参乘，入御左右，旬月间赏赐累钜万，贵震朝廷"①。自此之后，董贤就不离哀帝左右，经常与之同床共枕。有一天，他与哀帝白日同床而眠，枕了哀帝的袖子。哀帝先醒过来，想起床，但为了不惊动熟睡中的董贤，便用剑割断袖子，这就是"抽刀断袖"的著名故事。为了使董贤能够经常陪伴自己，哀帝干脆让董贤的妻子也搬到宫内居住。接着，又将董贤的妹妹封为仅次于皇后的昭仪，将其居住的宫殿更名为椒风。至此，董贤夫妇与昭仪朝夕陪伴哀帝，共享奢靡的生活。昭仪与董贤之妻从哀帝那里得到的赏赐也各逾千万。不久，再晋升董贤之父为少府，赐爵关内侯，食邑，继而再迁卫尉，全面负责宫廷的警卫事宜。爱屋及乌，董贤妻子的父亲也被任命为将作大匠，管理国家公共工程，其弟被任命为执金吾，负责京师的治安保卫工作。这样一来，整个首都长安，宫城内外，全都控制在董贤的父子姻亲手里了。哀帝意犹未尽，于是命将作大匠为董贤在北阙下修建了富丽堂皇的府第，"重殿洞门，木土之功穷极技巧，柱槛衣以绨锦"②。对董贤一家的宠幸几乎几天就上

---

① 《汉书》卷93《佞幸传·董贤》。
② 《汉书》卷93《佞幸传·董贤》。

一个新台阶,亲友普受恩惠,连僮仆也能得到哀帝的赏赐。后来,甚至武库中的兵器,皇宫中的珍宝,都出现在董贤的家里,皇帝的乘舆服饰更是随便取用。最后,哀帝又令将作大匠在自己的义陵旁为年仅 20 岁的董贤预修坟墓,穷极壮丽:"内为便房,刚柏题凑,外为徼道,周垣数里,门阙罘罳甚盛。"①连殉葬品也预先赏赐给他:"东园秘器,珠襦玉柙,豫以赐贤,无不备具。"②即使这样,哀帝还为找不到封董贤为侯的因由而深以为憾。适巧不久前发生了所谓东平王刘云夫妇谋反的案件。本来此事是由待诏息夫躬、孙宠等人通过中常侍宋弘密报的,二人因此而被晋升为二千石的高官。傅嘉为哀帝出谋划策,把密报东平王谋反之事的功劳算在董贤头上,以此作为封赏董贤的缘由。哀帝于是把息夫躬、孙宠二人的奏章削去宋弘的名字,改为二人因董贤上奏,先赐董贤关内侯之爵,接着,又打算实封其为侯。但担心新任丞相王嘉出面阻挠,就先让皇后之父孔乡侯傅晏持封赏的诏书送王嘉与御史大夫,征询他们的意见,王嘉果然不予通融。在哀帝当国,傅、丁二家外戚当权,群臣皆阿谀顺指的情况下,王嘉为什么敢拂逆鳞而不避祸呢?王嘉字公仲,平陵(陕西咸阳境)人,儒生出身。成帝时,历任太中大夫、九江、河南太守、大鸿胪、京兆尹、御史大夫,建平三年(公元前 4 年),代平当做了丞相,是一个政声甚佳的耿直派官吏,"为人刚直严毅有威重"③。他依仗自己的名声、资历,敢于对成帝讲逆耳之言,因而哀帝也怕他三分。哀帝即位后,他即上书,针对成帝时的弊端,提出选取贤良,稳定官吏队伍,不求全责备,使官吏忠于职守,敢于负责,以恢复昭宣时期良好的政风。但这些话,哀帝全

---

① 《汉书》卷 93《佞幸传·董贤》。
② 《汉书》卷 93《佞幸传·董贤》。
③ 《汉书》卷 56《王嘉传》。

当了耳旁风。现在,哀帝居然要封一个年仅20岁、一善乏陈的董贤为侯,这是王嘉实在难以同意的。王嘉于是同御史大夫贾延一同上书,规谏哀帝不要自作主张,凭一时好恶胡封乱赏。即使决意封赏,也要将董贤等人的功劳公之于臣下,让群臣知晓,口服心服。哀帝一时觉得王嘉的奏书有道理,便将封赏董贤之事暂时搁置下来。谁知数月以后,哀帝又变卦了,不仅下诏封董贤为高安侯,大肆褒扬他在东平王刘云一案上的功劳,而且,对其他臣子未能及时侦知逆谋而不满。对此,王嘉看在眼里,气在心头。数月后,发生日食。哀帝下诏求直言,王嘉借此机会送上一份长篇上书,总结历史上的经验教训,规谏哀帝振作精神,励精图治。同时,对哀帝宠幸董贤一事提出了异常严厉的批评:

> 而驸马都尉董贤亦起官寺上林中,又为贤治大第,开门乡北阙,引王渠灌园池,使者护作,赏赐吏卒,甚于治宗庙。贤母病,长安厨给祠具,道中过者皆饮食。为贤治器,器成,奏御乃行,或物好,特赐其工,自贡献宗庙三宫,犹不至此。贤家有宾婚及见亲,诸官并共,赐及仓头奴婢,人十万钱。使者护视,发取市物,百贾震动,道路欢华,群臣惶惑。诏书罢苑,而以赐贤二千余顷,均用之制从此堕坏。奢僭放纵,变乱阴阳,灾异众多,百姓讹言,持筹相惊,被发徒跣而走,乘马者驰,天惑其意,不能自止。①

最后,王嘉语重心长地告诫哀帝"慎己之所独乡,察众人之所共疑","以节贤宠",以免"爱之适足以害之"。面对王嘉椎心泣血的忠告,哀帝丝毫无悔意,而是"愈爱贤,不能自胜"。不久,哀帝祖母傅太后死去,他又找到了一个封赏董贤的借口。假托傅太后

---

① 《汉书》卷86《王嘉传》。

遗诏,要求元后下诏给丞相和御史大夫,增加董贤封户二千,赐孔乡侯傅晏、汝昌侯傅商、阳新郑业封国。王嘉接到诏书后,拒绝副署,送还诏书。同时上书哀帝,对此举提出了毫不留情的批评,其中说:"高安侯贤,佞幸之臣,陛下倾爵位以贵之,单货财以富之,损至尊以宠之,主威已黜,府藏已竭,唯恐不足。"①王嘉的上书,非但未能使哀帝回心转意,反而增加了哀帝对他的反感,二人之间的裂痕越来越大。王嘉这个人虽然不乏对哀帝的赤诚,也不乏诤臣的胆识,但却书呆子气十足。他看不到逼近自己的危险,压根儿就没有一点自我保护意识。此事之后不久,他又卷入东平王刘云一案中。原来,刘云"谋反"一案是由廷尉梁相、丞相长史、御史中丞与五个二千石的官员在东平国共同"杂治"的。在办案过程中,梁相感到其中有冤情,奏请移送长安,交由公卿复审。尚书令鞫谭、仆射宗伯凤认为应该允其所请。哀帝疑心梁相等人见自己生病,因而"外内顾望,操持两心",目的是拖延至冬天,使案子不能定谳,以包庇刘云过关。一气之下,下诏书免梁相等为庶人,把刘云夫妇送上断头台。王嘉本来对刘云一案持怀疑态度,对梁相等人怀着深深的同情。数月后,朝廷发布大赦令,王嘉借机上书为梁相、鞫谭和宗伯凤三人说情,希望重新起用。哀帝将此事与王嘉拒绝为董贤益封副署联系起来,越发感到王嘉处处与自己作对,震怒之下,召王嘉诣尚书受责。王嘉毕竟是臣子,在哀帝的严厉斥责下,只好"免冠谢罪"。但是,哀帝却不打算放过他,而是将他交给中朝议决处理办法。当时朝臣之中已很少有王嘉之类的骨鲠之臣,大多都是看皇帝眼色行事的宵小之辈,他们一齐争着在王嘉问题上向哀帝表示自己的忠诚。光禄大夫孔光、左将军公孙禄、右将

---

① 《汉书》卷86《王嘉传》。

114

军王安、光禄勋马宫、光禄大夫龚胜等人，共同劾奏王嘉"迷国罔上不道"，要求交由廷尉"杂治"，哀帝于是下诏谒者持节，召王嘉去廷尉管辖的监狱。按以往惯例，丞相到了这个份上，都以自杀为自己画上一个圆满而悲惨的句号。所以，当持节的谒者来到丞相府的时候，王嘉手下的掾吏哭泣着和好毒药，端给王嘉，希望他自裁。王嘉坚决不肯饮药。丞相主簿对他说："将相都不面对法官陈诉冤情，这已经相沿成惯例，还是请君侯自裁吧！"此时，谒者坐在丞相府门房里，焦急地等待结果。主簿于是又捧药向前，哀劝王嘉饮下。王嘉接过杯子，猛地摔到地下，悲愤地对属官们说："我作为丞相，幸而备三公之位，奉职不谨，有负国家，应当在万众面前受刑于都市。丞相怎么能像小儿女子一样饮药而死呢！"说完，王嘉穿好衣服，外出拜见谒者，接受诏命。然后，乘坐一般小吏使用的小车，去掉车盖，随使者来到廷尉的衙门。廷尉收取王嘉丞相新甫侯的印绶，然后将他捆绑起来，送到了都船诏狱。哀帝知道王嘉拒绝自杀而自动去廷尉监狱，感到自尊心受到莫大伤害，勃然大怒，下令使将军以下与五个二千石的官员共同审讯王嘉。官吏讯问王嘉何罪，王嘉根本不承认自己有什么罪过。他平静地对答说：

> 处理一桩案子都想知道真实的案情。我见梁相等人前时审理东平王之狱，并非认为刘云之罪不当死，而是希望由公卿复核以示慎重。将囚犯用驿马传至京师，时间不会超过冬月，实在看不出他们这样做是徘徊观望为刘云开脱罪责。后来幸而得到大赦。梁相等都是良善的官吏，臣私下为国家怜惜贤才，并不是偏私这三个人。

狱吏冷笑责问："果真如此，君又为什么认为自己罪有应当？有负于国家，不是无罪入狱？"说罢，对王嘉施以污辱。王嘉欲哭无泪,喟然仰天长叹,说:"幸得充备宰相,不能进贤退不肖,以是负国,死有余辜。"①狱吏追问贤与不肖指的谁,王嘉坦然回答:"贤,故丞相孔光,故大司空何武不能进;恶,高安侯董贤父子,佞邪乱朝,而不能退。罪当死,死无所恨。"②王嘉在监狱二十多天,"不食呕血而死"。在哀帝一朝,真正能当得起诤臣的,也就是一个王嘉。他不仅在长期为官地方时颇有政声,而且在为相的三年中敢于披肝沥胆讲真话,特别敢于抨击哀帝及其红得发紫的宠臣董贤,显示了不凡的气势与胆识。然而,就是这样的一位忠贞不贰的臣子,居然悲惨地死于哀帝的监狱中。他的死,说明哀帝用自己的手斫尽了汉皇朝最后一点健康的力量,正是从这里展示了这个皇朝走向没落的必然性。王嘉死了,同情王嘉的大司马骠骑将军丁明也被免了职。元寿元年(公元前2年)十二月,哀帝任命年仅22岁的董贤做了大司马大将军,领尚书事,"百官因贤奏事",由此,董贤掌握了汉皇朝的权柄。接着,徙其父为光禄大夫,秩中二千石,其弟董宽信代董贤做了驸马都尉。从此以后,"董氏亲属皆侍中诸曹奉朝请,宠在丁、傅之右矣"③。完全凭个人好恶,不顾社稷之重,轻而易举地将大汉皇朝的万里江山交给一无所能的董贤,哀帝的昏聩在西汉皇帝之中实在无一人能望其项背。哀帝在昏聩中继续打发他剩下不多的日子。元寿二年(公元前1年),匈奴的单于来长安朝拜。哀帝举行盛大宴会招待单于,董贤出席作陪。单于望着这位稚气未尽的大司马惊异得一时说不出话来,稍稍平静后,就向翻译提出疑问。哀帝通过翻译对单于说:"大司马年少,以大贤居位。"唬得单于赶忙起身相拜,连连祝贺大汉获得贤

---

① 《汉书》卷56《王嘉传》。
② 《汉书》卷86《王嘉传》。
③ 《汉书》卷93《佞幸传·董贤》。

臣。实际上是一幕令人作呕的滑稽剧。哀帝尽管使董贤火箭式地晋升到最高官位，荣华富贵臻于顶点，但是，他也明白，除了他的宠幸之外，董贤在朝野实在也没有什么根基。为了巩固董贤的权位，他示意董贤与代王嘉为丞相的孔光倾心结交。当初，孔光为御史大夫时，董贤的父亲董恭在其手下为御史。现在，董贤做了大司马，与孔光并列为三公，而且权势超过了孔光。哀帝知道孔光是一个资历与威望堪称元老的人物，与之结交肯定可以提高董贤的地位，因而让董贤主动与之结交。孔光是一个机智圆滑的老官僚，他也明白自己虽位尊丞相，但不过是个牌位，董贤前来结交，应该以礼相待，以讨哀帝的欢心，自然也可以巩固自己的权位。所以，当他听到董贤前来拜望的消息后，即整饰衣冠，倚门而待，望见董贤乘坐的车子到来，赶忙退回府内。董贤车至中门，孔光已在客厅，董贤下车，孔光正好从客厅出来拜谒。送迎都十分恭谨，不敢以宾客对等的礼仪接待董贤。董贤返回后，向哀帝述说了拜会孔光的情形，哀帝非常高兴，立即任命孔光兄长的两个儿子为谏大夫常侍。这无疑是示意孔光及其他朝臣，与董贤结交就可以得到皇帝的赏识，是一条升官发财的终南捷径。经过哀帝即位以来数年的经营，王氏外戚一家的势力已被大大地削弱，很多人丢了官职和爵位，阖门自守。只有平阿侯王谭的儿子去疾，因为哀帝为太子时曾以中庶子为之服务，颇得其赏识。哀帝即位之后，王去疾被任命为侍中骑都尉，是一个接近皇帝的中朝之官。哀帝环顾左右，看到王氏外戚基本上已无在位者，想到自己帝位的取得与王氏不无关系，再说，太皇太后王政君还健在，对王氏外戚似不宜做得太绝情，于是故意亲近王去疾，又任命他的弟弟王闳为中常侍。王闳的岳父萧咸是前将军萧望之的儿子，长期做郡守，后因病免官，回朝做了中郎将。萧咸兄弟一同在朝为官，又系名门出身，董贤之父对其十

117

分仰慕,希望与之结为婚姻。王闳于是为董贤弟驸马都尉董宽信求萧咸之女为妻,萧咸惶恐之中不敢答应。他悄悄对王闳说:"董贤任大司马时,皇帝册命他的文书中有'允执其中'四个字,这可是尧禅位于舜时的册文,不是册命三公所能用的,朝中长老们凡见此册文的,没有不害怕的,这样的人家,是咱们一般百姓家的女儿能配得上的吗!"其实,萧咸的话弦外有音。作为一个阅历丰富的老官僚,他明白董贤一家的暴富太不符合常规,更知道董氏在朝野没有根基,一旦时事有变,他们的富贵利禄是很难保住的。对这样的人家还是敬而远之为好。王闳听了岳父一席话,顿时感悟,于是向董恭回话,表达萧咸不敢高攀之意,委婉地回绝了他的求婚。董恭讨了个没趣,深深叹息说:"我家有什么对不起天下百姓?为什么人们这样惧怕我们!"对萧咸的拒婚很不高兴。虽然朝野对董贤一家的暴富侧目而视,哀帝却全然不觉,对他们的信用有增无已。不久,哀帝在麒麟殿摆下酒宴,与董贤父子亲属宴饮,王闳兄弟二人以侍中中常侍的身份在旁边侍候。哀帝连饮数杯,颇有点醉意。他突然笑着对董贤说:"我想效法尧禅帝位给舜的故事,把皇帝让给你做,怎么样?"董贤愕然,不知所措。这时,在一旁侍宴的侍中中常侍王闳马上疾言厉色地对哀帝说:"天下乃高皇帝天下,非陛下之有也。陛下承宗庙,当传子孙于亡穷。统业至重,天子无戏言!"①面对慷慨陈词的王闳,哀帝无言以对,但内心是很不高兴的。服侍左右的臣子都大惊失色,唯恐哀帝在宴席上发作。幸而哀帝以缄默相对,总算没有酿成不可收拾的局面。宴会之后,王闳立即被斥退,再也不准他在宴会上露面了。董贤就是这样,由一名微不足道的郎官,几年之间,便擢升到执掌朝廷军政大权的大

---

① 《汉书》卷93《佞幸传·董贤》。

司马位子上,而哀帝竟还异想天开地要把帝位禅让给这位一无所能的佞幸之辈,如此之君,如此之臣,在他们治理下的汉朝社会究竟是什么样子,实在是可想而知了。

西汉自昭、宣以后,长期积累的社会矛盾已经非常尖锐,靠封建皇朝的自我调节来解决或缓和矛盾是十分困难的。即使是英主临朝,也很难有大的作为,何况是成帝与哀帝这类不争气的昏庸糊涂之辈呢!哀帝这个年轻的帝王,可谓先天不足,后天失调。以外藩入继大统,年龄较小,阅历不足,谈不到什么政治经验,又没有一个团结一致,能力卓异,善于运筹帷幄的辅导班子,即位伊始,已显得力不从心。做皇帝之后,他感到王氏外戚的威胁,下决心夺回王氏外戚掌握的权柄,一两年内,以王莽为首的王氏宗族基本上都从重要的位子上被赶下去。哀帝这样做,本身无可厚非。问题是,王氏外戚的空缺由谁来填充?哀帝为太子时并没有建立一个有力的班底,他只有听从傅太后和丁后的意旨,引进两家外戚,而这两家外戚中实在也找不出在资质、能力和威望方面堪当辅佐之任的人物。最后以一己之意任命了一个与自己同龄的董贤为大司马,把国家重任交给他,就近于儿戏了。这就是哀帝的后天失调。而且这位皇帝自小体弱多病,加上同性恋带来的心理变态,使他行为乖戾,一副小家子气,根本就没有大国君主的气质与魄力,因而连守成也做不到,只能眼睁睁看着祖宗遗下的江山在夕阳中慢慢沉沦。哀帝最后两年显然在疾病的痛苦中挣扎。《汉书·哀帝纪》说他"即位痿痹",可能是患了严重的关节炎,双腿并不拢,最后以25岁之年于元寿二年(公元前1年)六月病逝。当时的制度把一个根本不具备执政者资质和能力的人硬推上了最高当权者的位子,结果是祸国害己。他的早逝恰恰给王莽的东山再起创造了又一个机遇。班固在《汉书》中对哀帝写下了一段充满同情的赞颂:"孝哀自为藩王及充太子之宫,文辞博敏,幼有令闻。暗孝成世禄去王室,权柄外移,是故临朝屡诛大臣,欲强主威,以则武、宣。雅性不好声色,时览卞射武戏。即位痿痹,末年寖剧,享国不永,哀哉!"①死后被谥为哀帝,的确抓住了他悲剧一生的特点。但班固的赞誉全是溢美之词,并不反映哀帝一生的历史真实。总起来看,在西汉皇朝二百多年的历史长河中,哀帝当国的六个春秋只不过是短暂的一段浊流,他不仅未能挽回元帝开始的颓势,而且加速了这个庞大帝国衰落的步伐,以致人们一提起成、哀之世就与末世联系在一起。虽然这个总的趋势的形成不能完全归罪于成帝与哀帝,但对于这一趋势的加剧,他们却不能辞其咎。

## 3. 东山再起,炙手可热,已超过昔日的气势

蛰居南阳的王莽虽然对自己的前程无法预卜,但他并不准备守着这一县的小小地盘度过余生。多年的宦海沉浮使他知道,政治形势瞬息万变,个人的命运尽管自己无法完全掌握,但机遇的把握却主要靠自己的识见和能力,而政治家的才干主要表现在对机遇的捕捉和利用。王莽蛰居南阳,既非离世冬眠,亦非闭门思过,他在观察形势,捕捉机遇,准备条件,东山再起。他冷眼旁观着西汉朝廷上发生的种种光怪陆离的荒唐事件,看着丞相、大司马走马灯式易人的昏乱政治,看着乳臭未干的董贤戴上大司马桂冠的沐猴戏,不由得意地窃笑。他心里默念着,你们再来得荒唐一些吧,时机一旦成熟,我就会站出来堂堂正正地收拾你们了!

无论是在京师闭门自守,还是在南阳的封地上悠游岁月,王莽

---

① 《汉书》卷11《哀帝纪》。

120

都在积极活动。他给自己规定的任务是：一方面抓住一切机会，采取一些可以造成轰动效应的行动，扩大自己的政治影响；另一方面是广泛结交各级官吏、儒生、礼贤下士，与他们建立广泛的联系。同时，又装出对当前朝政漠不关心的样子，绝对不谈敏感的政治问题，以麻痹哀帝及其周围的臣子，使之将王莽看成一个无足轻重的人物，丧失警惕，从而为自己营造一个相对宽松一些的生活环境。王莽的这些做法果然产生了预期的效果，哀帝及其当国的班子再也没有找王莽的麻烦，在一定程上将其视为无害而可爱的人。

建平二年（公元前 5 年），王莽回到南阳的封地不久，他的家庭中发生了一件大事。他的第二个儿子王获杀死了家中的一个奴婢。这种事情，在当时的贵族或豪富之家是经常发生的。因为奴婢的社会地位很低，可以像牛马那样在市场上公开买卖。而依据汉朝的法律，主人只要在处死奴婢前向官府打个招呼，杀死奴婢也就合法了。所以，如依照汉朝的法律办事，不打招呼擅自处死奴婢虽以违法论，但惩罚也不重，对于这件事，王莽只要谴责一下他的儿子，或报告官府依法交点钱，问题也就解决了，谁也不会为此区区小事同王莽过不去。然而，王莽却没有这样做。他不仅严厉谴责了儿子，而且命令儿子自杀以偿奴婢之命，把一桩小事变成了带有轰动效应的大事。王莽不惜牺牲自己的儿子来了结此事，是大有深意的。如上所述，由于奴婢的社会地位低下，而奴婢的数量又因农民破产的加速而激增，因此，奴婢问题已与土地问题一样，成为影响社会安定的症结之一，引起了社会各方面的关注。王莽如此处理此事，一方面使社会上的有识之士大为激赏，另一方面也使普通百姓特别是奴婢对他充满景仰与感佩之情。一个儿子的牺牲为王莽赢得的是难以估量的社会影响。

还在王莽刚刚回到南阳封地的时候，南阳太守就与王莽深相结纳。按当时的制度,封于各地的侯国所占地盘为一个县,由当地郡守管理。无论有侯爵的人做过多高的官,一旦罢官就国,郡守就有权对其进行监督和管理。南阳太守是个聪明人,他知道王莽的分量,更明白王莽的未来还是未知数,为了给自己留条后路,便倾心结交王莽。他把门下掾宛人孔休派给王莽做新都相,为之管理封地上的一切事务。孔休是个儒生,早知王莽的名气和权位,所以毕恭毕敬地前往拜谒。王莽不因孔休职位卑微而有丝毫怠慢之意,显示了礼贤下士的品格和风度。有一次,王莽生病了,孔休前去探视。王莽为了加深与他的感情联系,于是拿出名贵的玉具宝剑,执意赠予孔休。孔休不肯接受,谦让了一番。王莽说:"我看到您面上有瘢痕,就想到美玉可以消除它。这剑的剑鼻是美玉做的,正好可给您消去瘢痕。"说着解下剑鼻,非要孔休收下不可。孔休还是不要。王莽慨然说:"难道您嫌它贵重吗?"说完,毅然将玉剑鼻椎碎,亲自包好,送给了孔休。后来,王莽被征回京师时,曾想与孔休见面,孔休拒绝与之相见。这位孔休显然是一位正直、善良和同情失势之人的儒生,对荣华富贵淡漠视之。他在王莽失势时与之结交,为之服务,一旦王莽得势,他就离开王莽,不想从那里索取任何东西。推拒玉具剑一事已展示了他的品格。

王莽对儿子杀奴的处理和与孔休的结交,为他赢得了忠于朋友,爱惜奴婢的声名。离开大司马的官位,不仅未降低他的威望,反而更增加了他在官民中的分量。面对哀帝时的混乱局面,人们对他的遭遇十分同情,对他的再度出山寄予厚望。"在国三岁,吏上书冤讼莽者以百数"①。朝廷内外,从中央到地方,本不乏王莽的党徒,他们不断地为王莽喊冤叫屈,为他的重返庙堂制造舆论。

---

① 《汉书》卷99上《王莽传》。

不久,历史的机遇又一次降临到王莽面前。

元寿元年(公元前2年)正月初一,发生日食。哀帝下诏令臣下对策。贤良周护、宋崇等借此机会向哀帝上书,为王莽大唱赞歌。哀帝鉴于舆论的压力,只得以"侍候元后"的名义让王莽与平阿侯王仁(王谭之子)重返京师。王莽结束了三年左右的南阳封国生活,重新返回政治中心的首都。这使他能够迅速了解国内的政治变化,广泛联络京师的官员,以便随时做好重返政坛的准备。其时,王莽从弟、王商的儿子王邑正做侍中,他假借元后的名义在哀帝面前为王莽求特进给事中。不久哀帝又下诏举太常,王莽求前将军何武荐自己,何武未答应。这一切表明王莽重返政坛的急迫之情。元寿二年(公元前1年)六月,荒唐而短命的汉哀帝终于以25岁之年结束了自己生命的航程。他没有留下子嗣,傅、丁两太后又在此以前先后死去,收拾残局的任务又落到了年迈但仍硕健的元后王政君身上。在得到哀帝病逝消息的当天,她就驾临未央宫,收取皇帝玺绶。接着召见大司马董贤,问他如何为哀帝办理丧葬事宜。董贤本来对此就一无所知,而哀帝的去世又使他为失去靠山悲痛欲绝,瞻念前程,不寒而栗。面对元后的讯问,他无言以对,只好自认无能,免冠谢罪。元后说:"新都侯王莽以前任大司马时曾为先帝(指成帝)治丧,熟悉礼仪典则,我让他协助你办事吧。"董贤此时只有"顿首"答应的份儿。然后,元后命使者火速召王莽进宫,同时,又命令尚书将发兵符节、百官奏事以及中黄门、期门等卫兵的统帅权统统交给王莽,实际上把汉皇朝的执政全权一股脑儿委托给王莽,正如王夫之所说:"其提携刘氏之天下授之王氏,在指顾之间耳。"[①]王莽上台重新执掌朝政后办的第一件大

---

事就是罢免董贤及其引进的全部官吏。他以元后的名义指令尚书劾奏董贤在哀帝病重时"不亲医药",禁止他到殿中和军中办事,实际上剥夺了大司马这个官职所拥有的全部权力。吓得董贤手足无措,只得"诣阙免冠徒跣谢",即脱帽赤足到王莽面前谢罪,以求王莽对自己高抬贵手,希冀保住性命。但是,王莽对董贤没有丝毫的怜悯之情,他把自己所受挫折的愤怒全部喷发到董贤身上。他指使谒者以元后的名义下诏,罢去董贤的大司马之职:"贤年少,未更事理,为大司马,不合众心,其收大司马印绶,罢归第。"①董贤知道王莽不会放过自己,当日即与妻子一起自杀。他的家人惶恐不安,连夜悄悄地将董贤埋葬。王莽怀疑董贤诈死,命有关官员将棺材运到监狱,发棺验看,证明董贤之死无误,就近将其尸体埋在狱中。接着,王莽又奏请元后批准,以"董贤父子骄恣奢僭"的罪名,"请收没入财物县官,诸以贤为官者皆免"②。董贤的父亲、兄弟与家属徙合浦,其母别归故乡钜鹿。董贤一家,真是其兴也勃焉,其败也忽焉,反映了封建社会中与政治联系在一起的大官僚兴衰无常的特点。董贤及其一家的衰亡实不足惜。县官斥卖董贤财产凡43万万,这是在短时期内吮吸的百姓的膏血。京城百姓对董贤的死灭拍手称快,"长安中小民欢讙,乡其第哭"③,充分发泄了心中的不满。王莽办的第二件大事是自己重新任大司马大将军。本来,元后已给了王莽大司马大将军的权柄,在罢免董贤以后,完全可以下一道诏书任命王莽担任此一职务。但不知出于什么目的,她下了一道要求公卿推举大司马的诏书。此时,群臣明白无论从个人威望,还是同元后的关系,大司马的位子非王莽莫属。所

---

①　《资治通鉴》卷35《哀帝元寿二年》。
②　《资治通鉴》卷35《哀帝元寿二年》。
③　《汉书》卷93《佞幸传·董贤》。

以，自大司徒孔光以下，"举朝皆举莽"。只有前将军何武，左将军公孙禄相与持异议，"以为往时孝惠、孝昭少主之世，外戚吕、霍、上官持权，几危社稷，今孝成、孝哀比世无嗣，方当选立亲近辅幼主，不宜令异姓大臣持权，亲疏相错，为国计便"①。于是二人互举，这自然使王莽大为光火。王莽做大司马之后，立即指使有关官吏劾奏何武、公孙禄互举的"劣迹"，并以此为由免去二人的官职。王莽任大司马、领尚书，名正言顺地成为辅政大臣后，他办的第三件大事是立一个新皇帝。因哀帝绝嗣，元帝的直系只有中山孝王的儿子刘衎了。他是元帝的重孙，正是哀帝的下一辈，立他为帝是顺理成章的。七月，王莽遣车骑将军王舜（王音之子，王莽从弟），大鸿胪左咸持节从中山国迎来刘衎即帝位，时年九岁，他就是汉平帝。因平帝年幼，元后临朝称制，王莽就以大司马大将军的职务专擅一切了。王莽办的第四件大事，是以赵氏"专宠锢寝，残灭继嗣"的罪名，以傅氏"背恩忘本，专恣不轨"的罪名，迫令成帝赵皇后（即赵飞燕），哀帝傅皇后自杀，并把傅、丁两家外戚及其亲族一律赶出京师。由此就除去了一批可能对王莽专权造成障碍的人物。王莽办的第五件大事，是引名儒、孔子嫡孙、历仕三朝、专保禄位、时任大司徒的乡愿式人物孔光为知己，任命孔光的女婿甄邯为侍中、奉车都尉，合力排除异己。凡王莽不合意或有宿怨者，王莽皆罗织罪名，令甄邯交孔光上奏元后，一一加以惩罚。如南阳太守毋将隆因少时拒绝依附王莽，关内侯张由、中太仆史立、泰山太守丁玄、河内太守赵昌等皆因与王莽不睦，被免官去职，流放合浦。红阳侯王立是当时唯一健在的王莽的叔父，尽管当时已不在官位，但王莽仍怕他在元后面前说三道四，"令己不得肆意"，于是指使

---

① 《汉书》卷86《何武传》。

孔光上奏元后,揭露王立犯有两项罪责,一是包庇犯有大罪的淳于长;二是建议元后以官婢杨寄的私生子充成帝子,要求元后下诏令王立离开京师到封国去。元后一方面念手足之情,另一方面也感到王立所犯之事已过去多年,并且王立又年事已高,就决定继续留他在京师。王莽不答应,义正词严地对元后说:"今汉家衰,比世无嗣,太后独代幼主统政,诚可畏惧,力用公正先天下,尚恐不从,今以私恩逆大臣议如此,群下倾邪,乱从此起!宜可且遣就国,安后复征召之。"①元后只得按王莽的意见遣王立到封国去。差不多与此同时,王莽挟持元后,把自己的叔伯兄弟、王谭的儿子王仁也赶到了封国。哀帝死后,旬月之间,王莽就雷厉风行地办了以上五件大事,从而为他将来的代汉立下了坚实的基础。经过这一番大张旗鼓的调整,从中央到地方,关键性的岗位上都换上了王莽的人,反对派的同僚们几乎被剪除净尽了。凡是想攀龙附凤猎取富贵的人无不以得到王莽的赏识和重用为荣。二次登台秉政的王莽,其气势和威严已远远超过他第一次任大司马的境况。这时,偏偏出来一个不知好歹的彭宣,对王莽采取不合作的态度,给王莽那动人的胜利进行曲添上了不和谐的音符。彭宣字子佩,淮阳阳夏(今河南太康)人,儒生出身。历任博士、东平王太傅、右扶风、廷尉、太原太守、大司农、光禄勋、右将军、左将军、光禄大夫、御史大夫、大司空。哀帝死后,他的大司空的官职被保留下来。因为他作为儒生出身的官员,在当时颇有些人望,与董贤和傅、丁外戚又没有多少瓜葛,因而王莽在整饬哀帝时的辅政班子时保留了他的官位,成为平帝朝与王莽、孔光并列的三公之一。在王莽看来,彭宣对他应该感激涕零才对。可彭宣偏偏不买账。他看到王莽权势炙

---

① 《汉书》卷99上《王莽传》。

手可热,独断专行,自己虽名为三公,实际上只不过是个唯王莽马首是瞻的小伙计,遇事只能违心地随声附和,很难独立表述自己的意志。想到自己年事已高,犯不上再在王莽手下看颜色行事了,于是毅然提出辞呈:"三公鼎足承君,一足不任,则覆乱美实。臣资性浅薄,年齿老眊,数伏疾病,昏乱遗忘,愿上大司空、长平侯印绶,乞骸骨归乡里,俟填沟壑。"①话虽说得自贱、委婉,但弦外之音却是不与王莽合作。王莽恨彭宣不给自己留面子,就顺水推舟让元后批准了彭宣的请求,但拒绝依惯例赐给他黄金、安车、驷马。彭宣冷冷清清地回到自己的封地,过了几年平静寂寞的日子,最后安然而逝。从封建道德眼光看,彭宣是一个有节操的臣子,实践了"达则兼济天下,穷则独善其身"的信条。他没有卷入王莽篡汉的活动,与一般随时俯仰,持禄保位的昏佞之辈相比还是略胜一筹的。

尽管彭宣的辞职给王莽上台执政的喜庆气氛留下了一丝阴影,但却无碍王莽专擅朝政的大局。二次秉政的王莽此时已经有点飘飘然了。环顾宇内,俯视朝野,他感到自己为所欲为的时代已经随着孝平皇帝登基的鼓乐开始了。《汉书·王莽传》以如下一段简练、准确的文字描述了他二次登台时的气势:

> 于是附顺者拔擢,忤恨者诛灭。王舜、王邑为腹心,甄丰、甄邯主击断,平晏领机事,刘歆典文章,孙建为爪牙。丰子寻、歆子菜、涿郡崔发、南阳陈崇皆以才能幸于莽。莽色厉而言方,欲有所为,微见风采,党羽承其指意而显奏之,莽稽首涕泣,固推让焉。上以惑太后,下用以示信于众庶。

---

① 《汉书》卷71《彭宣传》。

在人类历史上,自从国家权力产生以来,皇位就成为人们刻意追求的对象,为此,演出了一幕幕阴谋篡弑,流血厮杀,传贤禅让的闹剧。为了保持社会的稳定,中国的封建皇朝一方面制定了最高皇权排他性的嫡长子传承制度,另一方面又制定了严密的法律对各级官府、各种官位的权力加以限制。从理论上讲,封建皇朝的最高权力属于皇帝,而在事实上,由于各种复杂的原因,如皇帝幼弱、低能、昏聩、享乐等,最高皇权完全由皇帝本人完好地行使的情况是不多的。更多的时候,这种权力则是由权臣假借皇帝的名义行使的。但是,按照封建的道德原则,权臣只能假借皇帝的名义行使权力却不能觊觎这种权力本身,因为弑君篡政是最不能容忍的罪行。所以,在封建时代,权臣们极力争夺专擅朝政的权力,但一般不去篡夺皇帝位子。在王莽之前的秦汉时代,将皇帝弄成傀儡的权臣在在多有,取皇位而代之的篡臣还没有出现。二次登台的王莽几乎拥有了皇帝的一切权力,作为臣子已经登峰造极。此时的王莽只要再向前迈出一步,他就越出了权臣的界限而进入篡臣的行列。而当时的客观条件和主观因素仿佛是一只无形的大手,推着王莽坚定不移地迈出了这至关重要的一步。

# 第五章　迈向极峰

## 1. 符瑞一个接着一个,大司马
## 又荣获"安汉公"的宝座

　　二次秉政后的王莽,权力较第一次秉政时更加扩大和巩固。朝廷上下,对王莽的所作所为,几乎没有人敢说半个不字。在王莽看来,他的实际权力已经远远超过大司马大将军所应有的职责,因而也就应该有一个与现在的权力相当的名分。如何使自己的权位再上一个新台阶呢? 王莽想到了"天人感应"的神学目的论。在西汉鼎盛的武帝时期,中国儒学发展史上出了一位划时代的人物董仲舒。此人以阴阳五行改造了孔子、孟子、荀子等创造和发展的儒家学说,构筑了一整套"天人感应"的神学目的论的思想体系。"天人感应"的思想古已有之。殷周时期,人们认为在自然界和人类社会之上有个高高在上、明察秋毫、赏善罚恶的至上神,即帝或天,它与人类能够互相"感"和"应"。天通过一些不常见的自然变异向人类展示自己的意向,如武王伐纣兵渡黄河时,一条大鱼跳入船中。这表明上天赞许伐纣。这条鱼称为符瑞,是一种吉祥的事物。儒学大师荀子极力阐明天的自然本质,认为自然界与人类社会是两个不同的范畴,其间不存在"感"和"应"的关系,天不能对人类社会的活动进行干预。董仲舒为了给日益强化的专制主义中央集权体制寻找一个守护神,就把被荀子还原为自然的天重新赋予至上神的灵光。认为自然界的一切,人类社会的一切,都是天有目的的安排。天时刻监视着地上人类的活动并随时对这种活动发出自己的指令。比如,天挑选君王作为百姓的统治者但又要求君王实行"德治",使百姓安居乐业。君王如治理有方,国泰民安,上天就降下符瑞,如一禾生二穗,麒麟率舞,凤凰来仪之类;如君王昏聩暴虐,政治混乱,民不聊生,上天就降下变异,如冬雷夏雪,日月食等,加以警告,希望改弦更张;如君王对此置若罔闻,上天就降下灾害,甚至变易君王,改朝换代。这套"天人感应"论经过百余年的广泛宣传,已经深入人心,对政治产生了很大影响。武帝以后,每当看到日食、月食发生或其他灾异出现,封建皇帝总是忙不迭地下诏举贤良文学对策、求直言敢谏,而一些臣子也总是借机把平时不敢讲或不便讲的对朝政的批评意见直言不讳地讲出来,就可明白其影响的广泛和深远。这一神学目的论的思想体系,恰恰为王莽看中,做了他得心应手进行政治斗争的工具。王莽附会《尚书》记载的越棠氏向周天子献白雉的古例,指使益州官员讽喻西南少数民族首领以越棠氏的名义向朝廷献白雉、黑雉为符瑞,以便据此加以发挥,以谋取新的名号。元始元年(公元1年)正月,白雉1只,黑雉2只献到朝廷。王莽于是郑重其事地要求元后下诏,把白雉献到宗庙,祭告祖宗,以表示汉皇朝在王莽佐治下达到了西周成王那样的兴盛之境。真如一犬吠影,百犬吠声,王莽的党徒们群起鼓噪,纷纷向元后上书,一齐称颂王莽的巍巍功德"致成周白雉之瑞",是什么"千载同符"的盛事,应该像成王封周公一样地封王莽为"安汉公",以便"上应古制,下准行事,以顺天心"[1]。就在元后下诏要尚书就封赏的具体事宜拟定条文时,王莽抢先上书元后,大

---

[1] 《汉书》卷99上《王莽传》。

130

大谦让了一番,以表示有功不受赏的风格,同时要求封赏孔光等人,将自己除外:"臣与孔光、王舜、甄丰、甄邯共定策,今愿独条光等功赏,寝置臣莽,勿随辈列。"①甄邯明白王莽是故意谦让,就请求元后下诏要王莽接受封赏,说什么"君有安宗庙之功,不可以骨肉故蔽隐不扬"。王莽又上书辞让。元后又命谒者传引王莽到未央殿东厢待封,王莽则以生病为由不肯前往。元后再命尚书令前去召王莽以时就封,王莽再次辞谢。元后于是让长信太仆再一次前去召王莽,王莽仍然称病不去。元后左右的臣子们为之出主意说,不宜强求王莽,但先封赏孔光等人,王莽也就会起而就封了。元后于是下诏益封孔光万户,任太师,益封王舜万户,任太保,封甄丰为广阳侯,食邑千户,任少傅,三人皆授四辅之职。封甄邯为承阳侯,食邑二千四百户。四人封赏完毕,王莽仍不就封。群臣又群起上言说,尽管王莽一再辞让,但朝廷却应该"以时加赏",只有如此,才能"无使百僚元元失望"。元后于是下诏,表面上是依群臣之意,实际上是依王莽之愿,对他进行西汉历史上空前隆重的封赏:

> 大司马新都侯莽三世为三公,典周公之职,建万世策,功德为忠臣宗,化流海内,远人慕义,越棠氏重译献白雉。其以召陵、新息二县户二万八千益封莽,复其后嗣,畴其爵邑,封功如萧相国。以莽为太傅,干四辅之事,号曰安汉公。以故萧相国甲第为安汉公第,定著于令,传之无穷。②

在西汉历史上,丞相萧何之功可谓大矣,二次封赏,仅得万户。

---

① 《汉书》卷99上《王莽传》。
② 《汉书》卷99上《王莽传》。

霍光在昭、宣两朝权倾朝野，二次封赏，也就是达到 2 000 户。而王莽一次封赏就达 28 000 户，加上前两次的封赏，封户已近 30 000 户。这在西汉历史上是绝无仅有的。这次封赏，无论在内容和形式上都使王莽高升了一步，成为西汉历史上享此殊荣的第一人。至此，王莽认为自己导演的辞让戏已经唱到火候，于是"药到病除"，霍然而起，"惶惑受策"，接受了"安汉公"的封号。以元后的名义颁发的册封王莽的文书是这样写的："汉危无嗣，而公定之；四辅之职，三公之任，而公干之；群僚众位，而公宰之；功德茂著，宗庙以安，盖白雉之瑞，周成象焉。故赐嘉号曰安汉公，辅翼于帝，期于致平，毋违朕意。"①策文以王莽比周公，把他吹到了九天之上。然而，随着历史的发展，这篇册文却变成了对王莽此后所为的绝妙讽刺。王莽此后的每一个脚步都证明：他从求"安汉公"封号那天起，就抱定了以颠覆汉皇朝作为自己的终极目标。他要的是"安汉"的形式，追求的是篡汉的内容。尽管形式和内容是如此地矛盾，现象与本质是这样地背离，王莽还是孜孜于名号的追求。因为深谙封建社会政治学的王莽明白，他只有有了"安汉公"的名号，才更能够得心应手地进行篡汉的一系列活动。"安汉公"的名号赋予他许多权力，可以堂而皇之地将一切非法手段变成合法行动。所以，尽管王莽骨子里怀着急不可耐地篡汉的热望，但表面上却又千方百计地追求安汉的荣誉。名实竟是这样地互相抵牾，仿佛南辕而北辙。王莽为了使这次轰动朝野、引人注目的大封赏搞得"锦上添花"，决定只接受"安汉公"的封号，而让还益封的户邑。他并且还假惺惺地发誓说，只有全国的老百姓都丰衣足食了，他才考虑接受封户的赏赐。王莽的眼光是远大的，他心目中萦绕的已

---

① 《汉书》卷 99 上《王莽传》。

不是区区万儿八千的封户,而是全国的土地和子民。他知道,此时自己最需要的并不是财富,而是"官心"和"民望"。为此,从平帝元始元年至二年,王莽建议朝廷恢复了一批汉宗室后裔的王位,立故东平王刘云太子开明为王,此举隐含着对东平王原"谋反"案的昭雪,又以故东平思王(刘宇)的孙子成都为中山王,以为中山孝王刘兴的后嗣,算是对孝王孙子刘衎继帝位的补偿。同时,封宣帝耳孙36人皆为列侯,太仆王恽等25人皆赐爵关内侯,又令诸侯王公、列侯、关内侯无子而有孙若同产子者,皆得为嗣,由此使汉兴以来的功臣后裔有117人被封为列侯和关内侯。宗室亲属凡未因亲尽因有罪而开出属籍之人,一律恢复他们的宗室亲属之籍。天下官吏凡比二千石以上因年老去职之人,一律终身享受原俸禄的三分之一。又上尊宗庙,增加礼乐,下惠百姓士民鳏寡,"恩泽之政无所不施"。以上这些做法的确显示了王莽过人的机智和权谋。王莽的考虑是如此周到,以致从高级的王公贵族到当权的现职官吏,从功臣后代到退休的官吏,直至犯罪的宗室亲属和普通百姓,无不从王莽那里得到实惠,他们自然会对王莽回报由衷的感激之情。只有恩泽博施,才能获得广泛的拥戴。当王莽把"福风惠雨"洒向社会各个阶层时,他希望得到的是在万民欢腾中迈上皇帝的宝座。

王莽自结发入世以来,二十多年的岁月,由于独特的历史机遇,更由于自己的种种努力,运用层出不穷的"激发之行",的确在朝野获得了"倾其诸父"的声望与权力。你看,他日夜孜孜,励精图治,建策"安汉",辅佐九岁的刘衎做皇帝,延续大汉皇朝的香火,这是他的"忠";侍疾母侧,用药先尝,宾宴客上,数次离席。周旋伯父王凤、叔父王根病榻之旁,蓬旨垢面,衣不解带月余,这是他的"孝";对兄之子百般爱护,视同己出,择名儒为师,施以严格教育。与己子同时娶妇,不分轩轾,这是他的"慈";大义灭亲,切责杀奴的儿子，严令其自杀偿命，这是他的"义"；拜名儒陈参为师，"被服如儒生"，刻苦攻读。亲至侄儿先生之家，恭奉羊酒，惠及同窗学子，这是他的"尊师重道"；买婢女送朱博，椎剑鼻而赠孔休，这是他的"交友以信"；数辞封爵，几让户邑，散财赈宾客，下惠至鳏寡，这是他的"谦让"和"清廉"。像他这样的盖世无双的君子，真是"钻之弥深，仰之弥高"，古之所无，今之少有，空前绝后了。二十几年中，王莽不择手段地猎取美名，攫取权力，以便在朝野形成"当今治国平天下舍我其谁"的局面。他的一切思考与活动都是围绕着篡汉自立的轴心旋转的。现在，得到"安汉公"这一特殊名号和特殊权力的王莽已经走到这样的地步：他的位置距皇帝的宝座只有一步之遥，只要他什么时候以为时机成熟而轻轻地向上迈一步，就可以蹑足九五，南面称孤了。

## 2. 他谦辞爵位，拒绝封邑，梦牵魂绕的是一颗"宰衡"的印章

　　王莽在得到了"安汉公"的封号以后，一方面更进一步不厌其烦地用歌功颂德的办法来讨元后的欢心，另一方面，又以保护元后的健康为名，一步步地悄悄承袭元后的权力。他首先指示其爪牙，上书元后，说是太后至尊之体，春秋又高，不宜过度操劳，一些小事就不必亲自过问了。元后也感到很有道理，于是下了一道诏书，把封爵之外的一切国家大事统统交王莽处理："自今以来，惟封爵乃以闻。他事，安汉公、四辅平决。州牧、二千石及茂才吏除奏事者，辄引入至近署对安汉公，考故官，问新职，以知其贤否。"①经此一

---

① 《汉书》卷99上《王莽传》。

道诏旨,王莽就把汉朝廷的一切军国大事的处置权,其中包括选官用人的大权一一拿到自己手里。此后,王莽就充分利用这一权力,"人人延问,致密恩意,厚加赠送",进一步在中央和地方广泛地网罗爪牙,结党营私。而对那些不称意不服帖的官吏,则罗织罪名,悉加罢免。至此,一个以王莽为核心,辅以王氏宗族和依附的文臣武吏组成的当权集团,就牢牢地控制了汉皇朝的一切权力,已成深固不摇之势,王莽也自然"权为人主侔矣"。

为了讨元后的欢心,王莽千方百计使元后猎取"爱民"和"节俭"的美名。他建议说:"亲承前孝哀丁、傅奢侈之后,百姓未赡者多,太后宜且衣缯练,颇损膳,以视天下。"紧接着,王莽第一个带头响应,献出钱百万,田30顷"助给贫民"。之后,王莽再率群臣向元后上书说:

> 陛下您春秋已高,长久穿这样粗劣的衣服,减损膳食,实在不是养颐精气,抚育幼主,安定宗庙的长久办法呵!……今天,幸赖陛下您的德惠福泽,风调雨顺,甘露普降,许多吉兆瑞符同时出现。我们祈愿陛下爱精休神,减少思虑,恢复太皇太后的衣饰,按太官的规定用膳吧!

再后,王莽又让元后再下一个诏书,说明现在皇帝幼弱,未能亲政,作为太皇太后只能出权宜之计,掌握国之大纲法纪,勤身极思,躬率百官万民,使国家臻于太平。这里,姑母与侄儿,一唱一和,元后的诏书,王莽的奏文,都不过是一幕虚伪的做作。但是,王莽通过导演这幕丑剧,却取得了一箭双雕的硕果:元后"节俭爱民"的美名倾动朝野,讨元后欢心的目的达到了;王莽"忠孝"的美名再次倾动朝野,他沽名钓誉的目的也达到了。王莽在演完了这幕闹剧之后,意犹未尽,决定自己再来一场独角喜剧,内容是"每遇水旱,莽辄素食"。王莽的党徒立即将此事上奏元后,元后也自然下诏对王莽大加表彰和规劝:"闻公菜食,忧民深矣。今秋幸孰,公勤于职,以时食肉,爱身为国。"王莽的这个行动似乎显示出他"勤政爱民"与百姓同甘共苦的赤诚,实际上仍然是一种虚伪的做作。这只要看他做皇帝后是如何荒淫无度,死到临头还守着60万斤黄金不放,也就足以说明他的"节俭"是怎么一回事了。

王莽不断地通过种种手段巩固和扩大自己的权力,他的所有思想和行动都离不开这一中心目的。王莽是在王氏外戚集团专擅朝政的氛围中成长起来的,他最清楚他的家族以及自己的权力与作为皇后的姑母王政君的关系。而在哀帝当国时期他从大司马位子上被赶下台的挫折,也使他进一步认识到外戚的重要性。因此,对于手中的小皇帝汉平帝的选后一事,他必须全力加以干预。元始二年(公元2年),王莽决定让自己的女儿做年仅11岁的汉平帝的皇后,以便进一步巩固自己的禄位和权力。为此,他向元后上了一篇堂而皇之的奏章。说是以前国家的灾难,大都是因为皇帝没有留下继嗣,这是因为配娶的皇后都没有天下母的威仪和品德。现在,皇帝已快到婚配的年龄,应该依五经经义定出选取皇后的标准和礼仪,在圣帝、名王、周公、孔子、列侯等在长安的后代中,选取符合条件的淑女做皇后。元后首肯后,负责官员经过紧张的工作,把准备选为皇后的众女子的姓名、家世等情况送给王莽审查。王莽看到王氏宗族的许多女子都列名于上,很怕他们与自己的女儿竞争。于是他立即上言元后,说王氏女儿"身亡德,子材下,不宜与众女并采"。元后没有窥透王莽的真实用意,还以为他谋国至诚,十分感动,就下了一道"王氏女,朕之外家,其勿采"的诏令。当然,如果真是如此,王莽的女儿也在排斥之列。王莽不便明言反对,就唆使其爪牙们向元后上书,要求选王莽的女儿为皇后。于是出现了一个奇特的景观:一天之中,庶民、诸生和郎吏等守阙上书者就达一千多人。公卿大夫们也都看到,这是对王莽献媚邀宠的好机会,于是纷纷跑到元后面前为王莽的女儿力争。好像事前商量过一样,所有的上书和面争都众口一词:"明诏圣德巍巍如彼,安汉公盛德堂堂若此。今当立后,独奈何废公女?天下安所归命?愿得公女为天下母。"①不要认为这些人把国脉民命系于一个14岁的女孩子身上而感到滑稽可笑,要知道这个女孩子背后站着的是掌握了汉朝廷最高权力的王莽。与其说这个女孩子关系到汉帝国的未来,不如说她的父亲把握住了现在。在王莽及其党羽一手操纵下制造的雪片般上书浪潮的冲击之下,元后总算明白了王莽的心思。自然是血浓于水,她完全同意选取自己娘家的女儿为皇后。王莽看到事情已经成功,感到还须借此机会再搞点名堂以显示自己谋国的大公和至诚,收锦上添花之效。于是又建议元后同时多采些外姓少女充后宫,以作为自己女儿的陪衬。王莽的党羽们都明白他的心思,因而一齐起来上书反对。理由是多采众女就容易喧宾夺主,扰乱正统。这样一来,与王莽女儿争夺皇后位子的所有女子都被摒斥。至此,王莽女儿成为平帝皇后已经是铁定了。但王莽还是煞有介事地要求朝廷依礼仪派官员对她女儿的容貌和品德进行实际"考察"。这一过场走完后,元后派去探视王莽女儿的官员回奏,赞扬王莽的女儿"渐渍德化,有窈窕之容",选做皇后是再合适也没有了。接着,元后又依礼仪遣大司徒、大司空等策告宗庙,并加以卜筮。不用问是卜兆吉祥,一切都是顺天心而合人意。如此,王莽的女儿做皇后,实际上是未选而先定,现在经过一番等因奉此的做作,便在形式上也最后选定。这时候,汉宗室中有

---

① 《汉书》卷99上《王莽传》。

一个叫刘佟的信乡侯,感到不能放过这一个讨好王莽的天赐良机,就引经据典地炮制了一个上元后的奏章,其中心意思是:"春秋,天子将娶于纪,则褒纪子称侯,安汉公国未称古制。"元后将此上书交朝臣研究,这些王莽的党羽们自然是起而响应:"古者天子封后父百里,尊而不臣,以重宗庙,孝之至也。佟言应礼,可许。请以新野田二万五千六百顷益封莽,满百里。"[①]王莽的本意是让自己的女儿做皇后以巩固既得的权力,不想在此事圆满解决后又出乎意料地来了一个"益封百里"的副产品,真是喜从天降。但是,王莽斟酌再三,还是决定辞掉封赏,让朝野再一次知道他是如何地"谦恭"和"礼让"!他上书元后说,我的女儿实在不足以配至尊做皇后。蒙您老人家降恩,女儿既做了皇后,我已经感激不尽了。现在又听众臣之议,对我益地加封,实在不敢当。如小女儿能配得上皇上的盛德,我已有的封地也足够朝贡的了,所以千万不要再对我益地加封。元后同意王莽的请求之后,有关官员又上奏须由朝廷赏皇后聘金黄金 2 万斤,折合钱 2 万万。王莽认为太多,只受 4 000 万,还从中拿出 3 300 万平分给 11 家陪妾。实际上只要了 700 万。群臣于是又上奏,认为皇后聘金太少,几与陪妾相当,实在说不过去。元后因而下诏,决定增皇后聘金 2 300 万合为 3 000 万。王莽虽然接受,但又将其中的千万分送给王氏宗族中的贫困之家。王莽此举自然博得了周穷济贫的美名。

"上有所好,下必甚焉"。这是剥削阶级统治集团内部上下关系的准则。王莽既是一个热衷于追求虚假名誉的伪君子,所以,对他歌功颂德、阿谀奉承,便成为他那些党羽们加官晋爵的重要途径和手段。大司徒司直陈崇终日在王莽左右,很想为王莽写一篇阿

---

① 《汉书》卷 99 上《王莽传》。

谀献媚的文章,苦于无此本领。而张敞的孙子张竦是一个通博士,有写文章的本事又苦于晋见无门。二人关系较密切,张竦就以陈崇的名义写了一篇为王莽歌功颂德的奏文,上奏到元后那里。全文2 500多字,是称颂王莽的文字中篇幅最长的一篇。它大量引用《诗》《书》《论语》以及其他史传之类的经典,历数王莽的功业,极尽吹捧颂扬之能事。文章说,王莽初入官场,正是王家走红之时,"蒙两宫厚骨肉之宠,被诸父赫赫之光",但王莽未入骄奢淫逸之途,而是"折节行仁,克心履礼,拂世矫俗,确然特立;恶衣恶食,陋车驽马,妃匹无二,闺门之内,孝友之德,众莫不闻;清静乐道,温良下士,惠于故旧,笃于师友",其品格之崇高,正是孔夫子赞扬的"贫而乐,富而好礼"的典型。后来为侍中,诛讨犯有大逆罪的淳于长,大义灭亲,恰似周公诛管叔、蔡叔,季子鸩杀叔牙一样正义凛然。哀帝即位后,王莽"推诚让位",结果是"谗贼交乱""斥逐仁贤"。王莽被斥,"远去就国",其情景就像伍子胥和屈原被放逐。哀帝死后,太后起用王莽。王莽风行雷厉,清除董贤为首的奸佞,使汉朝转危为安,"人不还踵,日不移晷,霍然四除"。王莽的功勋犹如佐武王伐纣的师尚父(即姜太公)。接着,建策拥立汉平帝,使汉室皇统得以延续。群臣推尊,咸以周公相比。朝廷赐号安汉公,益封二县。但王莽坚辞不受,其高风亮节,直比申包胥存楚不受报,晏婴功大不受封。再后,朝廷立王莽女儿为皇后,王莽再三辞让,"迫不得已然后受诏",其风范好似当年舜自让德薄,不足以继尧为帝一样。而受策辅佐汉平帝以来,更是"日新其德,增修雅素以命下国,俊俭隆约以矫世俗,割财损家以帅群下,弥躬执平以逮公卿,教子尊学以隆国化",使国家太平,百姓乐业,达于空前绝后的"圣境"。而这一切,"皆上世之所鲜,禹稷之所难,而公包其终始,一以贯之,可谓备矣"。总之,凡是封建道德所提倡的那些美德懿行，王莽是无所不备。历代的圣帝名王不能与他比肩，后世的英雄豪杰也无法望其项背。"揆公德行，为天下纪；观公功勋，为万世基。基成而赏不配，纪立而褒不副，诚非所以厚国家，顺天心也"①。之后，奏章列举了西汉历史上封赏功臣的事例，最后的落脚点是要求元后仿照成王封周公的故事加封王莽："宜恢公国，令如周公，建立公子，令如伯禽。"正当元后与群臣议决加封的具体办法时，发生了使王莽心惊肉跳的吕宽一案。封赏之事只得暂时搁置了。

发生在元始三年（公元 3 年）的吕宽之狱是怎么一回事？

三年前哀帝死去之时，王莽迎立中山王刘衎即帝位。他鉴于哀帝登基后自己所受的挫折，生怕平帝外戚随之入朝会对他的擅权造成障碍，所以坚决阻止平帝外戚来京，而将他们留在中山国的封地。为此，王莽上书元后说："前哀帝立，背恩义，自贵外家丁、傅，扰乱国家，几危社稷。今帝以幼年复奉大宗，为成帝后，宜明一统之义，以戒前事，为后代法。"②在统治阶级内部争权夺利的角逐中，既得权力者为了保持和扩大已得到的权力，都是不择手段地对付自己的竞争者的。如果外戚不准住在京师，不得任中央官吏，那么，首先应该离开京师的就是王莽及其宗族。不过，剥削阶级当权者的立法向来都是针对别人的，立法者从来就是凌驾于法律之上，什么时候也不受法律制约的。王莽严令平帝之母卫姬、帝舅卫宝、卫玄、平帝祖母冯昭仪等都留在原中山王封地，不准移住京师。扶风功曹申屠刚感到这样做太绝情了，就在举贤良方正后直言对策中，要求元后让中山王冯、卫两太后及其家人来京师，与平帝团圆。书中说：

① 《汉书》卷 99 上《王莽传》。
② 《汉书》卷 99 上《王莽传》。

臣闻成王幼少,周公摄政,听言下贤,均权布宠,无旧无新,唯仁是亲,动顺天地,举措不失。……夫子母之性,天道至亲。今圣主幼少,始免襁褓,即位以来,至亲分离,外戚杜隔,恩不得通。且汉家之制,虽任英贤,犹援姻戚。亲疏相错,杜塞间隙,诚所以安宗庙,重社稷也。今冯、卫无罪,久废不录,或处穷僻,不若民庶,诚非慈爱忠孝承上之意。……亟遣使者征中山太后,置之别宫,令时朝见。又召冯、卫二族,裁与冗职,使得执戟,亲奉宿卫,以防未然之符,以抑患祸之端。上安社稷,下全保傅,内和亲戚,外绝邪谋。[①]

由于申屠刚的上书触动了王莽最敏感的神经,结果被王莽加上"僻经妄说,违背大义"的罪名罢归田里。王莽的长子王宇也认为王莽如此对待平帝外戚不太妥当,惧怕一旦平帝长大亲政后怨恨王莽,危及王氏宗族的安全。这时,平帝的母亲"卫后日夜啼泣,思见帝"[②]。王宇不敢亲自对王莽为卫后他们讲情,就遣自己的心腹之人送书给卫宝,要他让卫后上书元后,涕泣陈辞,求入京师。书上奏,王莽自然不为所动。王宇于是同自己的妻兄吕宽以及老师吴章商量对策。吴章是当时颇有点名气的儒生,王宇对他十分尊重和信任。吴章认为,王莽这个人非常固执,根本听不进劝谏,但他相信鬼神,可以制造变异使他惊惧,然后由吴章出面,通过推演灾异,委婉地劝说王莽让卫氏回京师,并让出一部分权力给卫氏,这样,两家各得其所,是一种理想的处置。最后决定让吕宽在夜间把鲜血洒在王莽宅第的大门上。谁知吕宽办事不密,被守门者发现。王莽知悉全部情况以后,暴跳如雷。他再一次"大义灭

① 《后汉书》卷29《申屠刚传》。
② 《汉书》卷97下《外戚传》。

亲"，首先将王宇送入监狱，逼使他饮药而死。王宇妻子因有孕在身，先关入狱中，待生下孩子后再处死。同时向太后报告自己的处理意见。甄邯等人不放过任何一个吹捧王莽的机会，立即建议元后下了一道褒扬王莽的诏书，以王莽比唐尧和周文王："夫唐尧有丹朱，周文王有管蔡，此皆上圣无奈下愚子何，以其性不可移也。公居周公之位，辅成王之主，而行管蔡之诛，不以亲亲害尊尊，朕甚嘉之。昔周公诛四国之后，大化乃成，至于刑错。公其专意翼国，期于致平。"得到元后的鼓励后，王莽穷治吕宽之狱，不仅诛杀了与本案有直接关系的卫后家族，而且"连引郡国豪杰素非异己者"，从中央到地方，凡王莽认为异己者，一律指为吕宽党羽逮捕治罪。连元帝的妹妹敬武公主，梁王刘立、红阳侯王立以及平阿侯王仁这些汉宗室和王氏族人，也都被胁迫自杀。何武、鲍宣以及王商的儿子东安侯王安，辛庆忌的三个儿子护羌校尉辛通、函谷都尉辛遵、水衡都尉辛茂，还有南阳太守辛伯等都下狱致死。牵连被处死者达数百人，全国为之震惊。王莽满以为，经过他多年的苦心经营，应该是朝野倾心，官民感戴，更加爪牙密布，擅据要津，代汉自立已呈水到渠成之势。但谁知忽然祸起萧墙，连自己的亲生儿子都出来反对自己，这世界上还有谁可以相信呢？在进行了大规模的诛杀以后，王莽面对着王宇留下来的尚在襁褓中的孙儿，感慨万千，于是作书八篇，以训诫子孙。这自然又成为王莽的党羽向他献媚讨赏的好题目。大司马护军上奏元后说："安汉公遭子宇陷于管蔡之辜，子爱至深，为帝室故不敢顾私。惟宇遭罪，喟然愤发作书八篇，以诫子孙。宜班郡国，令学官以教授。"①即要求把八书颁发全国各学校，作为课本教育全国的青少年。元后将此建议交群

---

① 《汉书》卷99上《王莽传》。

臣讨论,群臣议定,不仅把八书列为和《孝经》等同样的经典,明令作为全国学校的必读书,而且还规定,从中央到地方的各级官吏,只要能够背诵这八篇诫子孙书,就可以优先升官。显然,王莽写的书已经提到与儒家经典同等的位置了。

一个时期以来,王莽虽然生活在他自己制造的血雨腥风中,把一批又一批的异己者和怀疑者送上了断头台。然而,他一刻也没有忘记陈崇在上书中提出的以周公故事封赏自己的建议。在吕宽之狱掀起的轩然大波稍稍平息之后,王莽便决定把陈崇的建议变成现实。元始四年(公元4年)二月,王莽的女儿迎入未央宫。四月,正式策立为皇后,同时宣布大赦天下。接着,王莽一方面派出司徒司直陈崇、太仆王恽等八人为首的"风俗使者",名义上是"分行天下,览观风俗",实际上是到全国各地为他收集和制造所谓符瑞。一方面,则指使另一批党羽进行封赏的具体策划。先由太保王舜等根据王莽的指令上奏元后:"春秋列功德之义,太上有立德,其次有立功,其次有立言,唯至德大贤然后能之。其在人臣,则生有大赏,终为宗臣,殷之伊尹,周之周公是也。"要求依照殷对伊尹,周对周公的封典加赏王莽。与此同时,仿佛一声令下,三军出征一样,在王莽及其党羽们的讽示、鼓动下,几天之内,就有官吏和百姓8 000多人上书朝廷,异口同声地要求给王莽以"上公"的封赏。元后要求有关官员议定一个封赏的办法。有关官员立即上奏其实早就拟定的封赏内容:将前次封赏但王莽辞让的封地二县及黄邮聚、新野田重新赐给王莽,采伊尹、周公的称号,名其官曰宰衡,位上公。官属中的掾吏秩六百石。三公向王莽奏事时自称"敢言之"。所有官吏都不能与王莽同名。王莽出门时,由期门士卒20人,羽林士卒30人护卫,前后大车10辆。赐王莽的母亲功显君的封号,食邑2 000户,佩黄金印。封王莽的两个儿子,王安为褒新侯,王临为赏都侯。再加皇后的聘金 3 700 万,合为 1 万万。这一封赏的规格之高超过西汉历史上的所有臣子。元后亲临未央宫前殿,主持封拜仪式,王莽拜于前,二子拜于后,与记载中封拜周公的仪式完全一样。接着,王莽又玩起了辞让的把戏,表示只接受给母亲的封号,其余一概辞谢。此事交由太师孔光等研究,孔光等上奏元后,说是这点封赏根本不足以当王莽之功,谦虚退让是他一贯的作风,不必答应他的要求。可是王莽求见元后,痛哭流涕地坚决辞让,并以卧病不到官府办事表示自己的态度。元后没了主意,再次向孔光等人讨教办法。孔光等人只认为在封户问题上可尊重王莽的意见,其余一概按原议办理。建议元后遣大司徒、大司空持节诏令王莽入府办事,同时命尚书不再接受王莽的辞让。王莽觉得自己的辞让戏已唱到火候,于是起而视事。他视事办的第一件事,是上书元后,要求一颗"宰衡太傅大司马印"。书中说:臣以元寿二年六月,拜为大司马,充三公之位。元始元年正月又拜为太傅,赐号安汉公,备四辅之官。今年四月又拜为宰衡,位上公。臣自思量,现在我爵为新都侯,号为安汉公,官为宰衡、太傅、大司马,实在是爵贵,号尊,官重,"一身蒙大宠者五,诚非鄙臣所能堪"。元始三年,自然灾害已过去,以前省并的官职应该恢复,臣就不宜兼职太多了。"《穀梁传》曰:'天子之宰,通于四海。'臣愚以为,宰衡官以正百僚平海内为职,而无印信,名实不副。臣莽无兼官之材,今圣朝既过误而用之,臣请御史刻宰衡印章曰'宰衡太傅大司马印',成,授臣莽,上太傅与大司马之印。"①在王莽看来,一颗印章虽只是形式,但却是他前进路上的新标志,也是他行使宰衡权力的一个凭据。因此,尽管其他东西都可以辞让,这个东西却

①　《汉书》卷 99 上《王莽传》。

144

非要不可。宰衡这个官职是王莽及其党羽的一个创造,在此之前的中国历史上从来没有这个官职。王莽想在三公之上再添一个官职由自己担任,就创造出这个新官职。在商周历史上,伊尹称阿衡,周公称太宰,二者各取一字,就成了宰衡,宰的意思是主宰,衡的意思是公正,宰衡的意思就是公正的主宰。王莽取此官名而任之,就是宣布自己已成了大汉皇朝的主宰。由此也暴露了他取汉皇朝而代之的野心。在元后亲授王莽"宰衡太傅大司马之印"以后,王莽立即从给他的封赏中拿出钱千万,交给管理元后生活的长乐长御,以表示他对元后的"孝敬之心"。此事不消说又变成了王莽党羽对他歌功颂德的材料。太保王舜上书元后说:"天下闻公不受千乘之土,辞万金之币,散财施予千万数,莫不乡化。蜀郡男子路建等辍讼惭怍而退,虽文王却虞芮何以加!宜报告天下。"虞芮是商朝末年的两个小的封国,虞在今山西平陆一带,芮在今陕西潼关以北。两国之君相与争田,许久未能解决。听说文王德行高尚,就相约共去找文王评断。二人进入周国之境,见耕田的人互让地界,行路的人也互相礼让。二人自感惭愧,都说:"我是小人呀,不可到君子之庭。"遂互相退让,纷争也就解决了。中国古代有所谓仁人君子的嘉德懿行使"贪夫廉,怯夫勇"的故事。王舜等人也依样画葫芦,编造出一个蜀郡路建的故事放到王莽的名下。总之,王莽及其党徒们千方百计地制造一种舆论,古代圣帝名王做到的,王莽有过之而无不及;古代圣帝名王做不到的,王莽也一定能干得很漂亮。只有他才是空前绝后的伟人。

王莽得到宰衡的名号之后,又制定了一系列措施来笼络地主阶级的各类知识分子。元始四年(公元4年)底,他下令在京师大兴土木,修建明堂、辟雍、灵台,为太学生筑舍万区,大量招收学生,使在读太学生达到了万人,创造了汉代太学的全盛时代。同时又立《乐经》，增加博士员，每经由1人增至5人，下令天下凡通一艺并教授11人以上，以及有逸《礼》、古《书》《毛诗》《周官》《尔雅》、天文、图谶、钟律、月令、兵法、《史篇》文字，并能通知其意者，都由政府派公车征送京师。还下令网罗天下的异能之士，前后有数千人来到首都，让他们宣讲自己的经传之说，以订正乖谬，统一异说。由此，经过王莽的行政命令和刘歆的努力，古文经学也取得了合法的地位，并成为王莽篡汉自立的有力的理论工具。我们知道，西汉自武帝接受董仲舒的建议，实行"罢黜百家，独尊儒术"以来，立为官学的是五经(《易》《书》《诗》《礼》《春秋》)十四博士，他们传授的都是今文经。当时及以后在民间流传的古文经，如《春秋左氏传》《毛诗》《周礼》、古文《尚书》等则长期得不到官方承认。但是，到西汉末期，在越来越严重的社会危机面前，越来越谶纬化、神学化、迷信化的今文经学，却无法使汉帝国从危机的深渊中找到一条出路。与之相反，在非官方的古文经典中，却不乏"托古改制"的理论和材料。因而，王莽掌握汉皇朝的大权之后，一方面为了收揽治古文经的大批知识分子，另一方面也为即将到来的改制寻找理论根据。于是，就下令在太学里设立了《左氏春秋》《毛诗》《周礼》《古文尚书》四家古文经学的博士。以政治力量做靠山，凭着自己在政治和学术上的适应性，在王莽当政时期，古文经学的势力暂时取得了对今文经学的压倒优势，在王莽的篡汉活动中起了相当重要的作用。王莽在文教方面的这些举措，自然博得了党羽们的一片颂声。他们上书元后，要求进一步加赏王莽。书中说：

> 昔周公奉继体之嗣，据上公之尊，然犹七年制度乃定。夫明堂、辟雍，堕废千载莫能兴，今安汉公起于第家，辅翼陛下，

四年于兹,功德灿然。……唐虞发举,成周造业、诚无以加。宰衡位宜在诸侯王上,赐以束帛加璧,大国乘车、安车各一,骊马二驷。①

实际上王莽当时已是不戴冠冕的皇帝,他的权力也远远超过了诸侯王。但是,自从汉初以韩信、彭越、英布为代表的异姓诸侯王被消灭后,"非刘氏不王"已经成为法典,从法律、礼仪上看,刘姓诸侯王的地位远在三公之上。这里王莽的党羽提出使王莽位在诸侯王之上,即要求突破"非刘氏不王"的限制,使王莽的职权不论从内容到形式都进一步接近皇帝。对于此一要求,元后自然是一口答应,并诏命群臣拟定加赏王莽的"九锡之法"。

元始五年(公元5年)正月,王莽举行了"袷祭明堂"的大典。据传说,周朝曾有此大典。春秋以后,战乱频仍,统治者无暇顾及这一盛典,以致明堂是什么样子,典礼如何进行都需重新稽考。王莽建起明堂,举行三代以降最大规模的"袷祭"盛典,显然是一件大事。王莽正想通过此大典增加自己的政治资本。为此,他征来诸侯王28人,列侯120人,宗室子弟900余人参加助祭。典礼甫毕,王莽就挟元后宣布封宣帝的曾孙刘信等36人为列侯,其余也分别不同情况给予增加户邑,赐予爵位,给予金帛等奖赏。这一着拉近了王莽与汉宗室贵族们的关系,使他们中的大部分人把自己的富贵利禄寄托到王莽身上。

由于王莽的声名已经远播朝野,他争取"官心"和"民心"的举措着着奏效,他的党羽,其中包括"风俗使者"的威逼利诱,那些被蒙骗的善良之辈,尤其是追逐名利的无耻之徒,都认为攀龙附凤的

① 《汉书》卷99上《王莽传》。

机缘已到,因而纷纷争相上书为王莽歌功颂德。就在"裕祭明堂"的鼓乐声中,朝廷收到了吏民487 572人的上书。那些刚刚从王莽那里获得封爵和各种赏赐的诸侯、王公、列侯、宗室等贵族,也都纷纷跑到元后面前叩头上言,异口同声要求朝廷迅速地再一次加赏王莽。这些上书建言正好与朝臣在前一年的上书相呼应,形成了一个颂赞王莽的热潮。面对着秋风落叶般的上书和洋洋盈耳的颂歌,王莽心旷神怡。此时,他那惯于制造"激发之行"的头脑又高速运转起来,决定抢在元后下诏封赏之前先来上一个辞让的上书,以显示自己职位愈高愈是谦恭有加的"高洁"品性。王莽的上书中有这样一段文字:"今天下治平,风俗齐同,百蛮率服,皆陛下圣德所自躬亲,太师光、太保舜等辅政佐治,群卿大夫莫不忠良,故能以五年之间至致此焉。臣莽实无奇策异谋,奉承太后圣诏,宣之于下,不能得什一;受群贤之筹画,而上以闻,不能得什伍。当被无益之辜,所以敢且保首领须臾者,诚上休陛下余光,而下依群公之故也。陛下不忍众言,辄下其章于议者。臣莽前欲立奏止,恐其遂不肯止。今大礼已行,助祭者毕辞,不胜至愿,愿诸章下议者皆寝勿上,使臣莽得尽力毕制礼作乐事。事成,以传示天下,与海内平之。即有所间非,则臣莽当被讪上误朝之罪;如无他谴,得全命赐骸骨归家,避贤者路,是臣之私愿也。"[①]人们都看得明白,在王莽那过于谦恭的言辞背后,却隐含着对自己功德的洋洋自得的自赞自颂。试想,太后年高,平帝冲龄,名为宰衡而大权在握的王莽,是西汉皇朝真正的当国者。平帝即位五年来的政况国势,被王莽描绘得政通人和,百蛮率服,风俗齐同,国泰民安,一片乐融融的景象,这一切难道不都是执政者王莽的功劳么!尽管此时王莽对权

---

① 《汉书》卷99上《王莽传》。

148

力的热衷,对封赏的祈望,骨子里已达到急不可耐的程度,但在表面上他却摆出一副对权势的冷漠状态,大言不惭地说,在制礼作乐完毕后就要告老还乡,以避贤者之路了。然而,尽管王莽态度诚恳地"辞让",但因为这种戏法一再出现,所以元后和王莽的党徒们都知道应该怎么办。依甄邯的示意,元后下诏群臣加速拟定对王莽加九锡的礼仪。接着,以富平侯张纯领衔的902人,其中包括公卿大夫、博士、议郎、列侯等所拟定的为王莽加九锡的策文,就送到了元后面前。他们上言元后:

> 圣帝明王招贤功能,德盛者位高,功大者赏厚。故宗臣有九命上公之尊,则有九锡登等之宠。今九族亲睦,百姓既章,万国和协,黎民时雍,圣瑞毕溱,太平已洽。帝者之盛莫隆于唐虞,而陛下任之;忠臣茂功莫著于伊周,而宰衡配之。所谓异时而兴,如合符者也。①

在他们看来,元后当国是唐尧、虞舜再世,王莽辅政是伊尹、周公复生,异时而兴,千载难逢,因而应该以最隆重的九锡之礼对王莽加以封赏。元后于是于元始五年(公元5年)的五月,亲临未央宫前殿,为王莽举行了加九锡的大典。封赏的《策文》是根据《六艺》《周官》《礼记》等典籍的记载损益而成。该文历数王莽诛淳于长,弹劾董宏,以及哀帝死后受任于危难之际的功劳,其中特别称颂了王莽在平帝即位后辅政五年的巨大成就:

> 辅朕五年,人伦之本正,天地之位定。钦承神祇,经纬四时,复千载之废,矫百世之失,天下和会,大众方辑。《诗》之

---

① 《汉书》卷99上《王莽传》。

《灵台》,《书》之作《名佳》,镐京之制,商邑之度,于今复兴。昭章先帝之元功,明著祖宗之令德,推显严父配天之义,修立郊禘宗祀之礼,以光大孝。是以四海雍雍,万国慕义,蛮夷殊俗,不召自至,渐化端冕,奉珍助祭。寻旧本道,遵术重古,动而有成,事得其中。至德要道,通于神明,祖考嘉享。光耀显章,天符仍臻,元气大同。麟凤龟龙,众祥之瑞,七百有余。遂制礼作乐,有绥靖宗庙社稷之大勋。普天之下,惟公是赖,官在宰衡,位在上公。①

最后决定给王莽加"九命之锡"。这篇精心炮制的策文,尽管把王莽吹到了九天之上,但较之以前那些为他歌功颂德的文字并未增加多少新鲜内容。不过,其中的"普天之下,惟公是赖"八个字,却透出了王莽及其党徒们的心声,不啻可以看作王莽准备代汉自立的信号。这次封赏,给王莽加了九锡,从服饰、冠冕、甲胄、弓矢,到礼器、门卫、属员、车骑、府第等,都一一更新换代,有了接近皇帝的气派。特别是进一步扩大官署,提高等次,增加权力:"署宗官、祝官、卜官、史官、虎贲三百人,家令丞各一人,宗、祝、卜、史官毕置啬夫,佐安汉公。在中府外第,虎贲为门卫,当出入者傅籍,自四辅、三公有事府第,皆用传。"②至此,人们都看得清楚,就王莽的气派、排场、威风和权力来说,只需改个称谓,他就是名副其实的皇帝了。

加"九锡之礼"的封赏刚刚举行完毕,一个新的喜讯使王莽更加陶醉。一年前,他派出到全国各地巡行的八位"风俗使者"满载而归。他们把讽喻吏民制造出来的为王莽歌功颂德的歌谣三万余

---

① 《汉书》卷99上《王莽传》。
② 《汉书》卷99上《王莽传》。

言呈上,并向王莽报告说这次巡行天下,看到的是"风俗齐同",听到的是全国吏民对"安汉公"的一片颂声。历史上空前的太平盛世已经来临,所以应该进一步实行"市无二贾,官无狱讼,邑无盗贼,野无饥民,道不拾遗,男女异路之制"①。尽管王莽及其爪牙都明白,这纯粹是一种自欺欺人的勾当。因为平帝即位后王莽秉政的五年中,事实并不像王莽及其党徒吹嘘的那样国泰民安,符瑞迭出。元始二年,"郡国大旱,蝗,青州尤甚,民流亡"。所谓"江湖贼成重等二百余人"还在同官军对抗。元始三年,"阳陵任横等自称将军,盗库兵,攻官寺,出囚徒"②,搅得上下难以安眠。而以后即将出现的那种民不聊生、饿殍遍野的现实,更是对王莽这种欺人之谈的有力讽刺。但是,王莽不但善于欺骗别人,也乐于并善于欺骗自己。为了表彰刘歆、陈崇等12人在治明堂,宣教化,特别是编造"风俗齐同"等太平盛景方面的劳绩,王莽下令给他们列侯的封赏。

在"风俗使者"巡行各郡国的时候,各地方的王莽党羽、爪牙和希冀高升的利禄之徒,自然都争先恐后地献出符瑞和编撰颂赞王莽的歌谣。但是,也有一些骨鲠之士对王莽的这套骗术不买账。例如,广平王相班稚既不奉符瑞,也不献歌谣,而是以沉默表示抗议。琅邪太守公孙闳则更进一步,执意与王莽唱对台戏。在别人奉献符瑞和歌谣的声浪中,他却如实地把本郡的灾情报到朝廷。王莽知悉后,气得七窍生烟,决定对此二人予以严惩。他指派甄丰分别遣人到广平(今河北任县、曲周一带),威胁利诱,逼使当地吏民制造符和歌谣,以此证明班稚与公孙闳是"罔上不轨""假造不

① 《汉书》卷99上《王莽传》。
② 《汉书》卷12《平帝传》。

祥""嫉害圣政""大逆不道"。因为班稚是班倢伃的弟弟,班倢伃与元后之间的婆媳感情尚可,元后出面与之说情,王莽总算饶了他一条命,但相印是保不住了。而那位敢于正视现实,比较实事求是的公孙闳,就因为不肯百顺百依地跟着王莽的指挥棒打转转,就被毫不客气地投入监狱,死于非命。王莽此举无非向中央和地方的各级官员昭示:一切顺着我,予取予求,就会富贵荣华;不肯就范,不论消极抵制或积极对抗,都有罢官或死亡与你相伴!

王莽在走向皇帝宝座的道路上,一方面网罗爪牙,收买人心,制造此起彼伏的颂声为自己增光添彩;一方面排除异己,诛杀无辜,让反对派的鲜血浇灌他的成功之花。他虽然表面上故作谦恭,仿佛有包天容地之量,实际上却残忍无比,睚眦之怨必报。他对哀帝即位之初傅、丁两家外戚给予自己的挫折一直耿耿于怀,总想找机会给予报复。可是,当哀帝死去,他第二次出山执政的时候,傅、丁两后已经死去。王莽尽管对两后的亲属施以罢官流放的惩罚,但总因对两后无以报复而引为憾事。事过五六年,他仍然因为出不了这口气感觉呼吸不畅。加九锡之后,他向元后上书,说傅、丁两后在名分上不过是藩妾,可她们的陵墓竟比元帝之陵还要高大,并且,她们又都是穿着皇太后和皇后的衣饰埋葬的,这显然是一种不能容忍的僭越行为。王莽建议发掘她们的陵墓,取出尸体,剥取玺绶,归定陶重新安葬。元后觉得这样做似乎太绝情了,就说反正事情已经过去,纵然她们做得不对,人也死了,没有必要再去发棺戮尸了。但王莽坚决不依,根据正藩之理同元后力争。结果自然是元后依从王莽而不是王莽俯就元后。此事一传出,那些王莽的党羽们个个都想在死尸上表现一下自己对王莽的忠诚。不少人损纳金钱和布匹作经费,并派遣子弟、诸生,甚至四夷之人十余万,携带工具,浩浩荡荡地向傅后和丁后的故冢进发。用了二十多天的时间,终于将两座坟墓彻底铲平。王莽又指令在该坟地周围种上荆棘,以此发泄他对这两位女人的切齿之恨。与此同时,他还下令毁掉京师的共皇祠庙,并把当年提议建造共皇庙,为傅后、丁后之封大吹法螺的冷褒、段犹两人定罪流放合浦。王莽这一连串的举措,把时任太师、大司徒的马宫吓得魂飞魄散。原因在哪里呢?原来这位马宫字字游,是东海戚(今山东微山)人,儒生出身,治《严氏春秋》,因射策甲科,任郎官。后升丞相司直、青州刺史,汝南、九江太守,政声甚佳。后入京为詹事、光禄勋、右将军、大司徒、封扶德侯。孔光死后,又任太师,是王莽重新主政后比较受重用的官员。但是,当年在哀帝议决傅太后谥为孝元傅皇后的时候,正做光禄勋的马宫是附议者之一。哀帝死后,王莽严惩哀帝亲近之臣时,马宫因与王莽关系较密切,没有受到惩罚。这时重新安葬傅、丁二后,使马宫意识到逼近自己的危险,于是赶快争取主动,上书自劾,向王莽表示痛悔之意:

> 臣知妾不得体君,卑不得敌尊,而希指雷同,诡经辟说,以惑误上。为臣不忠,当伏斧钺之诛,幸蒙洒心自新,又令得保首领,伏自维念,入称四辅,出备三公,爵为列侯,诚无颜复望阙廷,无心复居官府,无宜复食国邑。愿上太师大司徒扶德侯印绶,避贤者路。①

由于马宫是一位儒生出身的朝官,在朝野还有些人望,更加他自认不忠,向王莽乞哀告怜,王莽清清楚楚地知道这位年逾花甲的老头子已经不会对自己构成什么危险,也就乐得在他身上显示一下自己的宽宏大度。只是免去他的太师大司徒的官职,保留他的

---

① 《汉书》卷81《马宫传》。

侯爵,让他到封地上悠游岁月了。公孙闳的下狱致死,冷褒、段犹的遭贬流放,班稚、马宫的屈辱丢官,傅后、丁姬的掘坟剖棺,不都是进一步显示了王莽生杀予夺的无限权力么!

对于剥削阶级的代表人物来说,在权力的独木桥上是不能同时容许两人并行的。不管这个人与自己的关系多么密切,即使是父母、妻子、子女,也不能让步。深谙此理的法家韩非就认为,君主不能相信任何人,对自己的老婆和儿子也必须时刻加以防范,"权势不可以借人",只能"独擅"和"独断"。王莽虽然处处标榜儒学,但其内心更服膺的倒是法家绝对专制主义的理论。正当王莽的党徒们策划拥戴他居摄行天子事,向龙座再逼近一步的时候,他的女婿,14岁的孝平皇帝生了病。王莽看着病中的孝平皇帝,不由回想起他诛杀平帝外戚的那些血淋淋的往事,蓦然感到,平帝随着年龄的增长,越来越构成对自己的威胁;当他知道自己的亲族都是死于王莽之手的时候,难道他不会起而复仇,用王莽的鲜血来洗雪那冲天之恨么!现在,为了在权力的独木桥上毫无阻碍地顺利前进,王莽认为已经无法顾及被自己拥立为皇后的女儿的幸福了。他决定对平帝下毒手。为了做得不露形迹,钳朝野之口,王莽一面对病中的平帝故作殷勤,装出痛心疾首的样子,还模仿周公作策戴璧秉珪到泰畤请命,指天誓日地愿以身代平帝去死。他把祝祷的简册藏在金縢之中,放置于前殿,敕令臣下不得外泄。一面于十二月八日这一天,以进椒酒为名,置毒于酒中。可怜这位年仅14岁的小皇帝在喝了他岳父送来的寿酒后便呜呼哀哉了。王莽假惺惺地捶胸顿足,呼天抢地地对着女儿和群臣号啕大哭,其悲痛之状如丧考妣。关于王莽谋杀平帝之事,最早是由翟义在讨伐王莽的檄文中揭示的。《汉书·平帝纪》和《王莽传》皆未作肯定的记载。后世的不少史学家对此持怀疑态度。《剑桥中国秦汉史》则干脆说当时人"对弑君的种种指责也是老一套的,旁证有力地说明王莽是无辜的"①。但我们依据各种史料尤其是情势推断,王莽鸩杀平帝的可能性很大。所以,我们是宁信其有而不信其无的。《汉书·平帝纪》师古注云:"《汉注》云帝春秋益壮,以母卫太后故怨不悦。莽自知益疏,篡杀之谋由是生,因到腊日上椒酒,置药酒中。故翟义移书云'莽鸩弑孝平皇帝'。"颜师古之类的严肃史学家确认其有,说明此事在事实上的根据并非子虚。怀疑者最大的怀疑之处在于:王莽杀死平帝,置自己的女儿于何地? 既然篡位是早已决定了的方针,又为什么嫁女于平帝? 一个对权位着了迷的人物,一切活动都是为着巩固和扩大自己的权位。无论什么人和事,一旦妨碍自己权位的巩固和扩大,他都会毫不留情地予以驱除。王宇与王护都是王莽的亲生儿子,父与子就感情而言恐怕是人间最亲密的了。然而,为了自己的名位和权力,王莽在把他们送上断头台时连眼都不眨一眨。这样的父亲会顾及女儿的利益? 两年前,王莽为了把自己的女儿立为皇后,搞了一系列的阴谋诡计,目的显然是为了巩固和扩大自己的权势。两年后,他又阴毒地杀死无辜的孝平皇帝,让自己 16 岁的女儿守寡,难道此时他就不需要自己的女儿和女婿来巩固权位吗? 问题就在于此间发生了吕宽之狱,数以百计的汉宗室贵族、朝内外的官吏以及部分王氏宗亲成为这一血案的牺牲者,平帝的母族成为最大的牺牲者。这一事件给小小的孝平皇帝造成如何深巨的心灵创伤王莽是清楚的。此后,年纪越来越大的平帝不仅不能成为他巩固权势的砝码,而且变成了对他日益危险的威胁。当女儿与自己的利益发生冲突的时候,需要作出牺牲的显然就是女儿而不是自己。王莽的所作所为一再表明,

---

① 《剑桥中国秦汉史》,中国社会科学出版社 1992 年版,第 243 页。

用封建的伦理道德装饰起来的人伦关系上的温情纱幕,一旦卷入现实的斗争,就会被卑劣的贪欲和权势撕得粉碎!

平帝已经逝去,金碧辉煌的龙座在以其特有的魅力召唤新的主人。王莽是径直迈一步占据这个位子呢? 还是缓一步使自己登基的准备再充分一些呢?

### 3. "摄皇帝"到手了,他又要"假皇帝",信誓旦旦的是"复子明辟"

王莽鸩杀平帝以后,完全可以直奔龙座,南面称孤,实现他的皇帝梦。但是,这样一来他谋杀平帝一案就会大白于天下,任何巧言如簧的辩护词也无法掩饰事实真相的一丝一毫。王莽思忖再三,觉得为了隐秘鸩帝一案,还是先立一个名义上的小皇帝为自己的登基做过渡为好。因此,他对新皇帝的选择就经过深思熟虑。平帝死后,元帝以下都已绝嗣,依例必须从宣帝的子孙中选择继承人。当时,宣帝的曾孙中有 5 个王、48 个列侯。依兄终弟及的古例,是可以从中选取皇位继承人的。但是,王莽看到这 53 个人年龄都较大,怕立为新君后不易驾驭,再重演哀帝即位后自己受挫的场景,就以"兄弟不得相为后"为借口摈而不用。而是在宣帝的玄孙中选了一个年龄最小、当时只有 2 岁的广戚侯子婴作为帝位的继承人。王莽的女儿,一个年仅 16 岁的女孩子依例做了皇太后。

还在平帝被鸩杀之前,朝中臣子们就已经看出了王莽对皇位的热衷。有一个名叫刘庆的泉陵侯是一个疏属较远的宗室贵族,他为了从王莽那里猎取富贵,就上书元后,提出要王莽"居摄""行天子事":"周成王幼少,称孺子,周公居摄。今帝富于春秋,宜令安汉公行天子事,如周公。"①这个建言自然得到了群臣的一致拥护。但因不久汉平帝死去,王莽居摄之事就稍稍搁置了一下。元始五年十二月(公元5年),在平帝葬仪的哀乐声中,要求王莽"应天承命"做皇帝的符命便出现了。从此接二连三,绵绵不绝,终王莽之朝,符命简直像影子似的跟着他,一发而不可收。先是,前辉光(王莽于公元4年改京师为前辉光与后承烈)谢嚣上奏说,他的下属武功(今陕西周至西)长孟通在浚井时得到一块上圆下方的白石,上有丹书"告安汉公莽为皇帝"八个大字。王莽立即命他的党徒们向元后报告。年迈的元后自从王莽执政以来,虽然也感到他诡计多端,专横跋扈,事事专权,但王莽毕竟是她的亲侄子,她怎么也不会想到他会有窃位之举。由于元后一直深居宫中,加上年事已高,朝廷中的事务无大小一任王莽处决。尽管王莽的篡汉密谋一直在她身边悄悄地但却有条不紊地进行着,她却视而不见,完全被蒙在鼓里。及至看到这个所谓符命,她才如梦初醒。一则以怒,一则以惊。她最信任的至亲骨肉,原来却是一个卑劣的忘恩负义的背叛者。元后生气地对王莽的一群爪牙们说:"此诬罔天下,不可施行!"元后的另一个侄子,太保王舜软中带硬地"规劝"她说:"事情已到了不可挽回的地步,没有什么力量能够阻止它。况且,王莽也不敢有什么非分的要求,只是想做摄政王以增加自己的威权,以便可以镇抚天下罢了。"元后知道自己形式上还保留的那点微不足道的权力无法阻止王莽自行居摄,只得勉强答应下来。王舜等人笑逐颜开,立即拿出拟好的诏令,逼元后向全国下达:

---

① 《汉书》卷99上《王莽传》。

盖闻天生众民，不能相治，为之立君以统理之。君年幼稚，必有寄托而居摄焉，然后能奉天施而成地化，群生茂育。……朕以孝平皇帝幼年，且统国政，几加元服，委政而属之。今短命而崩，呜呼哀哉！已使有司征孝宣皇帝玄孙二十三人，差度宜者，以嗣孝平皇帝之后。玄孙年在襁褓，不得至德君子，孰能安之？安汉公莽辅政三世，比遭际会，安光汉室，遂同殊风，至于制作，与周公异世同符。今前辉光嚣，武功长通上言丹石之符，朕深思其义，云"为皇帝"者，乃摄行皇帝之事也。夫有法成易，非圣人者亡法。其令安汉公居摄践祚，如周公故事，以武功县为安汉公采地，名曰汉光邑。[①]

　　最后，要求群臣就摄皇帝的礼仪制度拟定一个奏议向她报告。于是，群臣马上又呈上奏章。这篇《礼仪奏》犹如一篇考证文章，它引经据典以周公在辅佐成王时"居摄""践天子位"，"服天子之冕，南面而朝群臣，发号施令，常称王命"，具有"专命不报"的权力为根据，要求依周公故事制定王莽的礼仪制度：

　　　　臣请安汉公居摄践祚，服天子韨冕，背斧依于户牖之间，南面朝群臣，听政事。车服出入警跸，民臣称臣妾，皆如天子之制。郊祀天地，宗祀明堂，共祀宗庙，享祭群神，赞曰"假皇帝"，民臣谓之"摄皇帝"，自称曰"予"。平决朝事，常以皇帝之诏称"制"，以奉顺皇天之心，辅翼汉室，保安孝平皇帝之幼嗣，遂寄托之义，隆治平之化。其朝见太皇太后、帝皇后，皆复臣节。自施政教于其宫家国采，如诸侯礼仪故事。[②]

---

① 《汉书》卷99上《王莽传》。
② 《汉书》卷99上《王莽传》。

这篇《礼仪奏》把王莽居摄践祚说成既是现实需要,又有古例可援,有根有据,义理昭然。但是,王莽及其党徒们回避了一个最基本的事实:周公与成王同姓,他们是叔侄关系。而按照殷周二代都实行过的"兄终弟及"的传统继承制度,周公作为武王的亲弟弟,他纵使践祚称天子(此事学术界有不同看法)也是完全符合礼仪的。但是,王莽只不过是一个外戚,就是查遍三坟五典、八索九丘,也不会找到一个外戚居摄践祚的古例。这篇关于礼仪的奏章正表现出"微言大义"的神力。在西汉末期,无论今文经还是古文经,其实都讲"微言大义"。开其端者虽是今文经,但到王莽当政以后,古文经荒诞无稽的"微言大义"并不亚于今文经。所谓"微言大义",就是儒家经典文字背后所潜藏和蕴含的具有深刻意义的意旨。实际上,任何经师都可以根据现实政治的需要,随心所欲地对经义作出解释。事实上,不管周公践祚有无其事,从中都不能导出王莽践祚义理昭然的结论。可是,在"微言大义"的魔杖下,不仅王莽可以居摄践祚,一个改正朔、易服色的新皇朝也可以通过异姓继承而建立起来。元后批准王莽居摄践祚,并决定第二年改元为居摄。

居摄元年(公元6年)正月,王莽完全以皇帝的礼仪"祀上帝于南郊,迎春于东郊,行大射礼于明堂"。同时,又设置柱下五史。"秩如御史,听政事",时时跟随王莽记录他的言行。三月,宣布立孺子婴为太子,任命王舜为太傅左辅,甄丰为太阿右拂,甄邯为太保后承。王莽由此就做起他的在中国历史上首创的摄皇帝来了。摄皇帝与皇太子不是一家人,没有任何血缘关系,这在中国历史上是绝无仅有的。摄皇帝实权在握,威风八面;真皇子徒具虚名,仅是形式。这本身就是一个十分离奇的政治现象,是一个空前绝后的政治怪胎。摄皇帝与真皇子是决不能长期共存的。

当王莽践祚居摄的鼓乐奏响的时候,他必定篡汉自立也就成为路人皆知的秘密。人们都看得清楚,只要王莽自己高兴在什么时候发布一道诏令,废掉皇太子孺子婴,随便改一个新的国号,他就完成了建立一个新皇朝的一切手续。然而,走向极峰的王莽却低估了他面临的危险。他只晓得大皇帝地位的显赫与尊荣,但不了解那也是一个"高处不胜寒"的位子。尽管长期以来王莽用尽心力剪除异己,网罗爪牙,培育根基,但对最高权力的觊觎,仍然使统治集团内部一部分人以维护和恢复刘氏政权为名而举起了反抗王莽的旗帜。就在王莽居摄元年的四月,汉宗室安众侯刘崇与侯相张绍密谋说:"安汉公莽专制朝政,必危刘氏。天下非之者,乃莫敢先举,此宗室耻也。吾帅宗室为先,海内必和。"①他们组织起百余人的队伍,猛攻宛城(今河南南阳),"不得入而败"。刘崇对形势的估计是错误的,起事的准备不足,力量太小,仓促起兵,失败是必然的。不过,刘崇的起事是武装反对王莽的第一次,它向王莽表明:对他的篡汉自立,并不是朝野上下一概竭诚拥护。但是,此时对王莽的反抗毕竟是个别的,大多数吏民百姓还不会参加到反抗王莽的行列中来。相反,一些与刘崇和张绍有牵连的人还主动向王莽输诚,以表示与他们划清界限。南阳事件过后,张绍的从弟、即那位为陈崇炮制歌颂王莽皇皇大文的张竦,与刘崇的族父刘嘉赶快跑到王莽面前表示悔罪。因为他们没有参与谋叛活动,并且态度虔诚,王莽自然对他们免予治罪。二人对王莽感激涕零,张竦再一次发挥自己的特长,为刘嘉写了一篇呈送王莽的奏文。这篇奏文对王莽极尽阿谀颂扬之能事,将王莽所有篡汉自立的举措,统统归之于"藩汉国,辅汉宗"的盛德大功:

---

① 《汉书》卷99上《王莽传》。

建平,元寿之间,大统几绝,宗室几弃。赖蒙陛下圣德,扶服振救,遮扞匡卫,国命复延,宗室明目。临朝统政,发号施令,动以宗室为始,登用九族为先。并录支亲,建立王侯,南面之孤,计以百数。收复绝属,存亡继废,得比肩首,复为人者,嫔然成行,所以藩汉国,辅汉宗也。建辟雍,立明堂,班天法,流圣化,朝群后,昭文德,宗室诸侯,咸益土地。天下喁喁,引领而叹,颂声洋洋,满耳而入。国家所以服此美,膺此名,飨此福,受此荣者,岂非太皇太后日昃之思,陛下夕惕之念哉!何谓?乱则统其理,危则致其安,祸则引其福,绝则继其统,幼则代其任,晨夜屑屑,寒暑勤勤,无时休息,孳孳不已者,凡以为天下,厚刘氏也。臣无愚智,民无男女,皆谕至意。[1]

接着,又大骂刘崇是"怀悖惑之心,操畔逆之虑,兴兵动众,欲危宗庙,恶不忍闻,罪不容诛,诚臣子之仇,宗室之雠,国家之贼,天下之害"[2]。最后,刘嘉自告奋勇,愿率领"父子兄弟负笼荷锸,驰之南阳,猪崇宫室",即把刘崇的宫室毁掉,并挖成贮存污水的大坑,以为反叛者戒。刘嘉的这一奏书,句句拍到王莽的心坎上。王莽于是要元后下诏封刘嘉为帅礼侯,七个儿子皆赐爵关内侯,而撰写奏文的张竦也被封为淑德侯。但是,一般百姓对刘嘉和张竦之类的阿谀之徒则嗤之以鼻。当二人为轻易得来的富贵沾沾自喜的时候,长安百姓以民谣讽刺说:"欲求封,过张伯松(张竦字伯松);力战斗,不如巧为奏。"[3]刘崇起事失败后,王莽的党徒立即制造了这样一个舆论:刘崇等人之所以敢于起兵反抗,就因为王莽的位太

---

① 《汉书》卷99上《王莽传》。
② 《汉书》卷99上《王莽传》。
③ 《汉书》卷99上《王莽传》。

卑,权太小了。为了能够镇住全国,制伏那些反叛者,必须使王莽的位更尊,权更大。刘崇起事后一月,王莽党徒即逼迫元后下诏,让王莽在朝见元后时也称"假皇帝"。十二月,王莽的党徒们再次要求元后下诏,增加王莽的官属,再增加卫士300人,改王莽居住的地方为"摄省",府为"摄殿",第为"摄宫"。

王莽由"摄皇帝"晋升到"假皇帝",虽然位益尊,权更重了,但却没有如同他的党徒们所预言的那样,可以镇住全国对王莽的反抗。就在王莽朝见元后也称"假皇帝"的第二年,居摄二年(即公元7年)九月,爆发了东郡(今河南濮阳南)太守翟义领导的大规模的反抗王莽的军事行动。翟义字文仲,汝南上蔡(今属河南)人,是汉成帝时丞相翟方进的小儿子。少年时即以父亲之官荫为郎官,不久升任诸曹,20岁就晋升为南阳都尉。当时南阳属县宛县令刘立,依仗与曲阳侯王根为儿女亲家,对翟义轻慢无礼。翟义十分愤怒,抓住他"主守盗十金,贼杀不辜"的罪证,逮捕下狱。后由其父干预释放。以后,翟义连任弘农、河南太守、青州牧、东郡太守,声名甚著。王莽居摄以后,翟义异常反感,就对他的外甥上蔡陈丰说:

> 新都侯王莽摄天子之位,号令天下,他所以选择宗室中最幼稚者以为孺子,并假托周公辅佐成王之义独揽大权,目的是观望天下人心,以便在他认为合适的时间取代汉室。现在,汉朝宗室衰弱,地方上也没有势力强大的诸侯王,天下屈从王莽,没有人能起而挽救国难。我今天幸为丞相之子,又为大郡之守,父子两代受汉厚恩,理应为国家讨伐叛贼,以安社稷。现在准备起兵西向,诛杀不当居摄的奸贼,选择宗室子孙立为天子,全力辅佐。假如时运不济,起兵失败,为国而死,犹可立

名,见先帝于地下也不惭愧了。今天即将发动起兵,你肯同我一起干吗?

此时陈丰年18岁,勇敢而健硕,痛快答应与舅舅共生死。翟义于是同东郡都尉刘宇、严乡侯刘信、刘信之弟武平侯刘璜结谋,决定在九月都试日起兵。都试是郡守对属县进行考课的制度。此时,全郡属县的主要官员都集中在郡城,容易挟持他们参加起事,并便于集合郡中的兵卒。九月都试之日,翟义当众宣布起兵诛讨王莽。观县(今河南清丰)令稍示疑义,即被斩首。翟义组织郡内的车骑、步兵,同时招募勇敢之士,聚集起数万人的大军,向南发动了猛烈的进攻。翟义为了使这次起事名正言顺,增强对全国的号召力,就立严乡侯刘信为天子。刘信是东平王刘云的儿子,其子刘匡其时正嗣位为东平王。立他为天子,东平国(今山东济宁、汶上一带)自然也加入了起事的队伍。翟义自号大司马柱天大将军,以东平王傅苏隆为丞相、中尉皋丹为御史大夫。向各郡国发出讨伐王莽的檄文,“言莽鸩杀孝平皇帝,矫摄尊号,今天子已立,共行天罚”[1]。翟义的起事震动了全国。起义军南下,攻克山阳郡(今山东金乡、单县一带),队伍已发展到十多万人。消息传到京师,王莽惊恐万状,立即任命其亲信党徒车骑将军成武侯孙建为奋武将军,光禄勋成都侯王邑为虎牙将军,明义侯王骏为强弩将军,春王城门校尉王况为震威将军,宗伯忠孝侯刘宏为奋冲将军,中少府建威侯王昌为中坚将军,中郎将震羌侯窦况为奋威将军,共七人,命他们从关西人中选取各级军官,率领关东人组成的军队,全力围剿翟义之军。与此同时,为了加强对关中地区的守卫,又以太仆武

---

[1] 《汉书》卷84《翟义传》。

让为积弩将军,屯兵函谷关,以将作大匠蒙乡侯逮并为横野将军屯兵武关,以羲和红休侯刘歆为扬武将军屯兵宛城(今河南南阳),以太保后丞丞阳侯甄邯为大将军屯兵霸上(今陕西蓝田),以常乡侯王恽为车骑将军屯兵平乐馆,以骑都尉王晏为建威将军屯兵城北,以城门校尉赵恢为城门将军,加强京师的守卫。这样一来,王莽就在长安以东、以北、以南设置了几道封锁线,全力戒备,以保安全。在围剿翟义起义军的紧张日子里,王莽怀抱孺子会见群臣商讨对策。他自我解嘲说:"从前成王年幼,周公居摄践祚的时候,管叔蔡叔挟持纣王的儿子禄父发动叛乱,今天翟义也挟持刘信作乱。自古大圣人对此犹感到惧怕,何况我王莽这样的斗筲之人呢!"群臣一齐溜须拍马说:"不遭遇如此事变,不能彰明圣德啊!"王莽于是模仿周公讨伐三监的《大诰》,也做了一篇讨伐翟义告白天下的文告。主要内容是表白他接受天命居摄践祚,实在是不得已而为之。平帝逝世后,他秉执国政,实行了一系列"祐我帝室""安我大宗""绍我后嗣""继我汉功"的措施,取得了巨大的成功。他的居摄并非要篡汉自立,而是畜养孺子长大,以便"复子明辟",把皇位还给他。如果说,周公的《大诰》是表明自己真实的思想感情,表现了一个伟大奴隶主贵族政治家的"大公"和"至诚"的磊落胸怀,那么,王莽的仿《大诰》策文,则是篡弑者此地无银三百两的欲盖弥彰的自私独白,展示了说谎者的忸怩作态。前者充满着悲剧的壮美,后者显现着喜剧的滑稽。为了表示自己"还政孺子"的诚意,王莽遣大夫桓谭将其策文班行郡国。但策文很快就变成对王莽自己的无情讽刺。

王莽任命的七位将军率兵东行,与挥兵西进的翟义相遇于陈留郡(今河南开封、兰考一带)。甾县(今河南民权东)一战,义军失利,刘璜被杀,官军胜利在望。王莽一下子又来了精神,收起

"臣"的自称,而以"摄皇帝"发布诏令,自吹自擂说:"予承明诏,奉社稷之任,持大宗之重,养六尺之托,受天下之寄,战战兢兢,不敢安息。"经过他的一番努力,"王道灿然,基业既著,千载之废,百世之遗,于今乃成,道德庶几于唐虞,功烈比齐于殷周。"然后,宣布将刘信、翟义在京师的亲属24人全部诛杀,同时封赏围攻义军有功者55人为列侯,并从重酬赏立功的官兵。十二月,翟义之军西进至圉县(今河南杞县南),被官军团团围住,经过一番激战,义军彻底失败。翟义与刘信突围逃出,翟义在固始(今河南太康南)被捕杀,刘信不知去向。十多万义军风流云散,一场大规模的反莽起事很快被纳在血泊之中。较之刘崇的起事,翟义、刘信的起兵准备较充分,规模也大得多。从九月至十二月,起义军发展到十余万人,历经六七个郡国,给了王莽不小的打击。他几乎调动了所有的力量,才把义军镇压下去。但是,与刘崇的起事一样,翟义的起兵也只是一次单纯的军事冒险,缺乏群众基础。不仅广大百姓对起事表示冷漠,就是大部分刘氏宗室贵族也采取冷眼旁观的态度。这样,起事的失败就是必然的。不过,刘崇、翟义的起事也表明,尽管王莽一手遮天,在朝野培育了较深厚的基础,他的法力却不是无边的,总有一部分人敢于举起反抗的刀矛。

正当王莽任命的王邑、孙建等七个将军督兵围攻翟义起义军的时候,王莽统治的核心三辅地区自茂陵(今陕西咸阳以西)至汧(今甘肃陇县)23县爆发了响应翟义的起事。槐里(今陕西兴平)男子赵明、霍鸿等计议:"诸将精兵悉东,京师空,可攻长安。"[1]他们"自称将军,攻烧官寺,杀右辅都尉及斄令,劫略吏民,众十余万,火见未央宫前殿"。王莽赶快调整关中的军事部署,任命卫尉

---

① 《汉书》卷99上《王莽传》。

王级为虎贲将军,大鸿胪望乡侯阎迁为折冲将军,与甄邯、王晏合力西击赵明等人。围剿翟义的军事行动结束以后,又调集关东兵力,以侍中王奇为扬武将军,城门将军赵恢为强弩将军,中郎将李棽为厌难将军,率兵加入围剿赵明等人的战斗。居摄三年(公元8年)二月,赵明等领导的关中起义军也被镇压下去。这使王莽及其党徒们弹冠相庆,得意洋洋。还在翟义一军失败之时,司威陈崇就让监军使者上书王莽,肉麻地吹捧王莽是"奉天洪范,心合宝龟,膺受元命,豫知成败"的"配天之主",轻而易举地打垮了反叛势力:"圣思始发,而反虏乃破;诏文始书,反虏大败;制书始下,反虏毕斩。众将未及齐其锋芒,臣崇未及尽其愚虑,而事已决矣。"①王莽被吹得昏昏然,飘飘然。二月赵明被击灭的消息传来,王莽更是兴奋异常,"自谓大得天人之助"。他在白虎殿摆下盛大宴席,犒赏出征将帅,对前不久击破益州蛮夷以及金城塞外羌人反叛势力的军士也一并奖赏,共封侯、伯、子、男359人。他陶醉于取得的成功,吹嘘其将帅吏卒,"皆以奋怒,东指西击,羌寇蛮盗,反虏逆贼,不得旋踵,应时殄灭,天下咸服"②。为了发泄对翟义、刘信等人的愤恨,王莽夷灭他们的宗族,发掘其先人的坟墓,焚烧棺柩,还把翟义在京师的宅第破坏,掘成污水坑。与此同时,又下令在翟义、刘信、赵明、霍鸿等的家乡或行经之地濮阳、无盐、圉、槐里、周至等五个地方建立各方6丈,高6尺的土台,旁边建高1丈6尺的表木,上书"反虏逆贼鳝鲵",以示对这几个反叛者永久的惩罚。

居摄三年(公元8年)春天,王莽依据周代大封诸侯的事例,提出"爵五等,地四等"的办法,对他的文武臣僚数百人大加封赏。

---

① 《汉书》卷99上《王莽传》。
② 《汉书》卷84《翟义传》。

此时,王莽的党徒们都清楚地知道,他们的荣华富贵是同这位已经爬到"假皇帝"位子上的独裁者连在一起的。随着王莽地位的步步高升,他们也会水涨船高地获得更多的封赏。所以,在翟义起事被镇压而他们又因此获得封赏之后,他们就竭力为王莽及其子孙谋求新的封爵,以表示自己对王莽的矢志忠贞。他们同声鼓噪,以《春秋》的"善善及子孙"和"贤者之后,宜有土地"为根据,一齐向元后上书,要求以最高的爵位加封王莽的子孙。元后自然又是有求必办,下诏进封褒新侯王安为新举公,赏都侯王临为褒新公,封王光为衍功侯。因为王莽此时还归新都国,于是群臣又要封王莽的孙子王宗为新都侯。这时的王莽"自谓威德日盛,获天人助",谁也无奈他何。于是将一年前他模仿《大诰》的作策,什么"复子明辟",什么"还政孺子"之类信誓旦旦的保证,完全抛到九霄云外了。其实,王莽在居摄之后,不仅早就有了皇帝之实的权力,而且也有了皇帝之实的形式,所缺少的,仅仅是一个真皇帝的名号而已。急于完成篡汉最后一道工序的王莽,此时也这样暗示他手下的那些爪牙:既然我已有了皇帝的权力,又有了皇帝的形式,难道也可以长期地戴着"假皇帝"的名号进行统治吗?

正当王莽准备实施他篡汉的最后一个步骤,正式登基做皇帝的时候,公元8年九月,他的母亲功显君死了。此时,这位曾经以孝享誉朝野的王莽,对母亲之死却没有显出丝毫的悲哀。使他感到为难的是,究竟应该为母亲举行什么形式的葬仪? 他于是命令时任羲和命士的刘歆提出一套办法。刘歆这位名震一时的古文经学家,王莽的理论策士,对此也感到有些棘手。他只得纠集博士、儒生78人,寻经查典,广泛搜求,着实费了一番工夫。经过反复研讨,来回斟酌损益,总算拿出了一个葬仪的方案,特别为王莽设计了服丧的礼仪。其基本要点是,依据《周礼》"王为诸侯缌缞"的办法,提出"摄皇帝当为功显君缌缞,弁而加麻环绖,如天子吊诸侯服,以应圣制"。刘歆虽然是西汉一代最博学的古文经学大师,但在设计王莽母亲葬仪的问题上,尤其是在王莽服丧的问题上实在是绞尽了脑汁。因为在此以前的中国历史上,还没有王莽这样的例子,既无典则可寻,亦无成例可援,因而只有自创一个别致的服丧办法了。此时的王莽,是个四不像的摄皇帝,王莽的母亲仅仅有一个与侯爵相当的功显君的封号。王莽只要不即真代汉做皇帝,他就还不能标出自己的独立的新皇统,他的母亲自然也就没有皇太后的名分。可是,这位老人家偏偏在儿子即将即真而又未即真的情况下死去,因而在葬仪和丧服上便产生了许多麻烦。然而,刘歆到底不愧为古文经学的一位大师,他会同博士、儒生,经过彻夜研究,终于为王莽这个四不像的皇帝损益出上面那一套四不像的服丧办法。即王莽干脆算作汉高祖刘邦的子孙,切断与自己母亲的血缘关系,而以皇帝对待诸侯王的礼仪为其母服丧。这表明,在孝与权发生冲突时,孝便成了牺牲品。王莽是宁肯将自己的母亲视作路人,也一定要抓住摄皇帝的名号和位子不放的。在这里,也可以看到,以刘歆为代表的西汉古文经学,其所遵循的原则在实质上与"六经注我"的今文经学区别并不是很大的。

这次葬仪上的尴尬局面,使王莽进一步感到,目前的窘况必须迅速结束。所以葬礼甫告完毕,王莽及其党徒们便转入即真的策划。因为王莽手中的权力是用滴水穿石的办法,一点一点地从刘氏皇室那里窃得的,而在这一窃夺权力的过程中,王莽每一次几乎都使用了纵横捭阖、云谲波诡的权术。除了对付那些用武力反抗的异己力量之外,一般都不使用大规模的杀伐手段。由假即真的最后一幕,当然也无须挥动枪刀剑戟。王莽决定继续使用老办法,让应接不暇的符瑞去高奏最后的胜利凯歌吧!

## 4.一个无赖献出的符命,使"假皇帝"
## 一夜之间变成了真皇帝

由于王莽"新朝"的建立是符瑞进军的大展示,所以,有必要在此对符瑞加以简单的介绍。所谓符瑞、符命,就是假借一种不常见的自然或社会现象,附会现实政治,以昭示天意,预卜吉凶。它并不是王莽的新发明。翻开史书,就可以发现,从上古到秦汉,符命的记载连绵不绝,推演灾异就是符命的较早的一种形式。在奴隶社会和封建社会生产力发展水平低下,自然科学不发达的情况下,符命的存在和泛滥是有其认识根源、社会根源和阶级根源的。不仅历代的统治阶级都用符命为自己的权力制造神圣的根据,就是被剥削阶级也用符命作为反抗封建统治的工具。以致中国历史上第一次农民大起义的领袖陈涉在大泽乡举起反秦的义旗时,就曾经以鱼腹中的"素锦丹书"和破庙旁的"篝火狐鸣"相号召。但是,将符命理论化,却是西汉的今文经学大师董仲舒完成的。他的"天人感应"的神学目的论,既为符命提供了理论基础,也使符命成为这一理论的重要组成部分。而将符命作为一个重要的政治手段,抱着符命登上权力的顶峰,又在符命的荒唐泛滥中走向灭亡的封建帝王,首推王莽。在这方面,他创造了空前绝后的记录,是一个名副其实的符命皇帝。

就在居摄三年(公元8年)的十一月,窥透王莽心思的广饶侯刘京、车骑将军扈云、大保属臧鸿,分别奏上显示天意要求王莽做皇帝的符命,王莽高兴地接受下来,并立即上奏元后说:"陛下至圣,遭家不造,遇汉十二世三七之阨,承天威命,诏臣莽居摄,受孺子之托,任天下之寄。臣莽兢兢业业,惧于不称。"意思是说,自己在汉室遭遇最大危险的时候,尽上最大努力予以匡救。可是,天意非让我做皇帝不可。本月广饶侯刘京上书说,七月中旬,齐郡临淄县昌兴亭长辛当一夜数次做梦,有人对他说:"我是天公的使者。天公使我告诉亭长:摄皇帝应做真皇帝。如不相信,这个亭中当有新井为证。"亭长早晨起来察看,亭中果然出现一口新井,井深约百尺。同月,巴郡发现石牛,扶风雍发现刻有文字的石头,皆运来未央宫的前殿。臣与太保安阳侯王舜前去探视,忽然刮起大风,灰尘遮天蔽日,不久,风停了,石前出现了铜符帛图,上面的文字是"天告帝符,献者封侯。承天命,用神令"。骑都尉崔发等看后认为,这是天意要求居摄改元的意思。王莽据此提出要求说:

> 臣莽敢不承用!臣请共事神祇宗庙,奏言太皇太后,孝平皇后,皆称假皇帝。其号令天下,天下奏言事,毋言"摄"。以居摄三年为初始元年,漏刻以百二十为度,用应天命。臣莽夙夜养育隆就孺子,令与周之成王比德,宣明太皇太后威德于万方,期于富而教之。孺子加元服,复子明辟,如周公故事。[1]

这一次王莽本来可以直接即真做皇帝,但他却没有做,只是要求在元后面前称假皇帝,而群臣上奏时不言"摄"而直称"皇帝",并且改元为初始。由于这一要求比之他已经得到的增加不多,还重申了"复子明辟"。元后自然来个"奏可"。但是,王莽的用意却十分清楚,他示意群臣,这是在即真的道路上迈出的又一小步,他还要继续向前走。

---

[1] 《汉书》卷99上《王莽传》。

就在王莽筹划再迈一步的时候,发生了期门郎张充等六人密谋劫持王莽,立楚王刘纾为天子的政变阴谋,但未经实施即被发觉,六人全部诛死。此事对王莽尽管稍有刺激,但并未改变他即真的决心。恰在此时,有一个在长安太学读书的梓潼(今属四川)人哀章,看见王莽做了摄皇帝后,把符瑞奉若神明,并且早晚要即真做皇帝,就决心来一次大的政治冒险。他偷偷地做了两检铜匮,一检上写着"天帝行玺金匮图",另一匮上写着"赤帝行玺传予皇帝金策书"。《金策书》中说,某者,是高皇帝刘邦的名字,他将把皇帝位子传给王莽,太皇太后应该尊承天命将帝位授予王莽。图中书中都写着王莽8个大臣名字,同时加上哀章以及随便胡诌的王兴、王盛的名字,共11人,每人名下部署上封爵和官名,标明他们都是新朝的辅佐。哀章听说齐井、石牛的符瑞上奏之后,认为时机已经成熟,立即在当日的黄昏,身着黄衣,跑到高帝刘邦的祀庙,把两检铜匮交给了仆射。仆射立即向王莽报告。第二天早晨,王莽便郑重其事地来到高帝庙,朝拜了陈放铜匮的神坛。之后又戴上皇冠去拜元后,向她报告符瑞的情况,表明自己应天命做皇帝的决心。最后来到未央宫前殿,在党徒们发疯般的欢呼声中登上龙座,宣布了即天子位的诏书:

予以不德,托于皇初祖考黄帝之后,皇始祖考虞帝之苗裔,而太皇太后之末属。皇天上帝隆显大佑,成命统序,符契图文,金匮策书,神明诏告,属予以天下兆民。赤帝汉氏高皇帝之灵,承天命,传国金策之书,予甚祗畏,敢不钦受!以戊辰直定,御王冠,即真天子位,定有天下之号曰新。其改正朔,易服色,变牺牲,殊徽帜,异器制,以十二月朔癸酉为建国元年正月之朔,以鸡鸣为时。服色配德上黄,牺牲应正用白,使节之旄旛皆纯黄,其署曰"新使五威节",以承皇天上帝威命也。[1]

不难看出,王莽的这个即位诏书显然是急就章,它文短而又粗糙,看得出来是没有经过仔细斟酌、推敲和润色。其中条列的王莽代汉立新做皇帝的理由,无非是两条:一是我王莽是黄帝的苗裔,虞舜的后代;二是昊天上帝降符瑞,高祖皇帝显神灵,统治天下百姓是"承天受命"。当时王莽手下,并不乏刘歆之类的文章里手,稍假时间,他们就能够炮制出雍容典雅、富丽堂皇、词彩灿然的即位诏书。为什么这个宣布你下台、我上台的重大历史事变的即位诏书,一份新皇朝的宣言书,竟是如此干瘪无文的急就章呢? 答案非常简单,时间太仓促了。原因在于,那位"素无行,好为大言"的无赖之徒哀章,当时还不是王莽的党徒,他的活动不是由王莽及其党徒安排的,因此,他的突兀而来的献符,就完全出于王莽及其党徒的意料之外,打乱了王莽及其党徒们拟定的代汉立新的日程表。你看,在王莽上奏齐井、石牛那一天,他在奏文中提出的要求也仅仅是在朝见太皇太后和平帝皇后时取消"臣"字,代之以"假皇帝",臣下向他奏事时取消"摄"字。而在同一奏文中他还特别申明决不篡汉,再次重申他一再表明的"孺子加元服,复子明辟"的保证。这一切都表明,在王莽及其党徒们拟定的代汉立新的日程表中,即真的日期还是排在后面的。其目的是为了要有充裕的时间,以便能够仔细地制造符命,协调各方面的关系,推敲诏书文字,部署登基礼仪,以便搞得有条不紊,从容不迫,有更多的回旋余地。谁知哀章在王莽上书的当天黄昏就来个献铜匮,这对王莽不啻是

---

[1] 《汉书》卷99上《王莽传》。

个突然袭击。王莽及其党徒们在得到仆射的报告以后,立即连夜进行紧张的策划。不立刻即真做皇帝,还是按照原来计划的日程安排吗,时间和准备自然都充裕一些,但这样做就必须对哀章献出来的符命表示否定态度,而以后再即真时怎么办? 立即接受符命即真吧,那就只能仓促上阵。究竟怎么办更好呢? 王莽及其党徒们经过彻夜研究,反复权衡利弊,最后决定还是借着哀章的符命提前即真。这样做利多弊少,反正早晚是要迈出这一步的。与其晚一点从容,何如早一点痛快! 因此,尽管刘歆等人有妙笔生花的本事,也难以在一夜之间就炮制出丰赡富丽的长篇即位诏书。事情决定之后,第二天,王莽一面到高帝庙拜领符命,一面派人通知元后他将即真做皇帝。之后,他拜谒元后,表明他即真的决心。在这突然的事变面前,元后的震惊是可以想象的。因为就在前一天,王莽还在奏书中保证将来要"还政于孺子",怎么一夜之间就变了卦,要立刻即真做皇帝了呢? 王莽这位年逾80岁的老姑母,长期以来一直相信王莽爪牙王舜等人对她说过的话,王莽要"安汉公"的名号,要"居摄"的位子,要"假皇帝"的头衔,无非是想增加自己的权力。元后几乎是有求必应,几年之内,把朝廷的权力都分期分批地送给了王莽。王莽难道要恩将仇报,竟要残忍地废掉他的姑母的太皇太后位子而篡汉自立吗? 然而,今天王莽的篡汉毕竟铁铸一般地摆到了元后的面前,并且已经到了她无论用什么办法也无法改变这种局面的地步了。

王莽宣布即真做皇帝以后,想到元后还把持着那块由卞和献出的美玉雕琢而成、经历代帝王相传而来的传国玺,心里很不痛快。在他看来,这件传国之宝应该随着皇朝的更替而转移到新的皇帝手里,留在元后手中,对他的新朝就有点美中不足了。因此,他先是用讽喻的办法想使元后交出玉玺,但没有达到目的。于是便命令王舜去强行索取。元后本来对这位本家的侄儿十分器重，觉得他为人谨慎，又懂礼貌。此次说明来意后，元后怒火中烧，破口大骂说：

> 尔属父子宗族蒙汉家力，富贵累世，既无以报，受人孤寄，乘便利时，夺取其国，不复顾恩义。人如此者，狗猪不食其余，天下岂有而兄弟邪！且若自以金匮符命为新皇帝，变更正朔服制，亦当自更作玺，传之万世，何用此亡国不祥玺为？而欲求之？我汉家老寡妇，旦暮且死，欲与此玺俱葬，终不可得。①

元后边说边痛哭流涕，旁边的长御等宫官也泪流满面。王舜被骂得狗血淋头，"悲不能自止"，半晌说不出话来。但是，作为王莽的忠实爪牙，他必须完成索玺的任务。而且，现在能赐给他官位、权力和富贵的，并不是这位暂时还握着玉玺的老态龙钟的太皇太后，而是那位已经做了新朝皇帝，很想有一番作为的王莽。王舜于是语带悲切地对元后说，我已经没有什么可说的了。反正王莽得不到这块传国玺是决不罢休的，您难道能扭得过他吗？元后自然也明白她无法阻止王莽得到玉玺，于是愤然将玉玺摔到地下，悲愤地对王舜说，我反正是快要入土的人了，但你们兄弟也不会有好下场，将来一定会遭到灭族的大祸。王舜将传国玺奉上王莽，王莽欢喜欲狂，立即下令在未央宫的渐台上为元后设宴，以示感谢。元后怀着失国的悲痛闷坐终席，王莽及其党徒们却大肆纵乐，为他们篡汉的成功而频频举杯。实事求是地说，王莽的篡汉之所以顺利成功，元后显然不能辞其咎。因为正是在元后的庇荫下，王氏宗族

---

① 《汉书》卷98《元后传》。

174

才得以发展起来。不过,元后虽然绝对相信娘家人并把朝政一股脑儿委托给王氏宗族,但她并不希望由娘家人来改变皇统。因为饱受封建的三从四德熏陶的王政君,自认为是刘氏皇统的捍卫者,她显然认为刘氏皇统在自己手里断送是一种奇耻大辱,她的良心因而受到难以言喻的苛责。不过,请神容易送神难。她自己酿下的这杯苦酒,最终还要由她自己喝下去。她在玉玺问题上的态度既反映了她的悲哀,也反映了她的无奈与自责。对此,班彪有一段不无道理的评论:"王莽之兴,由孝元后历汉四世为天下母,享国六十余载,群弟世权,更持国柄,五将十侯,卒成新都。位号已移于天下,而元后卷卷犹握一玺,不欲以授莽,妇人之仁,悲夫!"①

王莽既然做了皇帝,建立了一个与汉皇朝异统的"新"皇朝,对他姑母的太皇太后的名分也就不愿照顾了。因为元后是汉朝的太皇太后,佩戴的是汉朝的玺绶。这对王莽的新朝来说,自然是很不协调的。为了使自己的新皇朝一切都新出个样子来,王莽决意要除去所有汉皇朝的标记。因此,从王莽自立为皇帝那天起,他就反复考虑如何去掉元后的旧号,改换她的玺绶。但元后毕竟是自己的姑母,怕方式不当引得她大发脾气。所以踌躇再三,没有很快地采取行动。此事被王莽的本家王谏看在眼里,认为是一桩向王莽献媚讨好的大买卖,于是上书说:"太皇太后不宜称尊号,当随汉废,以奉天命。"②王莽立即把王谏的奏书送给元后,元后明白这是王莽的主意,于是略带讽刺地对王莽说:这个奏议好得很!你看着办就是了。王莽自然听得出元后话中饱含的愤怒,但他说的话却又完全出乎元后的意料:提出这种奏议就是忘恩背德的臣子,应

---

① 《汉书》卷98《元后传》。
② 《汉书》卷98《元后传》。

当毫不客气地杀掉！于是王谏也就一命呜呼了。王莽另一个爪牙冠军侯张永从王谏的被杀中揣摩到王莽在这个问题上的苦衷，就向王莽献上了一个符命铜壁文，说是太皇太后应为新室文母太皇太后。这正合王莽的心意。于是下诏首肯，并亲率群僚百官为元后奉上新的玺绶。张永因此得到了"贡符子"的封号。这里，王谏与张永提出的问题，其实并没有什么本质的区别，都是要改变元后的名号。所不同的是，王谏讲得太直接太露骨，没有一点文饰。王莽如照此办理，就显得有损恩义。张永推出符命，借神道讲话，既解决了易号的问题，又设计了易号后的新名号。如此一来，元后易号的目的达到了，人们看起来又不显得那么暴戾和粗野，所以恰好投合了王莽的心意。此后，王莽在内心深处有时也感到愧对他的这位老姑母，于是为之起庙，同时又将元帝之庙作为元后的食堂，改名长寿宫。一次，王莽在此设宴，请游观的元后到此赴宴，以讨她的欢心。不料元后看见自己丈夫的祭殿被毁坏得不成样子，十分难过，她默默地流泪，只能悄悄地对侍候的人发出对王莽的诅咒。元后的最后几年是在失国的郁郁寡欢中度过的。她与自己的官属都拒绝穿着王莽新朝配色的黄貂，而是继续穿着为汉朝配色的黑貂。虽然王莽已改正朔，易服色，但元后仍按汉朝的历法安排自己的活动。她就是这样保持对汉朝的纪念，以求得心理上的平衡。始建国五年（公元 13 年）二月，元后永含着恋主的哀愁，带着失国的悲痛，走完了她生命的行程。后世的历史学家往往把西汉皇朝的灭亡归罪于这位老妇人，这当然并非全无道理。但是，这种观点的片面性也是显而易见的。如上所述，汉皇朝灭亡的必然性隐含在阶级矛盾与社会矛盾的激化中。这是不能，起码不能主要归罪于元后的。西汉皇朝的灭亡是什么人都不能挽回的。元后所负的责任是她决定了它的灭亡的方式，即亡于篡政而非亡于农民战争。没有王莽的篡政,西汉将亡于农民战争。王莽的新朝缩短了西汉皇朝存在的时间,但也逃脱不了灭亡的命运。而它灭亡的方式则是农民战争的毁灭性打击。

上面提到,公元8年十一月,王莽在仓促之中下了代汉立新的诏书,但没有立即举行登基的大典。在十一月将尽的几天里,王莽和他的党徒们积极地进行登基大典的准备工作。王莽规定始建国元年(公元9年)十二月一日为岁首元旦,并在这一天举行了隆重的登基典礼。他首先率领群臣朝拜元后,奉上"新室文母太皇太后"的玺绶,去掉了汉朝的封号。之后,王莽便封妻子为皇后,封儿子王临为太子,王安为新嘉辟,封他的孙子,王宇的六个儿子,王千为功隆公,王寿为功明公,王吉为功成公,王宗为功崇公,王世为功昭公,王利为功著公。同时,又下诏策命被废去皇太子之位的孺子婴为"定安公"。策文中规定以平原、安德、漯阳、鬲、重丘(皆在今山东德州市)等五县之地,人万户,地百里,作为定安公国。"立汉祖宗之庙于其国,与周后并,行其正朔、服色。世世以事其祖宗,永以命德茂功,享历代之祀焉"①。还决定以自己的女儿、原孝平皇后为定安太后,来抚育这个革去帝号的孩子:"读策毕,莽亲执孺子手,流涕歔欷,曰:'昔周公摄位,终得复子明辟,今予独迫皇天威命,不得如意!'哀叹良久。中傅将孺子下殿,北面而称臣。百僚陪位,莫不感动。"②当时年仅5岁的孺子婴,当然无法理解这个戏剧性的场面。而直到这时候,王莽还挤出几滴鳄鱼的眼泪,对孺子,实际上是对群僚,尤其是对那些没有参与王莽篡汉策划的刘汉的公孙王子,表明自己代汉立新做皇帝完全不是一己的私愿,而

① 《汉书》卷99中《王莽传》。
② 《汉书》卷99中《王莽传》。

是迫于天命的不得已之举。孺子刘婴面对这种场景虽然尚不懂人世的炎凉,不解人生的欢乐与悲哀,但是,在刘汉宗室贵族的眼里,他毕竟是汉皇朝的象征。因此,王莽决不允许他在正常的条件下健康地成长。王莽下令改明光宫为定安馆,让他16岁的女儿孝平皇后住在里面。以故大鸿胪府为定安公第,让孺子婴住在里面。两处都置上警卫人员严密加以监视,禁止他们与无关的人员,特别是刘氏宗室贵族来往。王莽还严令孺子婴的乳母不得与他讲话,让他在四面高墙的深宅中像被关在笼子里的小兽一样生活。及至长大以后,他不辨五谷,连马、牛、羊、鸡、犬、豕的名字也叫不上来,成为一个地道的废物。王莽为自己如此的安排而得意地窃笑,他认为,如此的一个汉皇朝象征,对自己是决不会构成什么危险的。

拜元后,立皇后,封太子,策孺子之后,王莽就依据哀章献来的金匮图和金策书,来大规模地封赏那些长期为他效犬马之劳的众党徒了:

> 以太傅、左辅、骠骑将军、安阳侯王舜为太师,封安新公;大司徒、就德侯平晏为太傅,就新公;少阿、羲和、京兆尹、红休侯刘歆为国师,嘉新公;广汉梓潼哀章为国将,美新公;是为四辅,位上公。太保、后承、承阳侯甄邯为大司马,承新公;丕进侯王寻为大司徒,章新公;步兵将军、成都侯王邑为大司空,隆新公;是为三公。大阿、右拂、大司空、卫将军、广阳侯甄丰为更始将军,广新公;京兆王兴为卫将军,奉新公;轻车将军、成武侯孙建为立国将军,成新公;京兆王盛为前将军,崇新公;是为四将。凡十一公。[①]

---

① 《汉书》卷99中《王莽传》。

可以看出,在拟定这些封号时,王莽是费尽了心机的。11人都得到公的封爵,而他们的封爵名号,在"新"字之前依次冠以安、就、嘉、美、承、章、隆、广、崇、成、奉等11个吉利之字,仿佛只要如此,这个新朝就会永远繁荣昌盛,亿万斯年地永远存在下去。这11公中,有8人是长期追随王莽的得力爪牙,是王莽篡弑集团的核心人物和骨干分子。其余哀章是一个"好为大言",投机冒险的无赖之徒,王兴是一个被解除了职务的城门小吏,王盛是一个靠卖饼为生的小手工业者。因为王兴和王盛两个人的容貌与符命的卜相一致,就由一般平民百姓一举登用为公。其实,根据各种情势判断,哀章在制造策文写上这二人的名字时,十之八九同他们还不相识,他只是投王莽之所好,故意写上使王莽"兴"、王莽"盛"的两位王姓人名。哀章估计,以王姓人口之多,起这两个名字者一定不在少数。寻找的结果,一夜之间使荣华富贵降临到他们头上。王莽并非不知哀章、王兴、王盛之流难承大任,他之所以慷慨赐封,以为只有如此,才足以显示出符命的神灵和威力。也是在同一天,王莽又封拜了卿大夫、侍中、尚书等官员达数百人。为了防止汉宗室任地方官者就地拥众反叛,王莽一反昔日讨好刘氏贵族的种种优待举措,下令凡做郡守的汉宗室一律改任谏大夫,即一种有职无权、无足轻重的闲散官员。王莽又依据"周礼",规定了各种官吏的职司,制定了从中央到地方各级官吏的名号和级别。对自己的王氏宗族,依据功劳的大小和血缘关系的亲疏,分别以公、侯、伯、子、男五等爵位加以封赏。刘姓的诸侯王一律降为公。周边地区的少数民族首领,凡被汉皇朝封为王者一律改为侯。对上古以来的圣帝名王,圣人贤相如尧、舜、禹、周公、孔子等,都求其后代给予封赏。其中,封姚恂为初睦侯,奉黄帝后;封梁护为修远伯,奉少昊后;以皇孙王千奉帝喾后;封刘歆为祁烈伯,奉颛顼后;封刘歆之子刘叠为伊休侯①,奉尧后;封妫昌为始睦侯,奉虞帝后;封山遵为褒谋子,奉皋陶后;封伊玄为褒衡子,奉伊尹后。另外,汉朝后裔定安公刘婴,周后卫公姬党更封章平公,为新室之宾。殷后宋公孔弘转封章昭侯,夏后辽西姒丰封为章公侯,为新室之恪②。周公之后褒鲁子姬就、宣尼公(孔子)之后褒成子孔钧平帝时已封,此时予以承认。让以上封爵世代相传,永远奉祀自己的祖先。又颁行有关典礼、祭祀的各种制度,敕令全国臣民一体遵守等等。至此,刘汉皇朝的标识和遗迹几乎被王莽扫除净尽,一个以王莽为皇帝,代表豪族地主与富商大贾利益的新的封建皇朝就正式建立起来。就阶级基础而言,它基本上是西汉皇朝的继续。它的新主要体现在表面形式上,即一个正朔和服色以及礼乐制度等都与刘氏皇朝不同的王氏新皇朝。

王莽以篡政的方式代汉立新之所以顺利地获得成功,最重要的原因是当时的客观历史条件造成了地主阶级对改朝换代的向往,而王莽执掌汉皇朝大权后的所作所为,使他几乎成为社会各阶级属望的改朝换代的唯一人选。

由于西汉皇朝自文景到汉武帝以来,一直对食封的同姓诸侯王和军功地主采取打击削弱的政策,这种措施虽然对巩固和加强西汉中央集权的统治起了一定的积极作用,但是,同时也给豪族地主和富商大贾势力的膨胀提供了某些有利条件。自汉元帝开始,西汉皇朝开始走下坡路。经济上占优势的豪族地主和富商大贾也日益在政治上形成了左右一切的力量。王氏外戚集团正是作为这个阶级的代表而执掌西汉的朝政的。他们每家都是占有大量土地

---

① 《汉书》卷99中《王莽传》,师古曰:"上言红休侯刘歆为国师嘉新公,今此云刘歆与刘烈伯,又言国师刘歆子为伊休侯,是则祁烈伯自别一刘歆,非国师也。"

② 《汉书》卷99中《王莽传》,师古曰:"恪,敬也,言待之加敬,亦如宾也。"

的官僚地主,同时又同富商大贾保持着十分密切的联系。王莽、王立等土地之多是一般地主无可比拟的。四川大商人罗裒在京师和其他各郡的经商活动就是得到王家支持的。王氏外戚集团几十年辅政的结果,迅速地发展壮大了自己的力量,使这个集团成为西汉末期不可动摇的政治重心,从而为王莽以不流血的方式实现代汉创造了比较有利的条件。

在王莽全权当政的汉平帝时期,西汉帝国虽然未能挽回日渐衰落的颓势,但却相对地保持了政治上的稳定和社会秩序的安宁。尽管小规模的农民起事也发生了一点,饥荒也有一点,却并未妨碍较稳定的大局。此一时期,王莽虽然事事专权,然而毕竟不像傅、丁外戚集团和董贤在哀帝时期那么昏妄荒唐。他对地主阶级的各个集团和阶层,除了政治上的反对派之外,大部分都采取了安抚或收买的政策。正因为如此,在经过哀帝当国时期的混乱之后,王莽的当政及其取得的成就令人刮目相看。地主阶级的各个阶层和集团几乎都把稳定封建秩序的重任属望于王莽,以便在和平和安定的环境中继续其骄奢淫逸的生活。而王莽在平帝时的行政措施,也的确给了他们这种希望。因此,即使对王莽抱有根深蒂固的偏见,对他口诛笔伐不遗余力的班固,对王莽在这一时期的活动也献上了低调的赞美词:"孝平之世,政自莽出,褒善显功,以自尊威。观其文辞,方外百蛮,亡思不服,体征嘉应,颂声并作。"①

在西汉一代,朝廷通过荫子、察举、征辟等办法选取官吏,这种权力一般都操在从中央到地方的各级官吏手里。武帝之前,地主阶级知识分子为官的道路是比较狭窄的。武帝接受董仲舒的建议实行"罢黜百家,独尊儒术"的政策以后,太学的博士弟子也逐渐

---

① 《汉书》卷12《平帝传》。

成为官吏的重要来源,加上举贤良文学对策之类途径,地主阶级知识分子终于有了越来越多的跻入仕途的机会。不过,因为太学生名额太少,且立为学官的又仅仅是今文经,这样,不少中小地主阶级的知识分子仍然不容易跻入汉皇朝的庙堂。王莽自幼攻读经书,与儒生、儒学结下了不解之缘。他当政以后,把古文经也立为官学,今古文经并重,大量增加博士弟子员的名额,使太学生突破一万人。广建辟雍、学舍,征召"异能之士",通过这些办法,为广大中小地主阶级的知识分子提供了更多的做官从政的机会。这样,王莽就在很大程度上扩大了统治基础,赢得了地主阶级各个阶层的好感。王莽篡政前后,一大批儒生鞍前马后地为之服务,说明他的活动吸引了广大知识分子。

对汉朝的宗室贵族,王莽在即真之前也采取了一系列的笼络手段,其中最重要的是用爵位利禄进行收买。例如,元始五年(公元5年),王莽一次就在汉宗室贵族中封了36个列侯,其余也各有赏赐。一时显得王莽对他们的关心超过了刘氏皇帝,因而相当一批汉宗室贵族把王莽当成了他们利益的代表。所以,当王莽即真做皇帝的时候,就出现了班固痛心疾首的"汉诸侯王厥角稽首,奉上玺绶,惟恐在后,或乃称美颂德,以求容媚"的现象。班固很叹息这些宗室贵族的不争气,但他不解,宗族血缘关系虽然是维系刘氏贵族团结的纽带之一,但在阶级社会中,血缘纽带既无法阻止实际利益的结合,也不能抵御实际利益的冲突。既然刘氏贵族内部,甚至父子兄弟之间为了权力的角逐不惜诉诸枪刀剑戟,那么,你又怎么能够要求成千上万的刘氏子弟在王莽的权利诱惑面前无动于衷呢!

上面已经提到,土地兼并和越来越多的自耕农破产沦为奴婢,是西汉末期最严重的社会问题。在贵族官僚、豪族地主和富商大贾竭力兼并土地和买奴蓄奴的恶浊空气里,王莽却一反流俗,显示出与众不同的独特品性。他数让封邑,献田献钱,救济贫民,惠及孤寡,还曾逼使杀死奴婢的儿子自杀偿命。这一切,在当时贫苦无告的劳动人民中产生了良好的印象,从而把改变自己悲惨处境的希望寄托在他的身上。元始四年(公元前4年),王莽又在长安城建立市常满仓,储备大量谷物,这对于那些在水旱灾疫相继的岁月里,因谷价昂贵而受到饥饿威胁的城市老百姓,无疑也是一副有力的兴奋剂,他们的心自然朝向了王莽。王夫之也看到了这一点。他说:"莽何以得此哉(指代汉成功)?唯民必先溃于死亡,而莽以私恩市之也。"①应该说,王莽作为封建统治者中的要员,在即真之前的所作所为在百姓中已树立了良好的形象。哀帝当国时,有近50万吏民上书为之讼冤,在一定程度上反映了民心所向。

从上面的叙述中,我们可以看到,王莽在继其诸父辅政的十多年中,由于采取一系列收买人心的措施,不仅赢得了整个地主阶级几乎所有阶层和集团的拥护,而且在很大程度上也得到了一般百姓的拥护,加上特定的历史机遇,他就具备了篡汉成功的必然性。尽管有一小部分刘汉政权的公孙王子和地主官僚反对王莽的篡汉,但他们对王莽的武装反抗却无法布成阵列。刘崇、翟义等人反抗王莽的起兵,所以在很短时间内即被镇压下去,就是因为他们不仅缺乏群众基础,而且即使在地主阶级内也找不到多少拥护者和同情者。虽然班固对王莽始终抱有明显的偏见,但在他篡政成功原因的探索上,仍然能够采取比较实事求是的态度,显示了一个历史学家卓异的史识。他说:

---

① 王夫之:《读通鉴论》卷5《哀帝》。

王莽始起外戚,折节力行,以要名誉,宗族称孝,师友归仁。及其居位辅政,成、哀之际,勤劳国家,直道而行,动见称述。岂所谓"在家必闻,在国必闻","色取仁而行违"者邪?莽既不仁而有佞邪之材,又乘四父历世之权,遭汉中微,国统三绝,而太后寿考为之宗主,故得肆其奸慝,以成篡盗之祸。推是言之,亦天时,非人力之致矣。①

当然,王莽的代汉之所以成功,除了客观必然性外,他的策略和手段也起了重要的作用。王莽是西汉末年豪族地主和富商大贾的政治代表。他本人占有大量的土地,役使着成群的奴仆,并且与当时知名的富商大贾有着千丝万缕的联系。他做皇帝以后,所任命的在中央和地方主持推行五均六管之法的,几乎全是有名的富商大贾。王莽骨子里贪婪残暴,恨不得把整个国家一下子独吞下去,而对反抗他的被剥削阶级和异己者的残忍达到了无以复加的程度。同时,他又虚伪阴险,狡猾奸诈,特别善于玩弄权术。在已经形成的既定历史趋势下,正是王莽的这种品格和手段在代汉过程中发挥了重要作用。你看,为了篡汉,他准备的时间是那么长,每一步行动都经过深思熟虑,文饰得几乎不露形迹。在实现篡汉的过程中,王莽用的是滴水穿石的渗透法。他一步步坚定地攀登着通向龙座的阶梯,每登上一阶都停一停,以便瞻前顾后,观察周围的反应,站稳脚跟,巩固基础,然后再迈出新的一步。这样,王莽就做得进退有据,左右逢源,不致因一步棋走错而全盘皆输。哀帝死后,他第二次秉持朝政,牢牢地掌握了汉中央的全部权力。这时候如果他一步到位,实行代汉立新,似乎也未尝不可。但是,王莽

---

① 《汉书》卷 99 下《王莽传》。

忍耐着,没有马上动手。而是把平帝时期作为一个认真的准备阶段,从各方面积极创造条件。鸩杀平帝以后,代汉的条件几乎全部成熟了,但王莽仍然忍耐着,没有立即动手。而是经过精心挑选,立了一个孺子婴权作缓冲。再后,经过"安汉公""摄皇帝""假皇帝"等几个阶段,才在浓重的喜剧色彩中完成了代汉立新的最后一幕。王莽的策略是:多一些条件,再多一些条件,宁肯晚一些,也要准备得充分一些。正是由于王莽经过了长期而又充分的准备,所以到最后他废掉孺子婴,南面称孤时,除了个别刘姓贵族和忠于刘汉皇朝的地主官僚发动了一些零星的反抗外,基本上没有遇到什么阻力。王莽从绥和元年(公元前 8 年),任大司马大将军,到始建国元年(公元 9 年),代汉立新,历时 17 个年头,他也由 38 岁的风华壮年成为 55 岁的饱经风霜的老翁。17 年中,除了哀帝当国的 5 年间,王莽稍受了一点挫折之外,其余时间几乎可以说是一帆风顺。"会当凌绝顶,一览众山小"。王莽经过长时间的攀登,终于达到他梦寐以求的境界。然而,不久之后,他将会发现,登上顶峰之后的路并不像他想象的那样坦荡无垠,那样充满颂声和鲜花,而是更多的艰难险阻,血雨腥风,并且越往前走,越是茫然无序,看不见一点星光,更不要说月亮和太阳。

# 第六章　命运多舛的"新政"

王莽依靠裙带关系,用欺骗手段,篡汉立新,登上了皇帝的宝座。但是,他究竟能将这皇帝的宝座占据多久,却不取决于他的手段,而是取决于他对汉朝长期积累的社会问题采取什么样的解决办法。

王莽从第二次秉政起,就思谋进行一些新的变革。建立新朝之后,立即依照《周礼》设计了一整套对社会进行"复古"改造的蓝图。其中最重要的,一是针对由于土地兼并所引起的问题而提出的"王田"政策,一是针对私蓄大量奴婢而提出的禁止买卖奴婢的法令。此外,还有五均六管、币制改革等工商财政经济政策,以及多如牛毛的定爵位、改官制、制礼作乐等新政内容。下面,我们将分门别类地对王莽的"新政"加以评析。

## 1. 无地者白送一百亩土地,奴婢也改叫"私属",高兴过后,才知道那是画饼充饥

西汉中期以后,由于土地高度集中和蓄奴、买卖奴婢问题成为阶级矛盾和社会矛盾日趋尖锐化的根源,自然也成为困扰当权派的核心问题。因此,一些头脑比较清醒的地主阶级政治家,一方面不断地警告由此引起的危险,一方面向西汉皇帝提出一些"限田""限奴"的改革方案,希图以此挽救社会的危机。董仲舒是汉代最

早注意到这个问题的政治家。他在一个上疏中首次向汉武帝提出了限田、限奴的建议。他说：

> 至秦用商鞅之法，改帝王之制，除井田，民得买卖。富者田连阡陌，贫者亡立锥之地。……邑有人君之尊，里有公侯之富，小民安得不困？……古井田法虽难卒行，宜少近古，限民名田以澹不足，塞并兼之路。盐铁皆归于民。去奴婢，除专杀之威，薄赋敛，省徭役，以宽民力，然后可善治也。①

由于当时这一问题还未到十分严重的程度，董仲舒的建议也不够具体，因而没有引起汉武帝的充分注意。元帝时，这一问题已引起了广泛注意。贡禹曾建议大量遣散宫女，并将"诸官奴婢十万余人""免为庶人廪食"②。这是"弱而寡断"的元帝所难以实行的。汉哀帝即位后，越来越多的臣僚认识到土地和奴婢问题的严重性。大司马大将军师丹再次提出限田、限奴的建议。大概因为臣下呼声太高，不务正业的汉哀帝也发出了让臣僚研究解决的诏书："诸侯王、列侯、公主、吏二千石及豪富民多畜奴婢，田宅亡限，与民争利，百姓失职，重困不足，其议限列。"③后来，丞相孔光和大司空何武一起奉命拟定了如下条规：

> 诸王、列侯得名田国中，列侯在长安及公主名田县道，关内侯、吏民名田，皆无得过三十顷。诸侯王奴婢二百人，列侯、公主百人，关内侯、吏民三十人。年六十以上，十岁以下，不在数中。贾人皆不得名田，为吏，犯者以律论。诸名田畜奴婢过

---

① 《汉书》卷 24 上《食货志》。
② 《汉书》卷 72《贡禹传》。
③ 《汉书》卷 11《哀帝纪》。

品,皆没入县官。①

由于这个方案对各色人等的占田畜奴有着明确的规定,因此,方案一经公布,"时田宅,奴婢价为减贱"。显然,这个方案如果真正得到实行,未始不能在一定程度上缓和阶级矛盾和社会矛盾。但是,因为当时田宅、奴婢的价格都很便宜,奴婢是一个比较容易得到的廉价劳动力,因而汉朝的宗室贵族以及哀帝外戚傅、丁等新暴发户首先反对,官僚地主和富商大贾也都群起抵制。本来就对此不太热心的汉哀帝面对这种情况立即让步,下诏说待以后条件具备时再实行,实际上就是不准备实行了。不久,哀帝一次赐给宠臣董贤土地 2 000 顷,这不啻是对改革方案的莫大讽刺。这说明,尽管朝野有不少有识之士看到土地和奴婢问题的严重性,并试图予以解决,但由于当时反对的力量异常强大,同时,土地在兼并中不断变换所有者又为社会各阶级所认可,所以,试图通过限田的办法来解决问题实在是困难重重。对此,王夫之有一段相当精辟的论述。他说:

> 限田之说,董仲舒言之武帝之世,尚可行也,而不可久。师丹乃欲试之哀帝垂亡之日,卒以成王莽之妖妄,而终不可行。武帝之世可行者,去三代未远,天下怨秦之破法毒民而幸改以复古,且豪强之兼并者犹未盛,而盘踞之情尚浅,然不可久者,暂行之而弱者终不能有其田,强者终不能禁其兼也。至于哀帝之世,积习已久,强者怙之,而弱者亦旦安之矣;必欲限之,徒以扰之而已矣。②

---

① 《汉书》卷 11《哀帝纪》。
② 《读通鉴论》卷 5《哀帝》。

然而,无论如何,土地与奴婢的问题不在一定程度上给予解决,社会矛盾就得不到缓和,王莽新朝政权的稳定存在就成问题。所以,王莽建国伊始还是不得不触动这个老大难的问题。

始建国元年(公元9年),代汉自立的王莽以皇帝特有的尊严颁布了实行王田奴婢政策的法令:

> 古者,设庐井八家,一夫一妇田百亩,什一而税,则国给民富而颂声作。此唐虞之道,三代所遵行也。秦为无道,厚赋税以自供奉,罢民力以极欲,坏圣制,废井田,是以兼并起,贪鄙生,强者规田以千数,弱者曾无立锥之居。又置奴婢之市,与牛马同栏,制于民臣,颛断其命。奸虐之人因缘为利,至略卖人妻子,逆天心,悖人伦,缪于"天地之性人为贵"之义。书曰"予则奴戮女",唯不用命者,然后被此辜矣。汉氏减轻田租,三十而税一,常有更赋,罢癃咸出,而豪民侵陵,分田劫假。厥名三十税一,实什税五也。父子夫妇终年耕芸,所得不足以自存。故富者犬马余菽粟,骄而为邪;贫者不厌糟糠,穷而为奸。俱陷于辜,刑用不错。予前在大麓,始令天下公田口井,时则有嘉禾之祥,遭反虏逆贼且止。今更名天下田曰"王田",奴婢曰"私属",皆不得买卖。其男口不盈八,而田过一井者,分余田予九族邻里乡党。故无田,今当受田者,如制度。敢有非井田圣制,无法惑众者,设诸四裔,以御魑魅,如皇始祖考虞帝故事。①

王莽颁布的这个实行王田奴婢政策的法令,看起来的确是很堂皇而感人的。在此法令中,王莽为了证明自己代汉的正义性,竭

---

① 《汉书》卷99中《王莽传》。

力把秦汉以来的统治说得一无是处,这倒恰恰比较真实地反映了汉末土地高度集中,赋役剥削严重、奴婢与牛马同栏的悲惨的社会现实。不能不说王莽对当时社会矛盾的观察是敏锐的,认识是深刻的。然而,王莽以救世主的姿态君临天下,他制定的这个披着复古外衣的王田奴婢政策,却从根本上违背了社会发展的客观经济规律,因而根本是无法行得通的。井田制这个概念是孟子首先提出来的。他说:"方里而井,井九百亩,其中为公田,八家皆私田,同养公田,公事毕,然后敢治私事,所以别野人也。"①仅就字面分析,孟子心目中的井田制是一种对劳动者实行劳役地租剥削的封建土地所有制。由于在孟子之前的文献里从未有井田制的记载,所以,后世学者对井田制的看法一直聚讼纷纭,直到现在也还没有达成共识。中国在商、周奴隶社会时期,的确实行过奴隶制的土地国有制,这种制度姑且称之为井田制亦无妨。当时,土地名义上属王有:"普天之下,莫非王土;率土之滨,莫非王臣。"实际上是奴隶主贵族的多级占有。在这种土地上从事集体耕作的是称作"野人"或"庶人"的奴隶。在商和西周时期,这种土地制度曾对社会经济的发展起过一定的积极作用。但是,这种土地制度在西周末年就走到末路,到战国时期已经彻底崩溃,让位于地主阶级的土地私有制。而地主阶级的土地私有制,在很大程度上就是通过破坏井田制发展起来的。地主阶级的土地私有制从其产生那天起,土地兼并也就随着土地买卖一同诞生。尤其是西汉武帝以后,土地所有权主要通过买卖而不停地运动,就成为中国封建社会土地私有制的根本特征之一。它是任何力量都无法阻止的。"风俗自淳而趋于薄也,犹江河之走下而不可返也,自古慨之矣"。生活在战

---

① 《孟子·滕文公上》。

国时代的孟子,目睹封建社会初期土地占有不均的弊端,戴着理想的有色眼镜去看待已经成为历史的井田制,想当然地把井田制上的剥削描绘得像田园诗般的美丽,将恢复井田制作为在经济上解决当时社会矛盾的灵丹妙药。他鼓吹的"五亩之宅,树之以桑;百亩之田,勿夺其时"的理想,虽然2 000年来激动过不少地主阶级政治家和思想家的心灵,并且不止一次地成为相当一部分地主阶级政治家和思想家构筑其理想王国的资料。直到明清时期,王夫之、龚自珍之类思想界巨子还为井田制大吹法螺。但是,由于它违背了客观经济发展的规律,所有关于井田的鼓吹和方案都只能停留在纸面上。

王莽在诏书中列举的实行王田制的理由是充分的:土地兼并使广大农民丧失土地;沦为佃农的农民受到极其惨重的剥削;只有一夫一妇田百亩才是理想的制度。这其中无疑蕴含着王莽对历史和现实的某些接近真实的认识。王莽王田政策的核心目标是变地主阶级的土地私有制为封建的土地国有制。其基本要点是:土地所有权归国家,禁止土地自由买卖;男丁不满8口而田过900亩者退出超额部分;无田的农民按一夫一妇百亩受田。尽管不少对王莽持肯定态度的学者从不同的角度对此发出赞美之词,但是,只要认真分析,就不难断定,由于王田政策本身有着许多不可克服的矛盾,它的失败是必然的。对于渴望得到一小块土地的无地少地农民来说,它仅仅是一枚中看不中吃的美丽的画饼。

首先,王田制充分考虑到大土地所有制的利益,它是与豪族地主等大土地所有者妥协的产物。比如,按规定:"男口不盈八,而田过一井者,分余田予九族邻里乡党。"依此规定,一户只要有男丁一人,就可以保有900亩土地,妻妾成群,多子多孙的大土地所有者,只要适时按男丁析产,大量的土地就能够保存在自己手里。

同样,依照规定,一户的男丁只要超过 8 口,保有的土地就可以超过 900 亩。这样,一般中小地主所占有的那点土地基本上都可以保存下来。正因为政策本身灵活掌握的幅度很大,就使大土地所有者可以通过种种手段尽量地保有土地。纵使如此,王田政策还是不可避免地遭到大土地所有者的反对。因为无论怎样灵活,只要这一政策认真实施,那些膏腴万顷的大地主,总有一部分多余的土地被理所当然地收归国有。

第二,此一政策失败的关键在于:一夫一妇受田百亩的规定是无法兑现的。据《汉书·地理志》的记载,平帝元始二年(公元前 2 年),全国的户数是 12 233 062 户,人口总数为 59 594 978 人,已垦土地的数量为 8 270 536 顷。每户平均不足 68 亩。如果考虑到大土地所有者多占的土地,也考虑到城镇工商户中有些不占土地,即使其余土地按户平均分配,每个农户分得的土地也只能在 70 亩左右。显然,一夫一妇百亩,对于全国大多数无地少地的农民来说,只能是一张空头支票而已。而且,全国土地的户均占有量还必须考虑到地区差别。在中原富庶地区,长安、洛阳等大城市周围,人多地少,一夫一妇百亩的规定更是绝难做到的。还有,王田制度中没有奴婢和佃户是否受田的规定,也留下很大的漏洞。如果奴婢也按规定授田,拥有奴婢的贵族、官僚、地主自然是高兴的,但王田制本身由此会变成一纸空文;如果奴婢不授田,奴婢拥有者就必须以自己分内的土地养活他们,奴婢的存在也成了问题,贵族、官僚、地主们自然不会满意。与之相联系,如果佃户依例受田,大土地所有者拥有的土地势必无人耕种,他们男丁一人保有的 900 亩土地势必抛荒;如果佃户不受田,一夫一妇百亩的规定还有什么意义? 再者,到王莽的时代,中国的地主土地私有制已实行了数百年之久,由于土地在买卖中不断转移主人,并不断地被切割、组合,非常复杂。不仅大土地所有者的土地犬牙交错,而且还有相当数量的中小地主和小自耕农的土地互相交织,错置其间,想凭一纸命令重新授田,遇到的矛盾和困难是不难想象的。显然,王田政策一旦付诸实行,必然会引起难以平息的混乱,也会严重影响生产的正常进行。虽然,在王田政策颁行之初,可能对无田少田的农民产生有力的诱惑。可是,当他们发现王莽的许诺根本无法兑现时,从而引起的肯定是满腔的怒火。

第三,王田制度关于土地不准买卖的规定根本是行不通的。这是因为,自从地主阶级的土地私有制确立以后,土地买卖就成为这个制度的终身伴侣,表现为一种规律。而行政命令对于经济规律向来是无可奈何的。一方面,贵族官僚、豪族地主、富商大贾占有土地的欲壑是永远无法填满的。购买是他们经常使用的一种兼并土地的方式。当然,这种购买往往与政治特权相结合,并表现为强购、低价购进等形式。当王田政策公布之后,这些大土地所有者在奋力抵抗之余,必然是力图迅速地以较低价格卖出多余的土地。另一方面,大多数小自耕农在赋役和高利贷的盘剥下走向破产的命运又是必然的。在荒年恶岁,他们往往不得不出卖自己的小块土地以交纳租赋和抵偿债务。而在另外的情况下,有些小自耕又由于各种不同的原因富裕起来,他们又希望买进一部分土地。在王田政策公布以后,因为地价下降,一些小自耕农愿意买进一点土地。不准买卖土地的法令既使土地兼并者不满,又使一般农民产生反感,买者和卖者一齐反对。从前,自耕农民在被压榨得无法生活时,尚可卖掉土地,流落他乡。现在,他们就只能白白扔掉土地远走异地。而个别经济状况上升的农民想买点土地又触犯刑律。如此一来,不准买卖土地的规定必然遇到几乎来自所有阶级的不满与反抗。因为它不仅违背了土地运行的规律,也触犯了人们长期形成的思维定式。只要看看在王田政策颁布之后,因触犯买卖土地的规定而犯罪者是那么多,就不难想见它遇到的阻力几乎是难以克服的。

这里还应该进一步说明的是,中国封建社会的土地兼并固然是阶级矛盾激化的重要原因之一,因而对历史上那些限制土地兼并的理论、政策、设想等也应该给予一定程度的肯定评价。但是,人们往往忽略土地兼并所引起的另一个结果。从一定意义上说,土地兼并是商业资本和高利贷资本冲击旧土地势力的表现。它使旧的土地所有者不断地瓦解,新兴的土地所有者不断地产生,使土地所有权不断地转移。这样,就使得中国封建社会里难以形成数百年长盛不衰的大土地所有者,也就难以形成如同欧洲封建社会那样稳定的庄园经济。这对封建经济关系内部的推移和变动,对地主阶级的更新是有利的。秦与西汉初期的军功地主一变而为西汉中期至东汉的豪强地主,东汉的豪强地主一变而为魏晋南北朝时期的世族门阀,世族门阀一变而为隋唐以后的世俗地主。"三十年河东,三十年河西",土地不断地从一部分人转移到另一部分人手里。使封建生产关系不断地经历它由低级向高级的发展,生产关系内部也不断地进行一些调整。这对历史的发展和进步还是有利的。王莽看到土地买卖是造成土地兼并的根源,因而想用禁止土地买卖的办法使土地的占有关系凝固化,这在地主土地私有制已经牢牢确立的封建社会里是违背客观经济规律的,自然也是难以做到的。

最后,更因为王田政策中有"男口不盈八"之类的灵活规定,就给执行政策的各级官吏以上下其手、营私舞弊、贪赃枉法的充分机会。这也不能不使政策的执行带来极大的困难,造成一系列的混乱。

从现有史料看,王莽的王田政策是曾经推行过的。地皇二年(公元21年),左将军公孙禄批评王莽的一系列政策时曾指出:"明学男张邯、地理侯孙阳造井田,使民弃土业。"①由于存在一系列根本无法克服的矛盾,实行王田政策的结果却是引起了巨大的社会混乱。"制度又不定,吏缘为奸,天下謷謷然,陷刑者众"②。"于是农商失业,食货俱废,民人至涕泣于市道。及坐卖买田宅奴婢、铸钱,自诸侯卿大夫至于庶民,抵罪者不可胜数"③。尽管王莽一开始就以严酷的法令强制推行王田政策,但是,由于这个政策既不符合客观实际,又不能满足无地少地农民的要求,更加上大土地所有者的拼命反对,仅仅经过三个年头,王莽就宣布停止执行了。

与王田制度一同颁行的奴婢政策仅适用于私人奴婢,与官奴婢毫不相干。他实行这个政策的目的,是在保有国有奴婢的前提下,阻止劳动者主要是农民的进一步奴婢化,以解决农村劳动力的不足,从而保证封建国家的赋役剥削。因为,当时封建国家所征收的田租、算赋、口赋等都是以自耕农民的稳定存在为前提的。但是,奴婢政策也同样存在着不可克服的矛盾。依照规定,仅仅是改奴婢曰"私属",不准买卖,实质上是冻结现状,承认剥削奴婢的合法性,并没有缩小奴隶制残余。有人认为,王莽的此项政策如果长期坚持下去,就会使奴婢的数量日益减少,最终导致奴婢的消亡。这种观点并不正确。因为在奴婢政策中并未规定奴婢后代的身份。从已有材料推断,奴婢后代显然不能获得解放。只此一点,就注定了王莽的奴婢政策不会导致奴婢的消灭。而事实上,奴婢政策与王田政策一样是行不通的。既然土地兼并的问题不能解决,

① 《汉书》卷99下《王莽传》。
② 《汉书》卷24上《食货志》。
③ 《汉书》卷99下《王莽传》。

就无法阻止农民与土地的脱离,而在使用奴婢并非违法的情况下,也就不可能阻止破产的农民沦为奴婢。由于贵族官僚、豪族地主和富商大贾像兼并土地一样热衷于对奴婢的追求,而王田奴婢的法令公布之后,又必然促使大部分奴婢所有者要求调整自己所拥有的奴婢的数量。如此一来,奴婢买卖反而比平时更加兴旺。因此,纵使法令禁止买卖奴婢,公开的买卖也必然转化成秘密的黑市交易。这从因买卖奴婢触犯刑律而犯罪者人数之多就可以充分反映出来。这个政策实行的结果是:奴婢所有者因为这个政策损害了他们的利益而归怨于王莽;奴婢也因这个政策丝毫没有改善他们的处境而对王莽不怀好感。它遇到的阻力不亚于王田政策。所以,王莽在颁布该政策三年后宣布废除王田政策的同时,也取消了禁止买卖奴婢的法令。接着,王莽又宣布将奴婢口钱增加30倍,即达到每人每年3 600文,企图用财政征课方式继续限制私人对奴婢的使用。历史事实表明,一方面,王莽限制私人奴婢扩大的办法根本无法行得通,另一方面,他又通过十分严酷的法令制造了大量的国有奴婢,"吏民抵罪者浸重"。在王莽新朝统治下,每天都有众多的人因触犯王田奴婢之法、五均六管、币制改革等法令而被罚做官奴。他们被押解着成群结队地蹒跚于道路,成为当时中国特有的风景线。所以,实际上王莽不仅没有逐步取消奴隶制残余,而且还在不断地扩大着这个残余。所谓取消奴隶制残余云云,实在是南辕北辙,不啻痴人说梦而已。因此,有的学者认为王莽代表工商奴隶主的利益,看来也不是没有道理的。

王莽的王田奴婢政策,集中反映的是他作为封建帝王的利益,即主要是王莽一家一姓的私利。它要求全国的土地都变成"王有",实际上是通过一纸命令攫取全国土地的所有权。但是,它基本上是脱离实际的复古主义空想。在实际上还不如一定程度的限田、限奴方案更有现实意义,更不如西汉曾经实行而后来的东汉也实行过的"假民公田"或"赐民公田"等措施对生产的发展较为有利。由于王田奴婢政策在一定程度上损害了豪族地主的利益,因而在这个阶级看来王莽是"逆子";它同样更损害了广大农民的利益,在他们眼里王莽是个灾星。这样一来,王莽自己就把自己孤立起来了。本来,登上皇位之前的王莽代表了豪族地主和富商大贾的利益,因献田、献钱救济贫民又取得了一般百姓的好感,他之代汉立新有着较广泛的社会基础。可是,当他做了皇帝之后,就来了个角色转换:一切从作为帝王的一己私利出发,与一切拥护他上台的阶级阶层拉开了距离。从而使自己陷于空前的孤立。事实上,王田奴婢政策给王莽带来的并不是美妙的田园诗,而是遍及全国的社会混乱。连原来拥护他上台的阶级和社会集团也都开始怀疑和反对起来。王莽也就由上台时的踌躇满志变得一筹莫展了。三年后,始建国四年(公元12年),代表豪族地主利益的中郎区博向王莽上书说:

> 井田虽圣王法,其废久矣。周道既衰,而民不从。秦知顺民之心,可以获大利也,故灭庐井而置阡陌,遂王诸夏,讫今海内未厌其敝。今欲违民心,追复千载绝迹,虽尧舜复起,而无百年之渐,弗能行也。天下初定,万民新附,诚未可实行。①

经济规律终于战胜了王莽的行政命令。王莽眼看王田奴婢政策事实上已难以继续实行下去,也就只得下诏加以废止:"诸名食王田,皆得卖之,勿拘以法。犯私买卖庶人者,且一切勿治。"这表明,王莽在被客观经济规律碰得头破血流之后,只得乖乖地向土地

---

① 《汉书》卷99中《王莽传》。

兼并者和奴婢所有者的贵族官僚、豪族地主和富商大贾屈服了。上面的分析已经指明：王莽王田政策的失败是历史注定了的。区博看到了,后来的一些地主阶级思想家对王田失败有着更深刻的评论。东汉的荀悦说:"井田之制,不宜于人众之时,田广人寡,苟为可也。然欲废之于寡,立之于众,土地布列在豪强,卒而革之,益有怨心,则生纷乱,制度难行。"①这里,荀悦从土地与人口比例,特别是土地私有化在豪强手里,认识到实行王田制的困难,是很有见地的。北宋时期,土地私有化的程度进一步加深,苏洵对鼓吹恢复井田制的认识也进了一步。他评论说,"三代井田,虽三尺童子知其不可复"。所以,王莽的行径"亦已迂矣!"②生活于宋元之际的马端临更进一步认识到恢复井田就是改变所有权,几乎是不可能的:"欲复井田,是强夺民之田以召怨讟,书生之论,所以不可行也。"③明朝的邱浚则从人性自私出发,论证井田"卒无可复之理":

> 井田既废之后,田不在官而在民,是以贫富不均。一时识治体者咸慨古法之善而卒无可复之理,于是有限田之议,均田之议,口分世业之法。然皆议之而不果行,行之而不能久。何也? 其为法虽各有可取,然不免拂人性而不宜于土俗,可以暂而不可以常也。终莫若听民自便之为得也。④

这些评论都从不同的角度展示了各自的见地。恩格斯说得好:"如果政治权力的行动违反了经济的发展,在大多数的场合,

---

① 《汉纪·文帝纪》。
② 《嘉祐集》卷5,《兵制》,《田制》。
③ 《文献通考·自序》。
④ 《大学衍义补》14,《制民之产》。

政治权力总要为经济的发展所击败。"①王莽设计的王田奴婢政策，尽管至今还引起某些历史学家由衷的赞叹，但是，由于它是逆着经济的客观规律而行的，它的失败同样是不以人的主观意志为转移的。

王莽实行王田奴婢政策，本来是希图解决西汉末年积累下来的社会矛盾，给臣民一个与民更始、万象更新的美好印象，以维护新皇朝的统治。但是，结果却适得其反，它不仅进一步加剧了广大劳动人民与王莽为首的封建国家的矛盾，也激化了剥削阶级的内部斗争。原来拥护他上台的那些统治阶级的集团和阶层，看到王莽做皇帝后非但不能忠实地代表自己的利益，他复古主义的狂想还往往给他们带来难以意料的危害，因而，开始对王莽产生越来越严重的离心倾向。后来在反对王莽的农民起义队伍中，混入了一大批宗室贵族、豪族地主和富商大贾的代表，对王田奴婢政策的不满是他们走向反叛王莽的主要原因之一。广大农民和奴婢通过王田奴婢政策历时三年的推行和废止，也逐渐认清了王莽的庐山真面目，从而打消了他们对这个新皇朝的幻想，开始酝酿对王莽政权的武装反抗。至此，王莽实际上变成了高高在上的孤家寡人，他代汉自立，南面称"孤"道"寡"的目的总算达到了。

## 2. 红眼睛死死盯住工商业的厚利，一切归我！让滚滚财源都流进我的口袋

在王莽颁布王田奴婢政策的第二年，始建国二年（公元 10年），国师公刘歆向王莽奏言："周有泉府之官，收不售，与欲得，即

---

① 《反杜林论》，人民出版社 1970 年版，第 228—229 页。

《易》所谓'理财正辞,禁民为非'者也。"王莽据此下达了"五均""赊贷"的诏令:"周礼有赊贷,乐语有五均,传记各有斡焉。今开赊贷,张五均,设诸斡者,所以齐众庶,抑兼并也。"五均、赊贷是王莽的城市经济政策。五均是由政府对工商经营进行统制和对物价进行管理,这一政策法令主要集中在几个重要城市实行。王莽把推行五均的城市称之曰五均市,设五均官。原长安市令及洛阳、邯郸、临淄、宛(今河南南阳)、成都的市长改称五均司市师,市师下面设交易丞5人,钱府丞1人。设五均司市师的城市还分别改名,洛阳为中市,邯郸为北市,临淄为东市,宛为南市,成都为西市,长安原来的东、西两市,东市改称京市,西市改称畿市。五均市推行的主要经济措施是:一、评定物价:"诸司市常以四时中月实定所掌,为物上、中、下之贾,各自用为其市平,毋拘它所。"①即各市以四季每季的中间一月的商品价格为基础,根据每类商品的质量定出上、中、下三种标准价格。如果商品超过标准价格,国家就抛销掌握的货物;如果商品低于标准价格,则任其自由买卖。这样做的目的是平抑物价,保持城市居民生活的安定。二、以成本价格收购那些滞销的重要民用商品,使生产者不因市场价格过低而遭受损失:"众民卖买五谷布帛丝绵之物,周于民用而不售者,均官有以考检其实,用其本贾取之,毋令折钱。"②这是为了保护生产者的利益。三、经管赊、贷两种经济活动。赊是借钱给城市居民作非生产性的消费之用,不收利息,但到期必须如数归还。"祭祀无过旬日,丧纪毋过三月"③。据有的学者分析,这种无息贷款的主要对象大部分应是居住在城市中的中小地主,目的是解他们的燃眉之

---

① 《汉书》卷 24 下《食货志》。

② 《汉书》卷 24 下《食货志》。

③ 《汉书》卷 24 下《食货志》。

急,帮助他们渡过暂时困难。贷是给予小工商业者的生产性贷款,岁息十分之一或月息百分之三。

王莽对工商业经济活动的管制措施,后来发展为六管。这就是:盐、铁、酒由政府专卖;铜冶钱布由国家铸造;名山大泽由国家管理;五均、赊贷由政府经办。六管并不是一次制定同时出台的全套经济政策,而是"或继承旧制,或损益创新",最后总汇而成。大体说来,盐、铁专卖是因袭汉武帝时桑弘羊制定的财政政策,酒的专卖是由羲和鲁匡建议而恢复旧规,其他则是旧例损益或创新。王莽在谈到他为什么实行六管时,讲了以下几点理由:

> 夫盐,食肴之将;酒,百药之长,嘉会之好;铁,田农之本;名山大泽,饶衍之臧;五均赊贷,百姓所取平,卬以给澹;铁布铜冶,通行有无,备民用也。此六者,非编户齐民所能家作,必卬于市,虽贵数倍,不得不买。豪民富贾,即要贫弱,先圣知其然也,故斡之。①

王莽所列举的上述理由应该说是正当而又堂皇的。的确,所有这一些需要政府统一管理、统制的物品,都是人民生活的日常必需物资与商品。这些物品,既非一人一家所能生产,又是百姓们日常不可须臾离开的东西。豪民富商因此常以此作为剥削贫民的手段,因而应该由国家加以管理与控制。事实上,其中的许多政策,如盐、铁、酒专卖,名山大泽归国家所有和管理,货币的铸造、发行和管理由国家统制,政府平抑物价等,在王莽之前就已经推行,在王莽之后的中国历代封建皇朝也继续推行并且绝大部分都收到了增加国家财政收入,抑制私人工商业,稳定物价等效果。汉武帝时

---

① 《汉书》卷24下《食货志》。

期就曾在盐铁官营酒专卖、平准均输、国家统制货币的铸造与发行、算缗告缗等方面,实行过最严厉的财政政策,也收到了为后代不少史学家所称道的"民不益赋而国用富饶"的效果。然而,此类政策对于国家来说能否取得较好的财政效益与社会效益,必须具备两个基本条件:一是政策本身适合当时的需要,能为社会所接受;二是要有良好的社会环境,尤其是良好的吏治环境。二者缺一,也不会收到预期的较好效果。表面上看,王莽的五均六管等政策是国家对工商业等经济活动的管制措施,目的是抑制富商大贾对百姓的过分盘剥。但是,实行的结果却证明它是一个以聚敛财富为目的的搜刮政策。这是因为,这些政策中的某些内容,如货币改革等,带有明显的搜刮民财目的。同时,王莽实行这些政策所遇到的社会环境,特别是吏治环境,与汉武帝时期相比相差甚远。由此也就决定了这些政策的实施不会取得好的效果。王莽任用的主持五均六管的官员,大部分是原来的大工商主。如,拥有资本5 000万的临溜姓伟,拥有资本10万的洛阳张长叔和薛子仲等人,都大摇大摆地跻入了王莽的殿堂,当上了把持六管的羲和命士。汉初不许工商业者做官的禁令进一步打破了。他们这些人本来就是囤积居奇、哄抬物价、贱买贵卖、投机取巧,并以高利贷对农民进行掠夺的老手。而今披上政府官员的外衣,便更加有恃无恐,肆无忌惮地贪赃枉法、巧取豪夺,把过去富商大贾的收入变成以王莽为代表的封建国家的独占品。而他们自己也乘此机会,贪污中饱,腰缠万贯,大发横财。历史记载,这些羲和命士们"乘传求利,交错天下,因与郡县通奸,多张空簿,府藏不实,百姓愈病"[1]。即使一些看起来不错的政策,在执行过程中也被严重扭曲。愈到后来,政

---

① 《汉书》卷 24 下《食货志》。

策越走样。五均变成了官僚、富豪互相勾结贱买贵卖从中渔利的手段,六管变成了剥削劳动人民的工具。例如,六管中规定的税收名目之繁多,制度之烦琐,就创造了空前的历史记录:"工商能采金银铜连锡登龟取贝者,皆自占司市钱府,顺时气而取之。"同时规定:

> 又以周官税民,凡田不耕为不殖,出三夫之税;城郭中宅不树艺者为不毛,出三夫之布;民浮游无事,出夫布一匹。其不能出布者,冗作,县官衣食之。诸取众物鸟兽鱼鳖百虫于山林水泽及畜牧者,嫔妇桑蚕织纴纺绩补缝,工匠医巫卜祝及它方技商贩贾人坐肆列里区谒舍,皆各自占所为于其所在之县官,除其本,计其利,十一分之,而以其一为贡。敢不自占,自占不以实者,尽没入所采取,而作县官一岁。①

这其中的有些税收名目是针对工商业者的,这当然是必要的。但更多地则是为了榨取劳动人民。你看,农民因无力耕种土地要交税,离开土地的流民要交税,凡到山林湖沼畜牧、打猎、捕鱼者,养蚕纺绩的妇女,手工匠人、小商贩、以致坐、医、卜、祝、方技等人,都要抽取其赢利的十一分之一为税。由于这些人本小利微,王莽的税收对他们来说是很重的负担。相反,这种税收政策对那些本大利丰的富商大贾就有利得多了。天凤四年(公元17年),王莽又正式设置羲和命士一官,职责是专门监督五均六管的执行。与此同时,王莽还下诏重申继续推行六管之法,"'每一斡为设科条防禁,犯者罪至死。'奸吏猾民并侵,众庶各不安生"。法令繁苛,"民摇手触禁,不得耕桑,徭役烦剧,而枯旱蝗虫相因。……吏用

---

① 《汉书》卷24下《食货志》。

苛暴立威,旁缘莽禁,侵刻小民。富者不得自保,贫者无以自存,起为盗贼"①。当时,有个叫冯常的纳言官,看到六管之法实行中的弊病越来越多,继续执行下去必然就会引起工商业者和广大劳动人民的更加激烈的反抗,因而上书王莽,规劝他停止此项政策的执行。王莽看了谏书后勃然大怒,下令免掉冯常的官职。接着,任命酷吏侯霸等分督六尉、六队,给予他们类似汉代刺史那样的权柄,变本加厉地继续推行六管之法。直到地皇三年(公元22年),即王莽垮台的前一年,为了缓和来自各方面的反对,他才勉强下令废除此项法令。到这时,王莽才最后承认这也是一项失败的政策。在王莽颁布的所有改革政策中,五均六管是实行时间最长的政策。其所以如此,一是因为这些政策在实行过程中遇到的阻力还不像王田奴婢政策遇到的那么大;二是因为五均六管之法为王莽的政府提供了重要的财税收入,巨大财富的诱惑使王莽不愿轻易放弃。

## 3. 我用一文钱兑换你的20文, 你不乖乖地服从,就是犯罪

在王莽众多的经济改革措施中,六管之一的货币改革是最混乱最荒唐的一种。从居摄二年(公元7年),他宣布进行第一次货币改革起,至地皇四年(公元23年),新朝灭亡,十多年间,他4次下诏改革货币,5次下诏重申货币改革的命令和禁止民间私铸货币的严酷刑法。而每一次改革,差不多都是以小易大,以轻易重,运用政治权力推行新货币,对广大人民进行最直接最露骨的掠夺。

公元7年五月,王莽下令在当时流通的5铢钱之外,另增发三

---

① 《汉书》卷24下《食货志》。

种货币:大泉重 12 铢,每枚值 50;契刀每枚值 500;错刀每枚值 5 000。同时宣布了黄金国有的命令:"禁列侯以下不得挟黄金,输御府受值,然卒不与值。"①这就是王莽的第一次货币改革。

始建国元年(公元 9 年),王莽发布了第二次货币改革的法令,其中,他所阐述的货币改革的理由就是十分荒诞不经的:

> 予前在大麓,至于摄假,深惟汉氏三七之院,赤德气尽,思索广求,所以辅刘延期之术,靡所不用。以故作金刀之利,几以济之。然自孔子作《春秋》以为后王法,至于哀之十四而一代毕,协之于今,亦哀之十四也。赤世计尽,终不可强济。皇天明威,黄德当兴,隆显大命,属予以天下。今百姓咸言皇天革汉而立新,废刘而兴王。夫"刘"之为字"卯、金、刀"也,正月刚卯,金刀之利,皆不得行。博谋卿士,金曰天人同应,昭然著明。其去刚卯莫以为佩,除刀钱勿以为利,承顺天心,快百姓意。②

理由是如此的堂皇。公元 7 年的货币改革是为了延续刘汉皇朝的寿命,但人力扭不过天命,汉皇朝终于是无可奈何花落去,作为臣子的王莽为此尽上了自己的最大努力。此一次货币改革是王莽应天命做皇帝以后,所以他必须除去一切与刘汉政权有关的事物,从形式上彻底消灭一切与刘汉政权有联系的遗迹。因此,不仅刚卯的佩玉因与"刘"字有关而被宣布废黜,而且因五铢钱、契刀、错刀三种货币与"刘"字有关也被下令废止。这次王莽增发了径六分、重一铢的"小泉值一",与前次发行的"大泉五十"为二品,一

---

① 《汉书》卷 99 上《王莽传》。
② 《汉书》卷 99 中《王莽传》。

起通行。为了防止老百姓私自铸钱,下令禁止民间采铜烧炭。为了彻底排除五铢钱的流通,强制推行新货币,王莽在这次货币改革的命令发布以后不久,再次下令:"诸挟五铢钱,言大钱当罢者,比非井田制,投四裔。"①公元 9 年底,王莽为了进一步推行新货币,派出谏大夫 50 人到各郡国铸造新货币,以加快新旧货币的兑换,增加新币的供应量。

始建国二年(公元 10 年)初,王莽第三次发布了货币改革的诏令:"民以食为天,以货为资,是以八政以食为首。宝货皆重则小用不给,皆轻则僦载烦费,轻重大小各在差品,则用便而民乐。"②这个理由听起来也是很正当的。因为当时通行的货币只有大泉、小泉二品,品种单一,使用不方便,所以增加新品种是完全应该的。但是,王莽这次所进行增加品种的货币改革却是最荒唐的一次改革。这次实行的所谓"宝货"制,把当时的货币分成五物、六名、二十八品。五物即 5 种不同的币材:金、银、铜、龟、贝。六名即 6 种货币:黄金、银货、龟币、贝币、布、泉等。所有二十八品宝货的币值,都是随心所欲地规定的。其情形如下:一、泉货六品:小泉(重 1 铢),每枚值 1;幺泉(3 铢)每枚值 10;幼泉(5 铢)每枚值20;中泉(7 铢)每枚值 30;壮泉(9 铢)每枚值 40;大泉(12 铢)每枚值 50。二、黄金一品:每斤值 10 000。三、银货二品:普通银,8两为一流,值 1 000,朱提银,每流 8 两,值 1 508。四、龟宝四品:子龟(5 寸以上),每个值 100,侯龟(7 寸以上),每个值 300,公龟(9寸),每个值 500,元龟(1 尺 2 寸),每个值 2 160。五、贝货五品:贝(不盈寸 2 分),每个值 3,小贝(寸 2 分以上)2 枚为朋值 10,幺

① 《汉书》卷 99 中《王莽传》。
② 《汉书》卷 99 中《王莽传》。

贝(2寸4分以上)每朋(2贝)值30,壮贝(3寸6分以上)每朋(2贝)值50,大贝(4寸8分以上)每朋(2贝)值216。六、布货十品:小布(重15铢),每枚值100,幺布(16铢)每枚值200,幼布(17铢)每枚值300,厚布(18铢)每枚值400,差布(19铢)每枚值500,中布(20铢)每枚值600,壮布(21铢)每枚值700,弟布(22铢)每枚值800,次布(23铢)每枚值900,大布(1两)每枚值1 000。由于这些新货币在流通过程中遇到很大的阻力,不久之后,王莽只得宣布暂停龟、贝、布等币类的流通。专行值1的小泉与值50的大泉两种货币。

天凤元年(公元13年),王莽宣布进行第四次货币改革,废除大、小泉,改为货泉(重5铢,值1)和货布(重25铢,值25)两种。

以后,王莽又数次下达重申货币改革的诏令,不惜使用严刑峻法强制推行新的货币。

王莽的货币改革,是一场主观意志与客观规律的疯狂搏斗。他的行径,就像西班牙小说描写的与风车搏斗的堂吉诃德一样,逆着货币发行与流通的客观规律任意胡为。结果只能以彻底的失败而告终。

首先,王莽的货币改革是以劫掠为手段,以聚敛财富为目的。他宣布金银收归国有,并且不予兑换,是一种公开的强盗行径,是一种明火执仗的抢劫。在第一次货币改革时发行重12铢值50的大泉与5铢钱共用,第二次改革废5铢钱,要求百姓用50枚5铢换一枚12铢的大泉,是相差20多倍的不等价兑换。特别是每次改革发行的货币,各品之间的比值都不合理。如第三次改革中发行的货泉,小泉重1铢而值1,大泉重12铢值50,以小换大,是相差四倍多的不合理兑换。再如,其中的布货十品,小布重15铢值100,以后重量每增1铢值即增100,最后到大布重1两(24铢),其

207

值竟增至 1 000,如果以小布兑换大布,需 10 枚小布(重 150 铢)换 1 枚大布(重 24 铢),持小布者要亏 126 铢。如此混乱的不合理比值,要使这么多品种的货币一起流通怎么行得通呢! 金属货币作为一般等价物之所以能够起到价值尺度的作用,是由于它本身所含的金属量决定的。同一种币材的货币,不管其种类有多少,每一品种的金属的重量与其价值的比必须是相等的。货币的标值大于金属的重量就等于贬值。王莽用任意规定币值的办法有意造成货币贬值,并以此对工商业者和劳动人民进行劫掠,这就使货币失去价值尺度的作用,由此货币也就会在百姓中失去信用。因此,尽管王莽一直变本加厉地使用严刑峻法强制推行他的新币,他遇到的依然是百姓们十分剧烈的反抗:拒用新币或盗铸之风总是屡禁不止。

其次,币材太滥,品类太杂,徒然制造了不少矛盾和混乱。在通常情况下,流通中如存在两种不同币材的货币已与货币作为价值尺度的职能相矛盾,而王莽一次竟用 5 种不同的币材,6 种不同的货币和 28 个品类同时投入流通,把早已被历史淘汰出局的龟、贝等重新拿来使用,而各类货币之间的比值又极不合理,这么多货币共同流通,必然使百姓无所适从,它给当时的社会经济生活带来的只能是灾难性的后果。

再次,改革频繁,手续烦琐。社会经济生活要求一种长期使用的稳定的货币。因此,经常改变货币乃是币制政策的大忌。可是,从公元 7 年至 13 年,6 年左右的时间内,王莽就接连进行了 4 次货币改革,致使货币变动之速在中国封建社会的历史上创造了空前绝后的纪录。第四次改革货币之后,王莽为了防止废币和私钱的流通,还规定了非常烦琐的检查制度。官吏和百姓由一地到另一地,要检查所携布钱和符传(官府颁发的证明文件),布钱与符传必须相符,否则,旅店不准住宿,关隘予以扣留。甚至政府官员出入宫门,也要检查验符。这样繁苛的制度、禁令,势必给社会经济生活和货物的流通带来很大困难。

总之,王莽的货币改革完全靠自己的意志、愿望办事,靠强硬的行政命令和严酷的法令强制推行,全然不顾货币运动的客观规律。在他一次又一次地触了霉头之后,不仅不思悔改,反而一次又一次地求助于苛法酷刑。第二次货币改革后接着颁布的是流放法。第四次货币改革后接着又颁布了连坐法:"盗铸者不可禁,乃重其法,一家铸钱,五家坐之,没入为奴婢。"①地皇元年(公元 20 年),再次重申连坐法:"敢盗铸钱及偏行布货,伍人知不发举,皆没入为官奴婢。"②尽管如此,工商业者和一般劳动人民对王莽的货币改革仍然进行着毫不妥协的反抗。盗铸和其他犯禁令者比比皆是。结果造成这样惨不忍睹的景象:"民犯盗铸钱,伍人相坐,没入为官奴婢。其男子槛车,儿女子步,以铁锁琅当其颈,传诣钟官,以十万数。到者易其夫妇,愁苦死者什六七。""每易一钱,民用破业"③。由于私铸钱犯罪者太多,"民坐挟铜炭,没入钟官,徒隶殷积,数十万人,工匠饥死,长安皆臭"④。较之王田奴婢政策,货币改革给百姓带来的灾难更深重,对社会经济生活的影响更广泛而悠远。历史的现象看起来是如此地矛盾,曾经用奴婢政策限制私人奴婢的王莽,到头来不仅没有任何改善官奴婢的举措,而且以其繁密苛暴的各种法令制造了大量的官奴婢,从而暴露了王莽作为豪族地主和工商奴隶主代表的真面目。即使对王莽持有肯定

① 《汉书》卷99中《王莽传》。
② 《汉书》卷99下《王莽传》。
③ 《汉书》卷99下《王莽传》。
④ 《后汉书》卷13《隗嚣传》。

观点的历史学家,在货币改革问题上也难以对他发出多少有说服力的赞语。

由于王莽的货币改革从根本上违背了货币运行的客观规律,变成了他主观意志任意驰骋的"杰作",再加上当时日益恶化的社会条件和吏治环境的制约,它失败的命运就是不可挽回的了。彭信威指出:"中国历代币制的失败,多有别的原因,而不是制度本身的缺点。只有王莽的宝货制的失败,完全是制度的失败。"①这是十分中肯而能抓住要害的评价。事实是,王莽的货币改革不仅给当时的百姓带来极大的损害,而且也使社会经济的正常运行陷入困境,从而也就成为他的统治陷于崩溃的重要原因。可以这样说,王莽通过货币改革掠夺国民财富的目的在一定程度上达到了:直到临死前他的府库里还存着 60 万斤黄金! 这是中国封建社会历史上见于记载的数量最多的黄金。但是,另一个意想不到的结果也随之到来了,这就是遍及全国的农民大起义的浪潮和王莽的灭亡。

## 4. 事事不新出个样子来,还叫什么"新朝"

王莽所建立的新皇朝尽管是用极其卑劣的手段从孤儿寡妇那里窃夺的,然而,在表面上,他却绞尽脑汁把一切都装扮得真像"承天受命"似的。新朝建立以后,王莽是言必称三代,事必据《周礼》,将所有的政令、设施、改革方案,从王田奴婢政策、五均六管之法,到爵位、官制、礼乐,总而言之,一切言谈举动,都搞得古色古香,下决心给臣民百姓以唐虞之世再现,文武周公复生的感觉。就在始建国四年(公元 12 年)二月,王莽亲至明堂,演出了一场受茅

---

① 彭信威:《中国货币史》,上海人民出版社 2007 年版,第 73 页。

土的滑稽剧。他以《尚书》《周官》《诗》等儒家经典为依据,大讲了一通依照爵位裂地分封的理由,制定出一套详细的分封办法:

予以不德,袭于圣祖,为万国主。思安黎元,在于建侯,分州正域,以美风俗。追监前代,爰纲爰纪。惟在《尧典》,十有二州,卫有五服。《诗》国十五,㧑偏九州。《殷颂》有"奄有九有"之言,《禹贡》之九州无并、幽,《周礼·司马》则无徐、梁。帝王相改,各有云为。或昭其事,或大其本,厥义著明,其务一矣。昔周二后受命,故有东都、西都之居。予之受命,盖亦如之。其以洛阳为新室东都,常安为新室西都,邦畿连体,各有采任。州从《禹贡》为九、爵从周氏有五。诸侯之员千有八百,附城之数亦如之,以俟有功。诸公一同,有众万户,土方百里。侯伯一国,众户五千,土方七十里。子男一则,众户二千有五百,土方五十里。附城大者食邑九成,众户九百,土方三十里。自九以下,降杀以两,至于一成。五差备具,合当一则。今已受茅土者,公十四人,侯九十三人,伯二十一人,子百七十一人,男四百九十七人,凡七百九十六人。附城千五百一十一人。九族之女为任者,八十三人。及汉氏女孙中山承礼君、遵德君、修义君更以为任。十有一公,九卿,十二大夫,二十四元士。定诸国采邑之处,使侍中讲礼大夫孔秉等与州部众郡晓知地理图籍者,共校治于寿成朱鸟堂。予数与群公酒祭上卿亲听视,咸已通矣。夫褒德赏功,所以显仁贤也;九族和睦,所以褒亲亲也。予永惟匪解,思稽前人,将章黜陟,以明好恶,安元元焉。①

_____

① 《汉书》卷 99 中《王莽传》。

211

王莽搞的这个地分九州,爵有五等,裂地分封,授爵授茅土的把戏,是用理想化的周代奴隶制的分封制度来欺骗他的臣僚,让他们在对未来的土地、领户与财富的向往中望梅止渴,来一番自我陶醉。实际上它是根本行不通的。在中国,自从公元前221年秦始皇建立了专制主义中央集权的封建国家的行政体制以后,郡县制度(杂以多少不等的封国采邑制)就是比较适合国情政情的地方行政体制。王莽要在中央集权的行政体制已经确立200多年以后的时代,全面恢复西周通行的那种奴隶制的分封制,一下子在全国划分出数以千计的大大小小的封邑,实在是一种历史的大倒退,无论如何是行不通的。从王莽的许多改革措施的内容,可以发现他是一位异想天开的狂人,也是一个连最普通的算术知识都不懂的蠢人。如,王田政策中对当时的垦田数量与户数的均分缺乏最简单的测算。此次的爵位授土更是如此。王莽搞的五等爵位公、侯、伯、子、男是从所谓周制,但西周是否真的实行过这样的爵位制并未得到金文与考古材料的证明。按照王莽的计划,将有诸侯之员1 800,附城1 800。如果以诸侯之国众户5 000,人口25 000(以每户5人计)计算,光诸侯之国所占的人口也达70 000 000,已远远超过当时全国的所有人口,更不用说还有其他封爵应领有的户口了。即使以王莽此次授茅土的各类获爵人数算,合公、侯、伯、子、男、附城,共计2 703人,王莽到哪里找那么多的土地和人口封给他们? 王莽做皇帝之后,对拥护他上台的大大小小的党徒们显得特别慷慨和大度,封爵之多和滥也创造了空前的历史纪录。这就使他在事实上根本无法兑现对这些获爵者的封赏。其实,对权力和财富吝惜到极点的王莽,也决不会以大片的土地和人民去赏赐他的爪牙。这次宣布的授茅土,不过是装装样子,一方面满足一下党徒们的虚荣心,另一方面,更大程度上是满足王莽那发狂般的

"永惟匪解、思稽前人"的复古癖。至于土地和人民的真授，则不过是一个遥遥无期的空头支票罢了。果然，王莽以"图簿未定"为理由，不让他们得到一寸之地。这批获爵者中的不任现职官吏的人，只能百无聊赖地闲住京师，靠每月数千钱的微薄俸禄过活。在经济秩序混乱，物价飞涨，货币贬值，"黄金一斤易粟一斛"[1]的年代里，他们自然是苦不堪言。后来，他们中部分有侯爵的人，甚至不得不在京师投富豪之门做佣工度日。如此一来，这些王莽朝廷的新贵们，自然就会开始对王莽政权产生离心力。当初，他们满以为，自己拥戴着王莽代汉立新，做了皇帝，总应该得到较汉朝更多的功名利禄吧？谁知到头来得到的仅仅是连温饱都难以保证的空头爵位。封建时代的文士与武士们，都笃信韩非的"臣尽死力以与君市，君重爵禄以与臣市"[2]的理论，祈盼以自己的忠贞和努力从君主那里换回功名利禄，封妻荫子，光宗耀祖，令门庭生辉。而今，他们深感得到的与付出的太不相称，失望的情绪是可以想象的。然而，王莽对此全然不顾，仍然决定把对他们的欺骗继续进行下去。四年之后，天凤四年（公元17年）六月，王莽又玩了一次"更授茅土"的把戏。他把获爵的在京人员召集到明堂，宣布说：

> 予制作地理，建封五等，考之经艺，合之传记，通于义理，
> 论之思之，至于再三，自始建国之元以来九年于兹，乃今定矣。
> 予亲设文石之平，陈菁茅四色之土，钦告于岱宗泰社后士，先
> 祖先妣，以班授之。各就厥国，养牧民人，用成功业。其在缘
> 边，若江南，非诏所召，遣侍于帝城者，纳言掌货大夫且调都内

---

① 《后汉书》卷1《光武帝纪》。
② 《韩非子·难一》。

故钱,予其禄,公岁八十万,侯伯四十万,子男二十万。[①]

这次封赏,虽然使所有获爵的党徒们人人得到了一份菁茅和四色之土,但真正的封户和封地,王莽还是用地理未定的托词拒绝授给,而许诺的俸禄也"不能尽得"。其中那些有爵无官者依然在贫困线上挣扎。王莽此次"更授茅土"的故作恣态,使其党徒们又一次体验了他的骗术。如果说第一次授茅土的隆重典仪,还给某些轻信的爪牙们带来一点对于未来幻想的话,那么,第二次"更授茅土"带给他们的就只能是幻灭的悲哀了。王莽所实行的爵位制度与秦汉两朝所实行的 20 级爵位制有很大不同,与秦汉的多等级、多层次并惠及普通百姓的爵位制不同,王莽实行的是等级少而位次高的高爵位制,它仅有公、侯、伯、子、男 5 个等级,加上一个附城,亦不过 6 个等级。而按照规定,所有获爵者都将得到封土和封户。实际上是一个贵族阶层。王莽的封爵制度,一方面切断了爵位与普通百姓和下层官吏的联系,使他们产生新朝不如旧朝的失落感;另一方面,他对高爵的授予太多太滥。西汉时期,诸侯王国最多不超过 20 个,同姓侯国和异姓侯国合起来不超过 300 个。除西汉初期高帝和中期武帝时曾较多地封侯外,其余时期封侯者很少。这是因为"惟名与器,不可假人",封赏太多太滥容易造成权力分散和中央财税流失,也起不到对臣子的激励作用。王莽为了满足自己的复古癖和满足臣僚们的虚荣心,不计后果地胡封滥赏,一次就授予高爵 2 307 人。这必然造成爵位贬值,有爵而不得赏,实际上也就失去了封爵对臣下的激励作用。所以,尽管王莽煞有介事地恢复了周朝的所谓封爵制度,玩了一出又一出的授茅土的

---

① 《汉书》卷 99 中《王莽传》。

把戏,但由于时代的错位,他演出的仅仅是一幕自我讽刺的闹剧罢了。其结果,不仅没有起到巩固新朝统治的作用,而且加速了统治集团的分崩离析。其负面影响远远超过预期的积极作用。

官制改革也是王莽改制的重要内容之一。这项改革持续的时间较长,频繁而又混乱。从元始元年(公元元年),平帝登基开始,到淮阳王更始元年(公元23年),王莽被戮于渐台,王莽前后进行了近23年的官制改革。从形式上划出了两汉之间一段比较独特的官制系统。

王莽在改革中虽然时时附会《周礼》,但在官制改革方面并未完全照搬《周礼》所记载的周朝制度,而是对包括传说中的历代制度的继承、损益和创新。汉武帝时期,一代大儒董仲舒在其著作《春秋繁露·官制象天》中曾将传说中上古的官制作过这样的叙述:"王者制官,三公、九卿、二十七大夫,八十一元士,凡百二十人,而列臣备矣。"王莽大体上以此为蓝本,逐步改革西汉皇朝的中央官制,最后形成了以四辅、三公、四将、九卿、六监为骨干的新朝中央官制。

传说夏、商、周三代皆有四辅之设。王莽在平帝元始元年重新秉政后,开始设四辅之官:太师、太保、太傅、少傅。开始孔光为太傅,权高位重。第二年,王莽自任太傅,孔光转任太师,王舜为太保,甄丰为少傅。其后,汉中央的实权虽然主要掌握在王莽手里,四辅的官职也经常由新人继任,但因其一直处于权力的核心,不利于王莽专制独裁。王莽于是决定削减其权力。始建国元年(公元9年),王莽登基伊始,就借符命废去太保、少傅,代之以国师、国将,与太师、太傅仍称四辅。其时,王舜任太师,平晏为太傅,刘歆为国师,哀章为国将,这四人之中,除王舜与王莽关系密切外,平晏、刘歆都是有点呆气的儒生,哀章是投机取巧的无赖,王莽自然不能赋予他们国家的重大权力。不久，王莽就借策谕群司的机会，对四辅的权力做了重要的更动："东岳太师典致时雨""南岳太傅典致时奥""西岳国师典致时阳""北岳国将典致时寒"。即让他们分掌春夏秋冬四时并四岳之事。至此，四辅虽然仍然位冠百官荣耀莫比，但已与重要的国家行政和军事权力脱钩了。实际上变成了安置所谓德高望重人物的一种虚职，与权力中心拉开了距离。

　　绥和元年(公元前8年)，汉成帝正式设立三公官，以丞相为大司徒，太尉为大司马，御史大夫为大司空，职级相同。王莽保留了三公官，但对其权力进行了调整和削弱。在策命群司的诏文中，他规定大司马掌天时农事："主司天文，钦若昊天，敬授民时，力来农事，以丰年谷。"大司徒掌教化："主司人道，五教是辅，帅民承上，宣美风俗，五品乃训。"大司空掌山川水土："主司地理，平治水土，掌名山川，众殖鸟兽，蕃茂草木。"①三公与四辅又合称七公。始建国三年(公元11年)，鉴于边陲对少数民族的战争日益激烈，边郡地区已爆发零星的农民起事，内郡也出现不稳的迹象，王莽于是令七公皆兼将军，文武合一。七公的职权至此又有所变化。不过，此时的兼任将军，大部仍为虚职。只有到具体差遣领兵时，才有对军队的实际指挥权。与四辅、三公相联系，王莽还以哀章所献符命为依据，任命了四将：卫将军、前将军、更始将军(一度应符命改称宁始将军)和立国将军。王莽做皇帝后第一批任命的四将是：更始将军甄丰、卫将军王兴，立国将军孙建、前将军王盛。这些将军虽皆掌兵事，但权力并不大。只有临时差遣赋予其某一方面的指挥权，他们才能承担重要的统帅职务。如更始将军多次率军出征，成为重要的战场指挥官，因而担任此职者多为王莽的亲信

---

　　① 《汉书》卷99中《王莽传》。

216

人物。

除以上四辅、三公、四将等最高职衔的官员外,王莽又设置了一系列副贰与部门的负责官员。如置大司马司允、大司徒司直、大司空司若,称三孤。以作为三公的副贰。又据传说中的唐虞之制,对西汉九卿及以下官员加以更名并进行职权上的某些调整。更名大司农曰羲和再更名曰纳言,大理为作士,太常为秩宗,同时并入宗正一职。大鸿胪为典乐,少府为共工,水衡都尉为予虞。是为六卿,与三孤合称九卿。九卿分属于三公:司允、纳言、作士属大司马;司直、典乐、秩宗属大司徒;司若、予虞、共工属大司空。每一卿之下置大夫三人,每一大夫下置三元士,共 27 大夫,81 元士,分工主持九卿所管理的具体事务。其他中央官职,光禄勋更名为司中,太仆为太御,卫尉为太尉,执金吾为奋武,中尉为军正,又新置大赘官,"主乘舆服御物,后又典兵秩"①,这六个官员号六监,亦名六司,皆位上卿。其他不少低级的官员也一一改名,如御史更名执法,公车司马为王路四门,秩百石的小吏为庶士,秩 300 石为下士,秩 400 石为中士,秩 500 石为命士等。另外,王莽对太子的属官也进行了改定。始建国三年(公元 8 年),他为太子置师友各四人,秩级为大夫。四师为师疑、傅丞、阿辅、保佛。四友为胥附、奔走、先后、御侮。还有九个祭酒以及侍中、谏议等官。后来做更始将军的廉丹曾为太子的四友之一,可见,王莽对太子的属官是非常重视的。

尽管王莽改革汉代的官制,在中央机构设了远较汉朝中央政府更多的高秩级的官员和众多分司办事的机构,但是,从现有材料判断,他仍然保留了中朝这一决策的核心和指挥调度全国行政机

---

① 《汉书》卷 99 中《王莽传》。

217

构运行的总枢纽。王莽正是通过它把权力紧紧掌握在自己手中,协助他处理日常事务的是一批尚书、侍中之类的员吏。

与改革中央官制的同时,王莽对地方行政区划以及地名、官职等也进行了多次改定。平帝元始五年(公元5年),王莽依据《尚书·尧典》改汉十三州为十二州。始建国四年(公元12年),又依据《尚书·禹贡》改为九州,同时,以西周之制设东、西两都,改长安为常安,为西都,以洛阳为东都。天凤元年(公元14年),王莽再一次重划全国行政区域,以长安为中心,分城周为六乡,分三辅为六队郡。以东都洛阳为中心,分城周为六郊州。三河、弘农、南阳、颍川为六队郡。此外,都城周围500里内设内郡,500里之外设近郡,边境地带设外郡。全国共设九州125郡,2 203县。每州设州牧为最高长官。本来,汉武帝划全国为十三州刺史部,州设刺史,州为监察区,刺史为纯粹的监察官,不理民事。王莽此时设置的州已是一级行政机构,州牧既是监察官,又是行政长官。他们不仅能够带兵,而且可以理民。在王莽进行的对边境少数民族的战争和镇压各地农民起义的战争中,不少州牧都成了领兵的统帅。理民的例子如费兴,天凤五年(公元18年),大司马司允费兴被任命到农民起义烈火烧得最旺的荆州做州牧。王莽问他上任后的方略,费兴的回答是:"兴到部,欲令明晓告盗贼归田里,假贷犁牛种食,阔其租赋,几可以解释安集。"①这说明州牧是管理民事的。

王莽对郡县官吏的名称、秩序等更是频繁改定。始建国元年(公元9年),王莽第一次更改郡县官名。改郡太守为大尹,都尉为太尉,县令、长为县宰。天凤元年(公元14年),王莽又一次改定郡县官制:在六乡,置帅各一人;六郊州,设州长一人,人各主五

---

① 《汉书》卷99中《王莽传》。

县。在六尉、六队,各置大夫,职如郡守;属正,职如都尉。重名河南大尹为保忠信卿。由于郡县长官多数都有爵位,其官职因爵位高低而异。一般郡太守,若以侯爵任之,称卒正;以伯爵任之,称连率;无爵者任之,称大尹。都尉,以子爵任之,称属令;以男爵任之,称属长。边境地区设竟尉,以男爵任之。王莽通过重划行政辖区,较西汉增加 22 郡,增加 615 县,郡县的面积较西汉缩小了不少。后来。随着农民起义的风起云涌,王莽越来越增加郡县官吏的军事责任。地皇元年(公元 20 年),王莽下令卒正、连率、大尹加号为将军,属令、长为裨将军,县宰为校尉,实行文武合一的地方官制。王莽对郡县属吏及乡、亭、里等的制度还未来得及改革,他的皇朝就在农民起义军的冲击下灭亡了。

由于王莽的政权是用篡夺的方式窃得的,所以,他特别害怕臣下"以其人之道还治其人之身",因此,大力强化监察制度,重点对付他的各级臣僚。始建国二年(公元 10 年),甄丰之子甄寻为侍中京兆大尹,以符命对付王莽,在手上刻画出"天子"二字。此事使王莽越发感到人心难测,只有建立严密的监察制度,才能确保自己的皇朝万无一失。在中央,王莽设置五威司命,作为最高的监察官。司命开府置吏,成为最高监察机构。"司命司上公以下",实际上可以监察朝中所有官员。亲信陈崇被任命为五威司命,在给陈崇的策命文书中,王莽规定了监察的六条标准:

> 咨尔崇。夫不用命者,乱之原也;大奸猾者,贼之本也;铸伪金钱者,妨宝货之道也;骄奢逾制者,凶害之端也;漏泄省中及尚书事者,"机事不密则害成"也;拜爵王庭,谢恩私门者,禄去公室,政从亡矣。凡此六条,国之纲纪。是用建尔作司命,"柔以不茹,刚亦不吐,不侮鳏寡,不畏强圉",帝命帅繇,

统睦于朝。①

此六条中,起码有四条是针对各级官吏的,目的显然是为了强化专制皇权。在设置五威司命之前,王莽已经设了专门"司过"的官员司恭、司徒、司明、司聪、司中大夫及诵诗工、彻膳宰等,策命文书是这样写的:"予闻上圣欲昭其德,罔不慎修厥身,用绥于远,是用建尔司于五事。毋隐尤,毋将虚,好晋不衍,立于厥中。於戏,勖哉!"还"令王路设进善之旌,诽谤之木,敢谏之鼓。谏大夫四人常坐王路门受言事者"②。表面上看,这些谏官是"司皇帝之过",实际上他们是作为皇帝的耳目司官员之过。

为了加强对地方官员的监察,王莽特设中郎将和绣衣执法等官。他们随时接受皇帝的差遣到指定的地方行使特定的监察之任。如始建国三年(公元 11 年),王莽就派出中郎将、绣衣执法各55 人,"分填缘边大郡,督大奸猾擅弄兵者"③。在地方,王莽设立的监察机构是州和部,"置州牧,其礼如三公。郡(当作部)监二十五人,位上大夫,各主五郡"④。上面已经讲到州一级兼具行政和监察的双重职能。不过,由于此时州的行政职能大大加强,更因战争频繁,州牧的主要精力已不能放在监察方面,所以州的监察职能已相对弱化。王莽新朝地方的监察职能主要由新设的部承担。当时全国设 25 部,各置部监一人,位上大夫,各主五郡。部监的职能与汉代的刺史大体相当。地皇二年(公元 21 年),在农民起义军的猛烈打击下,新皇朝已处于风雨飘摇中,地方官的离心与反叛也

---

① 《汉书》卷 99 中《王莽传》。
② 《汉书》卷 99 中《王莽传》。
③ 《汉书》卷 99 中《王莽传》。
④ 荀悦:《前汉纪》卷 30。

更为严重。于是王莽又置部监付,秩元士,冠法冠,协助部监强化监督事宜。在郡县,也设置执法左右刺奸,负责郡县的监察工作。总之,王莽设置了从上到下的较严密的监察网络,对上至四辅三公的高官,下至一般的郡县小吏,都施以严格的监察,希图使大小臣工都死心塌地为他的皇朝服务。但是,监察固然有助于澄清吏治,然而,决定吏治好坏的因素却是很多的。从一定意义上讲,社会大环境才是决定吏治好坏的根本条件。因为王莽的新朝一开始就建立在阶级矛盾和社会矛盾日趋激烈的条件下,根本不具备良好吏治的环境,因此,尽管王莽不断地强化监察制度,也不能抑制日趋败坏的吏治。

王莽的官制改革并没有收到巩固统治的预期效果,而是加速了官僚队伍的腐败,加剧了阶级矛盾和社会矛盾,从而也就加快了王莽集团灭亡的步伐。

对于一个国家来说,行政区划的稳定,官僚机构的稳定,是社会稳定的重要条件。因此,经过深思熟虑的改革虽然十分必要,但盲目的频繁的改革却是官制的改革之大忌。王莽是一个复古狂和改革狂,每年不出台一些改革措施他心里就不舒服,一项改革的效果还未显现出来,他就忙不迭地进行新的改革。对官制的改革更是如此。从公元9年新朝开始到公元23年新朝灭亡,他发布的大大小小的改革官制的诏令不下十次。官名屡屡改易,行政区划更是频频变动,并不时来一些异想天开的举措,搞得臣民百姓眼花缭乱,晕头转向。比如,他几乎每年都变动行政区划,改易郡县名称,有的郡县改名达五次之多,最后还是用原来的名字。因为地方改易名称特别频繁,以致官吏和百姓都难以记住自己所在地方的名字。所以王莽在下诏书的时候,只要牵扯到地方名字,就得将新旧名称一齐标上。在王莽看来,只有如此颠来倒去地易官号,改地名,才能稽古以示新,用唐尧、虞舜以及三代用过的某些官号和地名来表明古代盛世的再现。但实际上,除了增加许多无谓的烦扰外,没有任何实际的用处。

古今中外,历代皇朝,官制改革的目的,在正常情况下,不外乎精简机构,裁汰冗员,提高效率,节省开支。然而,王莽的官制改革所收到的效果,却与之完全相反。他扩大机构,增加人员,汉朝原有的机构依然存在(有的只是换个名字),新的机构和官位又不断增加,如上公之位由汉朝的三四员增至 11 员,再加上一个开府办事的五威司命。九卿等机构的原有办事人员没有减少,每一卿之下却又添了一个高中级的僚属。地方行政机构由西汉原来的郡县二级制增至州、郡、县三级制,同时,又通过改易行政区划大量增加郡与县的数量,新增郡 22 个,县 615 个,只此一项,就要增加郡的主官 22 员、尉 44 员,县的主官令(长),丞 1 230 余员,属吏等是十数倍于此。王莽的如意算盘是:通过大量增加官位,让所有的文武爪牙都有一个位子,这些人就会心满意足,对王莽感激涕零进而死心塌地地为他效忠了。其实,这恰恰是弄巧成拙。因为如此做的结果,必然增加财政开支,加重对劳动人民的剥削,也必然加剧统治集团的内部矛盾,促使腐败之风蔓延。同时,由于机构和官员增加,必然是机构重叠,职责不清,人浮于事,互相扯皮,互相推诿,造成行政效率低下。王莽建立的新朝虽然改变了汉朝的形式,但由于它是用篡政的办法取得的政权,旧皇朝的势力特别是其腐败的贵族官僚没有受到农民起义风暴的扫荡而完整保存下来,而新皇朝又突然增加了一大批新的官僚贵族。从哀章之类的流氓无赖到王兴之类的守门吏和王盛之类的卖饼儿,转瞬之间,都蟒袍玉带地跻身于王莽朝廷的新贵之列了。这批饿狼似的统治者,每个人都想谋个理想的位子肆意盘剥以满足其私欲。王莽增加官位自然投其所好,但给劳动人民带来的却是更多的灾难。本来一县有一位县太爷劫掠,老百姓就难以活下去了,现在一县分为六县,凭空又添上五位劫掠者,一国三公,十羊九牧,劳动人民的痛苦也就可想而知了。更由于王莽又时常更替官员,每一位新官到任后的第一件要事就搜刮、搜刮,再搜刮,他们都恨不能一口就吃成胖子。待到新的调令到来时,这些人已是腰缠万贯,趾高气扬地准备到新的地方进行更大规模的劫掠了。但是,王莽的爪牙们也每因分配不公,调动频繁而归怨于王莽。你的秩级高,我的秩级低;你的地盘大,我的地盘小;你的富庶,我的贫瘠,等等,这必然使王莽的群僚们进行着剧烈的你争我夺。这些盘剥者对劳动人们贪得无厌的榨取和他们之间彼此的明争暗斗,恰恰如同催化剂那样加速了农民起义的爆发。

在官制改革中,王莽虽然扩大了机构,增加了吏员,但由于他没有建立起一个分工明确,各司其职,互相制约,高效有力的运行机制,而是把一切权力都集中在自己手里,事事都由自己决定和指挥,"务自揽众事""抑夺下权""有司受成苟免"。由此造成行政运行的低效和梗阻。在中朝,他架空尚书,"吏民上封事书,宦官左右开发,尚书不得知"。在外朝,他"夺公辅之任,损宰相之威"①,使之无所事事。凡是王莽顾及不到的地方和部门,就有可能出现麻烦。如当王莽专注于制礼作乐时,中央和地方行政诉讼就无人管理,形成某些地方和部门的无政府状态。有的县份,县令、长多年空缺而不任命,由郡守兼理,使该县行政无法正常运转。有的郡守"称疾不视事,三年不行县",所属之县,"狱犴填满"②也

---

① 《后汉书》卷36《陈元传》。
② 《后汉书》卷52中《崔骃传》。

不审理。有的案犯,无人追捕,长期逍遥法外。这一切为贪官污吏的非法活动提供了良好的条件,他们贪赃枉法之事越做越大胆。而王莽为了监视郡县官吏而派到各地去的中郎将、绣衣执法,更是利用权势,安插私人,与郡县守令互相勾结,横行无忌。再加上所谓十一公士分巡各州郡,他们名义上是"劝农桑、班时令、案诸章",实际上是以钦差大臣自居,颐指气使,收取贿赂,冤杀无辜。中郎将,绣衣执法,十一公士,郡县守令,大大小小的官员,你来我往,竞相盘剥,搅得各地鸡犬不宁,怨声载道,新朝的吏治就这样败坏到了不可收拾的地步。

官吏必须有与该时代生活水平相适应、同时又使国家财政能够承担的俸禄制度。各级官吏为封建国家服务,手中掌握着大大小小的权力。必须使他们的俸禄能维持高于百姓平均生活水平的水准,这样才能以制度限制他们贪赃枉法。但是,官吏的俸禄又不能高到国家财政难以承担的水平,因为这必然加大对百姓剥削的力度。所以,官吏俸禄有一个与时代相适应的"度",即达到董仲舒所说的"富者足以示贵而不致于骄"的程度。王莽的官制改革中却始终没有制定出一个较好的俸禄制度。王莽是一个慷慨授爵任官却又十分吝惜俸禄的统治者。开始规定的俸禄是很低的,"自公卿以下,一月之禄十缣布二匹,或帛一匹"。这样低的俸禄显然难以使官吏们维持过得去的生活,连王莽自己也说,"予每念之,未尝不戚焉"①。但是,不用怀疑,这一时期尽管俸禄很低,不过官吏既不会自掏腰包维持生活,更不会饿着肚子为王莽服务。因为他们手中有权,所以,一定能够生出层出不穷的办法来保持自己穷奢极欲的生活。这办法无非是贪赃枉法,向劳动人民敲诈勒

---

① 《汉书》卷 99 中《王莽传》。

索。而且,正因为俸禄太低下,所以,一切贪污窃夺都在事实上取得了合法地位。不少官吏发了财。"天下吏以不得俸禄,并为奸利,郡尹县宰家累千金"①。王莽大概也感到长期这样下去不是办法,于是在天凤三年(公元 16 年)五月,制定了一个极其烦琐的吏禄制度。规定从四辅公卿大夫到最低级的舆僚,共分 15 个等级。俸禄最低者一岁 66 斛,以上依次递增,到四辅为万斛。这个俸禄制度与西汉已实行的制度比较接近,认真执行还是可以既维持官吏队伍的稳定又可限制其腐败的。但是,王莽的这个制度还有附加的烦琐规定。根据年成的丰歉,财政收入的多少依次灵活决定各级官吏的实际俸禄。要求从四辅到郡县各级官吏,层层签订责任书,将俸禄的多少与财政的收入直接挂起钩来。"岁丰穰则充其礼,有灾害则有所损,与百姓同忧喜也。其用上计时通计,天下幸无灾害者,太官膳羞备其品矣;即有灾害以什率多少而损膳焉"②。这里王莽假惺惺地表示自己的用度也以国家的岁入多少为差,实际上是要求各级官吏"保其灾害","以十率多少而保其禄"③。王莽满以为,有着如此规定,各级官吏就会兢兢业业,"上下同心,劝进农桑",忠于职守,保证国家的赋税收入了。王莽对他自己的这个杰作十分得意,因为执行这样的一个吏禄制度,王莽国库里的钱粮肯定会越积越多,而官吏的口袋也会装得满满的,上下各得其所,群吏们也就会死心塌地地与他共命运了。岂不知,王莽的吏禄制度实际上等于给了各级官吏利用职权在法外榨取百姓的特权。因为如此烦琐的制度,使"课计不可理,吏终不得禄",官

①　《汉书》卷 99 中《王莽传》。
②　《汉书》卷 99 中《王莽传》。
③　《汉书》卷 99 中《王莽传》。

吏们"各因官职为奸,受取赇赂以自供给"①,由此加速了吏治的腐败。俸禄制度所展示的王莽新朝,犹如一个纽结密布的大吸血网。王莽是一个高高在上的大饕餮者,他手下的大小爪牙是大小不等的中小型的饕餮者,群起劫掠,攫取尽锱铢,劳动人民遭受的苦难只能日甚一日地加剧着,他的政权基础也在日甚一日地销蚀着。

王莽的官制改革问题很多,除以上论及者外,还有官爵结合,官爵世袭,更是历史的大倒退。在天凤元年(公元14年),官制改革的诏令中,他宣布官爵结合;公氏作牧,侯氏卒正,伯氏连率,子氏属令,男氏属长,并宣布官职与爵位世袭。中国封建社会从秦朝起,就彻底废除了殷周以来的世卿世禄制度,建立了官、爵分途、官吏任免的官吏制度,大体上适应封建统治的需要。王莽的官爵合一、官爵世袭的制度,实际上是要将当时的官爵家族化、凝固化,这不仅不利于优秀官吏才俊的选拔,阻塞知识分子的晋身之路,降低官吏队伍的整体素质,而且也会给官吏的升降、奖惩,特别是行政体制的运作带来一系列的麻烦。只是由于王莽政权的短暂,它的弊端还未及显现而已。

王莽做皇帝后,在推行经济、官制、封爵等一系列所谓改革的同时,对制礼作乐特别感兴趣。因为在他看来,礼与乐更多地体现在形式上,最容易给人耳目一新的感觉。他在登基做皇帝时,就对新朝的朔正、服色做了与汉朝相区别的规定。但因礼乐制度涉及的范围很广,他当时还来不及对汉朝的礼乐制度做全面的改定,只是急用先改,对某些礼乐如朝礼等做了部分变革。天凤元年(公元14年),他心血来潮要在二月进行巡狩之礼。曾在制书中对该礼做了简单的叙述:"予之东巡,必躬载耒,每县必耕,以劝东作。

---

① 《汉书》卷99中《王莽传》。

予之南巡,必躬载耨,每县则薅,以劝南伪。予之西巡,必躬载铚,每县则获,以劝西成。予之北巡,必躬载拂,每县则粟,以劝盖藏。"①尽管在臣子的劝谏下,王莽的巡狩之礼没有如期进行,但当时这套礼仪肯定是制定出来了。天凤二年(公元15年),王莽纠合了一帮公卿大夫,文人学士,"制礼作乐,讲合《六经》之说",进行全面的、大规模的制礼作乐。虽然当时王田、奴婢政策业已宣告失败,农民起义的烈火已开始在某些地区点燃,然而王莽对礼乐制度却倾注前所未有的热情,因为他有一个坚定的信念,即礼制定则天下平,礼乐兴则万民化。可是,这班颇具儒学素养的公卿大夫从早到晚,坐而论道,议来论去,却连年不决,使礼和乐都成为难产。大概终王莽之世,新朝完整的礼和乐也没有制定出来。只是据《王莽传》记载,天凤六年(公元19年),"初献《新乐》于明堂、太庙",说明制定出有关明堂、太庙的乐章。地皇三年(公元22年)正月,新朝的九庙建成,王莽举行谒庙大典,"大驾乘六马,以五采毛为龙文衣,著角,长三尺。华盖车,元戎十乘在前"②。显然是有了一套祭祀祖庙的礼仪。其他礼乐的情况,因史料有阙,现在很难搞清楚了。对于一个新皇朝来说,制定一套有别于旧朝的礼乐制度并非没有必要,然而,王莽的制礼作乐却没给他的新朝带来任何好处。这是因为,与火烧眉毛的政治、经济问题比较,礼乐制度毕竟不是当务之急,王莽与其公卿大臣不把主要精力放在处理关系到新朝生死存亡的关键问题上,显然是本末倒置。而且,王莽特别看重繁文缛礼,这正与儒家"迂远而阔于事情"的迂腐之气相适应,他们斯斯文文热衷于细枝末节的争论,结果是久拖不决,徒然

---

① 《汉书》卷99中《王莽传》。
② 《汉书》卷99中《王莽传》。

浪费了时间和精力。

上面列举并简单评析了王莽"新政"的主要内容。由于记载简单而且缺失严重,部分"新政"的材料,如,礼乐制度的基本内容已经湮灭;王田奴婢政策的实行情况,也语焉不详,失之太简。而历代关于"新政"的解释更是歧异纷纭,这无疑给对它的正确评价增加了不少困难。但是,无论如何,一个政策实行的结果总应该成为评价这个政策的最重要的依据。一个不可争议的事实是,不管王莽在制定其改革政策时有着多么美好的动机(何况动机本身也值得怀疑),这些政策的绝大部分都是以失败而告终的。其根本原因就在于,他所有的改革措施都是违背客观经济规律,违背当时生产力发展要求的。"王田"政策因受到来自各阶级的反抗而早早停止执行,土地兼并更加剧烈地进行;奴婢政策同"王田"政策一起废止,私奴婢增加之势无法抑止,官奴婢又因苛酷的刑法而大量增加;五均六管在富商大贾摇身一变而来的羲和命士等的主持下,变成了对广大劳动人民肆无忌惮劫掠的政策,频繁的货币改革则几乎变成了封建国家对百姓和中小工商者明火执仗的抢劫;而官制、爵位的改革,制礼作乐的举措,除了徒增烦扰,加重百姓负担外,很难找到一丝一毫的积极意义。所有这一切,都从不同方面加速了农民同主要生产资料的土地分离,进一步强化了封建的人身依附关系,也强化了奴隶制的残余,使社会生产遭到严重的破坏。如此一来,必然使西汉末年已经十分尖锐的阶级矛盾更加激化,使已经十分严重的社会危机进一步加深。生产力向前发展的客观要求是任何力量也无法阻止的。而在封建社会里,推动生产力向前发展的力量,一是封建统治者自上而下的变革,通过对上层建筑的改革和生产关系的调整,为生产力的发展创造某些有利的条件;一是农民的起义和农民的战争,它用武力扫荡封建社会积累的腐败因素,用强力对封建的上层建筑和生产关系进行调整,为生产力的发展造就一个良好的环境。王莽的"新政"作为一次失败的改革不仅未能为生产力的发展创造条件,反而为之套上新的枷锁。生产力要想挣脱桎梏只有呼唤一次新的农民战争了。新朝末年大规模的农民起义的爆发,固然是西汉皇朝阶级矛盾和社会矛盾长期积累的结果,但王莽的改制及其失败却把这种矛盾激化为强烈的外部对抗。广大劳动人民面对王莽这样一批磨牙吮血的豺狼,就只剩下一条死里求生的道路:把武器的批判提上历史的日程。

# 第七章　王莽的思想与性格

## 1. 儒家、法家，选取的标准是为我所用；
## 今文经、古文经，只要有用都要用

西汉皇朝统治思想的最后定位经历了一个较长的选择过程。刘邦是带着满脑子法家思想，带着对武力万能的崇拜，领导丰沛起义，走上反对暴秦的战场的。在反秦战争和后来的楚汉战争中，他终日驰骋疆场，注重的是政治、军事谋略，思谋的是如何夺取胜利，根本无暇思考统治思想的有关问题。对于跟随自己南征北战的知识分子，他利用的也主要是他们的政治、外交特别是在军事上运筹帷幄的才干，而并不是他们思想的独异与深邃。待统一全国，登上皇帝宝座，面临和平治国新局面之时，刘邦才在陆贾天下"马上得之，安能马上治之乎"的启诱下，开始考虑统治思想的问题。叔孙通等一班儒生为之制定朝仪的成功，使他初步改变了对儒生的看法，认识到儒学的实际功用。高帝十二年（公元前 195 年），刘邦在临死之前，到孔子的灵前献上了太牢的祭礼，作为第一个到孔子灵前顶礼膜拜的统一皇朝的君主，显示了他向儒家思想的倾斜。做出此一行动的刘邦，犹如一只报春的燕子，传达了儒家思想必将登上统治思想宝座的信息。不过，刘邦本人并没有将儒家思想定为统治思想，他寿终正寝之后，他的后继者也没有继续沿着他向儒家思想倾斜的路子走下去，而是在当时的政治、经济等各种条件制约束下选取了黄老思想作为统治思想。这个以传说中的黄帝和真实的老子命名的思想，实际上是经过改造的道家思想，有的学者称其为新道家。它实际上是把道家的"无为而治"、法家的"刑赏兼用"和儒家的"仁义道德"结合杂糅在一起的一种思想。从汉惠帝登基的公元前194年到窦太后死时的公元前135年，黄老思想在西汉初年的意识形态领域里整整占据了60年的统治地位，成为惠帝、高后、文帝、景帝时期，以轻徭、薄赋、节俭、省刑为主要内容的"清静无为""与民休息"的统治政策的理论基础。对恢复发展生产，促进汉初的经济繁荣起了巨大的作用。后来，随着社会经济的发展和封建政权的巩固，西汉统治者为了对内加强中央集权，对外反击匈奴的掠夺性侵扰，决心大作大为一番。为此，必须抖掉束缚自己手脚的"无为而治"的外衣。恰在此时，雄才大略的汉武帝与儒学大师董仲舒双双走上时代的舞台。"罢黜百家，独尊儒术"的思想文化政策出台，经过董仲舒精心改造过的以孔子为代表的儒学思想从此被奉为正统，孔子及其门徒们整理解释过的《尚书》《诗经》《春秋》《易》《礼》等五经的传授成为官学。西汉政府陆续在太学中立了五经十四博士，作为对五经进行传授和解释的权威人士。汉朝学者对五经等先秦经典的注释、整理，就成为当时的经学。经学在发展过程中，分化为今文经学与古文经学。其中，用秦朝统一后的文字写成的经书，称今文经。用秦统一之前的六国文字写成的经书，称古文经。今、古经除了文字上的差别外，更主要的是在解经上所表现出来的不同的思想倾向与学风。

以董仲舒为代表的今文经学，是西汉自武帝以后的统治思想。董仲舒以"天人感应"的神学目的论改造孔子为代表的传统儒学，建立了完整的封建神学世界观，进一步把古老的灾异说理论化和系统化，并从中导出"君权神授"的理论。又以"道之大原出于天，天不变道亦不变"论证封建制度的永恒性。同时以"《春秋》大一统者,天地之常经,古今之通义"作为专制主义中央集权的理论基础。他还依据"阳尊阴卑"的理论,建立起三纲五常的封建道德观,论证了封建的尊卑等级制度的合理性。他第一次对封建的政权、神权、族权、夫权的合理性、永恒性作了理论上的论证。到西汉后期,董仲舒"天人感应"的神学目的论与日益泛滥的谶纬迷信相结合,使今文经学进一步的宗教化、神学化。

正当今文经学在西汉后期达到鼎盛局面的时候,新崛起的古文经学对它的地位提出了挑战。古文经典主要有《古文尚书》《逸礼》《周官》《毛诗》和《春秋左氏传》等。它开始在民间流传,因为偏重于史实的解释,不像今文经那么迷信和荒诞,所以得到一批有学问的知识分子的垂青,在思想和学术上形成很大的势力。

在上面的叙述中我们曾经简单提到,在王莽秉政以前,古文经虽然已有相当的势力,但却一直处于受压的地位,只能在民间传授。平帝登基,王莽擅政后,古文经被立为官学,取得了在太学传授的资格,声势大振。王莽之所以将古文经立为官学,目的主要是让它为自己的篡政服务,同时也作为笼络那些治古文经学的地主阶级知识分子的手段。作为一个儒生出身的权臣,王莽比任何人都明白经学在思想和学术上的重要意义。因此,王莽在篡政过程中和其以后统治新朝的日子里,将今文经学与古文经学兼收并蓄,同时利用,对治今文经和古文经的知识分子也是一视同仁,双双重用的。王莽对古文经的《周礼》特别重视,其新政的不少改革措施都是从《周礼》中寻找历史根据。对古文经的其他典籍,如《古文尚书》《春秋左氏传》《逸礼》等也很重视。例如,他引证《古文尚书》的《嘉禾篇》记载的"周公居摄",作为自己"居摄践祚",称"摄皇帝"的依据。引证《春秋左氏传》的"刘氏为尧后",论证他这个

"虞帝之苗裔"有代汉立新的充分权力。但是,王莽并不排斥今文经学,他不仅没有取消今文经学的官学地位,让博士官们继续收徒讲学,而且大力利用今文经学中一切对他有用的东西。例如,王莽对谶纬迷信、祥瑞灾异的利用就比当时的任何今文经学家有过之而无不及,而对认为与他有利的今文经典更是随时拉来为我所用。你看,他为了得到"宰衡"的印章引了《穀梁传》的"天子之宰,通于四海"。翟义举行武装反抗时,他"放《大诰》作策,遣谏大夫桓谭等班于天下,谕以摄位当反政孺子之意",欺骗全国百姓,同时派兵猛攻翟义之军。居摄三年(公元8年)冬天,他又引《康诰》的"王若曰孟侯,朕其弟小子封",作为自己朝见元后与平帝皇后称"假皇帝"的依据。《春秋穀梁传》《尚书》的《大诰》《康诰》都属于今文经学。在改制中,王莽制定的"公、侯、伯、子、男"的五等爵位制和封地四等制基本上是根据《王制》损益而来,而《王制》也是公认的今文经典。在用人方面,治古文经的学者固然有人飞黄腾达,青云直上,如,刘歆爬到了居于四辅的国师的高位,治《毛诗》的陈侠,治古文《尚书》的王璜、涂恽,治《春秋左氏传》的龚胜、房凤、萧秉、陈钦等也都荣显一时,有的官至将军、郡守。但是,治今文经学的大师在王莽一朝似乎出将入相者更多。如,治《易》的衡咸,治《今文尚书》的欧阳政,都做过王莽的讲学大夫。治《今文尚书》的孔光和唐尊都做过王莽的丞相、太傅,吴章、唐林做过九卿。治《公羊春秋》的马宫做过司徒,左咸官至九卿。王莽的确杀了吴章,这倒不是因为吴章治今文经学,而是因为他被牵进了吕宽之狱这样的政治案件。王莽也逼死了他的头号理论策士刘歆,自然更不是因为刘歆治古文经学,而是因为他参与了王涉等人的谋叛案。以上事实无可辩驳地证明,王莽对今、古文经学基本上是不分轩轾,同等对待的。他的着眼点在为我所用,对于二者在学术上的分歧并不怎么关注。过去有些学者认为王莽明显地扬"古"而抑"今",其根据显然是不够充分的。正如钱穆在《刘歆父子年谱》中所说:"当时欲广道术,故增立古文,并不斥今文也。"当然与西汉统治者的扬"今"抑"古"不同,王莽使在野的古文经学走上了庙堂,这对古文经学的发展应该说是有利的。

在大致理清了王莽与今、古经学的关系之后,我们就可以进入对王莽本人的思想评价了。在西汉末年谶纬迷信弥漫,今文经学日趋宗教化、神学化的氛围中成长起来的王莽,继承与播扬的恰恰是西汉正统思想中最荒谬、最少理性的糟粕。

在王莽眼里,"天"无疑是至高无上的人格神的上帝,它君临天下,明察秋毫,赏善罚恶,是自然界和人类社会的最高主宰。帝王都是由上天选定,让其代表自己进行在人间的统治。封建皇朝的更迭也是由上天安排,显示的是"天命攸归"的神力。而上天与人间的联系则是通过符瑞和灾异进行的。居摄二年(公元7年)十二月,陈崇在上书中所表露的其实就是王莽的思想:"陛下奉天洪范,心合宝龟,膺受元命,豫知成败,咸应兆占,是谓配天。配天之主,虑则移气,言则动物,施则成化。"①天凤三年(公元16年)二月,关东地区发生大地震和大雨雪,大司空王邑上书自责说:"视事八年,功业不效,司空之职犹独废顿,至乃有地震之变。愿乞骸骨。"②王莽未予批准,而是把责任揽到了自己的头上:"夫地有动有震,震者有害,动者不害。《春秋》记地震,《易系•坤》动,动静辟胁,万物生焉。灾异之变,各有云为。天地动威,以戒予躬,公何辜焉,而乞骸骨,非所以助予者也。"③不要以为王莽关于动静的说

---

① 《汉书》卷99上《王莽传》。
② 《汉书》卷99中《王莽传》。
③ 《汉书》卷99中《王莽传》。

法仿佛有点辩证法的因素,其实他论证的不过是"天人感应"这个古老的命题。他把祥瑞和灾异都看成天意的显现,并且不止一次地用它来附会政治,千方百计,挖空心思地将其引导到为自己服务的轨道上来。此类例子在王莽的政治生涯中俯拾即是。天凤三年(公元16年)五月,长平馆西岸崩坍,堵塞泾水,折而向北流淌。王莽派大司空王邑前往视察,回朝据实禀奏。这一平常而又平常的自然事故,却引来群臣的一阵喝彩,他们以《河图》的所谓"以土填(镇)水"相附会,用五行附会东西南北中,土代表居于北方中原的新朝,水代表居于北方的匈奴。因此,"土填水"也就显示了"匈奴灭亡之祥也"。王莽对群臣的这种投其所好的胡言乱语居然深信不疑,又加派并州牧宋弘、游击都尉任萌等率兵加入与匈奴作战的队伍,进一步扩大对匈奴的不义战争。地皇元年(公元20年)七月,一场大风刮坏了王路堂。王莽对此思考了一旬,终于找到了原因,这就是因为封其子王临为皇太子"名不正"的缘故:"惟即位以来,阴阳未和,风雨不时,数遇枯旱蝗螟为灾,谷稼鲜耗,百姓苦饥,蛮夷猾夏,寇贼奸宄,人民正营,无所措手足。深惟厥咎,在名不正焉。"①消灾办法的就是改立王安为新迁王,王临由皇太子改封为统义阳王。地皇三年(公元22年)二月,长安以东的霸桥失火,数千人救火也未能奏效,大火一直将桥烧光。王莽思索了一番,认为是一个吉兆,"欲以兴成新室统壹长存之道也"。他于是下令更名霸馆为长存馆,霸桥为长存桥。下一年,新朝灭亡前夕,他又导演了率领群臣吏民向天大哭的闹剧。直到农民起义军攻破长安,王莽死到临头时,他还歇斯底里地大喊大叫:"天生德于予,汉兵其如予何!"王莽满以为,只要他对祥瑞和灾异随时作出有利

①《汉书》卷99下《王莽传》。

于自己的解释,他就可以扭转任何危局,长久左右天下了。但是,这种认为祥瑞和灾异可以随便制造,天意可以任意解释的做法,实际上是把天的神圣权威当成了自己得心应手、随意玩弄的工具。表面上看来,天意在王莽那里变幻无常,神奇无比,变成了对王莽无条件祐护的一种普照之光。然而,这种天意的随意诠释和频繁的滥用,恰恰是在损害天的绝对权威。对于王莽本人来说,天意只是他自欺欺人的粗鄙的魔方而已。

在政治思想方面,王莽基本上承袭了董仲舒的君权神授说和三统、三正、五德终始的历史循环论。在整个篡汉的过程中,他把自己的每个经过精心策划的活动都说成是上天的有意安排,从安汉公到摄皇帝到假皇帝,每一步都是踏着上帝的鼓点行进,而最后废掉孺子婴的皇位继承权由自己做皇帝也完全是"迫于天命"的不得已之举。他还把自己打扮成虞舜的后裔,以便把代尧的后裔刘氏做皇帝说成是合乎规律的一次循环。

在政治体制上,王莽打出来的是复西周之古的旗号,他多次更改官吏名,不厌其烦地变更行政区划,力图制造出浓浓的古代盛世再现的气氛。一方面,王莽在骨子里坚持绝对的皇帝专制,千方百计把一切权力都握在自己手里,另一方面,在表面上,他又虔诚地搞出五等爵位制和四等封地制,煞有介事地宣布要实行周代通行的分封制度,演出什么授茅土的闹剧。但实际上,终王莽之世,他又使分封停留在纸面上。如此一来,就使他的政治思想充满着明显的矛盾和混乱。究其实,他的如意算盘也无非是以分封的形式达到最大限度的中央集权而已。

在中国经济思想史上,王莽理所当然地应占有一席地位。例如,实施"王田"政策的诏令就显示了他对土地问题的非同一般的深刻认识。他看到土地私有和自由买卖造成了土地的高度集中和大批自耕农的破产,造成了地主阶级大量役使佃农的可能性,也造成了奴婢数量的不断增加。而所有这一切的连环效应,就是西汉末年阶级矛盾和社会矛盾的极端尖锐化。王莽的认识是符合当时的历史实际的。在解决这一问题时,他采取的办法是废除土地私有而代之以封建的土地国有,同时禁止土地的自由买卖。表面上看来,这似乎也是一个对症下药,抽薪止沸的解决办法。但是,在王莽堂皇言辞的背后,隐藏的是他把全国土地变成他一家一姓私产的良苦用心,更重要的是这项改革违背了客观经济规律,因此,其王田奴婢政策的失败又是必然的。睽诸当时的客观形势,想彻底一劳永逸地解决土地问题是不可能的。而相对松弛封建的人身依附关系既是可能的,也不失为解决矛盾的一项办法。王莽没有这样做,后来的刘秀沿着这一思路做了,收到良好的效果。刘秀多次下达释放奴婢和禁止虐杀奴婢的诏令,使封建的人身依附关系相对松弛,加上其他条件的配合,东汉初年的社会生产因而获得了较大的发展。再如,王莽实行的五均六管政策,显示了他对由封建国家控制垄断性生产事业必要性的认识。他的思想足可与桑弘羊的经济思想媲美,政策的细密周全也可望与汉武帝的工商政策比肩。然而,由于王莽实行此项政策的目的是把富商大贾的利益据为己有,而同时又任用昔日的富商大贾主持此项政策的推行,特别是由于此时的吏治环境已经相当恶劣,这项政策最终也就变成残民害物的举措了。当然,王莽的某些经济政策也显示了他惊人的荒唐无知。如,货币改革就表现了他对货币的极其混乱的认识,说明他货币理论的极度贫乏。他否认货币有不以人的意志为转移的客观运动规律,认为一切货币问题都可以运用封建法权加以解决。因而他多次改革币制,使用多种币材,任意规定货币价值,用严刑峻法强行推行新货币,结果导致社会经济生活的一片混乱,成为加速王莽政权崩溃的重要原因。王莽的经济思想和经济政策表明：错误的认识固然导致错误的政策，但是，即使正确的认识也不一定导致正确的政策，而正确的政策如果没有良好的外部环境条件相配合，也不会达到预期的效果，甚至彻底失败。

王莽的思想是相当驳杂的，它导源于中国古老的传统，它虽然在内容上并非没有一点创新，但在形式上却极尽复古之能事。他与传统的关系是发人深省的。

传统是历史的惰力，它总是以其无形的但却巨大的力量对后人施加影响。历史上的各类政治活动家对待传统无非采取三种态度：一是公开向传统挑战，正义凛然地表示自己对传统的蔑视和凌辱。这是大无畏的革命者所采取的态度。这种人当然是极少数。二是巧妙地利用传统为自己服务，以达到自己预想的甚至与传统根本相背离的目的。这就是"借用它们的名字，战斗口号和衣服，以便穿着这种久受崇敬的服装，用这种借来的语言，演出世界历史的新场面"①。这是历史上大部分革命的、改良的、革新的政治家所采取的态度。比如，秦汉以降，中国封建社会几乎所有的政治家和思想家，都拿孔孟经书作为自己活动的护符，千方百计地把自己的思想理论改革措施说成古已有之。对这些人来说，复古仅仅是形式，传统是被利用的工具，而内容则是现实主义的。他们之所以这样做，或者是为减少活动的阻力，或者是为增加活动的悲壮色彩。三是死的抓住活的，做传统的奴隶，一味迷古信古，竭尽全力复古。这种人在历史上也是少数，而王莽却是一个十分突出的典型。你看，他处心积虑，使自己的一言一行都从历史上找到根据，将所有的新政措施都从古代典籍中找到凭借，《诗》《书》《礼》

---

① 《马克思恩格斯选集》第 1 卷，人民出版社 1995 年版，第 603 页。

《易》《春秋》,尤其是那部古文经典的《周官》,几乎成了王莽新政的蓝本。什么王田奴婢政策、五均六管之法、货币改革措施,一直到官制、爵位和封赏制度等,几乎全出于此。王莽真诚地相信有几度辉煌的三代盛世,并且认为,只要依据《周礼》如法炮制,三代盛世的光辉就会再一次普照大地,那美妙无比的人间天堂就会展现在所有人的面前。不可否认,王莽是那个时代少有的强者,他的智商是一流的。当他面对现实时,有时表现出过人的清醒,对当时的社会矛盾有着惊人的感知能力。可是,当他沉湎于自己的复古狂想时,他又表现出作为封建帝王的少有的昏聩、无知、可笑与可悲,犹如一个病入膏肓的精神病人。在某种意义上可以说,王莽正是复古主义的牺牲品。王莽新政的失败,再次证明了一个颠扑不破的真理:尽管传统有着巨大的无处不在的力量,但是,新陈代谢却是自然界和人类社会发展的永恒的不可抗拒的规律,而传统也必须并且毫无例外地在新陈代谢中被改造。

综上所述,可以看到,王莽作为一个代表豪族地主阶级利益的政治家,其哲学思想与政治思想基本上都没有超脱董仲舒思想的樊篱。他的篡政活动和帝王生涯,从一定意义上说,可算天人感应的神学目的论与谶纬迷信的一系列有趣的示范演习。尽管导演和演员们都认真而投入,但演出的结果证明的却是神学目的论的破产。由于从总体上看王莽不是作为地主阶级的思想家,而是作为地主阶级的政治家活动的,所以,他的思想就没有董仲舒思想那么精致和严密,从而显得浅陋、粗鄙,停留于实用的层面上。例如,他宣布垄断符命的专利权,但结果却使符命的威信受到严重的损害;他事事求助于符命,人人都来献符命,也就使符命成为人们揶揄的笑料。从这里可以看出,剥削阶级的政治家和思想家,虽然同是这个阶级不可缺少的精英,但他们也处于经常的矛盾之中。剥削阶级的思想家不断地制造关于这个阶级的幻想,而其政治家的活动却又往往在不经意之间揭穿了这种幻想的秘密。王莽这个看起来是当时正统思想的虔诚信徒,然而,由于他们的政治活动频繁地展示正统思想的糟粕,所以,他的失败和毁灭恰恰又向人们揭示了正统思想的荒谬,从而为当时一些进步的思想家进行理性的思考提供反面的启导。

## 2. 虚伪、奸诈、阴毒、残忍,为了自己
## 做皇帝,何惜他人血和泪

中国有数以百计的封建帝王,他们性格迥异,异彩纷呈,每个人都是他自己的"这一个"。不过,如王莽这样怪异、虚伪者还不多见。

王莽大概对法家的"术"有特别精到的理解,韩非说,"人主之大物,非法则术也","术者,藏之于胸中,以偶众端,而潜御群臣者也","术不欲见","用术,则亲爱近习莫之得闻也"①。王莽结发入世,即显出很深的城府,他"折节力行,以要名誉",时时以人们想象不到的"激发之行"制造一点轰动效应。谁也不知道他想什么,更不知道他什么时候做出一件大家意想不到的事情。人们不能用"常情"猜度他,他是一个游离于"常情"之外的乖戾人物。作为大司马大将军这样的头号达官贵人,他能够让自己身份高贵的夫人以奴婢般的装束招待四方来客;作为一个笃信"父慈子孝"信条的帝王,他毅然把自己一个又一个的儿子送上断头台,而无论依国法还是家法,他的这些至亲骨肉并没有犯下死罪;他可以精心策

---

① 《韩非子·难三》。

划一场立女儿为皇后的喜剧,使女儿成为那巍巍的未央宫的女主人,可时过境迁,他又可以鸩杀女儿的夫君,让不足20岁的少女成为终身寡居的"黄皇室主";他对一个妻子卷入谋叛案的臣子不予惩治,大发慈悲,但却莫名其妙地要求他换一顶帽子;他能想出厌胜农民起义军的奇妙法术——铸威斗;又能导演空前绝后的哭天闹剧;他还能建"华盖而登仙";"教民煮草木为酪"而解决百姓之饥饿;又能以60之年同日娶妇120人而展示自己的富于春秋。如此等等,真是花样百出,好戏连台,让臣民百姓们大开眼界。王莽之所以不断地以异想天开的乖戾之举展示自己的形象,目的是给自己罩上一层神秘而朦胧的面纱。开始,主要是为了欺骗天下的臣民,以造成自己在臣民百姓中的神秘感、怪异感、新鲜感与恐惧感,以后随着形势的日益危机,他更多地需要自欺,需要刺激,需要营造一种自我麻醉的氛围,以便在死亡临头时还能以假想的胜利以壮最后的行色。

王莽性格中更重要的一个特点是虚伪,其在政治斗争与现实生活中的表现就是两面派。虽然虚伪几乎是一切剥削阶级代表人物的共同特点,但在王莽身上却表现得更加典型,更加突出,更加淋漓尽致,也更加充满强烈的喜剧色彩。王莽做任何事情,都不会坦诚以告,径情直遂。他或者吞吞吐吐,欲言又止;或者心在东而言西,让臣下费力猜度;或者迂回曲折,绕个大弯子再接近目标,等等。这一特点贯穿于王莽全部活动。比如,王莽明明很早就确定了代汉自立的既定目标,但在真正实行代汉之前,他却一直千方百计地把自己装扮成汉室的大忠臣。在篡政的道路上,王莽每前进一步,都从他做太后的姑母那里敲出汉朝廷的一些最重要的权力,但无论哪一次,他都能把这些窃夺权力的行径说得冠冕堂皇,光明正大,既合古训又符今情,既承天之意又顺民之心。直到他下即位诏书、宣布废除汉朝皇统的前一天,他还跪在元后面前恭恭敬敬地奉上奏书,赌咒发誓地说他称"假皇帝"不是为了要成为真皇帝,而是为了镇抚全国,顺利行政,将来一定像周公辅佐成王那样"还政孺子,复子明辟",其动作,其声音,俨然是一个鞠躬尽瘁的汉室大忠臣。但是,所有这一切的故作姿态,都不过是为了掩饰他在背后悄悄进行的篡汉的阴谋。始建国元年(公元9年)元旦,在王莽举行隆重的登基大典时,面对被废黜的北面就臣位的孺子婴,他还要"哀叹良久,相对歔欷",用几滴硬挤出来的眼泪来冲淡他对"臣事君以忠"的最高的封建道德信条的可耻背叛。从"百僚陪位,莫不感动"的情况看,王莽的此一虚伪的举动,还真收到了预期的效果。王莽作为一个出色的典型,用自己的一系列行动,揭穿了封建道德的虚伪的本质。长期在统治阶级、高级贵族官吏圈子中生活历练的王莽,最清楚封建道德信条的表面意义和统治阶级中的各类人物在实际上对待它的态度。在表面上,在口头上,你必须信誓旦旦地恪守这些信条,否则就会受到社会舆论的严厉谴责,但在实际上、行动上,为了达到不可告人的目的,你又可以巧妙地、有时甚至是明目张胆地对这些信条加以亵渎。而且,你还可以以种种借口、数不清的理由,给这些亵渎封建道德的行动伪饰上封建道德的圣洁花环。用忠去文饰篡,用孝去文饰戾,用节去文饰背叛,用义去文饰出卖,用仁义道德去文饰男盗女娼。王莽最熟谙其中的奥秘,也最善于以伪饰的道德去达到最卑劣的政治目的。在西汉末年的政治舞台上,王莽指使他的党徒们,得心应手地使用着两面派的手法,有条不紊地进行篡汉立新的一系列活动。在他的无奇不有的政治魔术箱中,不断地飞出一个又一个的法宝,使臣民眼花缭乱,应接不暇。大司马的位子到手了,他要"安汉公"的封号;"安汉公"的封号如愿以偿了,他又要"宰衡"的印章;"宰衡"的印章陈列在他的府上了,他紧接着索要"居摄皇帝"的名号和权力,"居摄"的名号刚刚"奏可",他进而要求"假皇帝"的御冠;可是"假皇帝"的御冠还未戴热,他又借哀章的符命,干脆来个黄袍加身,下诏自立为皇帝了。而在这攀登极峰的阶梯上,王莽又是那样的谦恭有加,几乎每一步都是既有天意昭示,又有臣民拥戴,王莽照例是再三谦辞,臣民照例是竭诚推戴。表面的辉煌遮盖着背后的密谋,脸上的笑靥掩饰着内心的阴险。王莽就是这样娴熟地运用着阴一套、阳一套、当面一套、背后一套的技巧权术,运元后和幼帝于股掌之上,把大多数臣民打入闷葫芦之中,人莫予毒,为所欲为,把虚伪做作、两面三刀的品性发挥到淋漓尽致的程度。致使白居易发出了"向使当初身便死,一生真伪复谁知"的慨叹。

王莽性格的再一个特点是阴毒与残暴。这一特点虽说是剥削阶级的共性,但在王莽身上却表现得特别突出而鲜明。王莽为了塑造自己在臣民中的"贤臣""圣君"形象,曾出台了不少为刘氏贵族、退休官吏、知识分子等谋福利的政策措施,也曾经献田、献钱,救济贫弱,惠及孤寡;也曾在一些臣子身上显示自己不计前嫌的宽宏大度。但所有这一切,都是为了沽名钓誉,服务于篡政独裁的总体目标。骨子里,王莽是一个绝对的自我中心主义者,除了自己,他不相信任何人;除了个人的利益,他不考虑任何人的利益。或者说,别人的利益只能在维护他的利益,至少是不妨碍他的利益的前提下才能存在。他心地狭猛,睚眦之怨必报;他禀性残忍,用最酷烈的杀伐手段对付反抗他的农民起义军、统治集团内部的反对派,以及一切异己的势力和个人。他置自己的表兄弟淳于长于死地,不是因为淳于长犯有必死之罪,而是因为其存在妨碍了他继承大司马大将军的位子;他逼死哀帝的宠臣董贤夫妇,也不是因为董贤触犯了国家大法,而是因为董贤占据了那个本来属于他的大司马大将军的位子;他坚决主张将死去的傅后、丁姬开棺重葬,也并不是因为她们的葬式是一种违礼的僭越,而是因为她们生前对王莽的权力造成了损害。在王莽篡政和其后作为皇帝当政的十多年中,有多少异己者和无辜者惨死在他的脚下:亲族之中,儿子、孙子、叔父、兄弟,有的因作为他大义凛然的砝码而牺牲,有的因有碍他专权而自裁,也有的因觊觎皇位而遭屠。最后,连一个皇位继承人也留不住,王莽得到的只是权力与孤独。对刘氏宗室贵族,王莽欺诈其孤儿寡母。他让成帝皇后赵飞燕、元帝之妹敬武公主在自己的淫威面前悄然死去;让自己的乘龙快婿汉平帝饮鸩而亡;让自己的女儿守寡终身;他让真正的皇位继承人孺子婴在他面前俯首称臣;让对自己恩重如山的老姑母作为亡国的太后在冷风凄雨中度过孤苦寂寞的晚年。王莽对反对派、异己者、反叛者的屠戮更是不遗余力。甄丰父子谋叛案,死者数百人,牵连到刘歆的儿子、王邑的弟弟。参与翟义起事的王孙庆被逮捕以后,"莽使太医,尚方与巧屠共刳剥之"①,生生肢解了一个人。夙夜(今山东荣成北)连率韩博因讽讥王莽而献巨人,被王莽下狱弃市。钜鹿(今河北平乡南)男子马适求谋反一案,"连及郡国豪杰数千人,皆诛死"②。魏成(今河北河南交界处)大尹李焉因与卜者王况谋叛,下狱致死。卫将军王涉、大司马董忠、国师公刘歆等谋劫王莽投降起义军,事发后,诛杀董忠,逼王涉、刘歆等自杀。将他最亲近的几个臣子毫不犹豫地送进阴曹地府。当王莽一次又一次地举起血淋淋的屠刀,连眼也不眨一下地砍向他的君王、儿孙、至爱亲朋以及他的忠臣义士还有那无数无辜的官员和百姓时,你在他那里除了看到

---

① 《汉书》卷99下《王莽传》。
② 《汉书》卷99下《王莽传》。

屠夫的残忍,嗜血者的癫狂之外,还能看到一点点忠、孝、节、义的影子么!

显然,由于王莽所代表的阶级和集团是以压迫和剥削劳动人民为目的,他们必然要对劳动人民进行蒙骗;同时,因为他们在本阶级的各阶层、各集团之间,经常进行权力和财产再分配的明争暗斗,他们之间也需要进行欺诈。王莽作为代表豪族地主和富商大贾的外戚集团的头子,他把剥削阶级那种贪婪残暴、尔虞我诈的品性发挥到极致,成为一个突出的典型。而他的品格和手段,碰上各种条件构成的历史机遇,就使骗子扮演了英雄的角色。王莽以外戚身份篡政成功,这在中国历史上是第一次。外戚的擅权是中国封建专制主义皇朝不可克服的弊端之一,它从一个侧面展示了封建专制主义政体的极端腐朽性。

# 第八章　新朝新贵众生相

## 1. 离开学问逐利禄，一代学术大师走上悲剧之路；无赖以投机发迹，最终输掉了脑袋

王莽篡汉立新之后，论功行赏，对他的党徒一一加以封赏，建立了以"四辅""三公""四将"为核心的统治集团。在这 11 人中，除应符命而任命的哀章、王兴、王盛之外，其余 8 人都是与王莽长期共事，并且在王莽篡政过程中起过重要作用的人物。他们成为新朝的权贵以后，由于与王莽的关系不断发生新的变化，结局也有很大的不同。此章分别予以论列。

四辅之首的王舜被任命为太师，封安新公。他与王莽同宗，是王莽从叔父王音的儿子。在王氏外戚集团中，王音是唯一一个作为元后的从弟而任职大司马大将军的人物，可见，他得到元后信任的程度已超过元后的某些亲兄弟。王舜出生在这样的家庭中，因而从小就生活在高级贵族的圈子中，做官从政的机会得天独厚。成帝河平元年（公元前 28 年），他就以中郎将的官职出使匈奴，此时他还不到 20 岁。永始二年（公元前 15 年），他嗣父爵为安阳侯，任侍中。绥和元年（公元前 8 年），升任驸马都尉、太仆，成为朝廷的九卿之一。而王莽就是在这一年登上大司马大将军宝座的。哀帝即位以后，他虽然未得到升迁，但也未被赶出朝堂。这期间，他还同刘歆一起，力主不毁孝武之庙。元寿二年（公元前 1

年），哀帝病逝后，王莽二次秉政，他立即大得信任。七月，他以车骑将军持节迎中山王刘衎即帝位，是为汉平帝。自此，他跟定王莽，成为王莽的"腹心"之一，在王莽篡政的过程中，起了举足轻重的作用。元始元年（公元1年），王舜晋升为大司马车骑将军、太保。元始四年（公元4年）春天，王舜依据王莽的旨意，以太保领衔，与群臣一起上奏元后，要求进一步加封已经得到"安汉公"封号的王莽。经此封赏，王莽不仅得到新的官位"宰衡"，进一步增强了权力，增加了官属，扩大了封户，而且使两个儿子获得侯爵，母亲也得到"功显君"的封号，在走向极峰的道路上又迈出重要的一步。元始五年（公元5年）正月，王莽举行了隆重的祫祭明堂的大典。在群臣吏民纷纷要求进一步加赏王莽的时候，王莽上书元后，大大谦虚了一番，同时要求对朝臣们大加表彰，尤其点出了王舜"辅政佐治"的功劳。

王莽鸩杀平帝后，前辉光谢嚣奏武功长孟通浚井得白石，上有丹书"告安汉公莽为皇帝"。元后知悉后，愤怒异常。王舜出来，劝谏元后答应王莽"居摄践祚"，并为元后拟定了命王莽"居摄"的诏书，为王莽的篡政又立下一桩功劳。居摄元年（公元6年）三月，王莽为酬赏王舜的功绩，任命他为太傅左辅。十二月，又封王舜的儿子王匡为同心侯。显然，随着王莽地位的步步高升，王舜的官位也水涨船高，位极人臣了。居摄二年（公元7年）九月，发生了翟义在东郡的反莽起事以及赵明、霍鸿等在关中的起事。王莽在调动各路军队围剿起义军的同时，特别加强了对首都长安的保卫。王舜的任务是同甄丰一起"昼夜循行殿中"，可见王莽对他的信任超出了一般亲信臣子。居摄三年（公元8年），有所谓齐郡新井、巴郡石牛、扶风雍石等符瑞献到长安，符瑞展示的天意是要求王莽由摄皇帝即真做皇帝。与王莽一起审视符瑞的就是王舜。始建国元年(公元9年),王莽正式代汉立新,王舜被任命为太师,封安新公,高居百臣之首。此后,王舜的心脏病日益加剧,看来他在新朝建立后的一系列改制活动中没起太多作用。始建国三年(公元11年)病死。王莽对他评价甚高,誉为齐太公之类人物。同时命其一子王延承嗣父爵,一子王匡为褒新侯、太师将军。《汉书·王莽传》认为王舜等人只支持王莽擅权,并不支持他居摄践祚。在王莽即真以后,王舜等人都消极起来,这种说法并不确切。从现有资料看,王舜对王莽一直忠心耿耿,而他的富贵利禄也一直与王莽连在一起。从血缘关系上说,较之刘氏,他对同宗王莽感情更深,他没有理由对王莽的篡政持消极态度。况且,王莽做皇帝给予他的荣华富贵远远超过刘氏皇朝所能给予的。所以,王舜积极参与了王莽篡政的全过程,并在其中起了至关重要的作用。王莽称帝以后,王舜由于身体有病,加之年事已高,其政务活动显著减少。但他对王莽却是忠贞到底的。否则,睚眦之怨必报的王莽在其死后绝对不会封赏他的儿子。

四辅之一的太傅平晏为济南平陵(今山东章丘)人。儒学世家出身。其父平当,初为明经博士,元帝时曾建议复太上皇的寝庙园。以后历任丞相司直、朔方刺史、长信少府、大鸿胪、光禄勋,哀帝时官至丞相。大概平晏与王莽较早即建立了亲密的关系,所以,王莽二次秉政后他就进入了王莽的权力核心。元始元年(公元1年),"平晏领机事",任尚书令,成为朝中的主要官员。元始三年(公元3年),他以尚书令为平帝到王莽府上行纳采礼,在立王莽之女为皇后的过程中出了大力。此后,在王莽篡政的谋划中,平晏显然也是重要参与者之一。始建国元年(公元9年),王莽任他为太傅,封就新公。天凤元年(公元14年)正月,王莽打算到洛阳建都。平晏与王邑一起受命到洛阳"营相宅兆,图起宗庙、社稷、郊兆",可见王莽对他是信任的。不过,王莽对他的所有大臣都怀着戒心,他规定,任何大臣入宫,跟随的官吏人数都有严格的限定。这年三月,平晏入宫,从吏超过规定,守门仆射严厉质问平晏,出言不逊。平晏十分生气,认为一个小小的守门官儿竟敢对他如此无礼,就命令自己的随员戊曹士将仆射抓了起来。王莽知悉后,勃然大怒,命令执法率车骑数百将太傅府团团包围起来,直到把戊曹士抓出来,当场杀死,才悻悻而去。此事使平晏感到自己受了莫大污辱,大概从此对朝政消极起来,王莽对他也不再信任。因为此后再也没有平晏活动的记载。这次事件以后,平晏在冷遇中默默地度过了他最后六年的岁月,于地皇元年(公元 20 年)死去。这六年中,平晏尽管还在太傅任上,但显然已经难以参与朝政。他死后,不仅未得到什么恤典,而且儿子也未能继承爵位。平晏的结局,显示了王莽的刻薄寡恩:不管你有多大功劳,一旦不合意,弃之如敝屣!

　　四辅之一的刘歆出身于汉宗室之家,他的始祖是刘邦的同父异母弟刘交。刘交少时曾跟著名儒生浮丘伯学《诗》,是刘邦兄弟中文化修养最好的人。刘邦做皇帝后,刘交于公元前 201 年被封为楚王。刘交的后代一直保持着好学读书的传统。刘歆的父亲刘向是刘交的四世孙,年十二即因父亲的官荫为郎官,入冠晋升谏大夫,是宣帝左右的"名儒俊才",曾讲论《五经》于石渠阁。元帝即位后,得到太傅前将军萧望之、少傅光禄大夫周堪的赏识,推荐元帝,迁为散骑宗正给事中。因陷于石显、弘恭与萧望之等的争权案,被免为庶人,家居十余年。成帝即位后,刘向重新被起用,先为中郎,后迁光禄大夫,受诏"领校中《五经》秘书",撰《洪范五行传论》,影射王凤兄弟专权,希望成帝有所警醒,后又多次上书成帝,劝其裁抑王氏之权。但成帝终难有所动作。刘向对王氏外戚集团

249

势力膨胀必然危及刘氏政权的预示是有先见之明的。不久,成帝任命刘向为中垒校尉,这虽然是属于北军的武职官员,但刘向并未因任此职而失去知识分子的本色,他"为人简易无威仪,廉靖乐道,不交接世俗,专积思于经术,昼诵书传,夜观星宿,或不寐达旦"①,成为当时最有学问的人。由于他多次上书劝谏成帝抑制王氏外戚之权,自然引起王氏外戚的嫉视。因此,尽管成帝数次打算晋升他为九卿之官,都因受到王氏的阻挠作罢。刘向在列大夫的官位上任职30多年,以72岁高龄病逝。刘向对汉代以前的典籍进行了系统的整理,对当时和其后中国思想学术的发展作出了重要的贡献。

刘歆字子骏,是刘向的小儿子。他从小聪慧好学,又有着得天独厚的家庭条件,因而少年时代即以渊博的学识获得很高的知名度。"少以通《诗》《书》能属文召见成帝,待诏宦者署,为黄门郎。河平中,受诏与父向领校秘书,讲六艺传记,诸子、诗赋、数术、方技,无所不究"②。刘向死后,他接任中垒校尉。刘歆为郎官时,与王莽同事。大概从此时起二人建立起不同寻常的亲密关系。王莽欣赏和器重刘歆的学问,刘歆对王莽的令誉也十分倾倒。特别是王莽的外戚身份及其越来越重要的官位,使刘歆将自己的荣华富贵与王莽连在了一起。哀帝刚登基时,王莽正做大司马大将军。经他极力推荐,刘歆先做侍中太中大夫,不久升任骑都尉、奉车光禄大夫,贵倾一时。他受命"复领《五经》",继续其父整理典籍的工作。刘歆在刘向、任宏、尹咸、李柱国等人整理的基础上,"总群书而奏其《七略》"③,写出了我国第一部目录学的著作。其中有

---

① 《汉书》卷36《刘歆传》。
② 《汉书》卷36《刘歆传》。
③ 《汉书》卷30《艺文志》。

《辑略》《六艺略》《诸子略》《诗赋略》《兵书略》《术数略》《方技略》，对先秦至西汉的所有文献典籍加以分类整理，对保存我国的古代文献作出了重要贡献。后来，东汉的班固依据《七略》撰写了《汉书·艺文志》，将先秦至西汉的典籍分为六艺、儒、道、阴阳、法、名、墨、纵横、杂、农、小说、赋、歌诗、兵权谋、兵刑势、兵阴阳、兵技巧、天文、历谱、五行、蓍龟、杂占、刑法、医经、经方、房中、神仙，共596家，13 269卷，成为保存至今的我国最早的目录学著作。刘歆通过整理朝廷所藏的各种典籍，成为当时第一流的学者。在《汉书》的《律历志》《礼乐志》《郊祀志》《五行志》等志书中，都可以看到刘歆的贡献。特别是在《五行志》中，对汉以前史传所载天象物候的解释，刘歆不仅自成一家之言，而且其释语所占的比重超过任何一人，包括他的老子。

刘歆在整理中秘典籍的过程中，发现了当时还未立于学官的古文经典籍《春秋左氏传》《毛诗》《逸礼》《古文尚书》，要求将它们立为学官。哀帝要刘歆与那些治今文的《五经》博士"讲论其义"，那些博士们的学问远逊于刘歆，谁也不敢同他辩论。刘歆于是"移书太常博士"，对那些抱残守缺的今文经博士极尽奚落讽刺之能事，同时大声疾呼，要求正视古文经典的存在及其价值：

> 及鲁恭王坏孔子宅，欲以为宫，而得古文于坏壁之中，《逸礼》有三十九，《书》十六篇。……及《春秋》左氏丘明所修，皆古文旧书，多者二十余通，臧于秘府，伏而未发。孝成皇帝闵学残文缺，稍离其真，乃陈发秘臧，校理旧文，得此三事，以考学官所传，经或脱简，传或间编。……此乃有识者之所惜闵，士君子之所嗟痛也。往者缀学之士不思废绝之阙，苟因陋就简，分析文字，烦言碎辞，学者罢老且不能究其一艺，信口说

251

而背传记,是末师是非往古,至于国家将有大事,若立辟雍封禅巡狩之仪,则幽冥而莫知其原。犹欲保残守缺,挟恐见破之私意,而无从善服义之公心,或怀妒嫉,不考情实,雷同相从,随声是非,抑此三学,以《尚书》为备,谓左氏不传《春秋》,岂不哀哉!……夫礼失求之于野,古文不犹愈于野乎?往者博士《书》有欧阳,《春秋》公羊,《易》则施、孟,然孝宣皇帝犹复广立《穀梁春秋》,《梁丘易》,大小《夏侯尚书》,义虽相反,犹并置之。何则?与其过而废之也,宁过而立之。传曰:"文武之道未坠于地,在人;贤者志其大者,不贤者志其小者。"今此数家之言所以兼包大小之义,岂可偏绝哉!若必专己守残,党同门,妒道真,违明诏,失圣意,以陷于文吏之议,甚为二三君子不取也。①

刘歆的上太常博士书,击中了今文经学的弊端,阐述了古文经典的优点,在两汉历史上挑起了今古文经之争。由于这一争论不仅显示了学术思想的差异,而且隐含着两派知识分子对利禄之路的争夺,因而引起治今文经知识分子的嫉恨,儒生出身的光禄大夫龚胜、大司空师丹利用职权,上奏哀帝,攻击刘歆"改乱旧章,非毁先帝所立"②。一时间,刘歆在执政大臣中十分孤立,只得请求外出做官,以避开京师这一是非之地。其后,刘歆接连在河内、五原、涿郡等地任太守。中间因病辞官家居一段时间,又出复任安定属国都尉。元寿二年(公元前1年),哀帝病逝,王莽二次秉政。由于他们年轻时有同朝为官的老关系,加上互相倾慕,刘歆受到王莽的重用,先后任右曹太中大夫、中垒校尉、羲和、京兆尹,因参与治

---

① 《汉书》卷36《刘歆传》。
② 《汉书》卷36《刘歆传》。

252

明堂辟雍，被封为红休侯。"典儒林史卜之官，考定律历，著《三统历谱》"①。成为王莽的头号理论策士。

刘歆作为一介儒生，他满腹经纶，渴望得到理解和重用。在哀帝当政时，他因经学上的争论备受当权官僚的排挤，内心充满苦闷与不平。平帝即位后，他得到王莽的赏识和重用，步步高升，自己的学问也派上了用场。"士为知己者死"的观念使他先是自觉自愿，后是身不由己地跟着王莽亦步亦趋地走完了人生的全部历程。

刘歆跟定王莽后，挟着政治的力量，使他钟情的古文经立于学官，取得了官学的地位。刘歆也充分利用自己在学识上的优势为王莽服务，举凡文化教育以及制礼作乐方面的事宜，刘歆都积极地参与。如元始三年（公元 3 年）春，作为光禄大夫的刘歆受命"杂定婚礼"。同年夏天，"安汉公奏车服制度，吏民养生、送终、嫁娶、奴婢、田宅、器械之品。立官稷及学官，郡国曰学、县、道、邑、侯国曰校。校、学置经师一人。乡曰庠、聚曰序。序、庠置《孝经》师一人"②。这类制度虽以王莽的名义上奏，但具体制定者中少不了刘歆。也就在这一年，刘歆参与了王莽起明堂、辟雍、灵台的活动。接着举行为王莽加九锡的大礼，不用说，其中必定有刘歆的功劳。平帝死后，王莽做居摄皇帝，其繁杂的一套礼仪，没有刘歆的参与，别人恐怕也是难以胜任愉快的。居摄三年（公元 8 年）九月，王莽的母亲功显君病逝。身为少阿、羲和的刘歆奉命与博士儒生 78 人共同拟定了王莽服丧的礼仪。

由于刘歆在王莽的篡政过程中起了重大的作用，特别是他推荐立为学官的古文经典，为王莽篡政活动的每一步都提供了理论

---

① 《汉书》卷 30《刘歆传》。
② 《汉书》卷 12《平帝纪》。

与历史的依据,因而,王莽对刘歆也大加酬赏。始建国元年(公元9年),刘歆被任为四辅之一的国师,封为嘉新公。他的儿子刘叠被封为伊休侯,奉尧之后,女儿刘愔也嫁给王莽的儿子、立为太子的王临。作为臣子,刘歆已位极人臣,再也无法升迁了。此后,刘歆虽然对自己的荣华富贵十分满意,但是,当他面对王莽的新政所造成的混乱时却又不能无动于衷。作为一个历史知识非常丰富、对历代治国经验教训深有研究的知识分子,刘歆显然无法在所有问题上都赞同王莽。而且,由于登上帝位的王莽实行的是绝对专制主义的行政原则,他把一切权力都操在自己手上,刘歆等人不仅没有多少实际权力,而且也难以影响王莽的政策,更不要说改变他那些虐民害物的举措了。如此一来,刘歆只能采取消极的态度。而这样做的结果就会在他与王莽之间产生裂痕。始建国二年(公元10年),发生了甄丰、甄寻父子利用符命分割王莽权力的案子。刘歆的儿子、侍中东通灵将、五司大夫隆威侯刘棻、右曹长水校尉伐房侯刘泳,以及刘歆的弟子侍中骑都尉丁隆等也都因牵进这个案子而死于非命。刘歆本人尽管没有直接卷入这个案子,可是儿子与弟子的卷入他能摆脱干系吗?特别是王莽能不由此加深对他的怀疑吗?果然,此后王莽的一系列重大的政治、军事活动,都没有刘歆参与的记载,他显然已被王莽视为不可靠的人物挂起来了。从现有资料推断,刘歆自从王莽篡汉立新以后,他的功用也就基本完结了。新朝建立后持续多年的制礼作乐的活动,刘歆肯定还是参与者之一,不过他距王莽的决策中心却是日趋遥远了。

王莽即真做皇帝时,曾立其儿子王临为太子。其后不知什么原因,父子之间发生了龃龉。地皇元年(公元20年),一场大风吹坏了王路堂,王莽以此为由,废掉了王临的太子地位,贬他到洛阳去做统义阳王。此前,王莽妻子失明,王莽命王临在宫中奉养母亲。王临在此期间,曾与王莽私通过的莽妻侍者原碧私通。他们唯恐事泄,于是共谋杀死王莽而早登帝位。王临之妻刘愔亦参与其事。后来王临被贬出京师,这一计划也未能实行。王临虽被贬,但诛杀王莽的密谋一直使他惴惴不安。在洛阳,他得知母亲病危的消息后,十分难过,在给母亲的书信中,他哀叹自己不可捉摸的命运说:"上于子孙至严,前长孙、中孙年俱三十而死。今臣临复适三十,诚恐一旦不保中室,则不知死命所在!"①王莽发现了这一书信后,十分震怒。莽妻死时,也不准王临奔丧。在殡葬妻子后,王莽收系原碧,严加拷问,知悉了王临等人的密谋,于是逼令王临自杀,又下诏刘歆,逼令刘愔自杀身死。

经过甄丰、甄寻和王临两个案件,刘歆两儿一女死于非命,这对已进入老年的刘歆来说,不啻是致命的打击,显然也斩断了他与王莽之间感情的思缕。随着王莽政权的日益衰败,特别是反抗王莽的起义军声势的日趋浩大,刘歆看出王莽的末日已经来临。既然自己与王莽的恩义已断,他没有理由为王莽殉葬,因而参加了卫将军王涉和大司马董忠诛杀王莽的政变阴谋。地皇四年(公元23年)七月,因事不机密,被人告发,刘歆以自杀结束了自己的一生。

刘歆的一生展示了一个学者政治家的悲剧。刘歆具有惊人的才华和学者的气质,是当时最负盛名的大学问家。如果他埋首学问,不入官场,他留给后人的岂止一部《七略》?然而,历史却没有给当时知识分子创造一个纯学者的职业和纯学术的环境。刻苦攻读经书的莘莘学子想到的是做官从政的利禄之路,教导他们读书的博士官们也并不安于自己的教职,而是向往着有朝一日去执掌郡守的大印,或身着九卿的官服朝拜皇上。做官是主业,学问是副

---

① 《汉书》卷 99 下《王莽传》。

业,"学而优则仕"的观念引导所有的知识分子走向险恶的争官争权的竞技场。刘歆不知道自己的所长是读书做学问,自己的所短是不善周旋于官场,偏偏去以己之长争己之短。他不是扬长避短,而是得短丢长。他只要致力于学问,很短时间就会做出显著成绩,可一旦做官从政,立即就显出左支右绌的狼狈相。他的学问基本上都是在平帝之前,大约40岁以前做出来的。平帝以前,他曾做过三个郡的太守,没有留下一点点值得称道的政绩。平帝以后,他在仕途上飞黄腾达,不仅学问毫无长进,而且原来的那点学问通统用来为王莽的篡政服务。而一旦王莽篡政成功,他却又以高官厚禄备受冷遇。刘歆得到了一个知识分子梦寐以求的一切,但很快发现这一切带给自己的并不是无限的欢悦,而是无尽的苦恼:他帮着王莽登上"安汉公"的宝座,希望王莽下一步不是代汉立新而是"复子明辟"。作为刘氏宗室贵族的一员,从心理上说他不愿江山易主,可是当王莽由居摄而皇帝时,他一介文弱书生,又只能投赞成票,眼睁睁地看着祖宗拼命流血打下来的基业轻而易举地转到别人手里。他不仅未能捍卫祖宗基业,而且还作为篡窃者的帮凶,在自己的历史上留下永远抹不掉的污点。他内心的痛苦和自责是可以想象的。从新朝建立到他因参与政变自杀身死,整整14个年头,刘歆是在对灵魂的自我拷问中,在难以排解的煎熬中度过的。然而,他却不能对任何人诉说自己的痛苦,在公开的场合,特别是在例行的礼仪中,他还必须对王莽表现出诚惶诚恐的恭敬之情,还必须把王莽的篡弑行径歌颂为应天意而顺民心。刘歆就是这样过着二重人格的生活。他时刻想摆脱这种生活,但又缺乏破釜沉舟的决心和勇气。他一天天地静观时变,一方面等待时机,一方面考虑一个万全之策。他的小心翼翼固然有正确的一面,不过遇事逡巡犹豫的知识分子的劣根性也使他难以恰到好处地把握时机。他参与政变的密谋反映了他结束自己二重人格的最后努力,但由于偶然的和必然的种种原因,他只能以自杀来显示他对传统道德观念的回归。

四辅中的最后一个人物是哀章。与王舜、平晏和刘歆不同,在以符命冒险投机以前,他与王莽没有任何关系。他是广汉梓潼(今属四川)人,在长安求学,是一个对当时的政治风向特别敏感的青年知识分子。居摄三年(公元8年),他看到王莽靠符命一步步地获得假皇帝的头衔,断定王莽下一步就要做真皇帝,所以毅然来了一次赌身家性命的冒险,造作符命要王莽做皇帝,而将自己的名字也列入辅政大臣之列。由于哀章揣摩透了王莽此时的心态,基本上迎合了王莽的需要,投机一举成功。王莽做皇帝后,也就依照符命所示,实际上就是按照哀章自己的要求,任命他为国将,封他为美新公,成为位属上公的四辅之一。不过,由于哀章与王莽毕竟没有什么感情上的联系,在王莽篡政的过程中也没有立下值得称道的功劳,所以,尽管王莽赏给他上公之位,却没有给他实质性的权力。一些重要的军事政治活动也不让他参加。哀章平时所能做的事,大概就是参加例行的礼仪活动,并在家中享受那轻易得来的富贵荣华。以投机起家的哀章个人品质肯定好不了,绝对不会是一个清正廉洁的官吏。他利用职务之便,经常干点以权谋私的事,史籍记载他"颇不清"。王莽本来对他就不怎么信任,在发现他有不廉洁的行为后,立即为他设置了一位名叫和叔的官员,名义上是为国将服务,实际上是负责监视他的行动。王莽给他的指令是:"非但保国将闺门,当保亲属在西州者。"①即要求对哀章及其留在原籍的亲属严密监视。哀章地位的沦落于此可见一斑。

---

① 《汉书》卷99中《王莽传》。

哀章住在京师,在和叔的监视下过着百无聊赖的日子。地皇三年(公元 22 年)冬天,王莽派到东方与赤眉军对战的官军主帅廉丹战死。闲得无聊,祈盼摆脱在京师尴尬处境的哀章,瞅准机会,引据传说中的故事,向王莽表忠心说:"皇祖考黄帝之时,中黄直为将,破杀蚩尤。今臣居中黄直之位,愿平山东。"[1]王莽对哀章尽管很不信任,但他自愿到前线效力而不是到富庶的地区或部门捞油水,毕竟精神可嘉。于是就答应了哀章的要求,命他到东方前线,与官军统帅太师王匡一起同赤眉军作战。第二年,更始元年(公元 23 年)三月,王莽诏命太师王匡、国将哀章、司命孔仁、兖州牧寿良、卒正王闳、扬州牧李圣等统率州郡兵 30 万人,向活跃于青州、徐州等地的赤眉军猛烈进击,东方战场进入白热化的决战。四月间,绿林军北上攻克昆阳(今河南叶县)等城,威胁王莽的东方统治中心洛阳。王莽于是派出王邑、王寻急驰洛阳,调集重兵围歼绿林军。王匡与哀章统率的官军也于此时被调至洛阳一带,加入了王邑的指挥系统。六月,王邑等指挥的四十余万大军在昆阳被绿林军一举歼灭。王莽灭亡的形势已定。王邑返回长安,哀章与王匡据守洛阳一座孤城。十月,起义军攻破长安,新朝灭亡。与此同时,洛阳也被绿林军攻破,哀章与王匡投降起义军。二人被囚送到更始政权的所在地宛城,双双被斩首示众了。

在四辅之中,哀章是一个既无政治谋略又乏军事才能的骗子,他所以能爬上高位,全凭自己一次冒险的政治投机,迎合了另一个更大骗子王莽的需要。哀章是那个时代符命政治的产儿,是特殊历史条件下的畸形产物。即使在封建社会的比较清明的时代,哀章之类的骗子也难以堂而皇之地登上如此显赫的官位。哀章的

---

① 《汉书》卷 99 下《王莽传》。

被诛自然是死有余辜,但他的出现却表明,王莽时代的封建政治在运行中已经越出了常轨,一个骗子大行其道的皇朝是不会长久的。

## 2. 平庸之辈统率精锐之师,犹如绵羊指挥老虎打仗难逃失败

三公之一的甄邯,字子心,大概也是儒生出身,年轻时做过髳(今陕西周至西)令。因为娶了连相三主的大司徒孔光的女儿为妻,得以步步高升。哀帝死后,王莽秉政。他见元后对元老重臣孔光特别尊重,就决定利用孔光为自己服务,对其格外尊宠。于是任命甄邯为侍中奉车都尉,让他作为自己与孔光之间联系的桥梁。凡是哀帝外戚和其他王莽不中意的臣子,王莽一律给他们加上种种罪名,然后让甄邯转达自己的意图给孔光,要孔光再以个人的名义上奏元后,将他们一一除掉。由此,甄邯成为王莽手下主击断的大臣,专门对付那些王莽视为异己分子的内外臣僚。以后,在以王莽比附周公,封其为安汉公的过程中,甄邯是一个最积极的策划者,成为元后和王莽中间的联络人。王莽的意旨由他转告太后,再由太后下诏。在封赏王莽的同时,甄邯也沾光不少,被封为承阳侯,食邑2 400户。元始二年(公元2年),甄邯晋升为左将军,不久,再转右将军。在立王莽之女为平帝皇后的一系列密谋策划中,甄邯又是一个积极的参与者。元始三年(公元3年),发生了吕宽之狱,王莽的儿子王宇也参与其中,王莽毫不留情地对参与者予以诛杀,包括自己的儿子与儿媳,甄邯看到这又是一个向王莽卖媚邀功的好机会,于是劝元后下达了一个表彰王莽的诏书,称颂王莽"居周公之位,辅成王之主,而行管蔡之

诛,不以亲亲害尊尊"①。元始五年(公元5年)正月,在举行过祫祭明堂的大典以后,甄邯又及时地要求元后下诏,给王莽加九锡,使王莽的权力和地位又高升一步。平帝死后,孺子婴成为皇位继承人,王莽成为摄皇帝,甄邯也水涨船高,晋升为太保后丞、大将军。居摄二年(公元7年),翟义在东郡起事,霍鸿、赵明等在关中起事响应。王莽为确保首都,一面派兵围剿霍鸿、赵明之军,一面以甄邯作为大将军"受钺高庙,领天下兵,左杖节,右把钺,屯城外"②,成为保卫首都的最高军事统帅。可见,王莽对甄邯信任的程度。始建国元年(公元9年),王莽即位做皇帝,甄邯被任命为大司马,封承新公,为三公之首。不过,此后《汉书》已不见甄邯活动的记载。始建国四年(公元12年),甄邯死时,王莽也没有封赏他的儿子。看来,在王莽称帝以后,或者因甄邯的态度趋于消极,或者王莽对他的态度有所转变,不管出于什么原因,甄邯的地位显然不及以往那么举足轻重了。甄邯与王莽的关系在一定程度上可以作为王莽与臣子关系的缩影,作为一个只相信自己的独裁者,王莽手下没有多少忠贞到底的臣子。这是因为,王莽本人不想对某些臣子给予太多和太长时间的信任,以防他们位高权重造成对自己的威胁。而王莽臣子们对王莽忠贞的程度是以王莽赐予他们功名利禄的多少为转移。他们一旦发现王莽对自己发生信任危机,或不能给予自己更多的功名利禄,他们就会产生对王莽的离心倾向。因此,在王莽与他们的臣子之间就发生层出不穷的离叛与诛杀。比较而言,甄邯能够在正常情况下寿终正寝,还算是幸运的了。

---

① 《汉书》卷99《王莽传》。
② 《汉书》卷99《王莽传》。

三公之一的王寻大概是王莽的同宗，与王莽的亲族关系史无明载。在王莽称帝之前，史籍关于王寻活动的记载很少，只在平帝初立的元始元年（公元1年），《汉书·匈奴传》记载他以副校尉的官职同中郎将王骏、王昌等一起出使匈奴。估计此后他日益得到王莽的信任，到王莽篡汉立新前夕，王寻已经进入王莽的权力核心。所以到始建国元年（公元9年），王莽建立新朝时，他才能被任命为司徒，封为章新公。不过，王寻做司徒后，政务活动不多，见于记载的多是带兵从事征战。地皇元年（公元20年），王寻与王邑一起受命督修九庙，这是见于记载的王寻唯一的一次非军事活动。地皇三年（公元22年）正月，壮丽辉煌的九庙历时3年后终于建成，王莽为此举行了隆重的谒庙大典。王寻因治庙有功得赏赐钱千万。这一年，全国的形势对王莽来说变得更加严峻，绿林、赤眉等起义军越战越强，另外，在不少地方还有新的起义军投入反抗官府的战斗，而遍及全国各地的各种自然灾害更使社会的稳定不复存在。为了对付各地的起义军，王莽不断调兵遣将，调整军事部署。其中命王寻率十万余兵马镇守洛阳。王寻自长安出发，第一天在长安东郊的霸昌厩宿营，夜晚，王寻所带的象征权力的黄钺不见了。在当时谶纬迷信泛滥的氛围中，此事造成的影响可想而知。王寻手下的谋士房扬痛哭流涕，他引证《易·巽卦》上九爻辞"丧其齐斧"（失去利斧之意），预言大不吉利，自动辞职，不随王寻去洛阳。王莽知悉此事以后，立即派人将房扬杀了。

尽管王莽使出浑身解数，把官军主力不断派往东方战场，但不仅没能消灭起义军，连中原的政治、军事重镇洛阳也日渐陷于起义军的包围中。四月，当刘秀、王常等指挥的绿林军连下昆阳（今河南叶县）、郾（今河南漯河）、定陵（今河南舞阳北）等城，兵锋指向洛阳时，王莽十分恐慌，立即派大司空王邑赶到洛阳，全权指挥对起义军的作战。王寻是王邑的主要副手。六月，王邑、王寻指挥的王莽最精锐的 40 万大军与绿林军鏖战昆阳城下，结果被绿林军一举打垮，王寻就在这次激战中成了起义军的刀下鬼。王寻是少数几个王莽信任到底的臣子，也是为王莽殉葬的少数臣子之一。此人大概除了对王莽不变的忠心外，政治、军事才能都不算上乘。因为在所有史料中，根本无法找到关于王寻政治谋略和军事才干超逾常人的一条记载。这样一个才能平平的人物能够得到王莽始终不渝的信任，说明王莽信任的是奴才而不是人才。

三公之一的王邑是王商的儿子，王莽的叔伯兄弟。哀帝时承父嗣为成都侯，任侍中。他与王莽的关系一直十分密切。元寿二年(公元前 1 年)，被免去大司马大将军之职的王莽已由封地新都回到长安。此时王邑还任侍中，在哀帝身边服务。他利用职务之便，"矫称太皇太后指白哀帝，为莽求特进给事中"①。此事暴露真相后，哀帝碍于元后的面子，没有让王邑丢掉性命，只是将他降为西河(今内蒙古准噶尔旗北)属国都尉，削去千户。此事说明王邑与王莽的关系非同寻常，因为他甘冒杀头的危险为王莽服务，这不是一般关系的人能够做得出来的。同时也说明，王邑是一个胆大妄为的人，办起事来，敢于冒险，不计成败。正因为与王莽关系密切，所以平帝登基，王莽二次秉政后，王邑也就成为王莽的"心腹"人物，进入了权力核心并且一直到死，保持了对王莽的忠贞不渝，而王莽对他的信任程度，也超过了其他任何臣子。从平帝时期开始，王邑就积极参与了王莽的一系列重大政治、军事活动，直到最后为保卫王莽战斗到死，为自己与王莽的关系画了一个句号。

居摄二年(公元 7 年)九月，翟义在东郡举起反对王莽的义旗

---

① 《汉书》卷 86《何武传》。

以后,时任光禄勋的王邑被任命为虎牙将军,同孙建等人一起共同督兵围剿翟义。十二月,在圉(今河南杞县南)打败了翟义军,为王莽立下一大功劳。返长安以后,又奉命参加围歼赵明、霍鸿领导的关中起义军的战斗,到居摄三年(公元8年)二月,这支义军也被消灭。王邑由此为王莽立下又一大功劳。这两支义军的失败,使王莽认为自己天下无敌,于是进一步加快了篡政的步伐,第二年,就正式登上了帝位。

始建国元年(公元9年),王邑被任命为大司空,封为隆新公。第二年,尽管他的弟弟王奇陷入甄丰、甄寻父子谋叛的案件被诛杀,但王莽对王邑的信任一如既往,王邑对王莽的忠心也丝毫没有动摇。天凤元年(公元14年)二月,王邑与太傅平晏一起去洛阳,规划营建中都的事宜。

天凤三年(公元17年)二月,发生地震,接着又出现全国性的大雨雪,关东有些地区雪深达一丈,不少竹柏都冻死了。王邑于是向王莽上书,把一切责任都揽到自己头上:"视事八年,功业不效,司空之职尤独废顿,至乃有地震之变。愿乞骸骨。"①如果是一个不被信任的臣子,王莽当然可以借机将他赶出朝堂。但此时王莽已将王邑视为自己的左右臂膀,所以,不仅未让他辞职,而且还把责任由自己兜起来,对王邑大大安慰了一番。五月,长平馆附近的泾水西岸崩坍,堵塞河道,使之折而北流。王莽派王邑前去巡视,王邑回来将所见情况回奏,群臣认为是匈奴灭亡的吉祥之兆,使王莽很是高兴了一阵子。

地皇元年(公元20年),王莽决定为他的祖宗在长安大起九庙,王邑与王寻被指定为督导工程的最高负责人。三年后,九庙建

① 《汉书》卷99《王莽传》。

成,论功行赏,王邑得钱千万。此后,新朝面临的军事形势一天天恶化。地皇三年(公元23年)四月,当绿林军攻克昆阳一线时,王莽慌了手脚,立即派王邑"驰传至洛阳",调兵百万,倾全力与起义军在中原战场上进行一场赌新室命运的战略决战。王邑作为王莽派到前线的最高军事统帅,刚愎自用,决策失误,导致了昆阳之战的彻底失败。参与此场战役的纳言将军严尤此前已在中原与起义军多次作战。六月,他率兵与王邑会合于绿林军已占领的昆阳城下。极具战略眼光的严尤认为,绿林军立为皇帝的刘玄在宛城(今河南南阳),那里兵力空虚,官军完全应该置昆阳不顾,而以主力直扑宛城,只要拿下宛城,摧毁义军的领导机构,战场上的胜负也就决定了,此时的王邑已被自己幻化的胜利冲昏了头脑,他根本听不进严尤的正确意见,认为官军数量上的优势已经决定了胜负,信心十足地说:"百万之师,所过当灭,今屠此城,喋血而进,前歌后舞,顾不快邪!"①王邑已经把一场即将到来的残酷厮杀看成一场壮观的阅兵式了。四十多万大军将昆阳一座弹丸小城围了数十重,城内守军也被官军表面的强大吓住了,表示了投诚之意。严尤又建议让城内部分义军逃走,以渲染官军的强大,造成起义军心理上的压力。王邑仍然拒绝接受。接着,就发生了那场使官军全军覆没的大决战。几十万官军,王莽最强大的有生力量,被看起来弱小的起义军从军事地图上抹掉了。王寻被杀,王邑靠从长安带来的数千勇敢之士的保卫,才勉强突出重围,狼狈逃归洛阳。王莽官军在昆阳的惨败,原因固然是多方面的,但王邑拙劣的指挥毕竟是其中最重要的原因之一。昆阳之战的结果表明,王邑在军事上实在只能算是一个庸才。因为他在镇压翟义起义军和赵明等关中义

---

① 《汉书》卷99下《王莽传》。

军时取得的胜利,王莽就认为他是一个军事干才,毫不犹豫地将全国的精锐之师交由他统率,结果全盘输光。王莽新朝灭亡的命运也就无可挽回了。

王邑收拢残兵败将困守洛阳,与四面八方不断涌来的起义军作战,艰苦地支撑着东方的危局。

七月,发生了卫将军王涉、大司马董忠和国师公刘歆的谋叛案以后,王莽面对"军师外破,大臣内畔,左右无所信"①的局面,觉得只有王邑还是最可信赖之人,决定将他从洛阳召回长安,共同计议巩固首都的安全。崔发提醒王莽说:"王邑这个人一贯小心谨慎,今天刚刚在昆阳之战中惨败,损兵折将,此时征他还都,他可能想不开引咎自杀,所以应该好言相慰,使他解除疑虑,安然归来。"王莽于是派崔发驰传至洛阳,向王邑传达王莽的意旨说:"我年老没有嫡生儿子,欲将天下传给你。见旨免去一切谢恩礼,立即束装就道。"王邑回到长安后,被任命为大司马,全权领导长安的保卫战。

王莽的精锐军事力量基本上被消灭在昆阳战场,长安的卫戍部队也在长安外围的战斗中丧失绝大部分。到九月,起义军已包围了长安城。十月一日,起义军从宣平城门攻入城中。王邑等人虽分兵在北阙下拼死抵抗,但经过一整天的战斗,绝大多数官府都被起义军占领。十月二日,起义军打进皇宫。十月三日,王邑等千余残兵败将随王莽至湖中小岛渐台,作最后的困兽之斗。经过一番激战,渐台上的千余守军矢尽援绝,绝大部分都在与冲上渐台的起义军战士的格斗中死去。王邑退至渐台时见他的儿子王睦正换装准备逃走,他对儿子严加训斥,令之拼力死战。父子二人共同护卫王莽,最后战死于同起义军的搏战中。

---

① 《汉书》卷99下《王莽传》。

王邑是尽忠到底的王莽臣子,即使在王莽失败已成定局的情况下,他也没有动摇过。最后以必死的决心,顽强的战斗,为王莽流尽了最后一滴血。从封建道德的观点看,王邑也实在够得上忠臣的典范了。不过,由于他附着于王莽这样的被人民和历史唾弃的皇帝,顽固地与起义的农民军对抗,他的近乎壮烈的死是没有什么积极意义的。上面已讲到,王邑是少数几个王莽信任到底的臣子,大概从居摄开始,他就是王莽手下最有权势的人物。虽然他长期担任的大司空就官职本身而言并不十分重要,但实际上王邑的权势却远远超过了官职本身的权限,成为朝中头号重臣。然而,王邑的才干与他承担的职责是很不相称的。他既缺乏政治上的谋略,又缺乏军事上的才能,所以在昆阳之战中被弱而小的起义军打得一败涂地。最后,他虽然被委以指挥的全权同起义军殊死搏斗,但也只能以死回报王莽对他的信任,尽上臣子的忠贞之节。如此一个庸才而获得如此高的职位,结果只能是误国亡身!

## 3. 奴才一旦不安其位,主子的
## 屠刀就会架到他的脖子上

　　四将之首的甄丰字长伯,是较早与王莽建立密切关系得到信任的臣子之一。他可能出身于儒生。成帝绥和元年(公元前8年),当王莽晋升大司马大将军之时,甄丰也由京兆都尉升为水衡都尉,第二年,改任泗水相,进入了当时高级官吏的行列。元寿二年(公元前1年),他以右曹中郎将转升光禄勋,成为朝廷的九卿之一。这一切说明,甄丰在仕途上还是相当顺利的。大概在此之前,他已经与王莽建立了较密切的感情联系。

　　元始元年(公元1年),平帝继位,王莽第二次秉政,甄丰就成为权力核心的重要人物之一。与甄邯一起"主击断",对付王莽的"异己"势力。二月,甄丰以左将军、光禄勋封广阳侯,食邑5 000户,任为少傅,成为"四辅"之一。同年六月,甄丰以少傅、左将军的身份奉命去中山国,"赐帝母中山孝王姬玺书,拜为中山孝王后。赐帝舅卫宝、宝弟玄爵关内侯。赐帝女弟四人号皆曰君,食邑各二千户"①。表面上是给平帝的亲属以荣华富贵,实际上是要他们滞留封国,隔断他们与平帝的联系。

元始二年(公元2年)四月,甄丰以少傅、左将军升任大司空,成为王莽身边最有权势的人物之一,"威震朝廷"。第二年,发生了吕宽之狱。甄丰奉王莽之命审理此案,他"承莽风指,遣使者乘传案治党与,连引诸所欲诛"②,当时很有名气而为王莽所不悦的一些人物,如上党的鲍宣、南阳的彭伟、杜公子、前将军何武等皆被牵连致死,"郡国豪杰坐死者数百人"。③ 不久,在立王莽女儿为平帝后的过程中,他也是奔走效力,使出浑身解数的一个人物。由于甄丰为巩固王莽的权势不遗余力,随着王莽地位的不断升高,他也不断得到新的官位和封赏。居摄元年(公元6年)三月,甄丰被任命为太阿右拂,成为为数不多的几个辅弼之臣。同年十二月,他的孙子甄匡被元后下诏封为并力侯。居摄二年(公元7年)九月,当翟义在东郡起义,赵明在关中起事的时候,甄丰是与王舜一起奉命"昼夜循行殿中",保卫王莽的最亲信的臣子之一。但是,此后甄丰没有跟上王莽篡政的步伐。在王莽即真的问题上,他只是被动地跟着走,没有主动积极地贡献智慧和谋略,所以,在始建国元年(公元9年),王莽登基之后的封赏中,他仅捞了一个更始将军、广

---

① 《汉书》卷12《平帝纪》。
② 《汉书》卷86《何武传》。
③ 《汉书》卷86《何武传》。

新公,与卖饼儿王盛、城门小吏王兴同列,心中自然是很不高兴的。王莽作为一个大独裁者,他用人的原则是忠心则用之,稍有不满则冷漠之,离心离德则诛杀之。他对甄丰采取弃而不用的办法,此后的一些重大的决策,甄丰都被排斥在外,坐了冷板凳。如果甄丰是一个明哲保身,知足而乐的人物,以韬晦之计对付王莽,假以时日,王莽还可能再重用他。然而,甄丰是一个一路顺风在官场上得意非凡的人物,加上素性刚强,怎么吃得下这窝囊气!他与儿子计议,决定精心谋划对王莽的反击。甄丰的儿子甄寻当时做侍中京兆大尹、茂德侯,他于是以王莽之道还治王莽之身,也造作符命,"言新室当分陕,立二伯,以丰为右伯,太傅平晏为左伯,如周召故事"①。意思是,以陕(今河南三门陕)为界,将全国分成两部分,以西由甄丰管理,以东由平晏管理,像当年周、召二公分区管理西周王朝一样。因为王莽是视符命为神圣的皇帝,尽管心里很厌恶,但表面上仍然敷衍一番,就依符命立甄丰为右伯,命他出京西行述职。王莽的目的是看下一步甄丰父子如何动作。第一次造作符命成功,使甄丰父子不由窃喜,认为王莽易于对付。甄寻得寸进尺,又造作符命,要求将原汉平帝皇后,已封为黄皇室主的王莽女儿,做自己的妻子。甄氏父子或许想通过此举与王莽攀上亲戚,以增加自己的身价。但在王莽看来,却不啻是对自己威严与地位的挑战。已经高高在上的王莽总"心疑大臣怨谤"自己,欲借此机会"震威以惧下",于是大发雷霆之怒:"黄皇室主天下母,此何谓也!"②下令逮捕甄寻,甄寻逃走。甄丰明白王莽不会轻饶自己,立即自杀了。此案牵连刘歆的儿子等达官贵人数百人遭诛杀。甄寻

---

① 《汉书》卷 99 中《王莽传》。
② 《汉书》卷 99 中《王莽传》。

随一方士入华山躲避追捕，一年多时间，还是没有逃脱王莽的魔爪。甄寻被杀以后，见他手心印着"天子"二字，这是他要取代王莽的重要佐证。王莽命人割下这支手臂送来观察，他边看边说："此一大子也，或曰一六子也。六者，戮也。明寻父子当戮死也。"①于是学习传说中的祖宗舜对付反对派的办法，流放刘棻于幽州，放逐甄寻于三危，诛戮丁隆于羽山，"皆驿车载其尸传致"。

甄丰父子谋叛案是王莽统治集团内部离叛的一个大案，案犯秩级之高，与王莽关系之密切，牵连人数之多，都是以前的案子无法比拟的。它说明以个人私利结合在一起的王莽集团，在其利害关系变动时必然出现无穷的矛盾和斗争。而随着王莽政权危机的加深，这种矛盾和斗争必然进一步地加剧。甄丰父子之案还表明，王莽以符命作为对付刘氏皇朝的武器虽然着着成功，但也给臣子们用此武器对付自己树了一个榜样。此后，他的臣僚和子孙也多次用此武器向王莽发起挑战。

甄丰、甄寻父子是王莽集团的核心成员，他们曾为扩大和巩固王莽的权力尽心尽力，因而在一段时间内备受重用和信任。然而，他们父子的一切活动都是为着自己的利益旋转。他们既无节操，也乏才干。作为汉皇朝的臣子而背叛汉皇朝，作为新皇朝的臣子而向新皇朝开战。而在其从政生涯中并未表现出特出的政治谋略与军事才干。为王莽服务时，他们跟着王莽的指挥棒动作，显示不出什么创造性，向王莽挑战时用的是王莽的方法，显得十分拙劣。他们的毁灭也算是罪有应得吧。

四将之一的王兴原本是一个闲居的城门令史，因为名字起得十分吉利，被哀章写进符命，于是，天上掉下馅饼来，一夜之间就变

---

① 《汉书》卷99中《王莽传》。

成了新皇朝的新贵。在始建国元年(公元9年)被王莽任命为将军,封为奉新公。王莽为了笼络他,还将自己的孙女王妨嫁给他做了妻子。但是,一来因为他出身卑微,与王莽没有什么感情上的联系,二来因为他是一个平庸之辈,也无法膺承重任。所以,他当上将军以后,实际上还进不了决策圈,也没有独当一面担任重要的行政或军事责任,基本上在闲居中过日子。天凤五年(公元18年),他与王妨陷入王莽之孙王宗的谋反案,夫妻双双自杀。王兴的发迹也是符命政治的产物。一个微不足道的小人物被自己也想象不到的机遇推上高位,又被不由自主地牵进一桩他可能并不了解真相的案子而死灭。个人的命运就是如此地飘忽不定,不可捉摸。

四将之一的王盛也是因为起了一个好名字,应了哀章的符命,一夜之间就大富大贵起来。始建国元年(公元9年)被任命为前将军,封为崇新公。王盛一个卖饼为生的个体户,他的素养、学识、能力,与前将军的职务恐怕有着相当大的距离,他怎么能担当如此高级的官吏呢!所以,他也同王兴一样,只是尸位素餐而已,既进不了决策圈子,也担当不了什么重任,无非是与家人过他们做梦也想不到的优裕生活。大概他对王莽给予的富贵感激不尽吧。自从当上前将军,王盛就跟定王莽不动摇。任何谋叛活动都与他无缘,最后,他同王莽身边的一千余人保护王莽于渐台,死于同起义军的对战中。

四将之一的孙建,字子夏,是较早进入王莽核心集团的重要人物之一。哀帝元寿二年(公元前1年)一月,他由护军校尉升任执金吾,三月,再升右将军,成为汉皇朝的重要官员。大概在此之前,孙建与王莽就已经建立了较为密切的联系,取得了王莽的信任。平帝即位,王莽二次秉政后,孙建的地位更是步步高升,成为得力的爪牙之臣。元始元年(公元1年),赐爵关内侯。元始二年二

月,晋升左将军光禄勋。孙建一切按王莽的意志行事。在王莽立
自己的女儿为平帝皇后的过程中,孙建出力很大。后来,平帝死
去,王莽曾打算将平帝皇后改嫁给孙建的儿子,因平帝皇后坚持守
节而作罢。不过从中可以看出孙建在王莽心目中的位置。居摄二
年(公元 7 年)九月,翟义在东郡举起反莽的旗帜以后,王莽全力
组织对翟义的围剿,他派出的八个统兵的将军,为首者就是王邑和
孙建。始建国元年(公元 9 年),孙建被任命为立国将军,封为成
新公。在王莽的十一公中,孙建虽排在最后一位,其实他的实权不
仅超过四将中的王兴、王盛之流,也超过三公中的王寻、四辅中的
哀章、平晏和刘歆等人。王莽做皇帝以后,孙建明白王莽决心扫除
一切汉皇朝的遗迹,同时削去刘氏贵族的权力,于是在始建国二年
(公元 10 年)十一月,投王莽之所好,提出建议说:"臣请汉氏诸庙
在京师者皆罢。诸刘为诸侯者,以户多少就五等之差;其为吏者皆
罢,待除于家。上当天心,称高皇帝神灵。塞狂狡之萌。"①王莽接
受孙建的建议,刘氏宗庙被赶出长安,几乎所有刘氏贵族皆被剥夺
了实职,从荣华富贵者之列退了下来。十二月,王莽挑起了同匈奴
的战争,派出 12 位将军,分 10 路,率 30 万人马出征,这其中,为首
的将军就是孙建。自此之后,孙建的任务可能就是谋划对匈奴以
及其他少数民族的战争,直到天凤二年(公元 15 年)死去。

　　在王莽的重要臣子中,孙建也是对王莽尽忠到底的少数几个
人物之一。由于他完全依附于王莽,干的又是不义的民族战争,他
就成为激化汉族与少数民族矛盾、毒化国内民族关系的罪人。他
的全部活动,找不到一丝一毫的积极意义。

---

① 《汉书》卷 99 中《王莽传》。

## 4. 平庸者进,才俊者退,如此朝廷 怎么能兴旺发达

除了四辅、三公、四将等十一公之外,王莽统治集团中还有相当数量的中高级官吏,他们分踞中央与地方的许多重要位置,成为推动新朝整个国家机构运转的重要力量。其中有些人,就地位的重要而言,决不在十一公中的某些人之下。下面,仅择其重要者简要地予以记述。

在王莽第二次秉政时,环绕在他周围的主要人物,除了上面已经论及的王舜、王邑、甄丰、甄邯、平晏、刘歆、孙建、甄寻、哀章等外,还有涿郡崔发和南阳陈崇二人。

在王莽的班子中,以理论策士的面目出现的,主要是两个人,一个是刘歆,再一个就是崔发。崔发是涿郡(今河北涿县一带)人,儒生出身,曾聚徒讲学,后来参加绿林起义军,率兵进入长安的申屠建就曾跟他学过《诗》。崔发特别善于对符瑞进行有利于王莽的解释,所以后来被封为"说符侯"。由于正巧碰上了王莽这么一位符命皇帝,崔发的"特长"就找到了充分的用武之地,他也因此不断猎取享受不尽的荣华富贵。

始建国元年(公元 9 年),崔发被王莽任命为五威中城将军,任务是维持首都的治安。始建国三年(公元 11 年),王莽为太子设立了一套辅佐和服务的官员,崔发被任命为讲《乐》祭酒,成为太子的老师。天凤三年(公元 16 年)十月的一天,王路堂的朱鸟门突然发出鸣叫声,昼夜不绝。崔发对此解释说:"虞帝辟四门,通四聪。门鸣者,明当修先圣之礼,招四方之士也。"[①]经此一说,

---

① 《汉书》卷 99 中《王莽传》。

门鸣就成了大吉大利的好事,于是群臣都向王莽祝贺,各地举荐的人才也都从朱鸟门入宫对策。地皇元年(公元20年)七月,王莽听信望气为数的几个骗子的胡言乱语,认为有"土象功",于是决定在首都为自己的祖宗建立九庙。当时全国的反莽起事已经如火如荼,王莽政权呈现前所未有的危机,大兴土木只能给激化的阶级矛盾火上加油。可是崔发却故意迎合王莽说:"德盛者文缛,宜崇其制度,宜视海内,且令万世之后无以复加也。"①九庙工程大规模进行,王莽政权自然也加速了走向灭亡的步伐。

地皇四年(公元23年)七月,经过昆阳之战后的王莽政权几乎陷入绝境。为了进行最后挣扎,王莽决定从洛阳召回王邑。崔发奉命作为特使完成了这一任务。王邑返回长安后,王莽下令组成了最后一届核心领导班子,崔发被任命为大司空,成为三公之一。崔发成为大司空之后办的唯一一件事,就是建议王莽演出了一场哭天闹剧。他引经据典说:"《周礼》及《春秋左氏》,国有大灾,则哭以厌之。故《易》称'先号啕而后笑'。宜呼嗟告天以求救。"②王莽是病急乱投医,结果有长安南郊万众哭天的可笑而又可悲的场面。不过,崔发也明白,王莽政权的灭亡已成定局,任何人也不会有起死回生的灵丹妙药。他不打算为王莽殉葬,而是千方百计为自己寻一条苟活之路。大概在起义军攻进长安以后,他就借故离开了王莽。在渐台与起义军对战而死去的一千多王莽的臣子与士卒中,身为大司空的崔发却不在其中。他这时正在寻觅新的主人,以求保住自己的身家性命与富贵荣华。正巧,他以前教过的学生申屠建作为更始政权的将军率兵进入长安。崔发立即出来向他投诚。

① 《汉书》卷99下《王莽传》。
② 《汉书》卷99下《王莽传》。

他仍以老师的身份向申屠建妄说符命,鼓动申屠建背叛更始政权而自立。大概申屠建对他这位老师的人品十分厌恶,也为了表明与王莽政权划清界限,就让更始政权的丞相刘赐将崔发斩首了。

综观崔发的一生,可以看到,他是在当时的今文经学陶冶下品质最恶劣的儒生的代表人物。他没有信仰,没有节操,所作所为都是为了自己的功名利禄。为了投王莽之所好,他今古文经典并用,不论符瑞还是灾异都能作出对王莽有利,讨王欢心的解释。为了自己的富贵利禄,他毫无愧色地背叛汉皇朝,向篡弑者的王莽阿谀逢迎,并将王莽所有的虐民害物的举措说得既合天心而又顺民意。一旦王莽失势,面临穷途末路之时,他又毫不犹豫地离开王莽,去投靠新的主子。他对经学所蕴含的思想缺乏起码的信仰,只将经学看成一种随意玩弄的工具。对符瑞或灾异他并不相信,他的解释也只是对王莽的欺骗。崔发之流的儒生在王莽的时代能够如鱼得水,大行其道,轻而易举地猎到富贵,说明这是一个理性泯灭、蒙昧盛行的时代,这样的时代毕竟是不能长存的。崔发的下场也说明,一个以欺骗为生的儒生终有混不下去的一天。

与崔发齐名的陈崇是南阳(今属河南)人,从其素质看,他不是儒生出身,倒像起家于刀笔小吏。哀帝病逝后,王莽二次秉政,陈崇已经是他幕中的重要爪牙了。平帝时,陈崇任丞相司直,专门监察官吏的言行,特别注意侦察和迫害那些不屈从于王莽的臣僚们。当时,孙宝任大司农,他对太师孔光、大司徒马宫称颂王莽功德比周公不以为然,说:"周公上圣,召公大贤,尚犹有不相说,著于经典,两不相损。今风雨未时,百姓不足,每有一事,群臣同声,得无非其美者。"①陈崇看出孙宝是王莽的异己分子,决心抓个把

---

① 《汉书》卷77《孙宝传》。

柄让他丢官。可巧不久孙宝遣属吏迎接自己的老母妻子来京,谁知因老母途中生病,暂留其弟家,只将妻子接回。陈崇立即上奏,告发孙宝不孝。孙宝由此丢掉了大司农的官职。不久,陈崇又与甄丰、甄邯合谋,借吕宽之狱,诬陷著名将军辛庆忌的后代,致使其三个儿子护羌校尉辛通、函谷关都尉辛遵、水衡都尉辛茂及其宗族皆遭诛杀。在排陷朝内外官吏的同时,陈崇还不时寻找机会称颂王莽。在王莽得到"安汉公"的封号,女儿也做了平帝皇后之后,陈崇找到善于舞文弄墨的张竦,让他为自己起草了长篇吹捧王莽的奏文,提议恢复公国,以成王封赏周公的办法封赏王莽。元始四年(公元4年)春天,陈崇以大司徒司直的身份与其他七人一起"分行天下,览观风俗",到全国各地为王莽寻找"国泰民安"的材料。第二年,这八个人回到京师,"言天下风俗齐同,诈为郡国造歌谣,颂功德,凡三万言。莽奏定著令"①。陈崇因这次巡行的功劳,被封为列侯。居摄二年(公元7年)十二月,翟义的起义被镇压下去,已担任司威的陈崇又上书王莽,颂扬他为"配天之主",把镇压翟义军的胜利完全归结为王莽的"圣断",一席话把王莽吹得忘乎所以。陈崇做了司威之后,进一步强化自己的监察职能,把触觉伸向四面八方,将朝内外的所有官员,上至公孙王子,三公九卿,下至一般小吏,统统置于自己的监视之下。居摄三年(公元8年)春天,翟义、赵明、霍鸿等的起义全被镇压下去,王莽在未央宫白虎殿举行盛大宴会为将帅庆功,陈崇奉命"治校军功,第其高下"。此事刚过不久,陈崇又向王莽报告王莽兄长之子衍功侯王光与执金吾窦况勾结杀人之事,逼令王光母子自杀。由此可见,陈崇权势之盛已到炙手可热的程度了。始建国元年(公元9年),王莽正式

---

① 《汉书》卷99上《王莽传》。

登基,建立新朝。陈崇虽然没有进入"十一公"的官员之列,但被王莽任命为五威司命,职责是"司上公以下",成为朝廷最高的监察官,被封为统睦侯。他根据王莽颁发的六条对所有官员进行监察,是王莽最信任的爪牙之臣。在他手下,有一批五威将,经常到全国各地巡视,随时对各色官员行纠察之权。同时,他们还负责班符命,宣教化,授予各级王侯、官吏以及周边少数民族首领印绶,是名副其实的钦差大臣。陈崇通过这么一批人,建立起从中央到地方的监察网。因为王莽自己靠符命做了皇帝,一些投机分子也靠献符命取官封侯,一时间,献符命者络绎不绝。始建国二年(公元10年),陈崇认为如此下去符命就会滥得一文不值,就对王莽说:"此开奸臣作福之路而乱天命,宜绝其原。"王莽接受这一建议,遂将符命的班行和解释交由五威将帅垄断。也就是由陈崇垄断。

始建国二年(公元10年)以后,《汉书》中再也没有见到陈崇活动的材料。如此重要的一个人物突然销声匿迹,实在有点不正常。估计,此人死于非命的可能性很大。因为他手中握有那么大的权力,这种权力的运用未必事事时时均符合王莽的意旨。一次违背王莽的意愿,他就可能死无葬身之地。在王莽的官僚群中,陈崇是爪牙、鹰犬之类的突出代表。他善于察言观色,体味主子的意图;他嗅觉灵敏,善于发现猎物;他凶狠阴毒,杀人不眨眼,具有酷吏的品格。他的升迁与对其他臣子的屠戮成正比,他的官位是无辜者的鲜血染红的。不过,此类人物很少能有几人寿终正寝,他们往往因各种原因被送上断头台。

在王莽的官僚队伍中还有一批性格不同,作用各异,结局五花八门的人物,如,首献符命要求王莽即真做皇帝的前辉光谢嚣,诱塞外羌人献地内附的中郎将平宪,为陈崇、刘嘉起草颂莽奏书的张竦、五威将王奇,因谏罢六管而失官的纳言冯常,谏王莽废王田奴婢之法的中郎区博,因敢于击断而升官的孔仁、赵博、费兴,与赤眉军对战的更始将军王匡、廉丹,以矫世化俗为己任的老怪物太傅唐尊,敢于直言的左将军公孙禄,大司马严龙、陈茂、董忠、卫将军王涉、翼平(今山东寿光)连率田况,还有明学男张邯、地理侯孙阳,以及最后在渐台为王莽战死的䜌恽、王巡、王揖、苗诉等,都值得写上一笔。在王莽的官僚队伍中,最受青睐,委以重任的,并不是那些头脑清醒,颇具政治军事才能并且直言敢谏的优秀人物,而是那些投机取巧,投其所好的奸佞之辈。他们或胁肩谄笑,溜须拍马,歌功颂德;或残害异己,排陷正直,杀伐无辜;或异想天开,徒作大言,坑蒙拐骗;或惹是生非,无事生非,制造天下大乱。正是这样的一批人物,簇拥着既骗人又骗己的王莽,进行了中国历史上最荒诞的一场改革,制造了空前的一场灾难。而那些颇有政治谋略、军事才干和敢言直谏品格的优秀分子,重者遭诛,轻者被贬,没有一个得到升迁重用。如,纳言冯常看到六管中的问题,直言不讳地提出修正政策的建议,结果是被罢官。大司马司允费兴被任命为荆州牧,他提出奖励生产、轻徭薄赋之类缓和阶级矛盾的为政方略,结果也是未上任就取消了对他的任命。还有大司马严尤,因提出结束同匈奴战争的正确建议而丢官。翼平连率田况在青、徐二州镇压农民军取得显著战果而被调离原职,致使东方连连失利。特别是故左将军公孙禄全面批评了王莽的政策,被王莽下令赶出了朝堂。

所有兴旺发达的皇朝之所以兴盛发展,蒸蒸日上,原因是多方面的。但有一点是共同的,即所有这些皇朝都把当时最优秀的人才提拔到国家的各级管理部门,做到人尽其才,才尽其用。而一些品格恶劣的奸佞之辈却无法顺利地以售其奸,他们的活动地盘被缩小到最小的范围。而一些衰败没落的皇朝正好适得其反,无德无才的奸佞小人在这里找到恣意驰骋的广阔天地,才能卓越的志士仁人被冷落,被排陷,甚至被诛杀。王莽从元始元年(公元 1 年)到地皇四年(公元 23 年),二十多年间成为中国的实际当权者。在他麾下,宵小之徒,奸佞之辈,无能之人,凶残之类,如鱼得水,大行其道。这样的皇朝,除了走向灭亡之外,实在也不会有更好的命运。

# 第九章　无事生非

## 1.为了更换一枚印章,导致边陲烽火连天

　　始建国元年(公元 9 年),王莽正式登上帝位,建立新的皇统以后,为了进一步向全国人民,包括远在边陲的少数民族,证明他代汉立新是"受天明命"的大义之举,决定开展一次大规模的欺骗宣传。这年秋天,王莽派五威将王奇等 12 人,颁符命 42 篇于天下。这其中包括德祥五事,符命 25 和福应 12。"其德祥言文、宣之世黄龙见于成纪、新都,高祖考王伯墓门梓柱生枝叶之属。符命言石井、金匮之属。福应言雌鸡化为雄之属。其文尔雅依托,皆为作说,大归言莽当代汉有天下云"①。这些东西反复证明的中心问题,就是王莽代汉立新完全是"天意所迫",而不是他对"臣事君以忠"的封建道德信条的可耻背叛。这是因为,王莽在其篡汉的过程中,几乎每一次活动都制造了相应的符命。做皇帝以后,他感到有必要将以前的符命加以系统化:不太圆满的地方修补一下,有矛盾的地方改得顺畅一点,某些环节欠缺的,制造新的加以补缀。王莽要这 12 个五威将做 42 篇符命的宣道者,让这些人组成一个庞大的使团,带着符命、印绶分赴全国各地和边陲的少数民族聚居区,一方面广泛宣传符命,一方面将新朝的印绶分别授予那些更改

---

① 《汉书》卷 99 中《王莽传》。

名称的王侯、各级官吏以及匈奴、西域和周边其他少数民族的首领,顺便收回以前汉朝颁发的旧印绶。同时宣布,赐全国各级官吏爵二级,百姓爵一级,以表明全国的臣民都能沾上王莽新朝的福风惠雨,体验一下新朝"与民更始"的荣光。然而,与王莽的主观愿望相反,五威将成为十足的灾难传播者。他们以神气十足的钦差大臣自居,走到哪里,都颐指气使,为所欲为,将那里搅得沸反盈天。请看他们离奇古怪的样子:他们乘坐的是象征天的乾文车,驾车的是象征地的坤六马。各人都身着怪里怪气的服装,背上插着鹜鸟(即山鸡)毛。每一将都置前后左右中五帅作为保镖,各帅的衣冠车服驾马,都与他们所代表的方位相适应。将持节,称"太一之使";帅持幢,称"五帝之使"。王莽给他们的命令是:"普天之下,迄于四表,靡所不至。"这帮家伙,在内地,敲诈官吏,刻剥小民,大肆骚扰;到周边少数民族居住区以后,又大摆大汉族主义的臭架子,故意制造事端,开启边衅。在东北,他们到了玄菟、乐浪、高句丽、扶余。在南部和西南部,他们过徼外诸蛮、益州,把句町王降为侯。到西域,将那里三十多个国家的国王一律降为侯。对匈奴,王莽最为重视,特遣五威将王骏率甄阜、王飒、陈饶、帛敞、丁业等人,携带金帛,赠予乌珠留单于,说明新朝已代汉,要求单于交回原汉朝授予的印章"匈奴单于玺",更授予新朝的印章"新匈奴单于章"。举行授新印仪式时,王骏示意单于先交还旧印,左姑夕侯苏从旁提醒单于:不见新印,不交旧印。在单于的穹庐中,王骏再次要求单于交还旧印,单于不相信新印印文改变,就当场交换了新旧印章。右率陈饶估计单于见新印印文与旧印有别肯定不高兴,一定会向使者索取故印,就向同来的官员建议破坏旧印。他说:"乡者姑夕侯疑印文,几令单于不与人。如令视印,见其变改,必求故印,此非辞说所能距也。既得而复失之,辱命莫大焉。不如椎破故印,以绝祸根。"①"即引斧椎坏之"。第二天,单于果然遣右骨都侯求故印,理由是"今印去'玺'加'新',与臣下无别"。陈饶等出示被椎破的故印,态度傲慢,要求单于老老实实服从安排:"新室顺天制作,故印随将率所自为破坏。单于宜承天命,奉新室之制。"②单于仍然不答应,派右贤王入朝索故印。故印不可得,单于大怒,出兵进攻边塞,从此开启了王莽朝廷与匈奴持续多年的战争。而由王被贬为侯的句町王等西南夷和西域诸国少数民族的首领,也都先后发表声明,宣布脱离新朝的藩属地位,并乘隙进兵,骚扰边境。从此,新朝周边地区就陷入经常的战争之中。可是,当那位在匈奴制造事端,引发民族纠纷的陈饶回到长安之后,王莽竟对他大加褒奖,封其为"威德子"。对匈奴、西南夷、西域等地少数民族首领由王降为侯,更换印绶,使王莽的民族自大狂得到了暂时的满足。但是,也使他不得不吞下一枚致命的苦果:长年累月地对匈奴等边陲少数民族的战争,给各族人民的生命财产造成难以估量的损失,严重地削弱了王莽新朝的国力,进一步加剧了国内的阶级矛盾和社会危机,是王莽政权导向灭亡的重要原因之一。正如王夫之所说:"莽之召乱,自伐匈奴始,欺天罔人,而疲敝中国,祸必于此而发。"③

中国自古以来就是一个多民族的国家。自夏、商、周、春秋战国以来,以华夏为主体的中华民族的各个民族之间,就通过经济文化的不断交流而同化和融合。到秦朝一统天下之时,夏、商、周以来,曾活跃于中原地区的数以百计的许多少数民族都融进了华夏民族的汪洋大海。汉朝建立以后所形成的绵延两千多年的以炎、

---

① 《汉书》卷94下《匈奴传》。
② 《汉书》卷94下《匈奴传》。
③ 《读通鉴论》卷5《王莽》。

黄为始祖的汉族,实际上是一个民族的大熔炉。她正因为不断有新的民族血液的融入,才繁衍壮大成世界上人口最多的民族。历史事实表明:以经济、文化为纽带的中华民族有着巨大的向心力和凝聚力。尽管在秦朝和西汉前期,这个虎踞中原的中央皇朝都与周边少数民族,尤其是与匈奴发生过极其激烈的战争,但是,由于各族劳动人民之间有着和平交往的美好愿望,而经济和文化的强大纽带还是使各民族之间化干戈为玉帛,走到和平相处,互通有无,共同发展的道路上来。由于汉武帝时期对匈奴的战争取得了决定性的胜利,汉匈之间都产生了和平相处、共谋发展的愿望。汉昭帝不失时机地重新恢复"和亲"政策以后,在汉匈两个民族接壤的边陲地区,就出现了"城关不闭,牛马蔽野,边境晏然"的局面。而汉元帝时期王昭君的出塞,进一步加强了汉匈两大民族间感情的联系,在中国国内民族关系史上留下了千古传颂的佳话。此后,王昭君和她在匈奴的后代,一直致力于汉匈友好,哀、平时期,两个民族间的和睦相处已近半个世纪,战争已成为历史的回忆。汉武帝命张骞两次出使西域以后,随着对匈奴战争的胜利,汉政府在西域设置都护府,加强了汉朝中央与西域数十国国君的联系,加之刘细君远嫁乌孙王,"和亲"的纽带进一步深化了民族间的亲情,促进了汉族与西域各少数民族的友好往来,著名的丝绸之路成为欧亚间各国人民传播文化和友谊的国际通道,那响彻大漠的悠扬的驼铃声,传颂着东西方文明最早交汇的信息。汉皇朝继秦朝之后,与今日我国东北和朝鲜的各族也建立了友好的经济文化联系,并深深地影响了这里的发展。汉皇朝在西南夷聚居的今日四川、贵州、云南等地区设立郡县,派官治理,同时,给予少数民族首领以封爵和印绶,使他们产生了强烈的归属感。经济文化的联系与日俱增。事实证明:各民族之间和平友好的交往,对于促进各民族之间经济文化的交流和发展以及边疆地区的开发,对于促进中华民族的巩固、扩大和发展,对于促进历史上中国疆域的扩大与稳定,都是有好处的。历史上任何统治阶级的民族政策,凡是有助于加强各民族间友好交往、促进民族间经济文化交流、缔造民族间稳定的政治经济关系,就值得肯定和称颂;反之,凡是推行民族压迫奴役政策,毒化民族关系,制造民族间的分裂和战争,就是逆潮流、背民心,应该受到严厉的谴责和鞭挞。王莽的民族政策,继承的是中国历史上大汉族主义"内诸夏而外夷狄"的传统观念,奉糟粕为宝贝,认为"天无二日,土无二王",所有少数民族首领称王都是"违于古典,缪于一统",都是绝对不能容许的,都必须依照王莽的要求加以更改。在此问题上,王莽的顽固、愚蠢、可笑与可悲暴露无遗。按照一般惯例,代替旧皇朝的新皇朝在民族政策上大都继承多于创新,尽量维持民族间的稳定关系。在可能的情况下,最好给予各少数民族更多的好处,以增强其向心力。但王莽的政策却是反其道而行之。本来,王莽代汉立新之后,应专注处理影响国家安定的阶级矛盾与社会危机,对与周边少数民族的关系以稳定为前提,不要急于变动前朝与他们之间业已形成的关系。即使调整新朝与各少数民族之间的关系,也必须使他们感到新朝比旧朝对他们更好。然而,王莽的出发点却不是维系与各少数民族业已形成的稳定关系,而是让他们知道新朝必须与他们建立新的关系。这种新关系不仅要他们承认王莽新朝的宗主地位,而且必须接受新朝赐给他们的下降一级的新的封爵和印章。这里集中表现了王莽浸透了大汉族主义的愚蠢至极的自大狂。其实,少数民族的首领们称"王"还是称"侯"都不改变他们与王莽新朝关系的实质,而且,王莽既然是至高无上的皇帝,何必计较下边有那么一些远离自己统治中心的"蛮夷"君主称王呢!再说,只要他们拥护你王莽作为天下的共主,你又何妨给他们一个虚名让他们感激涕零呢!大概由于受中国特重名分的政治文化的影响吧,当时中国周边的少数民族的首领们都十分看重封号,汉皇朝基于此,也就尽量满足他们的要求,于是,数以百计的少数民族首领,有的统辖的人口还不如中原地区的一个小县或城镇,也都统统从汉朝皇帝那里得到王的封号和印章。王莽建立新朝后,急于向他们宣示自己的威德,理顺他们与新朝的关系,但在策略和做法上却犯下绝大的错误。王莽这个人是重形式超过重内容的人,既然自己的儿子孙子只能称为"公",其他人最多也就只能称为"公"或"侯"了。所以,在封爵问题上,他作了如下规定:"天无二日,土无二王,百王不易之道也。汉氏诸侯或称王,至于四夷亦如之,违于古典,缪于一统。其定诸侯王之号皆称公,及四夷僭号称王者皆更为侯。"①王莽看到,汉氏诸侯王大都老老实实接受更改名号的要求,也就误认为"蛮夷君主"会服服帖帖地服从安排,他忘记了,对于刘姓诸侯王,他有着强大的制约手段,而对于少数民族首领们,他的制约手段未必有效。王莽过高地估计了自己的威德,过低地估计了"蛮夷"们的反抗意志。他满以为,只要五威将将他的"圣意"一经宣示,"蛮夷君主"就会立即叩头称谢,山呼万岁了。岂不知,王莽碰到的却是他始料不及的剧烈反叛。双方都注重名分,谁也不会让步,就只有兵戎相见了。在对待少数民族首领的问题上,王莽的愚蠢不仅表现在他制定了一个徒然引来麻烦的政策,更表现在当这一政策引来麻烦时他不知道转圜。如果王莽是一个头脑比较清醒的统治者,他完全能够看到政策失误所造成的危险,并不失时机地采取补救措施。比如,当匈奴单于还没有诉诸武力而仅仅要求归还旧印

---

① 《汉书》卷99中《王莽传》。

的时候,王莽完全可以给他换一枚满意的新印章,对其他降为侯爵的少数民族首领,也完全可以收回成命,恢复他们王的称号。这对王莽来说不会有丝毫实质上的损失,换来的却是边疆地区的和平。计不出此,王莽认为他的面子和威德比什么都重要。他要求所有的少数民族都必须绝对服从自己专制主义的要求,否则,他就不惜诉诸武力,加以讨伐。陈饶因更替匈奴单于的印章使汉匈关系恶化以后,匈奴单于以求旧印章为名,屡次进犯北部边境。西域和西南的少数民族首领在受到贬王为侯的污辱之后,也相继举兵反抗。如此一来,汉武帝以后汉民族与周边少数民族长达百余年的和平相处,友好往来的局面,从此被连天的烽火和狼烟所代替。数代人历经千辛万苦,流血牺牲所建立的联系,汉民族与周边少数民族之间的经济和文化的纽带,又被王莽的罪恶的黑手暂时斩断了。而王莽也从此陷于两面作战的困境:一面要对付匈奴、西域和西南夷等少数民族旷日持久的反叛战争,一面要对付各地风起云涌的农民起义。他的皇帝梦就是在十多年的不断征战中完成的。

## 2. 吹牛可以吹来富贵利禄,<br>但却吹不出真实的胜利

匈奴单于屡屡向新朝要求汉皇朝颁授的旧玺,王莽坚决不给,匈奴"遂寇边郡,杀略吏民"。始建国二年(公元 10 年)九月,戊己校尉史陈良、终带一起杀掉校尉刁护,劫略吏士兵卒,自称"汉大将军",逃入匈奴,与匈奴人互相勾结,不断在边境制造事端。面对匈奴的挑衅,王莽决定施以武力讨伐。这年冬天,他先对要求旧印的匈奴单于施加新的污辱,下令匈奴单于更名为"降奴服于"。接着,调动军队,对匈奴发动了大规模的战争。为了将这次战争说

得正义凛然,同时达到分化匈奴统治集团的目的,王莽下了这样的一道诏令:

> 降奴服于知威侮五行,背畔四条,侵犯西域,延及边垂,为元元害,罪当夷灭。命立国将军孙建等凡十二将,十道并出,共行皇天之威,罚于知之身。惟知先祖呼韩邪单于稽侯狦累世忠孝,保塞守徼,不忍以一知之罪,灭稽侯狦之世。今分匈奴国土人民以为十五,立稽侯狦子孙十五人为单于。遣中郎将蔺包、戴级驰之塞下,召拜当为单于者。①

显然,王莽想以外加兵威,内施离间之术的办法,轻而易举地压平匈奴,这种办法当然是难以奏效的。试想,一个面对大民族进攻和污辱的民族,内部最容易团结一致,同仇敌忾,怎么会听任对自己民族的任意分裂呢!王莽满以为,他只要任意赐给匈奴任何人一个单于的头衔,这个人就会立即从匈奴内部分裂出来单立门户,就会对自己原来的首领轻易背叛。他不了解匈奴单于的继承有他们民族自己的习惯法,汉皇朝的封赏只是对既成事实的承认,而不是违背他们民族的意愿任意为其安排首领。面对不屈服的匈奴,王莽骑虎难下,只得硬着头皮进行对匈奴的全面讨伐战争,为了在气势上威吓匈奴并迅速取胜,王莽一次安排了六路大军的全面出征:

第一路,遣五威将军苗沂、虎贲将军王况出五原(今内蒙古包头一带);

第二路,遣厌难将军陈钦、震狄将军王巡出云中(今内蒙古呼和浩特一带);

---

① 《汉书》卷99中《王莽传》。

第三路,遣振武将军王嘉、平狄将军王萌出代郡(今河北蔚县,山西广灵一带);

第四路,遣相威将军李棽、镇远将军李翁出西河(今内蒙古准格尔旗一带);

第五路,遣诛貉将军杨俊、讨秽将军严尤出渔阳(今北京顺义、密云一带);

第六路,遣奋武将军王骏、定胡将军王晏出张掖(今甘肃张掖一带)。

这六路大出兵,战线西起今之甘肃河西走廊,迤逦东向,经今之宁夏、内蒙古、山西、河北,直至北京东北与河北交界的滦河上游,大体沿着秦长城的走向,绵延近万里,战争规模之大是空前的。为了进行这场战争,共"募天下囚徒、丁男、甲卒三十万人,转众郡委输五大夫衣裘、兵器、粮食,长吏送自负海江淮至北边,使者驰传督趣,以军兴法从事,天下骚动"①。这是怎样的一幅战争图画:全国各地,到处征兵筹饷。自江淮一直到北部国防前线,道路之上,监督行军和运饷的使者,出征的军士,运送军需物资的役夫,络绎不绝。这一不义战争,带给全国人民的是一场空前的浩劫。三十多万军队,无法同时集中到前线。先期到达者便屯留边境,等待后续部队的到来。这些屯在边境的将领和士兵无所事事,更由于军纪松弛,他们大肆骚扰,抢劫财物,勒索钱粮,给边境地区的人民带来难以想象的灾难。内地各郡则催征军资,急于星火,攫取尽锱铢。不少农民和手工业者被逼得家破人亡,纷纷投入流民队伍,加速酝酿着反对王莽的武装起义。所谓"吏士放纵,而内郡愁于征

---

① 《汉书》卷99中《王莽传》。

发,民弃城郭流亡为盗贼"①。这样一来,对匈奴的战争还未开始,边境和内地先乱了起来。王莽为了对付混乱局面,给七公六卿加上将军称号,遣著武将军逯并等镇抚要害城镇,同时派中郎将,绣衣执法各55人,分别到边境各大郡做监军使者,执行纪律,"督大奸猾擅弄兵者"。谁知这帮家伙到达边郡以后,立即同那些带兵的将领勾结起来,"皆便为奸于外,扰乱州郡,货赂为市,侵渔百姓"②,敲骨吸髓。一群饿狼再加上一群饿虎,更加使边境地区民不聊生,社会秩序一片混乱。王莽自己在一次敕令中,也不得不无可奈何地承认了这种状况:"内置司命军正,外设军监十有二人,诚欲以司不奉命,令军人咸正也。今则不然,各为权势,恐猲良民,妄封人颈,得钱者去。毒蠚并作,农民离散。司监若此,可谓称不?自今以来,敢犯此者,辄捕系,以名闻。"③王莽整肃军纪的命令尽管下达了,但丝毫也不能改变那些监军使者,带兵将领以及他们纵容唆使的士兵的任意胡为。边境的社会秩序在迅速恶化,劳动人民的灾难在急剧增加。

面对王莽发起的这一劳民伤财的对匈奴的战争,在新室的臣僚中,虽然对王莽献媚讨好大吹法螺者大有人在,但也有些有识之士保持着清醒的理智,提出相反的意见对王莽进行认真的规劝。比如,王莽委派讨伐匈奴的第五路大军的统帅严尤,就是这样一个人物。在一次上书中,他详细地论述了不应该对匈奴进行战争的理由:

> 今天下遭阳九之阸,比年饥馑,西北边尤甚。发三十万

---

① 《汉书》卷99中《王莽传》。
② 《汉书》卷99中《王莽传》。
③ 《汉书》卷99中《王莽传》。

众,具三百日粮,东援海代,南取江淮,然后乃备。计其道里,一年尚未集合,兵先至者聚居暴露,师老械弊,势不可用,此一难也。边既空虚,不能奉军粮,内调郡国,不相及属,此二难也。计一人三百日食,用糒十八斛,非牛力不能胜;牛又当自赍食,加二十斛,重矣。胡地沙卤,多乏水草,以往事揆之,军出来满百日,牛必物故且尽,余粮尚多,人不能负,此三难也。胡地秋冬甚寒,春夏甚风,多赍鬴镶薪炭,重不可胜,食糒饮水,以历四时,师有疾疫之忧,是故前代伐胡,不过百日,非不欲久,势力不能,此四难也。辎重自随,则轻锐者少,不得疾行,虏徐遁逃,势不能及,幸而逢虏,又累辎重,如遇险阻,衔尾相随,虏要遮前后,危殆不测,此五难也。大用民力,功不可必立,臣伏忧之。①

上面严尤的分析,虽然没有触及对匈战争不可行的政治社会原因,但是,他根据当时的国情民力,主要从军事角度指出对匈作战的困难,还是十分符合实际的。然而,被想象中的胜利和成功迷住心窍的王莽,对这种逆耳的良言是根本听不进去的。他"转兵谷如故,天下骚动"。王莽立15个单于的目的尽管达不到,但他派出的蔺苞、戴级到塞下后,终于在天凤三年(公元11年),召诱来乌珠留单于知之弟咸以及咸的儿子登。此二人大概为了到塞下探听王莽军的虚实,蔺、戴二人即承制胁拜咸为孝单于,赐黄金千斤,锦绣很多,让他返回匈奴。又胁拜其子登为顺单于,强留在长安,作为人质。王莽想以此离间匈奴统治集团的内部关系,但仍未达到目的。始建国五年(公元13年),互有胜负的对匈奴的战争

① 《汉书》卷94下《匈奴传》。

已经打了四年。匈奴屡屡进犯，"杀将率吏士，略人民，殴畜产去甚众"①。在前线领兵的厌难将军陈钦、震狄将军王巡自云中回报，说探知进犯边塞的匈奴人皆是孝单于的另一个儿子角统率指挥。王莽一气之下，将留作人质的顺单于登斩首于长安市衢。王莽此一愚蠢之行虽可泄一时之愤，但却失去了日后同匈奴和谈的一个重要砝码，他为此付出的是百倍于此的代价。

　　始建国五年(公元 13 年)，乌珠留单于死去。此时匈奴的执政大臣是右骨都须卜当，此人是王昭君的女儿伊墨居次云的丈夫，他们夫妻一直反对匈奴与中原皇朝打仗，现在看到主战的单于死去，就决心趁此机会，推进匈奴与新朝改善关系。他们乘机立被王莽立为孝单于的咸为乌累若鞮单于，极力劝说他一改乌珠留单于的政策，尽快与新朝结束战争状态。天凤元年(公元 14 年)，须卜当与伊墨居次云派人到西河郡虎猛(今内蒙古伊金霍洛旗南)县的制房塞下，告守塞之吏，欲见和亲侯、王昭君兄长之子王歙，中部都尉将此情况报告朝廷。这是匈奴发出的希望停止战争、恢复和亲的信号。这时，如果王莽借此机会顺水推舟，真诚地对待匈奴的求和要求，妥善处理新朝与匈奴关系中的遗留问题，局面就会出现转机。但是，狡猾万端的王莽伴装同意，立即派出王歙和他的弟弟、骑都尉展德侯王飒出使匈奴，一面祝贺新单于继位，一面欺骗说他的儿子登仍健在，并以赐予大量黄金衣被缯帛为诱饵，要求匈奴交还叛逃入匈奴的陈良、终带等人。乌累若鞮单于为了表示求和的诚意，决然将在始建国二年(公元 10 年)叛逃入匈奴的陈良等二十多人，交付使者带回。同时，派遣厨唯姑夕王富等四十余人，礼送王歙等回长安。王莽认为自己的谋划大告成功，就在长安

---

　　① 《汉书》卷 99 下《王莽传》。

北郊施以火刑,将陈良、终带等活活烧死,还要求长安市民前往聚观,大肆渲染自己的胜利。

由于连年战争,边境地区发生了普遍的大饥荒,出现了"人相食"的悲惨情景。有个叫如普的谏大夫奉命视察边郡以后回到京师,认为对匈奴的战争实在不应该再继续下去了,就向王莽建议说:"军士久屯塞苦,边郡无以相赡。今单于新和,宜因是罢兵。"这时有一个叫韩威的校尉,知道王莽是一个好大喜功、善于吹牛的家伙,于是故作惊人之语以讨王莽的欢心。他说:"以新室之盛而吞胡虏,无异口中蚤虱。臣愿得勇敢之士五千人,不赍斗粮,饥食虏肉,渴饮其血,可以横行。"①对如普的忠心劝告,王莽不置可否。而对信口胡言的韩威却大加奖赏,立即将其擢升为将军。不过,此时的王莽心里也明白,对匈奴的战争实在也无法旷日持久地再打下去了。所以还是在事实上采纳了如普的建议,一面下令将边境的军队撤回,一面又宣布罢免指挥对匈奴战争的陈钦等18人的官职,以推卸自己的责任,暂时恢复了边境上的和平局面。谁知正在此时,匈奴单于得悉其在长安做人质的儿子登已被杀死,盛怒之下,复又发兵进犯边境。王莽也只得下令撤还中的军士重返前线。30万大军来而复去,又给全国尤其是边境地区的人民带来了新的灾难。不少边境地区的农民抛弃田园,离乡背井,四处流浪,有的流入内地,给地主豪绅做佃户,当奴婢。其时,由于连年战争,匈奴也疲惫不堪,双方结束冲突,恢复和平的条件还是存在的。但王莽总是放不下大汉族主义的架子,使和平的机遇失之交臂。天凤二年(公元15年),乌累若鞮单于向新朝要求归还他儿子登的尸骨。王莽想到他诛杀登是因陈钦建议所致,于是将陈钦逮捕狱中。陈

---

① 《汉书》卷99中《王莽传》。

钦明白王莽要将杀登的责任推到他头上,就自杀了。不管此事做得如何,王莽毕竟是向单于送去了一个和好的信号。他派儒生济南王咸为大使,五威将琅邪人伏黯等为帅,护送登的尸骨去匈奴。这一举动本身完全有希望导致双方的和平。然而,王莽却又想借此时机向匈奴单于显示一下自己作为皇帝的威风,他"敕令掘单于知墓,棘鞭其尸。又令匈奴却塞于漠北,责单于马万匹、牛三万头、羊十万头,及稍所略边民生口在者皆还之"①。这样做不仅使王莽的和平诚意大打折扣,匈奴单于也不会接受,双方之间的战争依然进行下去。天凤三年(公元 16 年)五月,位于泾水岸畔的长平馆西岸崩坍,有的臣子为讨王莽欢心,胡说是"匈奴灭亡之祥",王莽竟遣并州牧宋弘、游击都尉任萌等率兵北上,扩大对匈奴的战争。天凤六年(公元 19 年),全国性的农民起义已经如火如荼,而王莽为了扩大对匈奴的战争,竟然再一次下令在全国大征兵。他下诏大募天下丁男及死罪囚,吏民奴,起名"猪突豨勇",作为前锋,送到边境。同时,又下诏征收新的租税,取天下吏民财产的三十分之一作为军赋,又勒令公卿以下至郡县丞、尉等官吏,都按俸禄差别保养军马。这样一来,王莽就借对匈奴的战争对全国吏民,主要是劳动人民来了一次新的劫掠,搞得边境、内地吏民百姓苦不堪言,怨声载道,一致把王莽看成制造苦难的大灾星。接着,王莽又异想天开地下诏广泛招募有"奇技"可以攻取匈奴的人,"将待以不次之位",即不拘一格地给他们以相当的官职。诏书发布以后,立即有万余人毛遂自荐,有的说他不用舟船就能渡水,有的说他能连续驾马飞车,接济百万兵马用的粮草;有的说他能制造一种灵丹妙药,军士吃下去就不觉饥饿;还有的说他能一日飞行千

---

① 《汉书》卷 99 中《王莽传》。

里,到匈奴后方侦察敌情,等等。这些人已经从大量的事实中得出结论:王莽是一个典型的吹牛专家,他吹出来的东西可以无须事实的检验,因而也都肆无忌惮地来了一个吹牛大竞赛。不料王莽对那位自诩会飞的人来了兴趣,要他当场表演一下飞行技术。这人只好硬着头皮出来进行飞行表演。他以大鸟翎作翅膀,从头到脚都装饰上五颜六色的鸟毛,爬到一个山头上,凭借风势,由高处向低处飞起来。结果飞了数百步就重重地摔了下来。王莽明明知道这些人不过是别出心裁以骗取禄位,是根本不能用于临阵对敌的。但是,为了鼓舞士气,还是一律任命他们做了理军的官职,发给车马官服,令其整装待发。此时的王莽,一面坚持对匈奴的战争,一面想通过在匈奴寻觅代理人的办法不战而胜。他看中了匈奴的右骨都侯须卜当,因为须卜当是王昭君女儿的丈夫,并且一直对新朝持友好态度。王莽于是遣和亲侯王歙将须卜当诱至长安,封他为须卜善于、后安公。大司马严尤对王莽的做法很不以为然,劝谏说:"当在匈奴右部,兵不侵边,单于动静,辄语中国,此方面之大助也。于今迎当置长安槀街,一胡人耳,不如在匈奴有益。"[1]严尤的看法是完全正确的。但王莽坚决不听。得到须卜当以后,王莽决定遣严尤与廉丹率兵击匈奴,赐他们二人姓徵氏,号二徵将军,要求二人诛杀单于舆,而以须卜当代替他。严尤与廉丹领命出征,驻长安城西待发。恰在此时,王莽举行召集有关臣僚商讨对匈奴作战事宜。严尤早就对王莽同周边少数民族开战不满,数次谏争,皆被王莽拒绝。他又著古代名将乐毅、白起不被重用之事和关于御边策略等三篇文章上奏王莽,希冀讽谏他改变主意。这次碰上参与建议,他再次对王莽同匈奴等少数民族开衅提出忠心规劝。

---

① 《汉书》卷99下《王莽传》。

293

他认为,对新朝政权的最大威胁不是远在千里、万里之外的匈奴等少数民族,而是遍布全国各地的农民起义军。他建议王莽立即停止对周边少数民族的战争,集中全力镇压近在咫尺的农民起义军。王莽对严尤的忠心谏争十分厌恶,不但不予采纳,反而下令免去严尤的大司马之职:"视事四年,蛮夷猾夏不能遏绝,寇贼奸宄不能殄灭,不畏天威,不用诏命,貌很自臧,持必不移,怀执异心,非沮军议。未忍致于理,其上大司马武建伯印韨,归故郡。"①以董忠代严尤为大司马。你看,王莽已经荒唐到如此地步,真正有点头脑和才干的如严尤这样的新朝"忠臣",就因与王莽的荒唐行径不协调,敢于讲出逆耳之言被免官,相反,一些毫无本事但却能投其所好的骗子,却被委以要职,出征临敌。如此之君,如此之臣,在他们决策和指挥之下,新朝与匈奴和周边其他少数民族的战争究竟能打出什么结果来也就可想而知了。

与对匈奴连续不断进行战争的同时,王莽也把欺诈和污辱加在东北、西域和西南等少数民族的头上,从而引起了这些地方少数民族的反抗,开启了新朝与他们之间的连年战争。在今日东北和朝鲜半岛,居住着鲜卑、夫余、肃慎、乌桓、高句骊、沃沮、秽貉等少数民族。西汉武帝以后,这些民族与汉政权都建立了较友好的关系,进行着频繁的经济文化的交流。新朝与匈奴开战后,王莽下令高句骊派兵助战。高句骊人不愿参战,王莽胁迫他们参与。这些高句骊人皆逃亡出塞,劫掠边境。辽西大尹田谭率兵进击,结果被杀。州郡官吏都归咎于高句骊侯骓,要求出兵惩罚。只有严尤不主张与高句骊和其他东北地区的少数民族开战。他规劝王莽说:"貉人犯法,不从骓起。正有他心,宜令州郡且尉安之。今猥被以

___

① 《汉书》卷 99 下《王莽传》。

294

大罪,恐其遂畔,夫余之属必有和者。匈奴未克,夫余、秽貊复起,此大忧也。"①严尤的意见是对的,因为当时与匈奴大战方酣,到处树敌,四面出击是军事的大忌。但王莽不听,对东北诸族未采取安抚政策,结果是秽貊首先反叛。王莽命严尤进击。严尤诱骗高句骊侯骓至边境,加以杀害,并将其头颅传至长安。王莽特别高兴,于是下书大吹一通,预言对东北与匈奴的作战即将大获全胜,吹嘘说:"命遣猛将,共行天罚。……今年刑在东方,诛貊之部先纵焉。捕斩房骓,平定东域,虏知殄灭,在于漏刻。此乃天地群神社稷宗庙佑助之福,公卿大夫士民同心将率虓虎之力也。予甚嘉之。其更名高句骊为下句骊,布告天下,令咸知焉。"②由此破坏了新朝与夫余、秽貊等东北各族的和平友好关系,战争不断进行下去。西汉时期,在我国今日四川西南部、云南、贵州等地区,居住着不下数十个少数民族,统称西南夷。汉武帝时,与西南夷发生战争。汉军取胜后,在该地设置越巂、犍为、牂柯、益州四郡,派官治理。此后,汉政府虽与这里的少数民族发生过一些小的冲突,但日益扩大的经济文化交流使汉民族与西南夷日益紧密地联系在一起。新朝建立后,王莽派五威将帅巡视各地,贬西南夷的钩町王为侯。钩町王邯"怨怒不附"。牂柯大尹周歆(一作钦)用欺诈手段将邯杀害。邯弟承为兄复仇,乘机攻杀周歆。州郡发兵讨伐,不能取胜。结果引起"三边蛮夷愁扰尽反"③,又杀死了益州大尹程隆。王莽见战火扩大,于是遣平蛮将军冯茂"发巴、蜀、犍为吏士,赋敛取足于民,以击益州"④。战争进行了三年多,到始建国三年(公元11年),仍

---

① 《汉书》卷99中《王莽传》。
② 《汉书》卷99中《王莽传》。
③ 《汉书》卷95《西南夷传》。
④ 《汉书》卷95《西南夷传》。

未取胜,新莽之军却损失惨重,"士卒疾疫,死者什六七,赋敛民财什取五,益州虚耗而不克"①,王莽把责任归咎冯茂,将他征还,下狱致死。又遣宁始将军廉丹与庸部(王莽改益州为庸部)牧史熊为统帅,"大发天水、陇西骑士、广汉、巴蜀、犍为吏民十万人,转输者合二十万人"②,继续扩大对西南夷的战争。由于人多势众,莽军取得一些胜利。王莽准备征还廉丹与史熊,但此时二人已被眼前的胜利所陶醉,向王莽要求继续进击,直到取得最后胜利。得到王莽的允准后,"复大赋敛",在西南诸郡征调军资,征发徭役,搞得百姓痛苦难耐。其中就都(今四川成都南)大尹冯英对廉丹、史熊的举措十分不满,坚决拒绝征调,并上书王莽,要求停止这场劳民伤财的战争。他说:

> 自越巂遂久仇牛、同亭邪豆之属反畔以来,积且十年,郡县距击不已。续用冯茂,苟施一切之政。僰道以南,山险高深,茂多殴众远居,费以亿计,吏士离毒气死者什七。今丹、熊惧于自诡期会,调发诸郡兵谷,复訾民取其十四,空破梁州,功终不遂。宜罢兵屯田,明设购赏。③

冯英的逆耳之言王莽自然听不进去,这位头脑清醒的地方官因此丢掉了职位。这样,与西南夷的战争也就持续下去,它给新朝造成的是更大的损失,"其后军粮前后不相及,士卒饥疾,三岁余死者数万"④。直到东汉建立后,才恢复了与西南夷的正常关系。

自从张骞通西域以后,西域三十多个国家纷纷归属,汉设西域

---

① 《汉书》卷99中《王莽传》。
② 《汉书》卷99中《王莽传》。
③ 《汉书》卷99中《王莽传》。
④ 《汉书》卷95《西南夷传》。

都护,保持了与那里密切的政治经济文化联系。王莽建立新朝后,贬西域数十个国王为侯,此举已经撒下新朝与西域不和的种子。尔后,由于新朝与匈奴关系破裂,匈奴于是插手西域,使新朝与西域的关系进一步复杂化。以后,王莽在处理与西域关系时几乎着着失误。始建国五年(公元 13 年),乌孙国的大小昆弥遣使向新朝进贡。大昆弥是汉朝公主所生,小昆弥为匈奴女子所生,他们都与新朝保持着良好的关系。王莽为了得到乌孙的欢心,故意亲近小昆弥,在招待两昆弥使者时,让小昆弥使者居大昆弥使者之上,当时的保成师友祭酒满昌认为这样做很不妥当,就用劾奏使者的名义向王莽表示自己的不满,"夷狄以中国有礼谊,故诎而服从。大昆弥,君也,今序臣使于君使之上,非所以有夷狄也。奉使大不敬!"①满昌的下场也是丢官。西域诸国越来越发现王莽与汉朝不同,他不讲恩义,任意胡为。不少国家逐渐失去对王莽的信任,酝酿对新朝的叛离。焉耆首先与新朝决裂,杀死了西域都护但钦。王莽对西域的叛离不愿坐视,决定出兵给他们以教训。天凤三年(公元 16 年),王莽派五威将王骏、西域都护李崇同戊己校尉等带兵去西域。所到之处,不少国家的国君都出来郊迎,并送兵谷。其实是首鼠两端,观察虚实,相机采取对策,焉耆明白王骏等此次是针对自己而来,于是"诈降而聚兵自备",并联络一些与国共同对付王莽的军卒。王骏等人将莎车、龟兹两国七千兵卒统一调度,分数部进攻焉耆。焉耆早已埋伏下重兵,对进犯者拦腰截击,与此同时,答应协助王骏等攻击焉耆的姑墨、尉犁、危须等国之兵,关键时刻突然转兵反戈一击,猛烈攻击王骏等人,王骏等大败,所部非死即伤。此时戊己校尉郭钦正率一支兵马跟进,乘焉耆之兵与王骏

---

① 《汉书》卷 99 中《王莽传》。

等激战之机,猛击焉耆国中老幼,得胜而还。王莽对他大加表彰,封其为集胡男。李崇收拾残兵败将,还保龟兹。后来,李崇死,西域与中原的关系也断绝了。从此以后,直至东汉班超父子再次打通通向西域的道路,中原与西域的友好往来中断了六十多年。

王莽对匈奴、东北、西域和西南夷诸少数民族的战争一直持续了十多年,基本上与新朝相始终。王莽的主观愿望是通过这些战争展示新朝的威望,满足他大汉族主义的自大狂。然而,与他的主观愿望恰恰相反,这些战争带给汉族和各少数民族的都是难以想象的灾难。频年征发,民不堪命,青壮年战死在前线,老弱妇女辗转于沟壑,大量的社会财富销蚀于烽火。它破坏各民族间辛苦建立起来的友好关系,阻断了各民族间经济文化的交流,它加剧对全国人民的压榨和劫掠,进一步激化民族矛盾和阶级矛盾,成为大规模农民起义爆发的重要原因,也是王莽政权走向灭亡的重要原因。在中国国内民族关系的历史上,王莽用他一系列最愚蠢最可笑最暴虐的活动,写下了最黑暗的一页。

# 第十章　汹涌澎湃的反抗浪潮

## 1. 暴政引来报复，报应也是规律

在封建社会里，地主阶级及其代表的国家，是封建生产关系的代表。当阶级矛盾和社会矛盾特别尖锐，生产关系严重阻碍生产力发展，上层建筑与经济基础很不适应的时候，统治阶级能够在一定范围和一定程度上，对生产关系和上层建筑的某些环节加以调整，从而给生产力以发展的余地。过去那种认为统治阶级只会激化矛盾而不能通过调整生产关系缓和矛盾的观点，显然是没有根据的。否则，统治阶级的进步作用又表现在什么地方呢？但是，当权的统治者对生产关系的调整，既是有条件的，又是有限度的。它只能在一定范围和一定程度上缓和矛盾，却无法从根本上解决矛盾。我们并不否认王莽的新政在主观上有缓和当时阶级矛盾和社会矛盾的意图，但其结果，正如我们上面所分析的，却适得其反，恰恰是加剧了这些矛盾。王莽作为最高统治者所进行的调节矛盾的失败，无疑加速了农民起义的爆发。由于王莽的新政差不多全都半途而废，旧有的社会矛盾和阶级矛盾不仅没有缓和，反而更趋尖锐。土地兼并犹如脱缰的野马，在广阔的原野上纵横驰骋，不断吞食着可怜的小自耕农，奴婢的数量与日俱增，处境更加悲惨；对周边少数民族的战争一天比一天激烈，数以十万计的青年男子战死疆场，大量的社会财富消耗在边陲荒原。沉重的兵役、徭役和赋税,压得劳动人民透不过气来;吏治腐败,贿赂公行,草菅人命,官军纪律荡然,烧杀抢掠,肆意妄为,使劳动人民的苦难日甚一日。天凤元年(公元14年),已经是"缘边大饥,人相食"了。之后,灾荒和疾疫就开始由边郡向内地迅速蔓延。四面八方进入关中的流民达数十万,啼饥号寒之声震撼宫阙。面对这种形势,王莽一面大修宫室,建造穷极壮丽的九庙:"于是遂营长安城南,提封百顷。……乃博征天下工匠诸图画,以望法度算,及吏民以义入钱谷助作者,骆驿道路,坏彻城西苑中建章、承光、包阳、大台、储元宫及平乐、当路、阳禄馆,凡十余所,以起九庙。是月,大雨六十余日。令民入米六百斛为郎。其郎吏增爵至附城。……殿皆重屋。太初祖庙东西南北各四十丈,高十七丈,余庙半之。为铜薄栌,饰以金银彫文,穷极百工之巧。带高增下,功费数百钜万,卒徒死者万数。"[1]以此继续制造苦难和死亡。另一方面,又假惺惺地从事救济灾民的工作,"多遣大夫谒者分教民煮草木为酪,酪不可食,重为烦费"[2],用最荒唐的办法欺骗那些嗷嗷待哺的灾民。对几十万流落关中的流民,尽管也煞有介事地设官赈济,但是,由于用于救济的钱粮本来就少得可怜,更加上大小官员的贪污中饱,结果造成"饥死者十七八"的惨状。由于饥荒年复一年,天下旱蝗接连不断,致使一斛粟的价格高达一斤黄金,就是昔日富甲天下的关中地区,也已经是"民庶涂炭,百不一在"[3]了。而且,由于王莽总是想方设法地把财富最大限度地集中到自己手里,因而也大大损害了下级小官吏和中小地主等富人的利益,使上上下下的人都陷入了苦难之中:

---

① 《汉书》卷99下《王莽传》。
② 《汉书》卷99下《王莽传》。
③ 《后汉书》卷54《杨彪传》。

民摇手触禁，不得耕桑，徭役烦剧，而枯旱蝗虫相因。又因制作未定，上自公侯，下至小吏，皆不得奉禄，而私赋敛，货赂上流，狱讼不决。吏用苛暴立威，旁缘莽禁，侵刻小民。富者不得自保，贫者无以自存，起为盗贼，依阻山泽，吏不能禽而覆蔽之，浸淫日广，于是青、徐、荆楚之地往往万数，战斗死亡。缘边四夷所系虏，陷罪，饥疫，人相食，及莽未诛，而天下户口减半矣①。

许多惨绝人寰的吃人惨剧，就发生在这个时期。《后汉书·刘平传》记载的就是一幅令人不寒而栗的图画：

刘平字公子，楚郡彭城人也。……更始时，天下乱，平弟仲为贼所杀。其后贼夏忽然而至，平扶侍其母，奔走逃难。仲遗腹女始一岁，平抱仲女而弃其子。母欲还取之，平不听，曰："力不能两活，仲不可绝类。"遂去不顾。与母俱匿野泽中。平朝出求食，逢饥贼，将烹之。平叩头曰："今旦为老母求菜，老母待旷（平本名）为命，愿得先归，食母毕，还就死。"贼见其至诚，哀而遣之。平还，既食母讫，因白曰："属于贼期，义不可欺，遂还诣贼。"众皆大惊，相与曰："常闻烈士，今乃见之。子去矣，吾不忍食子。"于是得全。

《后汉书·赵孝传》记载的是数十人被集体宰杀而食的悲惨事实：

琅邪魏谭少间者，时亦为饥寇所获，等辈数十人皆束缚，以次当烹。贼见谭谨厚，独令主爨，暮辄执缚。贼有夷长公，

① 《汉书》卷24《食货志》。

301

特哀念谭,密解其缚,语曰:"汝曹皆应就食,急从此去。"对曰:"谭为诸君鬻,恒得遗余,余人皆茹草莱,不如食我。"长公义之,相晓赦遣,并得俱免。

以上事实说明,在新朝末年,社会经济已经全面崩溃,劳动人民挣扎在死亡线上,朝不保夕。除了用斗争的手段去争取生存的权利以外,再也没有其他的生路了。王莽的地方官隗嚣在陇西起兵反叛王莽时,曾发布了一个著名的檄文,虽然其中不乏儒家的传统偏见,但对于王莽的罪行,还是揭露得淋漓尽致。新朝末年农民大起义的原因,也被他用特殊的语言概括在其中了:

故新都侯王莽,慢侮天地,悖道逆理,鸩杀孝平皇帝,篡夺其位,矫托天命,伪作符书,欺惑众庶,震怒上帝。反庚饰文,以为祥瑞。戏弄神祇,歌颂祸殃。楚、越之竹,不足书其恶。天下昭然,所共闻见。今略举其大端,以谕吏民。盖天为父,地为母,祸福之应,各以事降。莽明知之,而冥昧触冒,不顾大忌,诡乱天术,援引史传。昔秦始皇毁坏谥法,以一二数欲至万世,而莽下三万六千岁之历,言身当尽此度。循亡秦之轨,推无穷之数。是其逆天之大罪也。分裂郡国,断绝地络。因为王田,卖买不得。规锢山泽,夺民本业。造其九庙,穷极土作。发冢河东,攻劫丘垄。此其逆地之大罪也。专任残贼,信用奸佞,诛戮忠正,覆按口语,赤车奔驰,法冠晨夜,冤系无辜,妄族众庶。行炮烙之刑,除顺时之法,灌以醇醯,裂以五毒。政令日变,官名月易,货币岁改,吏民昏乱,不知所从,商旅穷窘,号泣市道。设为六管,增重赋敛,刻剥百姓,厚自奉养,苍茛流行,财入公辅,上下贪贿,莫相检考。民坐挟铜炭,没入钟官,徒隶殷积,数十万人,工匠饥死,长安皆臭。既乱诸夏,狂心益悖,北攻强胡,南扰劲越,西侵羌戎,东摘秽貊,使四境之外,并入为害,缘边之郡,江海之濒,涤地无类。故攻战之所败,苛法之所陷,饥馑之所夭,疾疫之所及,以万万计。其死者则露尸不掩,生者则奔亡流散,幼孤妇女,流离系虏,此其逆人之大罪也。①

后来,在新朝末年农民起义的高潮中,冯衍对更始政权的尚书仆射鲍永也讲过一大段话,对新朝末年农民大起义的原因做了更为集中而精彩的概括。他说:

伏念天下罹王莽之害久矣。始自东郡之师,继以西海之役。巴、蜀没于南夷,缘边破于北狄,远征万里,暴兵累年,祸挐未解,兵连不息。刑法弥深,赋敛愈重。众强之党,横击于外,百僚之臣,贪残于内。元元无聊,饥寒并臻,父子流亡,夫妇离散,庐落丘墟,田畴芜秽,疾疫大兴,灾异蝗起。于是江湖之上,海岱之滨,风腾波涌,更相骈藉,四垂之人,肝脑涂地,死亡之数,不啻太半,殃咎之毒,痛入骨髓,匹夫僮妇,咸怀怨怒。②

这样一来,劳动人民再也无法照旧生活下去,统治阶级也无法照旧统治了,革命的形势最后导向成熟。王莽篡政之前,刘氏宗室贵族与拥刘派的地方实力派就举行过多次反莽的起事。王莽正式篡政称帝不久,农民起义的星火首先在边郡燃起。以后,越烧越旺,变成燎原之势,终于陷王莽的新朝于灭顶之灾。继秦末农民大起义之后,新朝末年的农民起义,又一次显示了旋转乾坤的伟大力量。

---

① 《后汉书》卷13《隗嚣传》。
② 《后汉书》卷28《冯衍传》。

## 2. 刘邦的子孙首举义旗,为的
## 是夺回被篡夺的江山社稷

各种复杂的社会矛盾和阶级矛盾,总是错综纠结,显示多角的关系。因而历史也总是在极其复杂多变的条件下,展示自己丰富多彩的内容。当王莽由居摄到实现篡政的一段时间内,即从居摄元年(公元6年)到天凤三年(公元16年)的十多年中,虽然阶级矛盾已经比较尖锐,边境地区零星的农民起义已经爆发,但是,此一时期充当反对王莽主角的,却并不是农民起义队伍,而是由原汉朝宗室贵族和拥刘派的官僚地主,特别是地方实力派组成的反叛力量。这是因为,王莽用篡政的办法从刘氏手中夺取政权,建立了有别于汉皇朝的新朝代,这一方面使部分刘氏宗室贵族和汉皇朝的"忠臣义士"感到"江山易主"的悲哀,另一方面也使他们感到实际利益受损,因而首先起来对王莽这个"乱臣贼子"进行义正词严的讨伐。这些起事主要有:

居摄元年(公元6年)四月,安众侯刘崇与其相张绍在南阳起兵,率从众百余人进攻宛城,旋即失败。

居摄二年(公元7年)九月,东郡(今河南濮阳)太守翟义立严乡侯刘信为天子,与汉宗室、东郡都尉刘宇、武平侯刘璜等合谋,起兵反莽。进兵至山阳(今山东省金乡附近)时,已发展成十多万人的大军。王莽遣王邑等为首的七将军督率关东兵围攻翟义,在陈留(今河南开封)打败了这支反莽军。

居摄三年(公元8年),期门郎张充等六人合谋劫持王莽,立楚王刘纤为皇帝,事不密,被王莽诛杀。

始建国元年(公元9年)四月,徐乡侯刘快结党数千人举兵攻

304

即墨(今山东莱西县境),未克而败。同年,真定的汉宗室刘都等合谋举兵反,事泄遭诛。

以上这些刘氏宗室贵族和拥刘派的官僚地主分子的反莽起事,基本上都发生在公元6年至9年之间,即王莽篡汉的真面目彻底暴露的时期。他们与王莽集团的斗争,不管打出如何正义凛然的旗号,其性质都是统治阶级的内部斗争,目的都是为了争夺封建国家的最高权力。但是,由于王莽当时牢牢地控制着从中央到地方的各级政权,掌握着较强大的武装力量,更由于他在这一时期取得了地主阶级几乎所有阶层和集团,其中包括绝大部分汉宗室贵族的拥护,而农民阶级的大多数又被王莽的一系列虚伪做作所蒙蔽,正期待王莽解除他们的苦难,还不可能立即掀起大规模反莽的武装斗争。况且,作为被压迫被剥削者,他们对于压在自己头上的老爷的更换,也并不存在统治集团不同派别之间那么深的成见,因而对刘氏宗室贵族和拥刘派地主分子的起兵采取了漠然置之的态度,做了消极的旁观者。这样,就使得王莽比较顺利地击败了少数汉宗族贵族和拥刘派官僚地主分子孤立无援的反叛。这一时期,少数汉宗室贵族和拥刘派官僚地主分子反抗王莽的起兵在地域上是分散的,在时间上是间断的。除翟义之外,其他也是小规模的。他们大都缺乏充分的准备,彼此之间也没有密切的协同与合作,更由于缺乏广泛的群众基础,因而起事也就流于单纯的军事冒险,所以,被王莽在反掌之间轻而易举地扼杀了。

汉宗室贵族和拥刘派官僚地主分子反莽起事的失败说明,即使是一种错误的逆时代潮流而起的历史倾向,一旦其产生和发展的条件具备了,任何力量也无法阻止它的发生和发展。同时也说明了,由于王莽的新朝是用篡弑的手段得来的,因而汉宗室贵族与拥刘派地主集团与王莽集团的矛盾就不会消失。只要有机可乘,他们还会起兵反对王莽。以后,当农民起义的浪潮汹涌澎湃的时候,他们又纷纷打出"复兴汉室"的旗号投入起义军。这也预示了新朝末年的农民起义和农民战争将面临十分复杂的形势。王莽在比较顺利地打垮了汉宗室贵族和拥刘派地主集团的反叛以后,使他自然地产生了一种错觉:既然自己能够凭借纵横捭阖的阴谋手段,取得篡弑的成功,又能够凭借武力,打破所有反叛者的武装反抗,那就更可以凭着自己的阴谋、权术和武力,为所欲为了。由此,王莽过高地估计了自己的力量,过低地估计了反抗者的力量,尤其是没有觉察到劳动人民中所潜伏着的反抗意志和反抗力量。这样一来,当农民起义的烈火初燃之时,他不愿正视;当农民起义的浪涛排山倒海之时,他又不能组织有效的镇压;待到他清醒地看到农民起义军就要危及他的宝座时,他无论采取什么措施,也无法挽救灭亡的命运了。

## 3. 星星之火起四方,新朝君臣都说与大局无妨

居摄二年(公元7年),当翟义在东方起事的消息传至长安的时候,三辅震动。从茂陵以西至汧县(今甘肃陇县)300多里包括23县的广大地区,几乎同时爆发了反对王莽的农民起义。距长安近在咫尺的槐里(今陕西兴平县),出现了一支由赵明、霍鸿领导的人数达10万之众的起义军,他们在关中地区纵横往来,攻烧官寺,掠取财物,杀死右辅都尉和氂县(今陕西眉县与武区之间)县令。他们燃起的熊熊大火,映红了未央宫前殿,长安城内一片惊慌。王莽赶忙任命王级为虎贲将军,阎迁为折冲将军,率兵西向,对付起义军。任命王恽为车骑将军,屯兵平乐馆;王晏为建威将军,屯兵城北;赵恢为城门将军,担任城防;甄邯为大将军,屯兵城

外,与王舜、甄丰统率的城内巡逻兵互相呼应和支援,奋力保卫长安。年底,王邑统率的官军,在镇压翟义军之后回师长安,立即与王级等合力围剿赵明、霍鸿领导的起义军。由于当时全国农民大起义的形势还没有成熟,这支起义军又是在新朝统治的腹心地区作战,总的力量对此,显然对起义军不利。经过一番激烈的鏖战,起义军终于被镇压下去。当王莽和他的群臣为他们镇压翟义和赵明、霍鸿起义军的胜利而欢呼的时候,他们哪里知道,自己已经坐在即将喷发的更大规模的农民起义的火山口上呢!

三年之后,始建国三年(公元11年),不少地方的农民由于忍受不了因对匈奴战争而进行的大规模征发,"弃城廓流亡为盗贼",并州、平州(今山西、内蒙古、河北交界处)等地尤为严重。随着对匈奴战争的激烈进行,到天凤二年(公元15年),"起为盗贼"的农民逐渐会合成数千人为一支的多路起义军,在五原(今内蒙古包头一带)、代郡(今河北代县一带)对王莽的官军发动了颇有声色的进攻。

天凤四年(公元17年),临淮(今江苏省泗县附近)瓜田仪起义,转战至会稽长州(今江苏省苏州附近),在富庶的东南地区坚持了数年之久的反对王莽的武装斗争。

天凤元年(公元14年)①,在濒海的琅邪郡海曲县(今山东日照)爆发了吕母领导的起义。吕母的儿子原为海曲县吏,为县令所冤杀。吕母为了替子报仇,散尽家财,广结贫苦少年,以酒盈利购买兵器,聚众百多人,一举攻下海曲县城,杀死县令。之后,这支军队转战于琅邪附近的海上,多次取得对官军的胜利,很快发展成为数万人的队伍。武力镇压难以奏效,王莽又派出使者,假惺惺地

---

① 《王莽传》载为公元17年,此处从《后汉记·刘盆子传》。

表示赦免起义农民,要求他们回归田里。但是,起义军却拒绝放下武器。他们时聚时散,时分时合,神出鬼没,不断地向王莽官军发起新的进攻。有的新朝使者从东方返回京师,向王莽复命说:"盗贼解,辄复合。问其故,皆曰愁法禁烦苛,不得举手。力作所得,不足以给贡税。闭门自守,又坐邻伍铸钱挟铜,奸吏因以愁民。民穷,悉起为盗贼。"①不料这些反映事实的使者,因为触到了王莽腐败政治的弊端,引得他大发雷霆而受到免官的惩罚。于是,有些阿谀奉承的官员,便故意投王莽之所好,不是说"民骄黠当诛",就是说"时运适然,且灭不久"②,结果得到了升官的褒奖。王莽君臣如此互相欺罔,使王莽失去了对真实情况的感知能力,当然不可能对起义军施以有效的镇压。随着全国劳动人民生活状况的进一步恶化,全国性的农民大起义终于如波洪奔涌,从各个角落迅猛地爆发出来,并很快地形成了东、南、北三个中心地带,这预示着,王莽和他的新朝末日已经不可避免地到来了。

## 4. 绿林山上的英雄冲向江汉平原, 南阳刘氏贵族纷纷来归

在南郡(今湖北江陵)和南阳郡(今河南南阳一带)之间,自西北崇山峻岭中滚滚而来的汉水斜穿而过,迤逦东南,汇入浩瀚的长江。在汉水中游,有一座百草丰茂、万木葱茏的绿林山。这里的山林湖沼,物产丰富,劳动人民一向以采渔为副业,艰难度日。王莽颁布五均六管的政策以后,对采渔加以限制并加重税

---

① 《汉书》卷99下《王莽传》。
② 《汉书》卷99下《王莽传》。

收,直接危害着百姓的利益。天凤元年(公元14年)以后,绿林山周围连年久旱,劳动人民陷于极度的痛苦之中。但是,封建官府不仅不加以赈济,反而征役逼税,急如星火。在这种情况下,劳动人民只有铤而走险,走上反抗之路。天凤四年(公元17年),绿林山周围的饥荒越来越严重,人们纷纷进入荒泽之中掘凫茈(荸荠)充饥。这时,在群众中享有很高威信的新市(今湖北京山县境)人王匡、王凤乘机鼓动起义,被推为领袖。不久,马武、成丹、王常等人也加入起义队伍,很快发展到七八千人。他们以绿林山为根据地,经常攻打周围的村庄集镇,夺取粮食和财物。四方贫苦无告的百姓不断地汇集到这里,绿林军日益发展壮大。地皇二年(公元21年),新朝的荆州牧发兵二万围剿起义军,双方激战于云杜(今湖北京山),官军被打得落花流水,数千人做了起义军的刀下鬼,所有军需、兵器都成为农民军的战利品。农民军乘胜攻破竟陵(今湖北潜江),继而又攻打云杜、安陆(属湖北),再获胜利,缴获大批战利品。之后,主力转返绿林山,队伍发展到五万多人。面对着这支日益壮大,并且不断取得胜利的起义队伍,王莽的州郡官吏只得婴城自守,失去了进击的能力和勇气。

地皇三年(公元22年),王莽派纳言将军严尤、秩宗将军陈茂,自长安率官军扑向南阳,妄图一举消灭绿林军。正在这时,绿林山上疾疫流行,起义军士卒近半数染病死去。为了摆脱困境,求得生存与发展,起义军决定分两支转移:一支由王常、成丹率领,南下渡过汉水,在南郡(今湖北江陵)一带活动,称下江兵。一支由王匡、王凤、马武、朱鲔、张卬等率领,北上南阳,称新市兵。七月,这支起义军猛攻隋(今湖北隋县),虽未能克,但诱发了平林(今隋县境)人陈牧、廖湛等领导的千人大起义。他们拉起的一支队伍,叫平林兵。从此，下江、新市、平林三支队伍，互为犄角，纵横驰骋于荆州所属的南郡、南阳和江夏三郡，在王莽统治的南方，在江汉平原之上，打出了一片大好形势。正在这时，汉宗室贵族刘玄、刘縯、刘秀等代表的南阳地主集团也加入了起义队伍，绿林军进一步发展壮大。地皇四年（公元23年）正月，绿林军与前来围剿的官军激战于淯阳（今河南新野县境），斩王莽前队大夫甄阜、属正梁丘赐，取得重大胜利。接着，又在比阳（今河南泌阳）给予严尤、陈茂军以毁灭性的打击，基本上掌握了南阳战场上的主动权。这时候，绿林军已发展到十多万人，占领了大片地方，感到有建立一个统一政权的必要。但是，究竟应该选谁做这个政权的领袖？起义军将领与南阳地主集团发生了严重分歧。南阳地主集团极力推出刘縯做皇帝，因为此人工于计谋，有较强的能力，是农民领袖们难于左右的。农民领袖们虽然也同意立汉宗室之人为皇帝，但又认为必须立一个自己能够左右的人物。为此，他们选中了懦弱无能的刘玄。以刘縯、刘秀为首的南阳地主集团很不高兴，故意寻出一套理由对拥立刘玄表示反对。刘縯说：

> 诸将军幸欲尊立宗室，其德甚厚，然愚鄙之见，窃有未同。今赤眉起青、徐，众数十万，闻南阳立宗室，恐赤眉复有所立，如此，必将内战。今王莽未灭，而宗室相攻，是疑天下而自损权，非所以破莽也。且首兵唱号，鲜有能遂，陈胜、项籍，即其事也。春陵去宛三百里耳，未足为功。遽自尊立，为天下准的，使后人得承吾敝，非计之善者也。今且称王以号令。若赤眉所立者贤，相率而往从之；若无所立，破莽降赤眉，然后举尊号，亦未晚也。愿各详思之。

两种意见相持不下，最后张卬拔剑击地，大声说："疑事无功。

今日之议,不得有二。"①于是刘玄便在二月于淯水河畔举行登基仪式,即皇帝位,建元更始。任刘良为国三老,王匡为定国上公,王凤为成国上公,朱鲔为大司马,刘缜为大司徒,陈牧为大司空,其余皆任为九卿将军。绿林起义军拥立皇帝的斗争,反映了起义军中的农民领袖与南阳豪族地主集团的矛盾和斗争。这个斗争虽以刘玄的登基暂时告一段落,但并没有彻底解决,而是埋下了日后更始政权内部分裂和火并的种子。五月,刘缜督兵攻克宛城(今河南南阳)。六月,更始政权决定以宛城为临时首都。更始政权的建立,标志着绿林军已经建立起一个与王莽政权遥相对立的新政权,这说明新朝末年农民起义军的反莽斗争从此进入了一个新阶段:它由单纯的反暴政,求生存,发展到以彻底推翻王莽政权为斗争目标了。

## 5. 泰山周围一群庄稼汉,染红眉毛
   演出了历史的新场面

在吕母领导的起义军转战海上,屡挫官军的时候,在泰山周围同时崛起两支起义大军。天凤五年(公元18年),东海(今山东郯城)人力子都聚众万人,活动于徐州、兖州一带。同年,琅邪(今山东诸城)人樊崇在城阳国的莒(今山东莒县)聚众百人起义。他自号三老,不断袭击官军,转战入泰山。这时候,青州、徐州一带连年发生灾荒,饥民大批起义,攻府库,抢粮仓,千百为群。这些大大小小的起义队伍纷纷汇聚到樊崇的旗帜下。不到一年,他领导的起义军已是一支万余人的庞大队伍了。与此同时,琅邪人逄安,东海

---

① 《后汉书》卷14《刘缜传》。

人徐宣、谢禄、杨音等也聚众起义，一下子拉起了数万人的队伍，转战奔赴泰山，接受了樊崇的领导，起义军进一步壮大。以后，这支起义军从泰山远袭莒城，未能攻克，转而北掠姑幕（今山东诸城、安丘之间），与王莽的探汤（今山东寿光）侯田况激战，歼敌一万余人，取得一次重大胜利，遂进入青州地界。在夺取大批财物以后，返回泰山。在新朝末年的农民起义军中，樊崇领导的这支义军是一支最纯的农民队伍。他们开始起义时的目的很简单，就是解决饥饿的问题。第二次返回泰山之后，因为队伍扩大，必须有一定的约束，于是制定了最简单明了的纪律："杀人者死，伤人者偿创。"他们"以言辞为约束，无文书、旌旗、部曲、号令"。他们也没有显赫而复杂的官号、爵位，"最尊者号三老，次从事，次卒史，泛相称曰巨人"①。这些名目都是西汉时期最低级的地方小吏。

地皇二年（公元 21 年），王莽派太师羲仲景尚和更始将军护军王党，率大批官军镇压樊崇领导的起义军。第二年二月，景尚在一次战斗中被赤眉军杀死，官军遭受很大损失。四月，王莽再遣太师王匡和更始将军廉丹率十数万官军围剿起义军。樊崇决定全力迎击官军。因怕起义军战士与官军士卒在混战中不易识别，就命义军战士一律将眉毛染成红色，从此，这支起义军在历史上就被称为"赤眉军"。王匡、廉丹率领的官军纪律败坏，所过之地，烧杀抢掠，无所不为，关东地区的百姓深受其害。他们编出歌谣唱道："宁逢赤眉，不逢太师！太师尚可，更始杀我！"②由于百姓之心向着赤眉军，所以两军对战，胜负立即显现出来，官军被打得落荒而逃，损失一万余人。赤眉军穷追溃退的官军，在无盐（今山东汶上

---

① 《后汉书》卷《刘盆子传》。
② 《汉书》99 下《王莽传》。

县境)再一次激战,廉丹被杀死,王匡狼狈逃命,十多万官军基本上被消灭了。樊崇率领新胜之师,由无盐转军东向,再次奇袭莒城,但围攻数日,仍未能奏效。这时候,吕母病死,他领导的起义军绝大部分都并入了赤眉军。樊崇撤莒城之围,督兵南下,围攻东海(今山东郯城)郡,与王莽的沂平大尹督率的官军激战于郯县城下,因稍有失利,转而迅速转向西南,接连向彭城(今江苏徐州)、沛郡(今安徽濉溪)、汝南(今河南上蔡)发动猛攻,获得一连串胜利。之后,大军经过郾(今河南郾城)、颍川(今河南禹县),攻克陈留(今河南开封附近)。再后,回师东向,千里远袭,一举攻克鲁城(今山东曲阜)。再转军西向,攻破濮阳(今属河南)。这时候,王莽的新朝已经灭亡,更始皇帝刘玄迁都洛阳。他派出使者,前往赤眉军招降樊崇等一班人。樊崇等一行人赴洛阳,表示归附更始政权,接受了更始政权的封爵。但是,由于农民军的领袖们都不善于正确处理兄弟义军之间的关系,更由于刘玄等地主阶级代表人物在其中上下其手,制造摩擦,因而在新朝灭亡以后,赤眉、绿林两支起义军由互相猜疑发展到彼此火并,开始了新朝末年农民战争历史上令人痛心的一页。赤眉军自其起义以来的五年中,艰苦转战于青、徐、兖、豫数州,基本上消灭了王莽新朝在这一地区的主力部队,有力地支援和配合了绿林军与河北诸路起义军对王莽官军的战斗,在推翻王莽新皇朝的斗争中作出了不可磨灭的贡献。

## 6. 滔滔黄河水,流淌着几多血泪几多豪情

正当绿林军纵横江汉,赤眉军崛起泰岱,打得王莽的新朝官军顾此失彼,狼狈不堪的时候,在黄河南北,主要是黄河以北的冀州及毗邻地区,雨后春笋般地爆发出了数十支农民起义队伍。他们

"或以山川土地为名,或以军容强盛为号","众合数百万"①,到处打击新朝的官军,基本上消灭了王莽在这一带的军事力量。他们的斗争严重地打击了王莽的政权,客观上支援了赤眉和绿林两支起义军对王莽政权的斗争,在新朝末年的农民战争史上写下了光荣的一页。新朝灭亡以后,他们作为较少受"复汉兴刘"意识影响的农民起义军,又同刘秀东汉政权的镇压政策进行了比较坚决的斗争,在反对东汉皇朝新的封建奴役的斗争中作出了自己的贡献。

在河北诸路起义军中,以活动于鄡(今河北束鹿县境)的铜马一军实力最为强大。其他见于历史记载的较大的几支队伍有:活动于鲁国(今山东曲阜)一带的檀乡;活动于平原(今属山东)一带的富平、获索;活动于馆陶(今属河北)一带的高湖、重连;活动于临平(今河北晋县)一带的王五;活动于常山(今河北石家庄附近)一带的大枪;活动于隆虑(今河南林县)一带的尤来;活动于河内(今河南武涉)一带的上江、大肜、铁胫、五幡;活动于轵(今河南济源)一带的青犊;活动于河济之间的城头子路;以及活动于东海(今山东郯城)一带的刁子都等部。这些起义军,大者十数万,小者万余人,他们时分时合,飘忽不定,打官府,劫仓库,杀官吏,掠财物,不断地同官军以及各种类型的地主武装斗争。这些起义队伍虽然也沉重地打击了王莽政权,但与绿林和赤眉两支起义军相比,则显得比较低级和原始。这些起义军基本上缺乏建立政权和根据地的思想,尽管后来在建武二年(公元 26 年)十一月,铜马、青犊、尤来等义军的余部,曾经共立孙登为"天子",企图在上郡(今陕西延安)建立一个独立政权,但很快就失败了。在这些义军中,除了城头子路自称"都从事"、刘诩自称"校三老"之类小吏外,其余各

---

① 《后汉书》卷 1 上《光武帝纪》。

部甚至连个名号都没有。他们拉起队伍的主要目的一是反抗暴政,一是解决生活问题。他们或据地自保,或四处游击,从来没有夺取全国政权的宏图远略,因而也就没有主动联合成为一支统一的大军。他们最大的缺憾就是没有锻炼出一个高瞻远瞩的领袖。王莽政权灭亡以后,面对刘秀为首的东汉封建政权的血腥镇压,这些义军自然也就无法组织统一的有效的抵抗。结果有的被打散,有的被收编,有的被招降,有的被屠杀。在刘秀的武力镇压和阴谋欺骗下,他们被先后各个击破,最后都悲惨地失败了。正因为没有统一天下的宏图远略,在政治上制定不出争取民心的政策,军事上也拿不出克敌制胜的战略战术,因而极易为刘秀之类地主阶级的代表人物所欺骗,例如以铜马为首的数支起义军向刘秀投降以后,都被他改编为自己日后统一中国的武装力量的重要组成部分,刘秀也因而获得了"铜马皇帝"的徽号。

## 7. 昆阳城下鏖战急,一个开国皇帝的英姿闪现在刀光剑影中

正当绿林、赤眉与河北诸路起义军迅猛发展,愈战愈强的时候,王莽不断交替地使用着对付起义军的两手策略;一是以武力残酷镇压,一是接二连三地施展欺人的骗术,妄图把起义军彻底消灭。天凤四年(公元17年),他用五色药石及铜化合,铸造了一个象征权力的威斗,祈求战胜起义军。天凤六年(公元19年),他又颁布36 000年的新历法,用以使"群盗消解"。第二年,王莽下令全国一体军事化,动员一切力量同起义军进行斗争。接着,又大兴土木,建筑九庙,祈求祖宗的神灵帮助他渡过难关。再后,又接连搞出什么"娶妃""登仙"和"哭天"的丑剧。这一切,自然都无法

阻止农民起义军的胜利发展。最后,王莽只得孤注一掷,拿出自认为最厉害的一招,把他最精锐的部队开赴前线,与对他威胁最大的绿林军进行规模巨大、生死攸关的战略决战。更始元年(地皇四年,公元23年)三月,在绿林军攻破宛城的前夕,王莽为了再一次施展他对起义军威吓欺诈的骗术,发布了这样一个自吹自擂的诏令:

> 太师王匡、国将哀章、司命孔仁、兖州牧寿良、卒正王闳、扬州牧李圣亟进所部州兵三十万众,迫措青、徐盗贼。纳言将军严尤、秩宗将军陈茂、车骑将军王巡、左队大夫王吴亟进所部州郡兵凡十万众,迫措前队丑虏,明告之以生活丹青之信,复迷惑不解散,皆并力合击,殄灭之矣!大司空隆新公,宗亲威属,前以虎牙将军东指则反虏破坏,西击则逆贼靡碎,此乃新室威宝之臣也。如黮贼不解散,将遣大司空将百万之师征伐剿绝之矣。①

这篇杀气腾腾的诏令,是王莽色厉内荏的表现。面对荆州和豫州战场上越来越吃紧的形势,王莽于四月派遣他最得力的大爪牙大司空王邑赴洛阳,与另一爪牙王寻,共纠合郡兵40万,号曰"虎牙五威兵",企图在豫州地区与北上的绿林军进行一场大规模的战略决战,以便扭转对新朝越来越不利的形势。这时候,由刘秀、王凤等率领的一支绿林军,由南阳北上,连破昆阳(今河南叶县)、定陵(叶县东)和郾城(今属河南),兵锋直指洛阳。五月,王邑、王寻率兵从颍川(今河南禹县)出发,会合严尤、陈茂率领的两支队伍,直扑起义军据守的昆阳城。面对十倍于己、来势汹汹的王

---

① 《汉书》卷99下《王莽传》。

莽官军,不少起义军将领缺乏战胜敌人的信心和决心。纷纷要求弃城南逃,退回南阳的根据地。只有刘秀显得十分沉着坚定。他对同在昆阳的其他起义军将领说:"今兵谷既少,而外寇强大,并力御之,功庶可立;如欲分散,势无俱全。且宛城未拔,不能相救;昆阳即拔,一日之间,诸部亦灭矣。今不同心胆,共举功名,反欲守妻子财物邪!"①刘秀分析了利害,说服了昆阳城中的起义军将领,共同下定了坚守昆阳的决心。然后,刘秀安排王凤、王常等率9 000起义军战士死守昆阳,自己则与五威将李轶率13骑,乘黑夜冲出南门,南下搬取援军。王邑、严尤等统率的10万大军包围昆阳以后,严尤向王邑建议说,昆阳城小而坚,攻克并不容易。起义军的主要领袖都集中在宛城附近,我们应该迅速分兵前去宛城,与宛城守军合力,内外夹击围歼宛城周围的敌军。而只要打败包围宛城的敌军,昆阳就会不战而降。严尤的上述战略思想是很厉害的,但骄傲轻敌的王邑却根本听不进去。他认为自己已胜算在握,得意洋洋地说:我以前任虎牙将军,统兵围剿翟义,因为没有生俘翟义,所以受到责备。今天我统率百万之师,遇此小城而不能攻克,怎么能向敌军示威呢。这次我一定要先屠尽此城的生灵,再踏血前进,大军前歌后舞,胜利进军,那不是生平最高兴的事么! 王邑遂命令官军将昆阳"围之数十重,列营百数,云车十余丈,瞰临城中,旗帜蔽野,埃尘连天,钲鼓之声闻数百里。或为地道,冲辒幢城。积弩乱发,矢下如雨,城中负户而汲"②。但是,小小的昆阳,犹如一枚钢钉,屹立不动。起义军9 000将士,拼死抵抗,紧紧地吸住了十多万王莽的官军,使之欲进不能,欲退不甘,在战略上已

---

① 《后汉书》卷1上《光武帝纪》。
② 《后汉书》卷1上《光武帝纪》。

经陷入了被动局面。不久,绿林军主力胜利攻克宛城,解除了后顾之忧,于是倾全力支援昆阳前线的战斗。刘秀带十余骑返回定陵和郾城后,决定把屯驻在这里的起义军全部开到昆阳参加对王莽官军的决战。有些将领要求留下部分士卒看守这里的财物,刘秀严肃地晓以利害说:"今若破敌,珍宝万倍,大功可成;如为所败,首领无余,何财物之有!"①六月,刘秀率领义军主力驰援昆阳。到达昆阳近郊后,刘秀又亲率步骑千余人为前锋,在距敌军四五里的地方,摆开战阵,向王邑派出的数千名敌军奋力冲杀。刘秀一马当先,呼叫着带头冲进敌阵,斩首数十级。王莽官军纷纷溃退。刘秀挥军追击,再次带头冲入敌阵,其他义军士卒也紧跟其后,猛冲溃敌,斩杀约千人。原来对敌人还有些畏惧情绪的其他起义军将领,在刘秀等人的勇敢精神的感召下,"胆气益壮,无不一当百",也都意气昂扬地投入了战斗。刘秀选取敢死之士 3 000 人,亲自督率,在昆阳城西越水猛冲敌人防守最严的阵地,打得围城的官军一败涂地。王邑和王寻也看出刘秀是绿林军的主将,认为只有挫败他才能战胜整个起义军。于是挑选精锐将卒万余人,单找刘秀统率的起义军交战。刘秀指挥他的敢死之士坦然迎敌,经过一番十分激烈而又惨烈的较量,起义军大获全胜,王莽官军在一片昏乱中全面溃败。刘秀乘胜追击,杀死主将之一的王寻。昆阳城内的起义军此时也呼喊着冲杀出来,内外夹击,呼声惊天动地。王莽的官军兵败如山倒,各不相顾,争相逃窜,人马互相践踏,百里战场,死者枕藉。鏖战正急,天气骤变,一霎时,暴风骤雨,电闪雷鸣,屋瓦乱飞,滍水横溢。溃败中的王莽之军争渡逃命,数以万计的士卒淹死在河水中,积尸堵塞了河道,河水为之不流。王邑、严尤、陈茂等

---

① 《后汉书》卷 1 上《光武帝纪》。

人,已无法掌握军队,只是乘轻骑踏着尸体渡过滍水,逃回洛阳。40万最精锐的新朝官军,就这样一败而不可收,大部分被消灭在昆阳战场上。起义军获得了一次空前的大胜利,"尽获其军实辎重,车甲珍宝,不可胜算,举之连月不尽"①。

昆阳之战,是我国历史上著名的以少胜多、以弱胜强的典型战役。绿林军以数万装备低劣的战士,同王莽装备精良的四十多万大军对阵,激战一天,即获全胜,这在军事史上是不多见的。起义军之所以能够取得如此重大的胜利,除了王莽政权彻底腐败,得不到人民拥护,而绿林军正义在手,百姓向心之外,刘秀军事指挥艺术的高明和王邑等指挥艺术的拙劣,应是最直接的原因。战役开始之时,王莽官军以 10 万对 9 000 的绝对优势,紧紧包围了弹丸孤城的昆阳。这时候,昆阳的绿林守军成为陷入重围的一支孤军。在起义军的后方,王莽官军还在坚守的宛城又死死吸住了绿林军的主力,使之无暇北上救援。屯驻定陵和郾城的起义军,亦不过数万之众,整个力量对比,显然对起义军不利。此时,如果王邑接受严尤的正确意见,以少数兵力围困昆阳,或置昆阳于不顾,倾主力奔袭宛城周围的起义军主力,以救援固守宛城的王莽军,待取胜以后再回师夺取昆阳,可能就是另一番结局。可是,负责指挥全权的王邑既骄傲轻敌,又麻痹大意,根本听不进正确意见。十万大军,围攻小城十多天,不能奏效,又恼羞成怒,妄图屠掉这座小城。可是,由于昆阳拖住了王莽的十万大军,使南阳的起义军主力得以顺利攻克宛城,从而解除了起义军的后顾之忧,也使刘秀得以从容返回定陵、郾城,调集援军回救昆阳,形成了内外夹击的局面,使形势发生了有利于起义军的变化。与王邑拙劣的指挥相反,刘秀在此

---

① 《后汉书》卷 1 上《光武帝纪》。

战役中的指挥确实显出了非凡的才能。当王邑大军压境,昆阳岌岌可危,城内的起义军将领都主张弃城逃跑时,唯有刘秀看到了坚守昆阳的重要性。他看出,只有以昆阳牢牢拖住敌军主力,才能保证起义军在后方调整部署,打下宛城,同时做好回师歼敌的准备。刘秀以世罕其匹的英勇无畏,冒险冲出昆阳,说服屯驻定陵、郾城的起义军将领,轻装疾进,悉力迎敌,相对地集中了起义军的主力,创造了战胜敌军的有利条件。之后,面对数倍于己的强敌,利用敌军主帅骄傲轻敌的错误,刘秀以压倒敌人的气势,勇敢地冲入敌阵,斩将破敌,如入无人之境。初战取胜,既打击了敌人的气焰,又鼓舞了起义军的士气。接着,刘秀不给敌人以调整部署的喘息之机,又迫使其在不利条件下与起义军作战,不失时机地扩大战果,在追击中继续歼敌。结果使王莽的 40 万精锐之师,顷刻之间几乎全部报销,绿林军高奏了胜利的凯歌。

昆阳之战,是新朝末年农民战争的转折点。这次战役,消灭了王莽政权最主要的军事力量,使农民军的实力由此超过了王莽官军的力量。如果说,在此之前,新朝官军还掌握着部分军事主动权,在东、南、北三个战场上都还能够发动一些局部反攻的话,那么,此次战役之后,它就完全丧失了军事上的主动权,几乎在每个战场上都陷入了被动挨打的局面。在此战役之前,王莽统治集团内部虽然也已经裂痕斑斑,但臣子们大规模离叛的事件尚未出现。昆阳之战以后,由于王莽的失败已成定局,王莽新朝的中央和地方官吏纷纷倒戈相向,自谋出路。密谋政变者有之,独立自保者有之,投降起义军者有之,呈现出一派黄昏落日鸟兽散的局面。同时,各种反莽势力的起事也频频发生。正如《汉书·王莽传》所描述的:"于是海内豪杰,翕然响应,皆杀其牧守,自称将军,用汉年号,以待诏命;旬月之间,遍于天下。"王莽的末日已经到来了。

# 第十一章　逆流挣扎　众叛亲离

## 1.荒唐伴着荒唐,在荒唐中走向灭亡

统治阶级内部为了权力和财产的分配,必然进行无穷的明争暗斗。由于王莽的皇位是用篡夺的手段取得的,因而他与刘氏宗室贵族的矛盾始终难以调和。后来,随着他各项新政策的推行,又激化了他与拥护他上台的豪族地主集团的矛盾。这些矛盾随着国内民族矛盾和阶级矛盾的尖锐而进一步激化,最后终于成为导致王莽政权灭亡的重要原因之一。

始建国元年(公元9年)四月,当王莽还沉醉在登基典礼的欢乐中时,发生了徐乡侯在即墨(今山东莱西县境)的起事。这次起事虽然很快被镇压下去,但因为刘快打出来的旗号是“恢复汉室”,这使王莽深深地感到刘汉皇朝的魔影还有相当的号召力。惊异之余,就策划了我们上面提到的对42篇符命的大规模宣传活动。同时,为了进一步加强自己的统治,王莽于是下诏设置五威司命以监视镇压三公以下各级官吏和百姓,设中城将军以拱卫京师。他的几个最得力的爪牙,陈崇被任命为五威司命,崔发被任命为五威中城将军。其余,王级为五威前关将军,屯兵驻守长安东南的绕雷;王嘉为五威后关将军,屯兵驻守长安东北的壶口;王奇为五威左关将军,屯兵驻守长安东面的肴渑;王福为五威右关将军,屯兵驻守长安西面的成固。王莽满以为,经过他如此一番精心部署,他

的天下便可以稳如泰山了。但是,残酷的镇压往往变成人民反抗斗争的催化剂。"压迫愈深,反抗愈大,蓄之既久,其发必速"。不仅汉宗室贵族反对王莽的起事接二连三地发生,而且农民大起义也在全国各地酝酿着。始建国元年底,真定的刘都又起兵反莽。面对汉宗室贵族的反叛事件,王莽采纳立国将军孙建提出的建议,迅速抹掉汉皇朝的一切痕迹。决定除汉高帝和汉元帝的祀庙外,其余汉帝在京师的祀庙一律毁掉,汉宗室贵族有王、侯封号者,废去原有封号,以户数多寡分别就公、侯、伯、子、男五等爵位,为官吏者全部罢免。王莽在称帝以后,感到汉宗室贵族不仅对他没有用处,而且越来越构成危险,于是干脆一脚踢开。此时,汉宗室贵族也完全明白了:昔日王莽对他们的封赏完全是出于政治需要的权宜之计,他们把王莽看成自己利益的代表实在是认错了人。他们于是纷纷另谋出路,这就是为什么在后来的农民起义队伍中有那么多汉宗室贵族参加的原因。现在,戴上皇帝冠冕的王莽才发现,他必须同时对四个方面作战:一要对汉宗室贵族和拥刘派地主分子的反叛进行镇压;二要对周边少数民族进行战争;三要对各地劳动人民不断掀起的起义进行围剿;四要对自己内部中央和地方臣子的离叛进行监视与打击。这四条反对王莽的战线虽然性质不同,但却互相影响,每一条战线的斗争都越来越激烈,使王莽首尾难顾,穷于应付。

王莽以大搞符命从孤儿寡母手上窃夺权力,做了皇帝之后,又班符命42篇,派五威将巡视全国进行广泛的欺骗宣传。因此,宫廷内外,朝野上下,谁都明白王莽及其党徒们吹得天花乱坠的符命的奥秘。不少投机取巧猎取富贵的人,如哀章之类的无赖们,都竞相出来献符命。一块石头,一株小草,一头野兽,一只怪鸟,任凭你附会一通,只要离不了给王莽歌功颂德这个中心主题,就算做符命。王莽不但恭礼有加地接受下来,而且献符命者都可以得到封爵做官的奖赏。有一些正直之士对这类骗术很厌恶,便互相开玩笑讽刺王莽说:你怎么独独没有得到上天的赐书呢?王莽的大爪牙陈崇对他说:现在符命搞得这么滥,必然为奸臣猎取名利大开方便之门,说不定还会搞出反对我们的符命来。因此,应该下令禁绝!此奏正合王莽的心意。王莽明白,不加控制的符命泛滥,有可能出现出人意料的结果,必须予以整治。他下令让尚书大夫赵并检查上奏的符命:凡非五威将所班,献符命者一律下狱治罪。这表明王莽决定垄断符命的专利,即只有他的党徒按照他的意旨制造的符命,才是上天意志的表现,才可以获得承认。其他路子来的,一律是左道旁门,应该力加摈斥。如此一来,符命的泛滥似乎可以得到整顿。然而,有一利也必有一弊:符命的垄断恰恰表明了符命的欺骗。罩在符命上面的神圣光轮被王莽自己毁掉,他的骗术在广大人民面前暴露得更加彻底了。

但是,王莽的禁令也并未能造成对符命的全面垄断,他的一些了解内情的高层党徒们还是以符命为武器向他进行争权夺利的斗争。始建国二年(公元 10 年)十二月,发生了甄丰、甄寻父子用符命分割王莽权力的案件,达官贵人数百人因牵进案件而死于非命。这是一次统治阶级的内讧,它表明,王莽当年用来对付汉朝皇帝和太后的那些两面三刀的欺诈手段,现在都被他的党徒们一一继承下来,并转过来作为对付他的武器了。经过这次内部臣子的离叛,王莽深深感到自己的统治并不像过去自己想象的那么稳固,那么乐观,信誓旦旦的党徒们也不是自己想象的那么忠贞,那么可靠。从此,王莽变得更加狐疑成性,时刻提防臣子们的暗算。每次从皇宫出来,都先派卫兵在城中反复搜索,名曰"横搜"。始建国四年(公元 12 年)十二月,为了王莽的一次外出,如狼似虎的卫兵竟在京师"横搜"了五天,四年前登基时趾高气扬,不可一世的王莽,此时已经变得疑神疑鬼,终日在惊悸不安中打发日子了。

经过甄寻父子之狱以后,王莽的疑心与日俱增,总是想方设法地防备群臣中的不忠分子谋算自己。他只准群臣歌功颂德,不准涉及他半点过失;只要群臣一切顺从他的指令,不许他们有半句逆耳之言。否则,轻者遭贬,重者丧命。他下令群臣互相监视,互相纠劾。孔仁、赵博、费兴等人,就是因为敢于弹劾其他臣僚被王莽认为忠心可嘉,一一加以升陟。为了加强对臣子的防范,王莽规定,凡大臣被召入宫,随从吏员有一定数目,任何人的随员超过定数都要受到制裁。天凤元年(公元14年)三月的一天,太傅平晏入宫,随从员吏超过定数。把守宫门的仆射严厉斥责,使平晏的老脸十分难看。平晏的戊曹士一气之下,就把仆射抓了起来。王莽知悉此事后,火冒三丈,立即命令执法官发车骑数百,把平宴的府第团团围住,勒令交出戊曹士。直到把戊曹士抓住,当场杀掉才罢休。大司空王邑是王莽最信任的党徒了,他的从吏司空士夜过奉常亭,亭长苛责,司空士告诉他自己的身份,但已喝得醉醺醺的亭长还是执意要符传。司空士生气地用马鞭子抽打亭长,亭长一怒之下就把他杀了。亭长醒酒后,意识到自己闯了大祸,就畏罪潜逃了。郡县发令追捕,亭长的家人上书为之讼冤。王莽知悉此事后说,亭长公事公办,做得对,不必追捕了。王邑只得严厉斥责他的吏士,并命令他们向王莽谢罪。太傅平晏、大司空王邑既是朝廷的最高级官吏,又是王莽比较亲信的臣子,王莽对他们尚且如此,一般官员就更不必说了。比如国将哀章,他因献符命使王莽登上帝位而获取富贵,但王莽从来就不信任他。天凤元年(公元14年)三月,王莽在听说哀章有贪污的问题以后,立即在他身边安排一位官名和叔的人监视哀章和他的全家。随着时间的推移,王莽对那批老的党徒越来越不放心,于是便任用一批新的职务较低的官员去监视他们。但是,这种处处防范、层层监视的办法,却进一步造成了王莽集团内部的离心倾向。而王莽为了防止大权旁落,臣子专擅,就把所有的政务都揽到自己手上。诸凡管理宝物、货币、钱粮等重要事情,他都一一委给宦官办理。吏民上奏,也全由宦官开发呈送,尚书无权问津。各级官吏面对这种情况,也都乐得推卸责任,敷衍塞责,得过且过。更由于王莽嗜古成癖,好大喜功,时常改变制度,政令繁多,刑罚苛酷,下官应办的事情,不反复问个明白,谁也不敢自作主张,贸然行事。结果势必造成"前后相乘,愦眊不渫"的混乱现象。王莽时常守着灯火,通宵达旦地处理政务,还是办不完。尚书官们也乘机上下其手,作奸舞弊。应该报告的事情数年不上达,对于一些勒令逮捕归案的犯人,因为执行官员故意拖延不办,往往在赦令发布的时候还未逮捕。这样一个内部矛盾重重,行政体制几乎陷于瘫痪的统治集团,在农民革命风暴的冲击之下,必然走向土崩瓦解,分崩离析。

王莽的新朝建立以后,一方面统治集团的内部矛盾愈演愈烈,一方面是劳动人民反抗的烈火愈烧愈旺。王莽只能逆流挣扎,同不可抗拒的命运之神搏斗。他在挣扎中留下的是一部荒唐的编年史。

始建国四年(公元 12 年)底,王莽下诏准备巡狩的盛典。说是自古以来的圣明天子都是"类于上帝,禋于六宗,望秩于山川,遍于群神,巡狩五岳,群后四朝,敷奏以言,明试以功"①。他自己当然也要仿照执行。王莽的党徒们立即按照他的意旨,策划出对广大劳动人民搜刮的新办法:普遍在吏民中征募夫役、马匹和布

---

① 《汉书》卷 99 中《王莽传》。

帛,指令 12 个内郡国买马、发帛 45 万匹运送长安。当以上项目差不多快征上一半的时候,王莽以元后病重为由决定暂时停止巡狩。这样,巡狩虽未成行,但一大批劳动人民的财物却在巡狩的名义下被劫掠到王莽的仓库中去了。始建国五年(公元 13 年),他又一次要搞巡狩,仅因形势不稳,在臣僚的劝阻下作罢。此事刚放下,王莽又策划在天凤二年(公元 15 年),大规模地营建东都洛阳。再后,又在长安开始了花费巨亿、穷极壮丽的九庙的建筑,由此加速了全国各地农民大起义的爆发。

天凤四年(公元 17 年)八月,在农民革命的烈火四处燃烧的时候,深信厌胜法术的王莽想出了一个对付农民起义军的绝妙法术:铸威斗。为此,他亲自跑到长安的南郊,主持了盛大的铸斗典礼。工匠根据王莽的设计要求,以五色药石与铜的合金铸造了长二尺五寸,状如北斗一样的威斗。王莽随即把这个东西吹嘘为可以厌胜反叛者的神物。此后,王莽便把威斗作为自己权力的象征。每当他外出,必须有一个司命负着威斗行走在前。在宫中,也必须有一个司命秉威斗站立一旁。威斗随时间转动,王莽的座位亦随之转动,始终处于斗柄的位置上。然而,威斗可以厌胜起义军的神话很快就宣告破产了。绿林、赤眉、铜马等起义军遥相呼应,东方、南方和黄河以北已形成燎原之势。铸威斗的烟雾尽管还没有散尽,但农民起义的烽火却是越烧越旺。威斗不灵,王莽又想出不战而瓦解农民起义队伍的新的欺骗办法:他派出使者到山东等地,宣布赦免起义的农民,条件是放下武器,各自返回故乡重新接受奴役。起义的农民英雄们识破了王莽的阴谋诡计,用枪、刀、剑、戟对王莽的招降做了最有力的回答。招降失败了,有的使者回到京师后如实对王莽报告说,"盗贼"散而复合,时散时合。问他们为什么要反抗官府,他们都说法令烦多苛酷,简直是举手投足都犯法触禁。拼命种田,收获的东西还不够交纳租税贡赋;关起门来苦熬日月吧,又因邻里挟铜钱连坐治罪。贪官污吏这样想方设法地残害百姓,老百姓不起来造反就没有活路了。听到这真实的述说,王莽大发雷霆,如此回报的使者们便被王莽罢官削职。有的使者窥得王莽的心思,就故意顺着他胡诌说:造反的刁民狡猾诡诈,应该毫不留情地斩尽杀绝。现在时运正对他们不利,不久就会被官军彻底剿尽!一席话把王莽说得兴高采烈,他们立即受到加官晋爵的褒奖。

天凤五年(公元 18 年)正月,为了镇压绿林军,王莽任命大司马司允费兴为荆州牧。出京前,王莽特地召见他,要费兴谈谈他到荆州后准备实施的镇压农民起义军的方略。费兴说,荆州地区的不少老百姓长期以来就是靠在山泽打猎、捕鱼和采集过日子。我朝建国初,颁布六管的法令,什么东西都收税,妨碍了老百姓的渔猎和采集,再加上连年久旱,老百姓穷困饥饿,因而都聚合起来做了盗贼。我到荆州后,将下令赦免那些起义的百姓,让他们复归田里,贷款给他们买犁、牛、种子、粮食,同时再放宽租税的征收,这样,大概就可以使盗贼消解,使百姓安居乐业了。从这些话里可以看出,费兴确是王莽集团中一个有敏锐政治眼光的人物。他看到王莽用残酷镇压的办法不仅无法消灭农民起义军,反而引起更炽烈的反抗烈火,所以才提出以上以怀柔的办法来瓦解起义军的策略。如果此一策略真的付诸实行,起码可以延缓农民起义军发展的速度。但是,费兴的肺腑之言却是王莽最不爱听的,因为自从对东方起义军的诱降政策失败后,王莽只认定了一条对农民起义军斩尽杀绝的政策,对于其他办法就一概听不进去。因此,费兴的荆州牧一职,还未上任就因一番真话而作罢了。说假话加官晋爵,说真话丢官受罚,一个政权到了这个份上,也只能与灭亡为伍了。

斩尽杀绝的政策当然只能激起农民更加剧烈的反抗。天凤六年(公元19年),继铸威斗的盛典以后,王莽又想出了一个厌胜农民起义军的新法术:颁布新历法。他命太史令推算出了36 000年的历纪,决定每六年改元一次。他大吹大擂说更定历法可以使"群盗销解",他的新朝最少能够有36 000年的寿命。王莽此类厌胜"群盗"的法术尽管层出不穷,花样翻新,但是,事实却是他抛出的法术越多,农民起义的烈火越旺。这次"历法灭群盗"的法术一经抛出,朝野上下无不掩口而笑了。这时候:有一个夙夜(今山东荣成北)的连率韩博,对王莽的好说大话、说空话,将希望寄托在奇迹的出现上很不以为然。就决定以王莽之道揶揄一下王莽。他上书王莽,郑重其事地向他推荐一位奇士:

> 有奇士,长丈,大十围,来至臣府,曰欲奋击胡虏。自谓巨毋霸,出于蓬莱东南,五城西北昭如海濒,辎车不能载,三马不能胜。即日以大车四马,建虎旗,载霸诣阙。霸卧则枕鼓,以铁箸食,此皇天所以辅新室也。愿陛下做大甲高车,贲育之衣,遣大将一人与虎贲五百人迎之于道。京师门户不容者,开高大之,以视百蛮,镇安天下。①

王莽也觉察出韩博的奏文中隐含着对自己的讽刺,心里虽然十分恼火,但又不便立即发作,于是故意下令迎接这位巨人,巨人迎至新丰(今陕西省临潼北)后,王莽又让他止于此地,不准进京师。因为王莽字巨君,韩博在这里可能有讽谏王莽不要篡窃称霸之意。王莽于是更其姓曰巨母氏,说是因文母太后而出现此人,是使王莽称霸天下的符瑞。接着,王莽就以"巨人不巨"为由下令将

---

① 《汉书》卷99下《王莽传》。

韩博逮捕治罪,并立即杀掉。韩博的大话因触犯了王莽而给自己带来杀身之祸,这表明只有王莽才有权垄断大话、空话、假话,并用它去欺骗自己的臣民。

公元20年,王莽依据六年一改元的新历法,改元为地皇元年。这时候,山东、河北和江汉地区的农民起义更加风起云涌,激扬澎湃。王莽自己也看到,他吹得天花乱坠的那些铸威斗、改历法之类的骗术,并没有能够制止农民起义的发生和发展。于是便加紧使用统治阶级对付革命人民的老法术,妄图以残酷的杀戮把起义农民纳在血泊之中。他决心来个全国一体军事化,下令增设了许多将军,要求所有地方官一律兼任军职,让他们带兵去镇压农民起义军。为了给他的全国一体军事化寻找根据,王莽又抬出其"始祖考"黄帝大大附会了一通:

> 予之皇初祖考黄帝定天下,将兵为上将军,建华盖,立斗献,内设大将,外置大司马五人,大将军二十五人,偏将军百二十五人,裨将军千二百五十人,校尉万二千五百人,司马三万七千五百人,候十一万二千五百人,当百二十二万五千人,士吏四十五万人,士千三百五十万人。①

这些数目都是王莽心血来潮的想当然,自然是靠不住的。因为按此比例,把当时全国的男女老幼都变成士兵也还凑不足他的数字。但是,王莽的附会却反映了他将全国一体军事化的意图。紧接着,王莽设置了前后、左、右、中五大司马之位,州牧赐号为大将军,郡卒正、连率、大尹为偏将军,属令长为裨将军,县宰为校尉。王莽希图用这种办法,把全国化为一座大军营,从各级官吏到普通

---

① 《汉书》卷99下《王莽传》。

百姓,人人披挂上阵为他卖命。殊不知,王莽这个全国一体军事化的如意算盘,首先在他的统治圈内引起了一片混乱。随着王莽的一声令下,封拜行政长官为军事长官的使者便络绎不绝地奔波于道路。一个郡国一天要接待十多个封拜的使者,这就给旅途交通、食宿和各种供应造成了很大困难。驿站的车马供不应求,这些使者老爷们便在途中随便夺取老百姓的车马充用,再加上沿途敲诈勒索,就将全国各地搞得沸反盈天,鸡犬不宁。王莽的全国一体军事化首先乱了他自己,非但不能加强他屠杀革命的力量,恰恰是进一步激化了他与广大劳动人民的矛盾,进一步加深了王莽政权的危机。

正在王莽的全国一体军事化政策搞得各地纷纷扰扰的时候,有一个会望气的骗子告诉王莽,说京师有"土功象",即有需要大兴土木的征兆。王莽信以为真,认为大兴土木可以镇住声势越来越浩大的农民起义。于是决定在长安城南百顷的地面建筑九庙。他下令征发全国各地的能工巧匠和大量匠夫齐会京师,以从事这项盛举。为了筹措建筑经费,他想出了卖官鬻爵的办法,悬出卖官的公开价格,入米谷六百斛者为郎,郎官再加官就赐爵位至附城。为了修建九庙这组庞大的建筑群,不仅花去数百巨万,十多万役夫长年累月地劳动,而且使一万多人惨死在工地上。显然这项"盛举"本身就是一桩巨大的罪恶。王莽大起九庙的目的,原本是乞求他祖宗的在天之灵协助他扑灭农民起义。然而,与他的愿望相反,就在九庙接近完工的时候,钜鹿爆发了马适求领导的起义,江汉地区的新市、平林越战越强,波及的地区越来越广,造反的烈火已经逼近王莽统治的中心洛阳和长安了。

地皇元年(公元20年)以后,农民起义进一步向深度和广度发展。不仅绿林、赤眉和河北各地的起义军攻势日益猛烈,而且三辅地区也再次树起了造反的旗帜。为了绥靖京师,王莽设置了专门对付起义军的捕盗都尉,日夜督兵进行清剿。但是,不剿则已,越剿越多,王莽的老巢也不再是安全的堡垒了。这时候,王莽为了自欺欺人,变本加厉地制造符命,用越来越多的荒唐行径打发剩余的岁月。王莽的妻子死后,有一个经常在王莽身边服务的郎官阳成修,为了讨他的欢心,便献上一具符命,说是要想天下太平,必须继立民母。还说王莽的祖先黄帝,就是因为娶了120个妃子而成了神仙。王莽即刻照符命而行,他派遣中散大夫、谒者各45人分行天下,为自己选取可做嫔妃的淑女。此事刚打发完毕,王莽又梦见长乐宫中的铜人有五尊起立复活。醒来以后,王莽既惊又怕。他想到铜人是汉皇朝的遗物,身上又铸有"皇帝初兼天下"的铭文,感到似乎对自己不利。于是命令工匠将铭文全部刮掉。过后不久,王莽又梦见汉高帝的神灵谴责他篡汉自立。他于是命令虎贲武士开到高祖庙中,拔剑四面击杀,连窗户也用斧头砍坏,又用桃汤洒浇四壁,以赤色的鞭子频加捶击。为了彻底镇住高皇帝的神灵,王莽还命令轻车校尉率兵屯驻高帝庙中,命令中军北垒的士卒移屯高帝的陵园里。王莽觉得如此这般,刘汉皇朝的列祖列宗的神灵就不会找他算篡弑账了。王莽的疑神疑鬼,噩梦联翩,正是他神经极度衰弱的表现。他看到汉宗室贵族和不少拥刘的地主官僚纷纷投入到农民起义队伍,预感到他们找自己算总账的日子已经逼近,因而惊恐不安,神经也有点失常了。正在王莽寝食难安的时候,他的又一个爪牙献计说,当年黄帝曾建华盖而成为神仙,王莽也应该加以效法。王莽此时正想摆脱尘世的烦恼,恨不得立即乘风进入仙境,所以想立即试试这个"登仙术"灵不灵。他命令工匠造了一个九重的华盖,高八丈一尺,"金瑵羽葆",奇形怪状,装上四个看不见的轮子,用六匹马拉着,周围有身着黄色衣帽的力士

300人簇拥着这个怪物。华盖上边载着几个人,不停地击鼓,驾车的驭手则发疯般地叫喊着"登仙!登仙!"此后,只要王莽外出,就让这辆登仙车在前面开道。每逢王莽如此出行的时候,那些已经看惯他可笑把戏的臣僚们,都纷纷交头接耳地窃窃私语:"这哪里是什么仙物,简直就是个丧车!"

"登仙术"当然只能在短暂的时间内麻痹王莽的神经,当他的思绪回到现实中来的时候,展现在他面前的是汹涌而来、奔腾前进的农民大起义的巨浪狂涛。地皇二年(公元21年),南郡(今湖北江陵一带)的秦丰领导数万人起兵,巾帼英雄、平原(今山东、河北交界处)女子迟昭平率数千人聚义。各地起义的消息,接二连三地报到京师。在王莽与其党徒们一起谋划镇压农民起义军方略的时候,大多数党徒们对王莽的脾性已经摸透了,因而意见特别"一致",大家众口一词地说,这些"盗贼",不过是"天囚行尸",命在旦夕,根本不足挂齿!一席话使王莽犹如注射了一支强心剂,似乎看到了胜利的曙光,正待进一步调兵遣将加强对农民军的围剿,左将军公孙禄突然站了出来,比较实事求是地点出王莽集团的重大失误:

> 太史令宗宣典星历,候气变,以凶为吉,乱天文,误朝廷。太傅平化侯饰妪以媮名位,"贼夫人之子"。国师嘉信公颠倒五经,毁师法,令学士疑惑。明学男张邯、地理侯孙阳造井田,使民弃土业。羲和鲁匡设六管,以穷工商。说符侯崔发阿谀取容,令下情不上通。宜诛此数子以慰天下![1]

公孙禄这番话,一石激起千层浪,使群僚们相顾愕然。公孙禄

---

① 《汉书》卷99下《王莽传》。

不仅揭出了他们为王莽制造符命的种种真相,同时也指出了王田、五均、六管等政策是造成社会危机的根本原因。这等于说,造成危机的罪魁祸首就是王莽。公孙禄还指出:"匈奴不可攻,当与和亲。臣恐新室忧不在匈奴,而在封域之中也。"[①]在王莽做皇帝以后,还没有任何人敢于如此大胆地对他的政策提出这样全面的批评,这自然大大地冒犯了王莽的尊严。王莽一怒之下,喝令虎贲武士把公孙禄拖下了朝堂。

不过,王莽也从公孙禄的这一番逆耳之言中想到一个透过于臣下的办法。因为最早提出六管之法的是羲和鲁匡,全国上下不少人都对他怒目而视。王莽下令将他降为五原的卒正,以缓和来自统治阶级内部一些人的攻击。

一个公孙禄把王莽气得好多天不能平静。不久,又一个公孙禄式的人物使王莽气上加气。地皇二年(公元21年),王莽派一个大司马士(可惜史书没有留下他的姓名)到豫州办理上告到朝廷的一个案子,他刚到豫州就做了起义军的俘虏。但起义军并未加害于他,而是放他回朝了。这位大司马士回到京师以后,就把他被俘期间在农民起义军中看到的情况,如实地向王莽作了汇报。其内容无非是"官逼民反"之类,总之是说了点实话,对王莽的政策做了点批评。谁知王莽听了回报以后勃然大怒,痛骂这位大司马士欺君罔上,下令将他关进了监狱。王莽余怒未息,下诏痛斥他的文武官员在对待起义军问题上认识糊涂,玩忽职守,严令他们上下同心,合力镇压起义军:

夫吏者,理也。宣德明恩,以牧养民,仁之道也。抑强督

① 《汉书》卷99下《王莽传》。

奸,捕诛盗贼,义之节也。今则不然。盗发不辄得,至成群党,遮略乘传宰士。士得脱者,又妄自言"我责数贼'何故为是'?贼曰'以贫穷故耳。'贼护出我。"今俗人议者率多若此。惟贫穷饥寒,犯法为非,大者群盗,小者偷穴,不过二科。今乃结谋连党以千百数,是逆乱之大者,岂饥寒之谓耶?七公其严敕卿大夫、卒正、连率、庶尹,谨牧养善民,急捕殄盗贼。有不同心并力,疾恶黜贼,而妄曰饥寒所为,辄捕系,请其罪。①

　　王莽在诏书中虽然不敢正视最基本的情况,但是,有一点王莽还是正确的:他已经觉察到,其时的农民起义军已经脱离了初起时那种单纯谋生的目的,而是要推翻王莽的罪恶政权了。王莽的诏书还给臣僚们定下了调子:凡是关于农民起义的原因和如何对付起义军的方略,都只能依照王莽的意旨斟酌词句,既不能反映真实情况,也不能讲自己的真实看法。自此以后,王莽的绝大部分臣僚都不再向王莽反映各地起义军的真实情况,也不敢违背王莽的节制根据战场的实际情况灵活处理对起义军作战的有关事宜。正是王莽为首的统治集团的横征暴敛,残酷刑罚,激起了广大农民的造反洪流,而又正是这个集团的荒唐愚蠢和无能,给农民起义军的迅速发展创造了有利条件。这时候,王莽手下有一个叫田况的翼平(今山东寿光)连率,是个比较有计谋,善权变的人物。他下令发本州,百姓中年 18 岁以上的男子 4 万余人当兵,加以欺骗和严格的训练,作为镇压农民起义军的基干力量,以机动灵活的战术对付起事的农民。同时,又对百姓实行较宽厚的统治政策。结果,在一段时间内,他所管辖的地区农民不能顺利地起事;外来的农民起义

---

① 《汉书》卷 99 下《王莽传》。

军也难以在那里站稳脚跟。这样,在他的辖区就出现了一个暂时的稳定局面。照常理讲,这位田况该是对王莽忠心耿耿的人物了吧?田况也自恃有功,毫无顾忌地向王莽上书自劾说,他未得王莽的诏令而擅自募兵,虽然打败了起义军,也还应该请求处罚。田况的自劾,实际上是向王莽表功,满以为会得到王莽的嘉奖,谁知王莽给他的竟是一通十分严厉的谴责:"未赐虎符而擅发兵,此弄兵也。其罪乏兴。以况自诡必禽灭贼,故且勿治。"[1]忠而见疑,信而遭谤,立功而受责,王莽需要的是忠诚而笨拙、赤心而无智,只会做他传声筒的奴才。对于一些头脑清醒、足智多谋的人物,他是并不怎么信任的。不过,面对潮水般汹涌而来的农民起义军,面对日益危机的形势,王莽纵使对田况不怎么放心,也还是委任他做了青、徐二州的州牧,希望借助他的智谋和韬略,以解燃眉之急。田况在得到委任的诏令以后,十分兴奋,很想有所作为,立即向王莽献上他在亲身参加镇压农民起义军的作战中总结出来的对付农民起义军的方略:

> 盗贼始发,其原甚微,非部吏、伍人所能禽也。咎在长吏不为意,县欺郡,郡欺朝廷,实百言十,实千言百,朝廷忽略,不辄督责,遂至延曼连州,乃遣将率,多发使者,传相监趣。郡县力事上官,应塞诘对,共酒食,具资用,以救断斩,不给复忧盗贼治官事,将率又不能躬率吏士,战则为贼所破,吏气寝伤,徒费百姓。前幸蒙赦令,贼欲解散,或反遮击,恐入山谷转相告语,故郡县降贼,皆更惊骇,恐见诈灭,因饥馑易动,旬日之间更十余万人,此盗贼所以多之故也。今雒阳以东,米石二千。

---

① 《汉书》卷99下《王莽传》。

窃见诏书,欲遣太师、更始将军,二人爪牙重臣,多从人众,道上空竭,少则亡以威视远方。宜急选牧,尹以下,明其赏罚,收合离乡。小国无城郭者,徒其老弱置大城中,积藏谷食,并力固守。贼来攻城,则不能下,所过无食,势不得群聚。如此,招之必降,击之必灭。今空复多出将率,郡县苦之,反甚于贼。宜尽征还乘传诸使者,以休息郡县。委任臣况以二州盗贼,必平定之。[1]

　　田况的奏议,比较精辟地分析了新朝官吏互相欺蒙从而造成农民起义队伍发展壮大的原因,特别指明王莽钦差大臣满天飞所造成的弊端。他为王莽设计了狠毒的对付农民起义军的方略:针对当时的农民起义队伍比较分散和各自为战的特点,放手使用地方上的各级官吏,给他们以充分的权力和自由,让他们依靠地方上的豪强地主,实行堡垒主义,大搞坚壁清野,恩威兼施,剿抚并用,交替使用镇压和招降的两手政策,把农民起义军镇压下去。但是,王莽却未能采用田况这个"各自为战""各个击破"的策略。王莽得到田况的上书以后,一方面感到田况是有着一副清醒政治头脑和军事谋略的爪牙,与那些只会秉承他的意志刻板办事的臣僚相比显然是略胜一筹的。另一方面,王莽更害怕田况在地方上镇压农民起义的过程中壮大起来,害怕他形成尾大不掉之势危及自己的统治。斟酌再三,王莽还是决定派人取代他。于是派遣使者赶到田况那里,接替了他的职务。同时以升陟的名义把田况调回京师,委托任他做了有职无权的师尉大夫。田况离开以后,青、徐二州绝大部分地区很快就被农民起义军势如破竹地攻下来了。

---

① 《汉书》卷99下《王莽传》。

地皇三年(公元22年),赤眉、绿林为主体的各路起义大军,铺天盖地向王莽的腹心地带的洛阳、长安地区杀奔而来。二月,王莽派到东方镇压农民起义军的军事统帅太师羲仲景尚做了起义军的刀下鬼。这时候,青、徐、兖等地区连年灾荒,出现了人吃人的悲惨景象。农民大起义的队伍更如燎原烈火,在灾难深重的齐鲁大地上滚滚向前。王莽接到景尚被杀的消息以后,再派太师王匡、更始将军廉丹到东方围剿起义军。这两个家伙是极端凶狠、残暴的刽子手。他们统率的官军,烧杀抢劫,无所不为。所过之地,人畜被杀光,房屋化灰烬,饥荒加兵燹,使整个山东地区到处哀鸿遍野,饿殍满道,简直变成了非人的世界。为了对付南阳、荆州等地的下江、平林、新市等三支起义队伍,王莽又派孔仁到豫州、陈茂、严尤等到荆州,各给他们百多人的吏士,要他们到所在州郡招募兵员,组织反动武装,相机与起义军作战。严尤与田况一样,也是王莽集团中颇具头脑的刽子手。他对王莽层出不穷的荒唐行径深为愤慨。面对着蔓延全国,如火如荼的农民大起义,他认为王莽的新朝已经山穷水尽,任何人也没有办法使之起死回生了。在赴荆州的途中,严尤对同行的陈茂大发牢骚说:王莽这个人既疑心又专断,唯恐将帅擅自行动。派将出征却不给兵符,任何小事也要先向他报告,待他批准以后才能行动。这样做,简直就好像把韩卢(古代韩国名犬)拴起来,却又命令它去捕获猎物一样啊!这三位身衔重任的大员都垂头丧气慢吞吞地走向他们的目的地。他们也非常清楚,在前面等待他们的并不是胜利的凯歌,而只能是送葬的薤露而已。他们附着的王莽政权已经彻底腐朽,彻底溃烂了。他们也知道,除了灭亡之外,王莽政权已不配有更好的命运了。孔仁、严尤和陈茂等后来都投降了反叛王莽的势力,但也都死于非命,他们还是为王莽殉葬了。

灭亡愈逼近，王莽愈荒唐。他是决心用荒唐去迎接末日，伴随着荒唐走向灭亡。地皇三年（公元22年）正月，历时三年，花费巨万，使万余役夫惨遭死亡的九庙建成，安放上了王莽自己杜撰的那些真假参半的祖宗神位。王莽决定举行一次隆重的谒庙大典。这一天，他乘坐着六匹高头大马拉的华丽宽敞的大车，六匹马都披上以五彩毛织成的龙文衣，马头上各安着一个长三尺的大角，前面有华盖车和元戎十乘开道。王莽虔诚地向各庙中供奉的神位礼拜致敬，祈祷祖宗的在天之灵保佑新皇朝万古长青。与此同时，凡是与建庙有关的爪牙都得到王莽不同等第的封赏。王莽的谒庙典礼刚过，二月，长安东面著名的霸桥失火烧掉了。当时，数千人前往灭火，没有扑灭，直到修桥的木料全部烧光为止。霸桥是通往东方的咽喉，一场大火烧掉，怎么也不能说是好事一桩吧？然而，王莽下了一道诏书，竟将此事说成大吉大利：

> 予以神明圣祖黄虞遗统受命，至于地皇四年为十五年。正以三年终冬绝灭霸驳之桥，欲以兴成新室统一长存之道也。今东方岁荒民饥，道路不通，东岳太师亟科条，开东方诸仓，赈贷穷乏，以施仁道。其更名霸馆为长存馆，霸桥为长存桥。①

总之，在王莽看来，霸桥失火是一大吉兆，大火烧掉旧桥，是为了成就一条王莽新朝的统一长存之道。为了以应吉兆，王莽决定把霸馆更名为长存馆，霸桥更名为长存桥。把名字刻在石头上想不朽，起一个长存的名字以祈求永久，这是历代统治阶级自欺欺人的老法术。王莽在死到临头时还在虚幻的想象中去追求统治权的永世长存。

---

① 《汉书》卷99下《王莽传》。

自然界的一切灾异或许可用以自欺欺人的办法加以伪饰,但是,许多急迫的社会问题却要求王莽拿出实实在在的办法来加以解决。为了敷衍饥寒交迫的灾民,王莽先是下了一道无须费一文钱的开放山林池沼的诏书:"惟民困乏,虽溥开诸仓以赈赡之,犹恐未足。其且开天下山泽之防,诸能采取山泽之物而顺月气者,其恣听之,勿令出税。"本来,开山泽之禁,并非不可解决一些饥民的谋生之路,然而,王莽开山泽之防却是有条件的,这就是必须顺月令,即符合王莽规定的那些非常麻烦的时节禁令。接着又说:"如令豪吏猾民辜而榷之,小民费蒙,非予意也。"① 如此一来,开放山泽对于嗷嗷待哺的饥民来说,也不过是望梅止渴而已。与此同时,王莽又想出了另一个更便宜的解决办法,实际上是王莽异想天开的一大发明,说是草木可以煮以为酪以供食用,下令在全国推行。他分遣大夫、谒者到全国各地,向劳动人民传授煮草木为酪的方法。科学证明,草木中自然含有可供人食用的淀粉和蛋白质,然而,从中提取这些营养成分,在现代科技条件下也需要不菲的成本,在当时的条件下是根本不可能的。这种荒唐的行径当然只有失败。由于连年灾荒,收成甚少,更加上赋敛繁苛,币制混乱,造成当时谷价飞涨,一斛粟米的价格达一斤黄金,无法抑制得住。王莽于是下令建了一个大谷仓,置卫士荷戟守卫,名曰"政始掖门"。大肆吹嘘说它能够厌胜像断线风筝一样上升的谷价。这当然是心劳日拙。谷价抑不住,灾荒在蔓延,饥饿的流民从四面八方涌向关中地区。王莽虽然也煞有介事地设官救济,但是,主持此事的官员,大都是新朝特殊社会条件下陶冶出来的骗子,他们把象征性的一点点所谓赈济的粮米也全部贪污中饱,结果造成十之八九的流

---

① 《汉书》卷99下《王莽传》。

民都悲惨地饿死于田野或街头。也就在此时,王莽命中黄门王业管理长安的交易市场。王业抓住这个机会,勾结富商大贾,贱买贵卖,大发横财,搞得怨声载道,沸反盈天。但王莽却认为他成绩卓著,赐予附城的爵位。有一天,当城中饥民的啼饥号寒之声透过层层宫墙传到王莽耳中时,王莽就问王业是怎么回事,王业说:这是流民的喊声。接着,他把市场上出卖的粱饭肉羹拿给王莽看,并添油加醋地说:流民每天都吃这种东西,但他们仍然不知足,还是哇哇乱叫。王莽竟然相信了王业编造的这些鬼话。

王莽政权的危机一天比一天严重。关中地区,京师内外,到处都是流浪的饥民;山东、中原、荆扬、河北,四方燃遍农民起义的烽烟;统治集团内部各怀鬼胎,尔虞我诈,矛盾重重,分崩离析;派到外面率兵镇压起义军的将领,人人谎报军情,个个敷衍塞责,留在京师的大小臣子,也很少有人对王莽说半句实话。新皇朝笼罩在末日降临的气氛中。王莽为了延迟农民起义军的进攻,缓和统治阶级的内部矛盾,获得一点喘息时间,于是决定派遣风俗大夫司国宽等人分赴全国各地,向臣民宣布所有新法一律作废。但是,因为此时起义军已经逼近国门,通向各地的道路几乎都被阻断,风俗使者根本无法到全国巡行了。王莽的新皇朝是在始建国元年(公元9年)正式开张的,也就在这一年,他宣布了王田奴婢政策。开始了一系列的改革。到地皇三年(公元22年),王莽宣布所有改革一律作废,整整13年的历史,就是王莽由失败的改革开始,到改革的彻底失败而结束的历史。

公元23年(王莽地皇四年,淮阳王更始元年)二月,绿林军拥立刘玄为皇帝,建立了第一个与新莽对立的政权,控制了荆州、豫州的大部分地区。王莽为了掩饰他内心的惊恐不安,并以外表的从容镇定影响他的臣僚,他不仅把须发染成黑色以显示自己的年轻,而且用巨金聘娶杜陵史家的女儿为皇后以表现自己的富于春秋。举行婚礼大典的这一天,王莽故意装出意气昂扬的样子,亲自在前殿迎候皇后,凡参与这次婚礼服务的128人都从王莽那里得到封爵:备和嫔、美御、和人等3人,职位同于三公;9位嫔相,位同卿;27个美人位同大夫;81个御人位同元士。他们都佩戴着各种各样的印绶,挂着弓矢,摆出威风凛凛的样子。皇后之父史谌被封为和平侯,任命为宁始将军,史谌的两个儿子也被任命为侍中。谁知正当鼓乐齐鸣,婚礼进行到高潮的时候,天公不作美,来了一场"发屋拔木"的暴风雨,搞得王莽头昏脑涨,思绪沉沉。不过,王莽的臣子们不少都是他的嫡传弟子,在玩弄骗术、颠倒黑白方面也都是训练有素的。风雨停息之后,他们立即呈上奏文向王莽祝福,把这场令人晦气的变异描绘成"河出图""洛出书""天降甘露"那样的吉征瑞兆:

> 乃庚子雨水洒道,辛丑清净无尘,其夕谷风迅疾,从东北来。辛丑,巽之宫日也。巽为风为顺,后谊明,母道得,温和慈惠之化也。《易》曰:"受兹介福,于其王母。"《礼》曰:"承天之庆,万福无疆。"诸欲依废汉火刘,皆沃灌雪除,殄灭无余杂矣。百谷丰茂,庶草蕃殖,元元欢喜,兆民赖福,天下幸甚![①]

你看,一场狂风暴雨,在王莽党徒的笔下,不仅象征了新皇后的母道"谊明""温和慈惠",而且还有使反莽起义军的千军万马"沃灌雪除,殄灭无余"的神力,标志着一个"百谷丰茂,庶草蕃殖"的丰收之年的到来。王莽及其党徒化腐朽为神奇的本事于此可见一斑。此后,王莽深居宫中,天天与一个叫昭展的涿郡方士考验方

---

① 《汉书》卷99下《王莽传》。

术,无耻地纵欲作乐。他一会儿颁布大赦天下的诏令,显示他的宽宏大度,一会儿以"位上公,食邑万户,宝货五千"的赏格捉拿刘缤,向起义军施以威胁恫吓,挑拨离间。这年三月,在绿林军兵围宛城,即将与王莽官军展开战略大决战的前夕,王莽为了再一次施展对起义军威吓欺诈的骗术,发布了以数十万大军大规模进剿起义军的诏令,并派出七公干士隗嚣等72人带着这个诏令,分赴全国各地去威胁利诱农民起义军。但是,王莽的所有爪牙们几乎都明白,王莽这个杀气腾腾的诏令不过是他色厉内荏的表现,新室的气数已尽了。这批使者一出京师,无不庆幸自己脱离了这个危如累卵的死亡之地,纷纷自谋出路,谁也不想再回去了。其中隗嚣到陇西以后,很快就倒戈相向,毅然举起了反对王莽的旗帜,成为日后盘踞关陇地区的一个大割据者。这一规模较大的臣子离叛事件表明,王莽为代表的新皇朝,这时就像一只在惊涛骇浪中快要沉没的破船一样,以权力结合在一起的王莽集团的大小爪牙们,为了各自的利益纷纷弃船逃命,谁也顾不得守着破船等待灭顶之灾的船主了。六月,昆阳之战使王莽新朝受到最后的致命一击。各地的农民起义,风借火势,越烧越旺;地主阶级反莽的武装起事也接连不断,风起云涌。王莽控制的地盘,只剩下关中一隅。恶贯满盈的王莽,犹如一只因在笼子里的野兽,辗转反侧,坐卧不宁,痛苦地等待着猎人的宰杀。

## 2. 儿子密谋杀掉父亲,孙子策划取代爷爷, 这一家人的神经是不是出了毛病

王莽的政权在声势浩大的农民起义军捶击之下风雨飘摇,朝不保夕。其内部的危机更是不断加深,日甚一日。王莽对他的臣

僚越来越不信任,臣僚对他的新皇朝也越来越丧失信心。因而,王莽集团的内部斗争一天比一天发展,儿子、孙子觊觎他的位子而谋划取而代之,臣子的离叛事件更是一天比一天增多。这种斗争削弱了王莽集团本身的力量,客观上对农民起义军的迅猛发展是有利的。

王莽对他的臣子越是不信任,他的臣子也就越是背着他任意胡为。上面曾经提到,由于王莽制定的官吏俸禄制度极其烦琐,而在事实上又决心不给他们俸禄,这样,各地的官员们便各自寻求生财之道,变着法儿地大肆剽掠敲剥劳动人民。不少郡尹、县宰家中很快地积累千金,成为大腹便便的新富豪了。王莽看着眼红,为了夺取地方官搜刮来的大量财物,王莽在天凤五年(公元 18 年),下达了如下一道诏令:"详考始建国二年胡虏猾夏以来,诸军吏及缘边吏大夫以上为奸利增产致富者,收其家所有财产五分之四,以助边急。"此令一下,"公府士驰传天下",考察官吏的贪赃枉法问题。一时间,属吏告其长官贪污,奴婢告主人犯禁,一片乱纷纷,"几以禁奸,奸愈甚"①。贪污之风不仅没有禁绝,反而变本加厉了。

一波未平,一波又起。正在王莽为对付地方军政官员贪污而搞得焦头烂额的时候,祸起萧墙。王莽的孙子、功崇公王宗以自己的父亲为榜样,起而反对他那正在皇帝位子上的祖父了。因为王莽是靠符命起家的,大概由于家学的缘故吧,他的儿子、孙子都学会了这一手。王莽的长子王宇是因为以符命反对王莽而在 15 年前的吕宽之狱中被王莽杀死的。15 年后的天凤五年(公元 18 年),王宇的儿子王宗也步乃父的后尘,走上了这条道路。他画了自己穿着天子衣冠的全身相,又刻了有"维祉冠存己夏处南山藏

---

① 《汉书》卷 99 下《王莽传》。

薄冰""肃圣宝继""德封昌图"字样的三个印章。他所造符命的意思很明显,就是自己应该代替王莽做皇帝。与此同时,王莽又发现,王宗的舅父吕宽的家属在充军到合浦(今广东、广西交界处)以后,仍然与王宗保持着密切的往来,而这却是违反王莽禁令的。王莽发现以后,气愤异常,下令穷治,王宗便自杀了。王莽亲自决定对此案的处理,他说:

> 宗属为皇孙,爵为上公,知宽等叛逆族类,而与交通;刻铜印三,文意甚害,不知厌足,窥欲非望,《春秋》之义,"君亲毋将,将而诛焉。"迷惑失道,自取此辜,乌呼哀哉! 宗本名会宗,以制作去二名,今复名会宗,贬厥爵,改厥号,赐谥为功崇缪伯,以诸伯之礼葬于故同谷城郡。①

父子、祖孙之间发生的这两起骨肉相残的案件,都使王莽不寒而栗。自己的亲骨肉间尚且如此,其他的臣僚如何信得过呢! 王莽深深地懂得,在争夺权力的斗争中,即使对自己的亲骨肉也是不能手软的。否则,子孙就可能踏着自己的鲜血来承袭他的位子。所以,王莽对自己的儿子、孙子的死亡,伤则有之,惜则毫无。如同吕宽之狱一样,王莽把这次牵连在内的人一一杀掉,其中包括王宗的姐姐王妨及其丈夫,位居上公的王兴。在此事件中,还出了一段有趣的插曲:王莽十分赏识的爪牙,司命孔仁的妻子因牵连到王宗案中而自杀了,孔仁惊恐不安,立即跑到王莽那里来了个"免冠谢罪",赌咒发誓说他不知道妻子参与谋逆的情况,请求王莽宽恕。王莽了解孔仁是一条忠心耿耿的走狗,本来没有要治罪于他的意思。不料孔仁这一次"免冠谢罪"却真正谢出罪来了。王莽使尚

---

① 《汉书》卷 99 下《王莽传》。

书劾奏孔仁说:"乘乾车,驾&lt;&lt;&lt;马,左苍龙,右白虎,前朱雀,后玄武,右杖威节,左负威斗,号曰赤星,非以骄仁,乃以尊新室之威命也。仁擅免天文冠,大不敬。"①这就是说,你的罪过就是因为免冠,失去了臣子应有的礼仪。但王莽使尚书劾奏孔仁的目的并非要将他治罪,仅仅是来个下马威,给点颜色看看而已。接着,王莽又诏令尚书不必对孔仁治罪,他只需更换一顶新冠此事就算了结。王莽的性格就是这样的风晴阴雨,变幻无常,怪异迭出,使群僚们难以捉摸和把握。

地皇元年(公元20年),太傅平晏死去。王莽任命唐尊接替了这个职务。这位唐尊也是一个王莽式的伪君子。上任以后,他虽然没有什么本领协助王莽挽救摇摇欲坠的新皇朝,但他同王莽一样,可以用自己的奇行怪语引起人们的惊异。而这一点,还与王莽那时需要寻求新刺激的骗子性格相契合,因而深得王莽的欢心。唐尊做太傅以后,对江河日下,朝政日非的王莽政权下了八个字的评语:"国虚民贫,咎在奢泰。"这自然也有几分道理。王莽统治集团是由最腐朽的豪族地主和富商大贾所组成,他们是社会上最大的剥削者,也是最大的骄奢淫逸的寄生集团。正是由于他们残酷的压榨盘剥和惊人的奢侈浪费,造成了劳动人民的极度贫困。去奢泰,首先应该由他们带头节俭,减轻剥削,这一点却是唐尊所不能承认,也是他无力要求王莽集团实行的。因此,唐尊提倡实行的纠正时弊的办法,也就成了无济于事,哗众取宠的"激发之行"了。唐尊首先以身作则。他穿的是小袖的短衣服,乘坐的是母马拉的载柴草的破旧车子,车上垫座的是稿草。他平时用的饮食器具也是普普通通的陶器。为了使公卿官僚都学习他的样子,他专门用

---

① 《汉书》卷99下《王莽传》。

陶器盛着粗劣的食物送给那锦衣玉食的达官贵人。就是平常走在路上,他也随时注意矫正社会风气。见到男女违犯新皇朝的法律——不异路时,他就亲自下车,摇动赭幡污染他们的衣裳,以此显示他纯洁的道德心。这套怪诞行为,在当时竞相侈靡、肆意享乐的贵族公卿、达官贵人之中,自然引起了不小的震动,一致把他看成言不由衷,故作姿态,不合时宜的老怪物,在背后纷纷地议论讥讽他。谁知王莽知道以后,简直高兴极了。他认为在当时的奢靡成风,醉生梦死的污浊空气里,总算出了一位矫世化俗的明星。他郑重其事地下诏表彰唐尊,封他为平化侯,号召贵族公卿,各级官吏向他学习。不过,一种社会风气一经形成,仅凭个别人物的"激发之行"是绝对无法矫正的。各级官员我行我素,贪污腐化之风愈演愈烈。为了进一步严密监视各级官吏,地皇元年(公元 20年),王莽下令给州牧加官晋爵,赐他们位同三公,给予他们监视所辖地方各级官吏的权力。又设置牧监副,职权如同汉朝的刺史,与州牧一起纠察地方官吏。但是,与王莽的主观愿望相反,加强监视并不能增加各级官吏对他的忠心,也无法矫正官场的腐败之气,这是因为新皇朝总的社会环境不断恶化。事实上,只要王莽政权面临的形势不断恶化,王莽集团的内部矛盾就必然不断加深,其内部的离心倾向就必然日益加剧,层出不穷的倒戈事件也就无法避免。

地皇元年(公元 20 年)七月,一场夏季的飓风把王莽视为神圣的王路堂毁掉了。风晴阴雨本来是一种常见的自然现象,不所多见的暴风骤雨,亦不过是一种不太常见的自然现象而已。王莽在大风刮坏王路堂十多天后,居然杜撰出一篇洋洋洒洒的诏文,大讲了一通荒唐可笑的鬼话,最后借机改封了他的两个儿子王安和王临,仿佛冥冥苍天对王莽一家也特别照顾似的。请看他的诏文是怎么写的吧：

> 乃壬午铺时，有列风雷雨发屋折木之变，予甚弁焉，予甚栗焉，予甚恐焉。伏念一旬，迷乃解矣。昔符命文立安为新迁王，临国雒阳，为统义阳王。是时予在摄假，谦不敢当，而以为公。其后全匮文至，议者皆曰："临国雒阳为统，谓据土中为新室统也，宜为皇太子。"自此后，临久病，虽瘳不平，朝见挈茵舆行。见王路堂者，张于西厢及后阁更衣中，又以皇后被疾，临且去本就舍，妃妾在东永巷。壬午，列风毁王路西厢及后阁更衣中室。昭宁堂池东南榆树大十围，东僵，击东阁，阁即东永巷之西垣也。皆破折瓦坏，发屋拔木，予甚惊焉。又候官奏月犯心前星，厥有占，予甚忧之。伏念《紫阁图》文，太一、黄帝皆得瑞以仙，后世褒主当登终南山。所谓新迁王者，乃太一新迁之后也。统义阳王乃用五统以礼义登阳上迁之后也。临有兄而称太子，名不正。宣尼公曰："名不正，则言不顺，至于刑罚不中，民无错手足。"惟即位以来，阴阳未和，风雨不时，数遇枯旱蝗螟为灾，谷稼鲜耗，百姓苦饥，蛮夷猾夏，寇贼奸宄，人民正营，无所错手足。深惟厥咎，在名不正焉。其立安为新迁王，临为统义阳王，几以保全二子，子孙千亿，外攘四夷，内安中国焉。①

这里，王莽把一切都说成天意的安排，其实内中反映的是王莽的另一番苦衷。这时的王莽，已经对他的两个儿子，尤其是立为皇太子的王临产生了恶感，早就想废掉王临的太子地位，贬他到外地做诸侯王，但一直苦于找不到借口。这一次，他正好借机附会天

---

① 《汉书》卷 99 下《王莽传》。

意,把王临贬为统义阳王,驱出京师,了却了一桩心愿。因此,尽管王莽借大风胡说了一通理由,但王莽父子内心都明白如镜,照而不宣。从皇太子的位子上跌下来,眼看可以到手的皇帝宝座一下子化为泡影,王临对老子所产生的怨恨就可想而知了。其实,在此之前,王临就策划过谋算王莽的阴谋。王莽身边有一个名原碧的侍女,长得花容月貌。与王莽、王临都有着暧昧关系。王临既想同原碧继续来往,又害怕事泄被杀,就同原碧以及自己的妻子、刘歆的女儿刘愔共同谋划杀死王莽,承袭帝位。此密谋还在策划之中的时候,王临就被王莽借王路堂被毁事件逐出了京师。王临自然是怀着极度怨恨和惴惴不安的心情离开长安的,而他最痛惜的是自己的密谋计划已经付诸流水,永远没有实现的可能了。地皇二年(公元 21 年)正月,王莽妻子病危,王临想到母病自己不能随侍在侧,父亲又对自己怀着疑忌,心中十分痛苦和不安。他于是写了一封信给母亲,以抒心中的忧愤。信中悲切地说:"上于子孙至严,前长孙、中孙年俱三十而死。今臣临复适三十,诚恐一旦不保中室,则不知死命所在!"由于王莽已经数次残杀自己的子孙,而不久前的遭贬又使王临预感到逼近自身的危险,他发出这种哀鸣是很自然的。谁知王临的书信落到了王莽手里,他愤怒异常,更加怀疑王临有不轨之心。王莽妻子死后,他不准王临到京师奔丧。王莽在安葬了妻子以后,立即收系原碧,严加拷问。原碧招认了她参与王临等人密谋杀掉王莽,取而代之的全盘计划。王莽在惊惧之余,也感到自己家中的丑事的确太多了,一桩桩都宣扬出去,实在也太不光彩。斟酌再三,王莽决定对此案秘密处置,不再外泄。于是,王莽一面将拷问原碧的所有官吏全部杀掉,尸体掩埋狱中。他们的家人只知道这些人消失得无影无踪,谁也不明白究竟是怎么回事。一面王莽又派人送毒药给王临,勒令他仰药自杀。王临得药后,拒绝饮用,自刺身死。他的妻子刘愔也被逼自杀。王莽派侍中骠骑将军赐给王临"魂衣玺韨",并用谎话连篇的策文掩盖此次骨肉相残的丑事。策文说:"符命文立临为统义阳王,此言新室即位三万六千岁后,为临之后者乃当龙阳而起,前过听议者,以临为太子,有烈风之变,辄顺符命,立为统义阳王。在此之前,自此之后,不作信顺,弗蒙其佑,夭年殒命,呜呼哀哉!"①王临死后不久,王莽的另一个儿子,新迁王安也生病而死。这样,王莽的正妻所生的四个儿子皆先王莽而去;二子王获因杀奴被逼令自杀,长子王宇因牵进吕宽狱之死于非命,四子王临自刺身死,三子王安因病而亡,再加上因图谋不轨而自杀的孙子王宗,王莽的后辈中已死去五位男子。面对此情此景,王莽的心情是可想而知的。当王安病笃之际,王莽想到了他留在最早的封地南阳新都的几个儿女。原来,哀帝当国时,王莽被迫辞去大司马的官职,到他的封地新都闭门思过。这期间,与他的三个侍女分别生了儿女。其中,怀能生男兴,增秩生男匡,生女晔,开明生女捷。后来,王莽返京师,这两儿两女皆在新都,没有随王莽到长安。这是因为,王莽对这些孩子与自己的血统关系存有疑忌,谁能说清这些孩子就是自己的骨血呢? 如果他们是侍女与别人私通所生,承认他们的地位,不是乱了王家的血统么! 然而,此时,眼看正妻生的四个儿子一个也保不住,王莽也就顾不了许多,决定承认他们是自己的子女。他代王安作了一份奏书,让他在临死前上奏,其中说:"兴等母虽微贱,犹属皇子,不可以弃。"②王莽将这份奏书昭示群臣,群臣明白王莽确认后代的强烈愿望,都异口同声地表示赞同。这样,王兴等四人就被特遣

---

① 《汉书》卷 99 下《王莽传》。
② 《汉书》卷 99 下《王莽传》。

的使者迎到长安。王莽封王兴为功修公,王匡为功建公,王晔为睦修任,王捷为睦逮任。此次,王莽虽然向群臣公开了他同这几个孩子的血亲关系,但并没确立太子。其中原因,或者是接受以往立皇太子而又废弃的教训,或者是对他们的血统仍存在疑虑,或者是碍于一大帮有继承权的孙儿的存在,或者是王莽对自己的皇朝还能存在多长时间没有信心,感到立皇太子已无必要。总之,王莽在儿子、孙子一起接一起的离叛事件中肯定神经大受刺激,他对自己家族的未来也感到迷茫了。

### 3. 朝廷重臣谋划宫廷政变,两个将军急于发难, 一个文臣等待吉星高照,结果……

任何统治集团都不是铁板一块,它的内部往往为争权夺利进行你死我活的斗争。王莽的儿子和孙子既然都对他的地位提出挑战,他的臣子更可能策划反对他的阴谋。尤其当王莽政权的危机日益加深的时候,这种阴谋的策划就更加频繁,而参与其事的也将是地位显赫的朝廷重臣。始建国二年(公元 10 年),曾发生过甄丰父子的谋叛案,数以百计的中央和地方的官员因牵进该案而遭诛。这是王莽核心集团的一次大分裂,不仅甄丰这样一直追随左右的大爪牙站到了他的对立面,连刘歆这样遇事沉稳的儒臣也同他离心离德。王莽由此明白,对任何人都不能绝对信任,他对臣子的防范越来越严密。但是,这却无法阻止臣子的离叛一而再,再而三的发生。

地皇二年(公元 21 年)正月,王莽还没有从王临事件中恢复常态,接着又发生了一起使他心惊肉跳的谋叛事件:魏成大尹李焉与其卜者王况策划了一起诛杀王莽、取而代之的密谋。王况对李焉说:"新室即位以来,民田奴婢不得买卖,数改钱货,征发烦数,军旅骚动,四夷并侵,百姓怨恨,盗贼并起,汉家当复兴。君姓李、李音徵,徵火也,当为汉辅。"①王况指出以上这些王莽政权必然要灭亡的原因,说明他对局势的观察是比较准确的。而汉家当复兴的预言也表明他看到了当时形势发展的趋势。由于处在符命谶纬迷信泛滥的时代,所以王况故意为李焉制作了一部谶书,作为号召反对王莽的武器。其中说:"文帝发愤,居地下趣军,北告匈奴,南告越人,江中刘信,执敌报怨,复续古先,四年当发军。江湖有盗,自称樊王,姓为刘氏,万人成行。不受赦令,欲动秦、雒阳。十一年当相攻,太白扬光,岁星入东井,其号当行。"②它用扑朔迷离的语言,预言汉皇朝必当复兴,还预卜王莽那些大臣的吉凶,写着每个人死亡的具体日期,共十余万言。这显然是一部以王莽之道还治王莽之身的符命谶纬之作。李焉让其手下一名小吏抄写此书,准备广泛传播。谁知这个小吏是王莽派来的奸细,他飞快地跑到王莽那里告了密。王莽不动声色地派兵收系李焉等人,下狱诛杀。这一未遂的反莽起事就胎死腹中,以王莽的胜利而告终。因为王况的符命之作中有"荆楚当兴,李氏为辅"的谶语,王莽这位惯于制造符命的骗子倒真的有点疑惧了。不管预言如何,总要认真对付。于是,他任命侍中掌牧大夫李棽为大将军,扬州牧,赐名圣,让他坐镇东南,为王莽看天下。意思是:荆楚当兴,也是王家天下;李氏为辅,仍不过是新朝的辅佐。

地皇四年(公元23年),昆阳大捷之后,绿林军发动了向首都进军的凌厉攻势。三辅地方也爆发了反对王莽统治的起义。面对

---

① 《汉书》卷99下《王莽传》。
② 《汉书》卷99下《王莽传》。

"中外骚扰,远近俱发"①,前锋已经逼近国门的农民造反大军,王莽集团中的不少重要成员都预感到即将来到的厄运,都在苦苦思索一条新的出路。王莽的重要爪牙、王根之子王涉于天凤五年(公元18年),被任命为卫将军,掌管京师与宫廷的重要卫成任务。由于他同王莽为叔伯兄弟,其父王根又有推荐王莽做大司马的恩德,因而深得王莽的信任。然而,面对新皇朝的艰危之局,王涉也不得不考虑自己的身家性命。王涉家中有一个叫西门惠君的道士好天文谶记,他看到王莽政权垮台在即,又见王涉愁眉不展地思索出路,就对他说:"星孛扫宫室,刘氏当复兴,国师公姓名是也。"②王涉相信了他的话,并且将此转告了握有兵权的大司马董忠,两人一拍即合。之后,他们二人便数次到国师公刘歆家中,谈西门道士的预言,借以观察刘歆的态度。经过甄寻之狱和王临案件的刘歆,其时虽然已被打入冷宫,但淋漓的鲜血,儿子与女儿的惨死使他惊悸犹存,唯恐计事不周赔上自己一条老命。因而表现得特别拘谨小心,不愿轻率地投入一场赌身家性命的冒险。王涉、董忠尽管频频出入刘歆之家,多次把事情挑明,但刘歆仍拒绝表态。后来,王涉单独来见刘歆,痛哭流涕地对他说:"诚欲与公共安宗族,奈何不信涉也!"刘歆见王涉态度至诚,就对他大讲了一通天文人事,最后的结论是"东方必成"。王涉于是向刘歆和盘托出了他与董忠的政变计划。他说:"新都哀侯(即王莽之父)小被病,功显君素嗜酒,疑帝本非我家子也。董公主中军精兵,涉领宫卫,伊休侯主殿中,如同心合谋,共劫持帝,东降南阳天子,可以全

① 《后汉书》卷40上《班彪传》。
② 《汉书》卷99下《王莽传》。

宗族;不者,俱夷灭矣!"①王涉认为,有董忠掌握京师的精兵,有他统领宫廷卫队,再有刘歆的长子、时任侍中五官中郎将的刘叠在宫中做内应,大家同心合力,发动政变,肯定会取得成功。而以被劫持的王莽作为投降更始政权的见面礼,肯定能够保全宗族,保住自己的功名利禄。否则,就只能给王莽殉葬,遭灭族的大祸。刘歆一则对王莽杀害他的三个儿子怀着不共戴天的仇恨,一则更震慑于农民军的巨大声威,也认为只有如此才是一条生路。于是,刘歆、王涉与董忠合谋,决定依王涉的计划,搞一次武装的宫廷政变,杀掉王莽,向更始政权投降。本来,政变密谋本身就是一种赌身家性命的冒险,必须极隐秘地进行,并且迅速发难,才有望成功。王涉和董忠策划的这起政变密谋就因久拖不决最后归于失败。这其中,刘歆不能辞其咎。尽管刘歆是当时学问最渊博的知识分子,但办起事来却不免斯斯文文,犹豫逡巡,不能当机立断。他非常讲究符命天候之类的阴阳学,不同意即刻发难。他坚持说必须等太白星出来以后再发难才吉利,事情就这样拖了下来。这期间,董忠看到司中大赘起武侯孙伋也是主管军队的将领之一,就决定拉他入伙。经过董忠的一番说项,孙伋虽然勉强答应入伙,参与这一谋叛活动,但因向来胆小怕事,唯恐事情出现闪失,终日处于惊恐不安之中。回到家里,不仅面色大改,连饭也吃不下去了。经他的妻子稍一问及,他就和盘托出了全部的密谋计划。他的妻子感到这是全家性命攸关的大事,便找她的弟弟陈邯商量办法。但是,陈邯是王莽死心塌地的一条走狗,他立即决定向王莽告发。孙伋是个毫无主见的人物,被陈邯三言两语就说得转了过来。这年七月,他们二人共同向王莽告发了王涉、董忠、刘歆的密谋。王莽在惊恐之余

---

① 《汉书》卷99下《王莽传》。

迅速部署了对这批离叛臣子的诛杀。他不动声色地以各种名目分别召董忠等到宫中议事,以便一网打尽。此时,董忠正指挥军队从事训练和演习,使者突然来召,他手下的护军使王咸感到有点蹊跷,就劝董忠说,我们的策划进行了这么多日子,很有可能走漏风声。不如杀掉使者,拒不赴召,发动政变,或许有胜利的希望。董忠麻痹大意,又过于自信,以为不会有什么问题,拒绝了王咸正确的建议,便与王涉、刘歆等分别来宫中。王莽怒气冲冲,大骂他们为臣不忠,责令蕙恽予以讯问。三人知密谋败露,只得无可奈何地承认罪责。中黄门于是持刀将董忠等送去关押。眼看到这个份上,董忠万念俱灰,立即欲拔剑自杀,侍中王望以为董忠准备反抗,大呼大司马反叛,中黄门持剑一阵砍杀,董忠即刻死于乱剑之下。此时,宫中一片混乱,闻声而至的郎吏卫兵纷纷赶来,剑拔弩张,如临大敌。更始将军史谌此时正在宫中,不想使此事闹得纷纷扬扬,故意对郎吏们说,大司马犯了疯狂病,已被诛杀,你们不必紧张。勒令他释兵,各自回到自己的岗位。王莽下令虎贲武士以斩马剑将董忠砍成碎块,盛在一个竹筐里,同时将其宗族也全部诛杀,一起埋掉。王涉与刘歆亦被迫令自杀。王莽认为刘歆、王涉二人,一个是追随自己多年且功勋卓著的文臣班首,一个是自己信赖的至亲骨肉,如果将他们的谋叛事件也张扬出去,就势必影响士气,因而决定隐秘这一事件。过去,对于内部的离叛事件,其中包括父子之间的反目和残杀,王莽不仅敢于"明正典刑",而且还颁下诏书,大张旗鼓地加以宣传。这是王莽自信还有力量的表现。后来,对于包括王临事件在内的内部倾轧,王莽一概都隐秘不发,这说明王莽对自己的威势和力量也失去了信心。历史上往往有这样的现象,当一个当权的统治者由公开杀人转到秘密杀人时,就表明他的境况已经很不美妙了。王涉、董忠、刘歆等策划的新朝历史上最大的宫廷政变阴谋,由于没有掌握好隐秘、迅速和突发几个政变成功的基本环节,导致了彻底失败。尽管如此,它却证明王莽集团众叛亲离的危机进一步加深,他的统治集团的最核心部分也走向分崩离析,王莽预言至少要存在 36 000 年的新皇朝距离寿终正寝的日子已经屈指可数了。

# 第十二章　死无葬身之地

## 1. 长安南郊,祭天台上的哭声凄厉而悠长

昆阳之战绿林军大获全胜,形势变得越来越有利于农民军。更始政权一面在军事上加强对王莽政权的打击力度,除派兵乘战胜之威北攻洛阳之外,又派出一支劲旅自武关突入关中,从南面进攻长安。一面又特意把王莽鸩杀汉平帝的事情揭露出来,加以广泛的宣传,以此证明王莽从来就不是刘汉皇朝的忠臣孝子,而是一个犯下篡弑大罪的巨奸大憝,以加强对王莽政治上的打击力度。更始政权的这一着的确收到了显著的效果。因为在当时的历史条件下,它对于揭穿王莽的伪善嘴脸,打破社会各阶层对他残存的幻想,起了非常重要的作用。这是因为鸩帝一案,无论对于投入农民起义队伍的汉宗室贵族,拥护刘汉皇统的地主官僚,还是对于受皇权主义影响较深,因王莽的残暴统治而对西汉皇朝前期的繁荣怀着理想化回忆的农民,都可以引起对王莽政权的同仇敌忾之心。当对鸩帝案的愤怒声讨从四面八方传来的时候,王莽便把他早就谋划好的骗术抛了出来。他郑重其事地会集满朝文武于王路堂,当场启开金縢,把他当年为病中的汉平帝请命,并发誓要代汉平帝去见上帝的策文拿出来,向群臣宣读。他哭丧着脸讲述自己当年是如何地忠于刘汉皇朝,如何含辛茹苦地辅佐汉平帝,又是如何地为延续汉祚而呕心沥血,他讲得是那么声情并茂,恳切坦诚,活现

出一副汉室大忠臣的忠贞之貌。但是,王莽的大部分爪牙们都明白王莽是在玩弄骗术。因为,任何头脑正常的人都可以知道,杀人和作策完全可以同时进行,而以作策掩盖杀人的罪责。显然,纵使王莽的策文积案盈箱也无法证明鸩帝案是子虚乌有。王莽在演完了这幕欲盖弥彰的丑剧之后,立即拉出明学男张邯,让他当着群臣称颂自己的功德和解说符瑞。这位张邯也真不愧为是一位玩弄"微言大义"的骗子,《易经》上的一段话,经他一番胡吹,居然变成王莽战胜"群魔"的胜利之符了。张邯煞有介事地说:"《易》言:'伏戎于莽,升其高陵,三岁不兴。''莽',皇帝之名,'升'谓刘伯升。'高陵'谓高陵侯子翟义也。言刘伯升,翟义为伏戎之兵于新皇帝也,犹殄灭不兴也。"①这段《易经》的真实意思,唐代编注《五经正义》的颜师古这样解释:"言伏兵戎于草莽之中,升高陵而望,不敢前进,至于三岁不能起也。"②这大体上符合原意,其实讲的是古代的战术知识。而张邯的解释竟是如此风马牛不相及。他让大约千年前的《易》的作者预言王莽时代的吉凶祸福,这种荒唐行径在今天似乎难以理解,但在那个时代,能把"莽""升""高陵"几个字妄加穿凿附会,以为现实的政治斗争服务,就是了不起的人才。王莽的党徒们听了张邯这番胡乱编造的海外奇谈以后,都疯狂地高呼起万岁来。为了配合这种荒唐透顶的符命的宣传效果,王莽下令从河南地区随便抓了几个无辜的农民,囚在槛车上送往长安。同时,大肆宣传这些人就是刘伯升等几个有名的起义军领袖,让沿途的老百姓出来聚观。这几个人送到长安以后,更是大张旗鼓地宣传了一番,然后将他们当众斩首。紧接着,又在王莽还能控制的

① 《汉书》卷 99 下《王莽传》。
② 《汉书》卷 99 下《王莽传》。

地区将此事大加宣传,广泛地庆祝他们战胜起义军的"胜利"。其实,这种极其虚伪、拙劣的做法收到的恰恰是相反的结果,它使朝廷上下,京师内外的大多数王莽的党徒几乎都对新朝政权丧失了信心,也使广大劳动人民进一步看清了王莽骗子手的真面目。本来,王莽希望通过这种骗术刺激一下士气,欺骗一下百姓,而事实却是适得其反,它涣散了王莽还残存的那点军队的士气,进一步加深了臣子们对王莽政权的离心倾向。同时,它也教育了广大劳动人民。此后,长安周围的三辅地方农民起义的烈火越烧越旺了。

时间进入公元 23 年的七月,在似火的骄阳下不断传来对王莽不利的消息。王莽明白,由于在昆阳之战中他的几十万精锐已丧失殆尽,此时对于边远州郡的防卫已经是鞭长莫及,无法顾到了。当务之急是确保京师,防止老巢的倾覆。环顾朝廷内外,只有王邑还可倚重。为此,王莽决定从洛阳前线火速召回王邑,以便共同策划以京师为中心的对农民军的最后的顽抗。其时,在王莽身边的另一个大爪牙崔发提醒王莽说:"王邑这个人一贯谨慎小心,现在他刚刚在昆阳战败后就立即接到返回京师的诏令,很可能会惊恐疑惧而自杀。因此,你如果想让他顺利回来,必须想办法使他感到回来安全才行。"王莽一面夸奖崔发想得周到,一面决定让崔发做召回王邑的使者。他特别要崔发向王邑传达自己的话说:"我已经年老,又没有嫡生的儿子,已决定把帝位传给你。你见到崔发以后,什么谢表之类的形式一概免掉,迅速回到京师就是我最高兴的事了。"就这样,王邑果然没有产生什么疑心,而是根据王莽的诏令很快地回到了长安。王莽立即任命王邑为大司马、张邯为大司徒、崔发为大司空、苗䜣为国师、王林为卫将军,共同合力支撑最后的危局。此时的王莽,终日处在惶惧惊恐、忧愁愤懑之中,神经已经接近歇斯底里了。他吃不下饭,仅靠饮酒和食鳆鱼来熬日子。

批阅军事情况的报告疲倦了,就伏在几案上暂息片刻,已经无法安枕就寝了。但是,就是到了这种时候,王莽也没有忘时不时来点自欺欺人的骗术,"性好时日小数,及事迫急,亶为厌胜"。他下令毁掉渭陵(元帝陵)和延陵(成帝陵)的园门,并把陵园的围墙染成黑色。他认为,这样就可以镇住元帝与成帝的在天之灵,老百姓就再也不会怀念那已经成为历史的刘汉政权了。与此同时,他又改"将至"曰"岁宿","申水"为"助将军","右庚"为"刻木校尉","前丙"为"耀金都尉",还造出"执大斧,伐枯木;流大水,灭发火"之类的谶语,花样繁多,不可胜记。这些东西,反映了王莽那近于错乱的神经时时需要刺激,需要麻痹,否则,他的日子一天也混不下去了。

地皇四年(公元23年)秋天,陇西成纪(今甘肃静宁南)的地方官隗崔兄弟一起逮捕了王莽派在那里的最高的地方长官大尹李育,推出他们兄长的儿子、原王莽的七公干士隗嚣做大将军,在三辅之西树起了反对王莽的大旗。他们攻城略地,攻杀雍州(今陕西凤翔一带)牧陈庆、安定(今宁夏固原)卒正王旬,从背后向王莽猛插一刀。隗嚣发布檄文,痛斥王莽的倒行逆施超过历史上的著名暴君夏桀和商纣,对王莽的罪行进行了全面的清算。隗氏兄弟在陇西割据自立的起兵,使王莽腹背受敌,首尾难顾。更重要的,它引发了王莽其他地方官割据自立的狂潮。在新朝统治区内,一批又一批的地方实力派树起了反叛的旗帜。如,"梁王刘永擅命睢阳,公孙述称王巴蜀,李宪自立为淮南王,秦丰自号楚黎王,张步起琅邪,董宪起东海,延岑起汉中,田戎起夷陵,并置将帅,侵略郡县"①。钟武侯刘生起兵汝南(今河南上蔡),王莽派兵镇压起义军的大将

① 《后汉书》卷1上《光武帝纪》。

严尤和陈茂也向刘生投降了。正在王莽一筹莫展时,析(今河南三峡)人邓晔、于匡在该县南乡聚众百余人起兵。其时,王莽的析县宰率兵数千人,屯于枭亭,担任武关(今陕西商南西南,陕豫交界处)外围的守备。邓晔、于匡对县宰说:"刘帝已立,君何不知命也!"①县宰投诚,所率数千人马加入起义军。邓晔自称辅汉左将军,于匡为辅汉右将军。连破析、丹水(今河南淅川西),兵临武关。都尉朱萌投降,兵不血刃占领武关,打开了进入关中的门户。起义军自武关北上,与王莽右队大夫所统之兵激战,杀右队大夫宋纲,转而西进,攻克湖县(今河南灵宝西),进入三辅地区。这支起义军,高举汉兵的旗号,浩浩荡荡地向长安进军。在起义军的旌旗飘扬的地方,王莽的文臣武将,纷纷缴械投降。此时的王莽,机关算尽,骗术失灵,再也拿不出什么好办法对付起义军了。这时,崔发给他献上了一个荒唐可笑的办法,他说:"《周礼》及《春秋左氏》,国有大灾,则哭以厌之。故《易》称'先号啕而后哭'。宜呼嗟告天以求救。"②不管崔发是出于讽刺还是出于至诚,也不管在文献资料上有多少根据,这个建议本身显然是荒唐无稽的,王莽居然予以采纳。这件事本身足以说明,他已经真正走到山穷水尽的可悲境地了。王莽于是率领群臣来到长安南郊,设坛向天哭诉,陈述他应符命做皇帝的始末。最后,他对着茫茫苍天呼喊道:"皇天既命授臣莽,何不殄灭众贼? 即令臣莽非是,愿下雷霆诛臣莽!"说罢,便捶胸顿足地号啕大哭,直到气尽后复甦,又伏在地上叩头不止。其后,王莽又炮制了一篇告天的策文,约千余言,内容是反复陈述自己如何功德无量,哀求上苍保佑他逢凶化吉,渡过难关。为

---

① 《汉书》卷99下《王莽传》。
② 《汉书》卷99下《王莽传》。

了壮大哭的声势,王莽下令诸生和老百姓每天早晨和晚上两次聚在南郊,一起仰天大哭,王莽还专门派官吏督人做粥招待。凡是在这次哭天闹剧中表现得极度悲戚、至诚,并能诵读王莽告天策文的人,都被任命为郎官。几天之内,因哭的符合标准得到郎官的,就达五千人之多。王莽命令蕫恽统领他们,投入到保卫京师的战斗中。可怜这一批做官心切的青年知识分子,以如此奇特的途径得到一个不值钱的官儿,却要被王莽送上战场为新朝进行无望的拼搏,这是多么地可悲而又可笑!哭天一场闹剧,是王莽一生许多闹剧中最后的一场,它表明,王莽导演的连台闹剧即将落幕。一部二十五史,不知记载了统治阶级多少离奇古怪、荒诞无稽的丑行!但是,像王莽这样凶残、奸诈、愚蠢而又荒唐的封建帝王,在历史上实在也是不多见的。

## 2. 宛城街头,百姓踢来掷去的是一代帝王的头颅,那编造谎言的舌头也被生食了

长安南郊的哭声无论多么浩大,多么感人,但茫茫苍天却冷酷无情,始终没有向王莽显示她的怜悯之情。战争形势对王莽越来越不利,他的残兵败将谁也不能阻挡各路起义军迅猛凌厉的攻势。地皇四年(公元23年)九月,王莽统治的巢穴长安已经可以听到农民军雄壮的喊杀声。广阔的泾渭平原,起义军战马驰骋,军旗飞舞,一场彻底摧毁王莽政权的战斗在激烈地进行着。王莽为了延宕灭亡的时日,便任命九人为将军,皆以“虎”为号,号曰“九虎”。把京师最后保留的数万北军精兵,交给九虎统领,在长安以东布置最后的防线,以顽抗进攻京师的农民起义军。为了防止这些将领和士卒向农民军投诚,王莽将他们的妻子儿女统统扣留在长安宫

中作为人质。其时,在尚书控制的府库里尚有黄金 60 余万斤,黄门、钩盾、臧府、中尚方等处各有黄金数万斤,长乐御府、中御府以及都内、平准等机构贮存的金银财宝、布粟锦绢更是多如山积。但王莽到此时,仍是要钱不要命,对这批出征临敌为他卖命的将士,每人只赏了四千钱。本来,这批将士就不愿为形势垂危的新朝卖命了,现在,王莽竟扣妻儿做人质,守着大堆金银财宝也不肯从指缝里多漏出一点点来,他们对王莽的怨恨就更大了。自然不会为他拼命,"众重怨,无斗意"①。因此,九"虎"将军领兵到达华阴(今属陕西)回豁一线,依九华山(今华山)天险,自山至渭水,布置了防线。起义军分两部分迎敌,一部由于匡指挥数千强弩兵,从正面"乘堆挑战"。一部两万余人,由邓晔指挥,从阌乡(今陕西潼关北)以南,越过枣街、作姑,出其不意地接近敌人,消灭其一部后,从北边绕到了九"虎"的防线之后,一阵猛烈攻击,六"虎"败走。其中二"虎"史熊、王况回到京师,请王莽发落。王莽派使者与他们见面,严厉责问"死者安在"? 二人明白王莽对他们的失败不会原谅,即刻自杀了。其他四"虎"为保一己之命,悄然离去。剩下的三"虎"郭钦、陈翚、成重收集溃散士卒,退保京师仓(今陕西华阴县境)。邓晔感到此时单凭他们一支起义军围攻京师,有点力不从心。于是,开武关迎接绿林军。更始政权的丞相司直李松率两千余人的一支部队作为先遣队,先至湖县,与邓晔会合,共攻京师仓。因三"虎"死战,未能攻克。邓晔于是以投诚的弘农郡(今豫西一带)掾王宪为校尉,率数百人北渡渭水,进入左冯翊(今西安东北部),攻城略地,进展顺利。李松又派遣偏将军韩臣等率一支部队径直西进,在新丰(今陕西临潼东北)与王莽波水将军指挥

① 《汉书》卷 99 下《王莽传》。

的一支官军激战,波水溃逃长安。韩臣乘胜追击,进至长门宫,长安城已经进入视野了。王宪的一支人马继续在左冯翊作战,进至频阳(今陕西蒲城、耀县之间),所到之地,王莽的地方官和守军纷纷投降。看到王莽政权大势已去,三辅地方的豪强大姓纷纷起事。栎阳(今陕西富平东南)申砀,下邽(今陕西华县西北)王大皆率人依附王宪,其他,鄂县(今陕西武功、眉县之间)严春、茂陵(今陕西兴平东北)董喜、蓝田(今属陕西)王孟、槐里(今陕西兴平)汝臣、盩厔(今陕西周至东)王扶、阳陵(今陕西泾阳东南)严本、杜陵(今西安东南)屠门少,都各聚合数千人,假称更始政权的将军,向长安进发。这时候,李松与邓晔以为小小的京师仓未能攻下,仅凭他们手中的力量难以攻克长安,必须等更始政权的大部队赶到,再进行长安的攻坚战。为此,他们退军华阴,准备攻城器械,等待更始大军的到来。其实,此时的长安城守备虚弱,士气低落,汇聚城下的各路义军完全有条件一鼓而下。就在李松等驻军华阴之时,长安四周的各路起义军已进至城下。他们闻讯天水隗嚣的军队已经来到,唯恐入城晚了得不到战利品,于是争先恐后地参与攻城。一时间,长安城外,杀声震天,互不统属,各自为战的多路起义军一次又一次地发起了攻城的战斗。

被包围在长安城中的王莽,此时手中几乎已经无可用之兵了。他为了临时拼凑一支抵抗起义军的队伍,便分遣使者打开监狱,宣布赦免所有的囚徒,把他们武装起来,又杀猪饮血,勒令他们宣誓效忠。但是,无论采取什么办法,这些被王莽拘禁凌辱的囚徒们,是决不会为王莽卖命的。所以,当更始将军史谌带领他们渡过渭水桥与农民起义军交战时,他们即刻一哄而散,还有不少人投向起义军,倒转矛头向王莽讨还血债,只剩下史谌一个光杆司令狼狈不堪地逃回城中。愤怒的农民起义军发掘了王莽父祖和妻子的坟墓,烧其棺椁,焚尸扬灰。王莽劳民伤财修建起来的九庙、明堂、辟雍,都被农民起义军放火烧掉,熊熊的大火映照着长安城,显示了广大劳动人民对这位独夫民贼的无比仇恨。

耳听城外如海浪般一阵紧似一阵的喊杀声,王莽心惊肉跳,坐立不宁。这时,有个党徒提醒他:守卫城门的士卒都是东方人,不可靠。王莽立即命令以越骑士代替原来的门卫,每一城门置600人,由一位校尉统率。然而,这也无法强固城门的防守。地皇四年(公元23年)十月一日,起义军首先攻破了长安城东北的宣平门,涌入城内,正碰上王莽大爪牙、符命专家、大司徒张邯巡行至该城门,被义军杀死。王邑、王林、王巡、𫷷恽等分别率兵与起义军对战,经过一天的拼杀,长安城内的所有官府邸第全被起义军攻占。只有皇宫还被王莽的一帮最忠心的党徒据守着,进行着无望的抵抗。十月二日,长安城中的两个年轻人朱弟和张鱼率领城中自动汇集而来的市民群众,参加了消灭王莽官军的战斗。他们放火焚烧宫门,趁王莽党徒一片混乱之时,用斧头劈开敬法殿的小门,呼叫着冲进了皇宫。人们高喊着"反虏王莽,何不出降!"攻占了一座座的宫殿。有人放火,不少宫殿燃起大火,烟焰张天。不久,大火延烧至掖廷的承明殿,这是王莽的女儿、原平帝皇后、黄皇室主居住的地方。面对炙人的烈火,这位刚刚32岁的不幸女人,说了一句"何面目以见汉家"后,即跳入火中自焚而死了。王莽一伙逃到宣室前殿避火,一会儿大火又延烧过来。宫人妇女鬼哭狼嚎,纷纷惊呼"当奈何!"这时的王莽,身穿深青透赤的衣服,佩戴着玺韨,手里握着虞帝匕首,犹如一只发了疯的野兽,随时准备同人拼命。天文郎捧着占时刻的栻盘在他的身旁,不断地报告着时刻的进度。随着威斗的转动,王莽按时刻的方向端坐在斗柄上。面对着漫天的烈焰和不断传来的起义军战士的喊杀声,王莽号叫着:

"天生德于予,汉兵其如予何!"①死亡在即,王莽还没有忘记自己是上天降下来的神物,还认为自己是谁也奈何不了的大英雄。王莽对上天神灵的笃诚真可谓至死不变了。尽管王莽表面上气壮如牛,但是,实际上他已经食不下咽,他的自然生命已接近结束了。

十月三日早晨,王莽的群臣眼看宫中难以据守,就拖着王莽经过前殿南下的阁道,出了西白虎门,由和新公王揖驾车,逃到了渐台,一个池水环绕的小岛,想凭借池水同起义军对战,进行最后的挣扎。王莽犹抱着符命、威斗,与群臣和卫士一千余人共守渐台。王邑经过一昼夜的战斗,所率士卒死伤几尽,他急驰入宫,不见王莽,四处寻找,几经辗转崎岖,最后与儿子一起来到渐台,共同护卫王莽。不久,起义军攻入王莽所在的宫殿,大呼"反虏王莽安在?"宫中的一个美人出房告诉起义军,王莽已逃到渐台。起义军跟踪追击,围渐台数百重,与据台顽抗的王莽党徒激战,强弩对射,矢下如雨,相持大半天,王莽党徒矢尽援绝,抵抗减弱了。起义军战士渡水冲向渐台,双方展开了一场短兵相接的肉搏战。王莽最后一批忠实的爪牙王邑父子、䜭恽、王巡、王揖、赵博、苗䜣、唐尊、王盛等,都死在起义军的枪刀之下。时至黄昏,王莽卫士的反抗被彻底粉碎了。王莽独自一人跑进渐台上的一间小房子内躲藏起来。有一个叫杜吴的商县(今陕西商县东南)人最早冲进王莽藏身的小房子里,一刀结果了这个独夫民贼的性命。之后,他取下王莽的绶带就向台下走去。起义军的一个校尉东海(今山东郯城)人公宾就以前学过《礼经》,认识皇帝的绶带,就问杜吴王莽在什么地方,经杜吴指点,公宾就跑进小房子,割下了王莽的头。这时,起义军士兵争先恐后地拥上去,谁都想对王莽这个祸国殃民的老贼砍上

---

① 《汉书》卷99下《王莽传》。

几刀以解心头之恨。霎时间,王莽的肌体被砍斫净尽。公宾就将王莽的头交给王宪。此时长安城内,王宪是更始政权的最高官职,他自称汉大将军,将城内各种来路的数十万兵马置于自己的统率之下。骤然的胜利使他忘乎所以,他住进东宫,占有王莽的妻妾,乘用王莽的车骑、服装。十月六日,李松、邓晔率兵入长安,更始政权的将军赵萌、申屠建也率一支军队抵达。他们以王宪有得王莽玺绶不上交,"多挟宫女,建天子鼓旗"等擅权越轨行为,将他逮捕斩首,同时确立了更始政权在长安的统治。接着,把王莽的头送到更始皇帝刘玄那里。刘玄下令将王莽的头悬在宛市(今河南南阳)的城门上。四乡的老百姓知道消息后,像潮水般地涌到宛市,都想看看王莽这个大灾星是什么样子。有人攀上城门,把王莽的头扔到街道上。人们咬牙切齿,提起王莽的头颅掷击,还有人把王莽的舌头切下来生吃了。因为王莽这具广长舌,不知道说了多少谎,骗过多少人。当时的百姓显然认为,就是用这种办法,也不能表示他们对王莽的切齿之恨。

# 第十三章　历史的灾难与补偿

## 1.新朝灭亡了,反叛它的几支武力
又开始了皇位的角逐

公元23年十月三日,恶贯满盈的王莽死在起义军的枪刀下。但是,由王莽为代表的封建统治者所制造的灾难却没有随着他的灭亡而告结束。几支农民起义军与刘秀为代表的新的封建统治者之间争夺农民战争胜利果实的斗争,刘秀集团与其他割据势力所进行的统一中国的战争,还要继续制造历史的灾难,广大劳动人民还要在兵燹、饥荒制造的死亡威胁下熬煎十多年的岁月。

公元23年正月,在淯水河畔建立的同样以大汉为国号的更始政权,是一个内部矛盾重重,潜伏着严重危机的政权。这个政权的支柱虽然是绿林起义军,但其内部却混入了不少刘汉皇朝的宗室贵族和反对王莽的地主官僚分子。因此,该政权内不仅有贵族地主分子与农民军将领的矛盾,也有贵族地主内部的矛盾。这些矛盾既表现为舂陵刘氏贵族集团内部争夺皇位的斗争,也表现为农民军中因分别拥护某人而形成的派系斗争。刘縯、刘秀兄弟,按其能力和谋略来说,自然远在刘玄之上,可是因为农民军将领惧怕刘縯、刘秀专权,转而拥护刘玄,从而使刘玄成为争夺皇位的胜利者。六月,刘玄在农民军将领的支持下,成功地诛杀了刘縯。然而,由于刘秀以其少有的机智和诡谲潜伏下来,刘氏宗室贵族内部的斗争并没有解决。

绿林军的将领们在利用刘玄抵制刘秀兄弟的斗争中尽管取得了胜利,但是,他们却意识不到,刘玄与刘秀兄弟并无本质的差异,同样不是他们利益的代表。不仅如此,刘玄本人虽然十分懦弱无能,以至在举行登基大典朝见群臣的时候,"羞愧流汗,举手不能言"①,但却又权欲熏心,贪得无厌。因此,在更始政权入都长安之后,他既没有制定出统一中国的方略,也没有调兵遣将进行统一中国的军事行动,更没有颁布一系列除莽积弊,与民更始的政策,而是接受南阳大豪强李轶的建议,忙于大封诸王和尽情享受。所以,当李松和起萌建议刘玄大封功臣的时候,尽管朱鲔提出了反对意见,刘玄还是一下子封了 20 个王:宗室太常将军刘祉为定陶王、刘赐为宛王、刘庆为燕王、刘歙为元氏王、大将军刘嘉为汉中王、刘信为汝阳王、王匡为比阳王、王凤为宜城王、朱鲔为胶东王、卫尉大将军张卬为淮阳王、廷尉大将军王常为邓王、执金吾大将军廖湛为穰王、申屠建为平氏王、骠骑大将军宋佻为颍阴王、尚书胡殷为随王、柱天大将军李通为西平王、五威中郎将李轶为舞阴王、水衡大将军成丹为襄邑王、大司空陈牧为阴平王、尹遵为郾王。全国还未统一,一下子封出这么多占地广阔、权力很大的诸侯王来,无形中增加了更始政权内部的分裂因素。更因为这个政权没有严格的纪律对将领和士兵加以约束,因而其吏治就一塌糊涂。首先是刘玄认为大功告成,可以高枕无忧地享乐了。他将政事委给李松、赵萌,自己则娶赵萌女儿为夫人,同时接受王莽后宫的全部姬妾,"日夜与妇人饮宴后庭,群臣欲言事,辄醉不能见。时不得已,乃令侍中

①　《后汉书》卷 11《刘玄传》。

坐帷内与语"①。赵萌专权自恣,随意杀戮下官,搞得朝政日非,诸将离心。在外地被封为王的一些将领,也擅自处理重要军国大事,他们任人唯亲,仅凭好恶滥赏爵位和官职。得到官职的人日行市中,横行无忌,搞得百姓怨声载道。很短的时间内更始政权从上到下搞得一团糟。朝廷内是赵萌等专权,朝廷外是将领恣肆。而其中农民军领袖与刘氏宗室贵族和其他地主分子的冲突也越来越激烈和明朗化。有个地主分子李淑向刘玄建议:"陛下定业,虽因下江、平林之势,斯盖临时济用,不可使之既安,宜厘改制度,更延英俊,因才授爵,以匡为国。"以后,农民领袖与刘玄为首的宗室贵族和地主官僚分子的斗争愈演愈烈,更始政权内部更加四分五裂,它很快失去了昔日的战斗力,失败的命运也就悄悄地向它逼近了。

　　正当更始政权内部矛盾重重,在本来应该完成统一中国的任务面前徘徊不前的时候,刘秀正打着"复汉兴刘"的旗帜在河北地区东征西讨,苦心经营着那日后统一中国的基地。其他乘时而起的割据者也正以各种名目扩展地盘,做着割地称雄的美梦。而当时实力与绿林军相匹敌的另一支起义军赤眉军,也正在向长安的进军途中。本来,在公元23年十月,刘玄进驻洛阳的时候,樊崇等二十余人前来朝拜,被封为列侯。但因未获得封国以及其他实质性的地位和权力,怏怏不乐。对比更始所封的23个诸侯王,他们感到反差实在太大了。所以,返回部队以后,就采取了与更始政权从分道扬镳到对立交恶的立场。更始三年(公元25年)正月,赤眉军南北两路会师弘农(今河南灵宝北),准备进军关中。他们先击败更始政权将领苏茂统率的军队,随即由弘农继续西进。三月,又与李松、朱鲔统率的更始军再战于阌乡(今陕西潼关附近),毙

---

　　① 《后汉书》卷11《刘玄传》。

伤其三万余人,乘胜前进,直抵华阴(今属陕西)一线。

在赤眉军步步进逼,长安岌岌可危之际,更始政权内部的斗争也更加尖锐起来。这时候,王匡、张卬在河东地区(今以临汾为中心的山西南部地区)被刘秀部将张禹击败后,逃回长安。张卬与诸将密谋,认为赤眉军已进至华阴一线,旦暮可兵临长安。与其困守长安一座孤城被动挨打,不如劫掠城中财物,弃城东归南阳,与宛王刘赐合兵,再谋发展。如果形势恶化,就到江汉一带的湖沼地区继续活动。张卬等人的这个摆脱当时的军事困境,返回自己的根据地徐图发展的计划,可能会延宕更始政权失败的时日,但却难以从根本上摆脱灭亡的命运。因为事情很清楚,这是一个胸无大志的退却逃跑计划;即使成功,退到南阳一带重新割据,也不会见容于刘秀。当张卬等以此计划劝说刘玄时,被他严词拒绝。这倒不是因为刘玄胸有统一全国的宏图大志和对赤眉军的必胜韬略,而是因为他实在不想放弃长安宫室的豪华自在的生活。他命令王匡、陈牧、成丹、赵萌等率兵屯新丰(今陕西临潼东北),李松率兵屯掫,全力抵抗赤眉军。张卬、廖谌、胡殷、申屠建等与时任御史大夫的隗嚣合谋,策划借立秋之日更始出猎祭兽的机会,以武力逼迫他接受东归南阳的计划。但被刘玄侦知,先下手杀了申屠建。于是张卬、廖湛、胡殷等遂发兵劫掠市肆,烧毁宫门,与拥护刘玄的军队激战于宫中。更始大败,于第二天带着车骑百余人东奔新丰,走依赵萌。这时候,他对原来的绿林军将领王匡、陈牧、成丹等人更加不信任,密谋以召见为名杀了陈牧和成丹。王匡一气之下,率兵回到长安,与张卬合军,共同对抗刘玄。李松、赵萌等率兵攻打占据长安的张卬、王匡,双方在长安内外,激战月余。王匡、张卬败退以后,刘玄复据长安。更始政权内部的这场斗争,实际上是原绿林军将领与刘氏宗室贵族的斗争。以刘玄为首的汉宗室贵族,虽然利用绿林军的力量推翻了王莽政权，夺取了首都长安，但对农民军的将领们始终存有戒心，不予信任。定都长安以后，他周围麇集的主要是汉宗室贵族以及投诚的原王莽政权的官吏。如果说，在新朝灭亡之前农民军将领与刘氏宗室贵族之间的矛盾还处于潜伏状态，那么，长安城中一个多月的战斗，就标志了这种矛盾的总爆发。

更始政权内部诉诸武力的斗争，严重地削弱了这个政权的军事力量，给正在向长安进军的赤眉军创造了极其有利的条件。当赤眉军进至高陵（今属陕西）的时候，王匡等向赤眉军投降，并连兵进攻长安。刘玄令李松出城迎敌，结果大败被俘。李松之弟李汜时为城门校尉，为了挽救其兄的生命，开城迎降赤眉军。赤眉军由此顺利地占领长安。这时，历史已经进入更始三年（光武建武元年，公元25年）的九月了。

刘玄先是从长安逃至高陵，十月在穷蹙中向赤眉军投降，被刘盆子封为长沙王。不久，即被赤眉军的首领谢禄缢杀于长安郊外。刘玄为首的更始政权仅仅经过三个年头便灭亡了，而曾经作为这个政权支柱，在推翻新皇朝的斗争中立下最大功勋的绿林军也基本瓦解了。

更始政权的失败是必然的。首先，这个政权的首领刘玄是一个胸无大志，缺乏谋略，不善用人，只管享乐的庸人。他的麾下，虽然有新末农民军中最强大的一支部队绿林军，并且成为推翻王莽政权的主角，可是在进入长安以后，他采取了排挤打击农民军将领的错误政策，最后酿成了一场自相残杀的悲剧，致使在反莽战争中锻炼出来的最精锐的军队自毁于内战之中。这样，刘玄就失去了在王莽灭亡以后削平群雄、统一全国的最重要的军事力量，当然也就无法抵御赤眉军的进攻。不仅如此，他对赤眉军的政策也是失败的。在迁都洛阳后，更始政权乘战胜之威，虽然采取了招降赤眉、封其将帅为侯的措施,但在骨子里对赤眉军是不予信任的。除此之外,没有进一步采取任何实质性的团结赤眉军的政策。以致后来两军火并,使本来可以化为自己力量的一支强大的起义军变成了自己的死对头和掘墓人。

几乎在与刘玄进入关中的同时,雄才大略的刘秀已经脱离了农民军的羁绊,全力以赴地经营河北;强大的赤眉军也在厉兵秣马,驰向关中,而数以十计的豪强地主野心家,又在四面八方割据称雄,伺机扩张。面对如此严峻的形势,刘玄却醉心于长乐宫中的富贵荣华。他不但政治上一无善策,军事上毫无部署,而且任用佞人,诛杀异己,弄得更始政权矛盾重重,四分五裂。这样,不用赤眉军进击,他的垮台也仅仅是时间问题了。

其次,绿林军虽然能征惯战,在反莽战争中屡建奇勋;在建立政权,决定皇帝人选问题上,也同刘縯、刘秀贵族集团进行过斗争。但是,由于它冲不破皇权主义思想的束缚,终于还是立刘玄做了皇帝。而在刘玄处心积虑地危害他们时,却没有采取果敢行动,毅然抛弃刘玄而独树一帜。后来策划的东归计划,更显示了其政治上的近视。农民起义军能够推翻一个旧的封建皇朝,但却不能建立代表自己阶级利益的政权,这不仅是绿林军,而且也是一切农民军悲剧结局的重要原因。

绿林军失败以后,厄运也降临到赤眉军头上。更始元年(公元23年),樊崇等二十多个赤眉军领袖在洛阳受封之后,回到濮阳军中。因对更始皇帝的封赏不满,决心独立发展。遂即督兵取颍川。后兵分二路:樊崇、逢安为一路,攻拔长社(今河南省长葛县境),再向南攻取宛城,杀掉更始所置县令。徐宣、谢禄、杨音为另一路,攻取阳翟(今河南禹县)后,西向攻取梁(今河南临汝),击杀更始政权的河南太守。此时,赤眉军虽然连获胜利,但因其成员大部分都是齐鲁之人,新朝灭亡后,他们"日夜愁泣",厌战思乡。樊崇等人估计,如果真的率队东归,这支起义军肯定会很快散掉,后果可怕。为了使其在一个目标下团结一致,保持队伍的稳定性和战斗力,决定西上攻取长安。更始二年(公元24年)冬,樊崇、逢安一部自武关,徐宣、谢禄、杨音一部自陆浑关(今河南宜阳、伊川之间)并力西进关中。更始三年(公元25年)正月,两部在弘农(今河南灵宝北)会师后,与更始军连战皆捷,力量大增。为了建全组织,赤眉军进行整编,分万人一营,共三十营。营置三老、从事各一人。然后浩浩荡荡地杀奔华阴。其时,军中的齐巫假托城阳王刘章之灵,讽喻赤眉军建国立号。被更始政权杀死的方望(因其立孺子婴为帝对抗更始)之弟方阳,也乘机劝樊崇等赤眉军领袖说:"更始荒乱,政令不行,故使将军得至于此。今将军拥百万之众,西向帝城,而无称号,名为群盗,不可以久,不如立宗室,扶义诛伐,以此号令,谁敢不服?"①樊崇等深以为然。至郑(今陕西华县),立汉宗室刘盆子为皇帝,自号"建世元年",其时已是更始三年(公元25年)的六月。赤眉军初起之时,军过泰山郡式县,城阳王刘章的后人刘盆子及其二兄刘恭、刘茂投奔进来。刘恭后随更始帝,被封为式侯。刘盆子与刘茂则在赤眉军中跟随校尉卒史刘侠卿"主刍牧牛",号曰"牛吏"。樊崇等从军中找到城阳王后裔七十多人,又从中选出与城阳王血统最近的刘盆子、刘茂和西安侯刘孝,用"探札"即抽签的办法选取帝位继承人。结果是年纪最轻的15岁的刘盆子探札得中,被赤眉军立为皇帝。史书记载,当刘盆子探札得符,群臣皆跪拜称臣的时候,他"被发徒跣,敝衣赭汗,见

---

① 《后汉书》卷11《刘盆子传》。

众拜,恐畏欲啼",将札符"折弃之"①。虽然被立为皇帝,但仍然时时与牧牛的伙伴玩耍游戏。这一幕类似滑稽戏的闹剧,不管今日看起来多么荒唐可笑,但却深刻地反映了与绿林农民军一样的赤眉军也没有摆脱皇权主义的羁绊。赤眉军建立了以刘盆子为皇帝的政权,徐宣被推为丞相,樊崇为御史大夫,逢安为左大司马,谢禄为右大司马,自杨音以下皆封为列侯。

更始三年(公元 25 年)九月,赤眉军攻克长安,刘盆子入居长乐宫。"诸将日会论功,争言欢呼,拔剑击柱,不能相一"。军队纪律也不够好,劫略之事,时有发生,"盆子惶恐,日夜啼泣"②。他依其兄刘恭的谋划,请求让出皇帝位子,但樊崇等人坚决不允许。表面上看,赤眉军攻下长安,取代更始政权,取得了很大胜利,实际上,赤眉军中却面临着十分严峻的形势:长安周围的不少地方,还被更始的旧部占据着,西部是割据者隗嚣和窦融的天下,东部是逼近长安的邓禹之兵,而在关中的原野上,还散布着星星点点的与赤眉军对抗的地主的堡坞,数以十万计的赤眉军困守长安一座孤城,粮秣供应难以为继。赤眉军遇到的这种险恶的形势,被刘秀的将领邓禹看得一清二楚。所以,当有人劝邓禹立即进攻长安的时候,他说:

> 不然。今吾众虽多,能战者少,前无可仰之积,后无转馈之资。赤眉新拔长安,财富充实,锋锐未可挡也。夫盗贼群居,无终日之计,财谷虽多,变故万端,宁能坚守者也?上郡、北地、安定三郡,土广人稀,饶谷多畜,吾且休兵北道,就粮养

---

① 《后汉书》卷 11《刘盆子传》。
② 《后汉书》卷 11《刘盆子传》。

374

士,以观其弊,乃可图也。①

赤眉军为了摆脱困境,决定离开长安,向西进军,一边扫荡更始的残余,一边筹集军粮。离开长安前,他们掠取城中珍宝,然后放火焚烧宫室,那雄伟壮丽的西汉皇城,顿时变成一片火海。赤眉军众号百万,沿终南山北麓迤逦西向,攻破更始将军严春据守的郿城(今陕西眉县),继而进入安定(今宁夏固原地区)、北地(今甘肃庆阳地区)两郡。后转战至泾阳(今甘肃平凉)等地的时候,遇到大雪,"坑谷皆满,士多冻死",部队受到不小的损失。转向陇西进军,又受到隗嚣的阻击未能奏效,只得再回军长安。这时候,邓禹率领的军队已乘赤眉军西进的机会占领长安。得到赤眉军回师的消息以后,邓禹立即派出一支部队在郁夷(今陕西宝鸡县境)阻击,被赤眉军打得大败。邓禹明白赤眉军还有相当实力,只得从长安退至云阳(今陕西淳化北)。九月,赤眉军二次进入长安。然而,这时赤眉军遇到的是比第一次进入长安时更加困难的形势:半年之中,在苦寒风雪中转战数千里,士卒疲惫不堪,又没有筹到粮食,饥饿更加严重地威胁着战士的生命。此时的长安城,东、北两面有邓禹等统率的汉军虎视眈眈,南面有汉中延岑、更始将军李宝指挥的军队跃跃欲试,军事形势更加险恶。为了打破敌人的包围,逢安率10万赤眉军进击屯驻杜陵(今西安市南)的延岑。两军激战正酣,邓禹乘长安城内空虚,率兵偷袭,打进城中。虽然经过赤眉军的英勇鏖战,打败延岑,击退邓禹,取得了不小的胜利,但不久,逢安一部受到李宝和延岑的联合夹击,10万精锐死于混战之中。这时候,"三辅大饥,人相食,城郭皆空,白骨蔽野,遗人往往

---

① 《后汉书》卷16《邓禹传》。

聚为营保,各坚守不下"①,使赤眉军几乎找不到一粒粮食。建武二年(公元26年)十二月,赤眉军只得退出长安,希图东还齐鲁大地,再谋发展。一年前号称百万之众的赤眉军,此时仅仅剩下20万人了。

正在赤眉军归心似箭地东返时,刘秀已经制定了对它聚歼的计划:他命令破奸将军侯进屯兵新安(今河南渑池县东)、建威大将军耿弇屯兵宜阳(今河南宜阳西),在赤眉军东返的两条大路上埋伏下重兵,准备"以饱待饥,以逸击劳"②。建武三年(公元27年)正月,赤眉军虽然在湖(今河南灵宝西)再一次打败邓禹指挥的汉军,但当进至崤底(今河南渑池东)时,遭到刘秀的征西大将军冯异的攻击,损失惨重。接着,在宜阳又遇到刘秀亲自率领的大军的截击。在寡不敌众,困敝已极的情况下,刘盆子及丞相徐宣等三十余人只得到刘秀面前"肉袒降"。后来,樊崇、逢安等人为了摆脱囚徒般的生活,曾经密谋东山再起,但由于计事不密,被刘秀杀害。赤眉军的反抗斗争,最后以失败而告终。

赤眉军继吕母起义之后,崛起于海岱之间,在将近十年的岁月里,驰骋齐鲁、黄淮大地,英勇顽强,所向披靡,基本上消灭了王莽新朝在东方的主力部队,有力地支援了绿林军的作战,最后发展成近百万大军,在推翻新朝的斗争中作出了巨大的贡献。赤眉军的领导者尽管绝大部分都是目不识丁的纯朴农民,但经过战争实践的锻炼,摸索出了一套避实击虚、声东击西的战略战术,在对王莽官军和更始军队的战斗中取得了一连串的胜利。但是,由于赤眉军本身存在许多难以克服的局限和错误,它的失败又是不可避

① 《后汉书》卷11《刘盆子传》。
② 《后汉纪》卷4。

免的。

　　赤眉军既表现了贫苦农民的纯朴性,又表现了这种农民目光短浅的局限性。这支队伍大部分由饥饿的农民组成,他们初起时的目标就是解决眼前的生活问题,"以穷困为寇,无攻城徇地之计"。后来队伍发展到数以十万计,也没有想到建立政权的重要性,他们除了口头发布的一个"杀人者死,伤人者偿命"的自我约束外,压根儿再没有发布过什么针对王莽苛政、争取民众拥护的政治纲领。后来,在攻入长安的前夕,虽然意识到必须有一个政权,也还是在皇权主义思想支配下,把一个牧牛童子推上皇位,封赏任命了一批官吏,但却始终没有组织起一个有效率有权威的中央政府,也没有建立起相应的地方政权,更没有开辟一个经常性的财税粮秣的来源。近百万之众全靠临时的劫掠筹饷,一旦绝粮,势必面临瓦解的危险。赤眉军进入长安以后,就被这种危险所包围,冒险西进和仓皇东归,主观上虽然都是为了摆脱这种困境,实际上却正是因为无法摆脱这种困境而失败。

　　赤眉军尽管建立起一支近百万人的大军,但缺乏严密的组织和严明的纪律。它"以言辞为约束,无文书、旌旗、部曲、号令"。直到攻下弘农以后,才有每营万人的建制。进入长安之前,赤眉军的军纪显然优于王莽的官军,"宁逢赤眉,勿逢太师"的民谣反映的是当时真实的情况。可是,进入长安以后,军纪便大大不如以前了。将领们骄纵争功,饮酒呼号,拔剑击柱,闹得乌烟瘴气。士兵们不分青红皂白,在长安及郊区大肆抢掠,这既引起了地主富商的百倍仇恨,又失去了一般百姓的拥护,致使赤眉军在关中受到了空前的孤立,遇到了前所未有的困难。而在这时,它在政治上却毫无建树,根本拿不出打破孤立,克服困难的有效办法。

　　在进入长安之前,赤眉军时分时合,飘忽不定,或长途奔袭,或东西迂回,战略战术上颇有高明之处。攻下长安虽然达到了军事胜利的顶峰,但从此却陷入了被动。百万之师困守孤城,既没有不失时机地扩大战果,追歼更始残余,消灭其他割据者,更没有对刘秀一军采取必要的防范措施,以致赤眉军前脚进入长安,邓禹统率的汉军也兵临城下。在历时10年的战争中,赤眉军虽然攻占过许多地方,但总是随占随丢,缺乏建立根据地的思想。为了摆脱困境,赤眉军不是采取有力措施扩大和巩固在长安周围的占领区,而是错误地执行了西征的战略。时值隆冬,天寒地冻,风雪怒号,数十万兵马离开富庶的关中平原,深入到北地和安定等荒凉地区。寻机破敌几乎无敌可破,寻机筹粮几乎无粮可筹。七八个月中,几乎日日辗转于饥饿死亡线上,使部队蒙受了巨大的损失。更为失策的是他们离开长安时没有部署一支足以守城的留守部队,致使长安轻而易举地为邓禹所得。西征失败后,为了摆脱困境和迎合起义军战士返回故里的要求,赤眉军决定放弃长安东返齐鲁。在当时的情况下,这未尝不是争取战略主动的好办法。然而,在东返时机、路线的选择和行军的安排上,处置都是不适当的。东返不是有计划的战略转移,而是变成了仓皇的逃跑,其选取的路线恰恰又是刘秀部署重兵、严阵以待的地方。在东返途中,不是放出斥候侦察敌情,随时调整行军路线,而是大队人马一窝蜂般地抢路奔逃。这样,犹如盲人瞎马,夜半深池,根本弄不清前进路上的危险。当大军进至宜阳碰上刘秀亲自统率的大军以后,又惊慌失措地放下了武器,使一支屡建奇功、尚有众十余万的农民军,就这样失败了。

新朝末年最大的两支农民军走向失败,刘秀恢复汉朝的努力取得了成功。

## 2. "复汉兴刘"的魔影终于显出了神威,与刘邦续上香火的南阳儒生再次成为统一中国的帝王

刘秀是西汉皇朝的宗室贵族,家居南阳蔡阳(今湖北襄樊市东)的豪族地主。王莽篡汉以后,他曾经在太学读书。地皇三年(公元 22 年),他与其兄刘縯在家乡起兵反莽,旋即加入绿林军。刘秀多谋善断,机智勇敢,体恤士卒。他统率的军队是一支军纪良好,战斗力较强的部队。在同王莽官军的战斗中,他多次身先士卒,率队冲锋,取得了一系列的胜利,成为起义军中很负重望的将领。更始元年(公元 23 年)三月至六月的昆阳之战,更突出地展示了他杰出的军事才能。但是,刘秀毕竟是农民起义军的暂时同路人,他加入起义军,念念不忘的是"光复汉祚"。在更始政权内部的斗争中,面对刘玄杀死自己亲兄刘縯的深仇大恨,他"深引过","饮食言笑如平常",蒙住了刘玄的眼睛,保住了自己的地位。当年十月,他奉命持节渡河,便脱离了更始政权,在河北开始了经营独立王国的活动。"所到郡县,辄见二千石、长吏、三老、官属、下至佐史,考察黜陟,如州牧行部事。辄平遣囚徒,除王莽苛政,复汉官名,吏人喜悦,争持牛酒迎劳"①。更始二年(公元 24 年)春,刘秀自真定(今河北石家庄东)北徇蓟(今北京市),战胜当地实力派王郎、刘接等人,在以邯郸为中心的黄河以北地区立定了脚跟。之后,在一年多的时间内,他一面袭击更始政权的尚书令谢躬,吞并了他统率的一支军队,一面调兵遣将,东征西讨,全力镇压以铜马为代表的河北各路起义军。通过运用镇压和怀柔的两手政策,

---

① 《后汉书》卷 1 上《光武帝纪》。

连续消灭了铜马、高湖、重连、大肜、青犊等部数十万起义军,并将其中的一部分改编为他日后统一中国的基本军事力量,以致关西送给他"铜马皇帝"的徽号。紧接着,他又北上击破尤来、大枪、五幡等起义军,基本上控制了河北的广大地区,成为拥有数十万武装和广土众民的举足轻重的强大势力。由于刘秀本人是汉宗室贵族,出身豪族地主,做过太学生,有着广泛的社会联系,他的手下又有着邓禹、任光、邳丹、刘植、耿纯、吴汉、寇恂、耿弇、陈俊、马武等一大批出身豪族地主,饱读经书的文臣武将,这就使刘秀集团的政治能力和军事谋略都明显地优于其他军事集团。更始三年(公元25年)六月,刘秀就在将领们的拥戴下,假借"刘秀发兵捕不道,四夷云集龙斗野,四七之际火为主"的赤伏符,在鄗(今河北柏乡县境)即位做了皇帝,建立了东汉皇朝,建元建武。十月,刘秀攻克洛阳,决定建都于此。这时候,赤眉军已经攻入长安,消灭了更始政权,其他各地的割据者也都在拼命地经营自己的地盘,称帝称王者遍布全国,不同名号的旗帜四处飘扬。谁能接受历史的选择成为重新统一中国的理想人选,在当时既决定于他拥有的实力,更决定于他实行的政策。其时,虎踞洛阳的刘秀一伙虽然并不是实力最强大的军事集团,但却有着其他集团所没有的政治上和政策上的优势。刘秀与他的文臣武将,在洛阳南宫的却非殿里,精心绘制着一幅统一全国的蓝图,而历史也正悄悄地把它无私的选择降临到刘秀头上。

从公元25年刘秀称皇帝,重新树起大汉皇朝的旗帜,到公元40年投靠匈奴的割据者卢芳请降,经过15年的艰苦征战,次第削平了农民军余部和十余支割据势力,又一次完成了中国的统一。除赤眉军外,刘秀消灭的割据势力主要有:

以睢阳(今河南商丘)为中心,占据今豫东、皖北一带的刘永;

以临淄（今山东临淄）为中心，占据今山东中部的张步；

以东海（今山东郯城）为中心，占据今鲁南、苏北交界地带的董宪；

以庐江（今安徽舒城）为中心，占据今安徽淮南一带的李宪；

以黎丘（今湖北宜城）为中心，占据今湖北襄樊一带的秦丰；

以渔阳（今北京市密云）为中心，占据今河北北部的彭宠；

以成都为中心，占据今四川地区的公孙述；

以天水（今属甘肃）为中心，占据今甘肃东部的隗嚣；

以安定（今宁夏固原）为中心，占据今宁夏一带的卢芳；

以武威（今属甘肃）为中心，占据今甘肃黄河以西地区的窦融。

在新朝末年群雄并起，中原逐鹿的大搏斗中，刘秀之所以成为最后的胜利者、东汉皇朝的开国之君，一是因为他充分利用了历史提供的有利条件，二是由于他最大限度地发挥了自身的优势。刘秀统一全国的历史条件是由新末农民战争造成的。这次农民战争以雷霆万钧之力推翻了掌握全国政权，拥有百万武装的新莽皇朝。刘秀只是在农民起义蓬勃发展的时刻才投身起义队伍的。他利用投身农民队伍的机会，扩大了自己的影响，抓到了一支武力。与更始政权分道扬镳之后，又在经营河北的过程中，用软硬兼施的办法收编了大量的农民军，获得了南向争夺天下的最重要的资本。

在新末农民战争中崛起的十数个封建武装集团中，卷入的刘氏后裔不下千百人。就他们与汉成帝等的血缘关系而论，刘秀并不是最亲近的。因此，血缘并不是刘秀取胜的主要原因。刘秀高于其他割据者的地方，恰恰在于他有着超越所有其他人的政治眼光，实行了比其他人更高明的政策。他首先打出了废除新朝苛法的旗号，数次颁行释放奴婢的诏令，这些措施为他赢得了民心。对比之下，赤眉、绿林、铜马等农民起义军，不仅在反莽战争中没有提出如此顺应民心的政策，而且在新朝灭亡以后，更失去斗争方向，逡巡犹豫，不知所措。其他割据的军事集团绝大部分也是满足于据地自守，既提不出适应时代需要的政治纲领，又缺乏统一中国的宏图远略，在刘秀的有计划的军事进攻面前只能以失败而告终。

刘秀军事集团的文臣武将大部分出身于豪族地主，不少人还是经学世家，其文化素养、政治经验和军事谋略都明显高于其他任何集团。刘秀本人具有杰出的政治头脑和卓绝的军事才能，并且知人善任，善于集思广益，不仅在政治上制定了一系列的适合实际情况的政策，军事上也制定了一套正确的战略战术。在王莽政权灭亡之前，他指挥了著名的昆阳之战，创造了以少胜多的奇迹，在起义军中建立了很高的威信。其兄刘縯被杀以后，他表现出惊人的镇定，不仅解除了刘玄的怀疑，免遭毒手，而且还取得信任。之后，他脱离刘玄，到河北地区单独发展势力，羽翼丰满后，即毅然同更始政权决裂。在自己的力量小于更始和赤眉军时，他埋头苦干，收集地主武装，逐次消灭或改编以铜马为代表的河北起义军。待到在河北建立起较巩固的根据地，有了一支可观的军事力量以后，他就揭出自己的旗帜，正式登基称帝。又利用"民心思汉"的倾向，把自己的一切行政措施都说成是"复高祖之业"，竭力制造汉朝中兴的气氛。然后，他挥军渡过黄河，攻取洛阳，建立了自己的政治中心。再后，他坐镇洛阳，一面注视着赤眉军和更始政权之间一亡一伤的火并，一面派出邓禹等将领率军队尾随赤眉军进入关中，相机寻找歼灭赤眉军的机会。紧接着，在赤眉军返回山东的路上，他部署重兵，以逸待劳，轻而易举地在宜阳招降了赤眉军的十多万兵马。至此，刘秀不仅消灭了他统一道路上最大的军事障碍，而且取得了黄河中游从关中到河北、河南的最富庶地区，从而使他在政治、经济和军事方面对其他割据者形成了绝对优势。而后,在十年左右的时间内,他用各个击破的办法,从容坚决地逐次消灭了各地方的割据者,成为逐鹿中原的胜利的英雄。

刘秀虽然从来就不是农民起义军的领袖,但在他置身于农民起义队伍的时候,又的确对农民战争的胜利发挥过别人无法取代的积极作用。尽管他最后镇压了赤眉、铜马等多支农民起义军,表现了地主阶级鲜明的阶级立场,可是他同时却又顺应"民心思汉"的历史趋势,利用农民战争创造的有利条件,充分发挥自己的主观能动性,完成了统一大业,成为一匡天下的英雄,做了封建社会又一个繁荣时期的导向人物,他的贡献是值得肯定的。

## 3. 百姓的鲜血换得了一时的和平与发展

在封建社会里,任何农民起义和农民战争都无法取得彻底的胜利,失败是它的孪生姊妹。但是,作为封建社会农民与地主两个阶级斗争的最高形式,其对历史发展所起的巨大推动作用,却是任何其他力量所无法代替的。以绿林、赤眉、铜马为代表的新末农民战争推动历史前进的作用,既表现在它对以王莽为代表的封建统治的直接打击上,又曲折地体现在东汉初年封建皇朝的政策上。

在这次农民起义和农民战争中,起义的农民英雄们经过英勇顽强的六年血战,推翻了以王莽为首的封建皇朝,摧毁了从中央到地方的绝大部分封建政权。赤眉军"攻郡县,杀长史及府掾吏"①,"贼暴纵横,残灭郡县"②,沉重地打击了封建统治,扫荡了封建社

---

① 《后汉书》卷81《刘茂传》。
② 《后汉书》卷83《周党传》。

会中阻碍生产力发展的那些最腐朽的因素。尽管东汉皇朝建立以后,在残酷地镇压农民军余部及新起的农民起义队伍的过程中,逐步在全国各地恢复被打乱的封建秩序,但是,它却不可能一下子把封建秩序恢复到农民起义之前的程度。这样,在新末农民战争之后所造就的社会环境里,封建的绳索显然比过去松弛了一些。

在农民战争激烈进行的过程中,地方上的地主豪绅、富商大贾,有的死在农民军的枪刀之下,有的被洗劫一空而失去昔日的威风,更多的举宗流亡,徙往他乡。如,关中地区的地主迁往巴蜀和陇西的就很多,"关中豪杰吕鲔等往往拥众以万数,莫知所属,多往归(公孙)述,皆拜为将军"①。"三辅耆老士大夫皆奔归(隗)嚣"②。这样一来,在农民战争洗礼过的地区,压在农民头上的老爷,显著减少了。更重要的是,由于地主的大量被杀和逃亡,土地关系缓和了。一部分农民在战争中用武力夺取了一小块土地,又有着比战争前好得多的生产条件,他们以一小块土地为基地,努力生产,顽强地对抗着重新开始的土地兼并,成为东汉初期社会经济走向繁荣的主要推动力。

经过农民战争,不少佃农取得了土地,成为自耕农,也有不少官私奴婢挣脱了枷锁,加入了起义队伍的行列,变成了自由人。东汉以后,中国封建社会中的奴隶制残余逐步减少,不能不说与这次农民战争有着直接的关系。

从思想上看,王莽时期是谶纬神学、符瑞灾异之说泛滥成灾的时代,刘秀在建立东汉的过程中,虽然也"宣布图谶于天下",对谶纬神学的泛滥起着推波助澜的作用,但是,经过此次农民战争的冲

---

① 《后汉书》卷13《公孙述传》。
② 《后汉书》卷13《隗嚣传》。

击,这种谶纬神学很快走到穷途末路。桓谭、王充等对这种唯心主义神学的有力批判,在一定程度上可以看作是农民战争经过政治的折光在思想领域中的回音。

最后,是这次农民战争创造了一种历史条件和社会环境,迫使新上台的东汉统治阶级一面暂时容忍或认可农民在战争中所取得的那些积极成果,一面不得不进行一些有利于社会安定和生产发展的政策调整,从而曲折地保留了农民战争的一些成果。农民战争对于封建统治改造的程度往往与保留农民战争成果的多少成正比。

刘秀所建立的东汉皇朝,虽然是窃夺农民起义军胜利果实的结果,但是,这个封建皇朝所实行的政策调整,却又不能不曲折地反映平民百姓的某些愿望。而调整政策的最大阻力,即西汉皇朝二百多年积累起来的那些最腐朽的社会势力,已经大部分被革命的战火所摧毁。刘秀正是在这种特定的历史条件下,将自己的名字与封建社会的又一个比较繁荣的时代联系到了一起。

刘秀统一全国后,从各方面实行了一系列强化专制主义中央集权的措施。这些措施固然对巩固多民族的国家有其有利的一面,但从本质上说,是为了加强封建国家对以农民为主体的劳动人民的专政。其中有不少措施,如精兵简政,就是调整上层建筑领域中与经济基础不相适应的部分,自然有利于生产的发展。《后汉书·光武帝纪》载,刘秀在建武六年(公元30年)下令,"省郡国十,县邑道侯国四百余所","吏职减损,十置其一"。第二年,再次下令裁省郡国都尉,停止地方都试,遣散地方军队。这些措施,对于减轻广大劳动人民的赋税、徭役和兵役的负担,无疑是有很大好处的。

东汉初期的政策调整,主要集中在以下几个方面:

一、释放奴婢与禁止虐杀奴婢。

自耕农民由于各种原因破产而沦为奴婢,是导致新末农民起义的主要原因之一。刘秀充分认识到这一点,在做皇帝以后,九次颁布释放奴婢和禁止虐杀奴婢的诏令。

建武二年(公元 26 年)五月癸未,诏:"民有嫁卖子,欲归父母者,恣听之,敢拘执,论如律。"

建武六年(公元 30 年)十一月丁卯,诏:"凡王莽时期吏人没入为奴婢不应旧法者,皆免为庶人。"

建武七年(公元 31 年)五月甲寅,诏:"吏人遭饥乱及为青、徐贼所略为奴婢下妻者,愿去留者,恣听之。敢拘制不还,以卖人法从事。"

建武十一年(公元 35 年)春,二月己卯,诏:"天地之性人为贵,其杀奴婢,不得减罪。"

同年八月癸亥,诏:"敢炙灼奴婢,论如律,免所炙灼者为庶人。"

同年冬十月壬午,诏:"除奴婢射伤人弃市律。"

建武十二年(公元 36 年)三月癸酉,诏:"陇蜀民被略为奴婢自讼者,及狱官未报,一切免为庶人。"

建武十三年(公元 37 年)冬十二月甲寅,诏:"益州民自八年以来被略为奴婢者,皆一切免为庶人。或依托为人下妻,欲去者,恣听之;敢拘留者,比青、徐二州以略人法从事。"

建武十四年(公元 38 年)十二月癸卯,诏:"益、凉二州奴婢,自八年以来自讼在所官,一切免为庶民,卖者互还直。"[①]

从公元 26 年至公元 38 年,12 年之中,刘秀九次下诏,宣布释放限定条件的奴婢,禁止苛待虐杀奴婢。细察其条文,可以看出,所有这些诏令,并不是全盘废除奴隶制的残余,其中有一些释奴的

---

① 以上资料均引自《后汉书》卷 1《光武帝纪》。

诏令完全是出于对敌斗争的权宜之计。刘秀对待奴隶制残余并不是深恶痛绝的。但是,应该肯定,刘秀的这些措施,较之西汉末年的奴婢政策,以及王莽新政所实行的奴婢政策,都要进步得多。西汉末期严重的奴婢问题,通过农民战争的巨大冲击,经过刘秀的一系列诏令,终于获得了部分的解决:王莽执政以来,由于各种原因变成奴婢的"吏人"得到了解放;卖身为奴的人得到了解放;益、凉等州在隗嚣、公孙述割据时期被略为奴者也得到了解放。对于还没有获得解放的奴婢,也相应地提高了他们的地位,奴婢的主人再也不能随心所欲地苛待和虐待他们了。刘秀的这些措施虽然还不是彻底废除奴隶制残余,但却标志了中国封建社会统治阶级奴婢政策的重大转折,随着这些诏令的实施,一大批被卖为奴婢的妻子儿女回到了父母和丈夫的身旁,重享天伦之乐。不少被略卖的奴婢重新变成了具有自由人身份的庶民,这不仅提高了他们的生产积极性,也增加了国家直接控制的劳动人手,增加了整个社会的安定因素。

二、"假民公田"和"赋民公田"。

土地兼并与土地集中是西汉末期阶级矛盾和社会矛盾尖锐化的根本原因之一。王莽企图通过复古的"王田"政策加以解决,结果被碰得头破血流。农民战争之后,无地、少地的农民尽管也得到了部分土地,但仍有一些农民没有土地或没有足够的土地。如何使生产者与生产资料结合是使社会安定的根本条件,也是摆在东汉统治者面前的重大课题。这个问题刘秀没有来得及解决就死去了,他的子孙以"假民公田"或"赋民公田"的办法使问题得到了部分解决。

汉明帝刘庄二次下诏"假民公田"和"赋民公田"。一次是永平九年(公元66年)四月,诏令"郡国以公田赐贫民各有差"。一次是永平十三年（公元70年），治水专家王景主持修好了汴渠的千里大堤，明帝下诏"滨渠下田，赋与贫人，无令豪右，得固其利"①。此后，汉章帝刘炟又三次下过类似的诏令。建初元年（公元76年）七月，下诏将上林苑的土地"赋与贫人"。元和元年（公元84年）二月，下诏"令郡国募人无田欲徙它界就肥饶者，恣听之。到在所，赐给公田，为雇耕佣，赁种饷，贳与田器，勿收租五岁，除算三年。其后欲还本乡者勿禁"。元和三年（公元86年）二月，又诏令常山（石家庄为中心的河北西部地区）、魏郡（今河北、河南交界地区）、清河（以今山东武城为中心的冀、鲁交界地区）、巨鹿（今河北中部地区）、平原（以今山东禹城为中心的冀、鲁交界地区）、东平（今山东济宁、汶上一带）诸郡，要求将当地还未垦辟的肥田"悉以赋贫民，给与粮种，务尽地力，勿令游手"②。汉和帝时也下达过五次"假民公田"和"赋民公田"的诏令。如永元五年（公元93年）二月戊戌，诏："有司减内外厩及凉州诸苑马。自京师离宫果园上林，广成圃悉以假贫民，恣得采捕，不收其税。"其后又在同年九月、永元九年（公元97年）六月、永元十一年（公元99年）二月、永元十五年（公元103年）六月，四次下诏允许农民在山林陂池渔采，免收"假税"③。从以上材料可以看出，主要在明帝、章帝时期，封建国家采用"假民公田"的办法，使部分无地少地的农民得到了一些土地，实现了劳动者与生产资料的结合，从而使西汉中期以来严重的流民问题得到了暂时的缓和。这些措施对于提高农民的生产积极性，创造明、章二帝时期封建经济比较繁荣的局面，起了促进作用。

---

① 《后汉书》卷2《明帝纪》。
② 《后汉书》卷3《章帝纪》。
③ 《后汉书》卷4《和帝纪》。

三、提倡节俭与减免租赋。

农民战争所显示的巨大威力,往往在统治阶级中产生巨大而深远的影响,迫使创业之主及其二三代子孙,一般能够相对控制统治者自身腐化的速度,比较重视劳动人民的生计。一方面提倡节俭,一方面轻徭薄赋,尽量将封建国家的剥削控制在劳动人民可以接受的水平上。刘秀与刘庄父子是中国历史上有数的几个提倡节俭并能以身作则的皇帝。建武七年(公元 31 年)正月,针对当时社会上厚葬之风盛行的情况,刘秀发出了提倡薄葬的诏令:"世以厚葬为德,薄葬为鄙,至于富者奢僭,贫者举财,法令不能禁,礼义不能止,仓卒乃知其咎。其布告天下,令知忠臣、孝子、慈兄、悌弟薄葬送终之义。"①建武十三年(公元 37 年)正月,针对郡国因贡献土特产品而扰民的问题,刘秀又发出了一个禁止贡献的诏书:"往年已勅郡国,异味不得有所献御,今犹未止,非徒有豫养导择之劳,至乃烦扰道上,疲费过所。其令太官勿复受。"②这个诏令当然不足以阻止溜须拍马的地方官吏精心设计的对朝廷逢迎献媚的奉献,但是,能够明令禁止这种劳民伤财的贡献,总比不断花样翻新地对地方百姓敲诈勒索强得多。西汉自文帝开始,每个皇帝从登基开始就为自己预作寿陵,这是一项旷日持久、耗费巨大的工程。西汉后期的几个皇帝的寿陵,建造的一代比一代宏伟壮丽,殉葬的器物一代比一代丰富奢华,由此影响达官贵人纷纷效尤,从而形成蔓延整个社会的厚葬之风,刘秀感于前车之鉴,在建武二十六年(公元 50 年),开始为自己预作寿陵时,就比较理智地否决了监制此项工程的将作大匠窦融关于"园陵广袤,无虑所用"的建议,下

① 《后汉书》卷 1 下《光武帝纪》。
② 《后汉书》卷 1 下《光武帝纪》。

达了一个一切从俭的诏书:"古者帝王之葬,皆陶人瓦器,木车茅马,使后世之人不知其处。太宗(文帝)识终始之义,景帝能述尊孝道,遭天下反覆,而霸陵独完受其福,岂不美哉! 今所制地不过二三顷,无为山陵,陂池栽令流水而已。"①中元二年(公元57年)二月,62岁的刘秀在临终前夕,又下达了一个"务从约省"的遗诏,规定丧事从俭,不要兴师动众,以免劳民伤财。刘秀从公元25年即帝位,至公元57年死去,在32年的皇帝生涯中,除了对付割据者的军事行动外,没有为自己享乐而进行大规模兴作。这毫无疑问减轻了劳动人民的赋税和徭役负担。汉明帝刘庄继承父业,克绍箕裘,遵从祖制,与刘秀一样是一个比较节俭的皇帝。永平十二年(公元69年)五月,他再次下诏,反对当时的厚葬之风,重申薄葬之意。其中说:

> 昔曾、闵奉亲,竭欢致养;仲尼葬子,有棺无椁。丧贵致哀,礼存宁俭。今百姓送终之制,竟为奢靡。生者无担石之储,而财力致于坟土。伏腊无糟糠,而牲牢兼于一尊。糜破积世之业,以供终朝之费,子孙饥寒,绝命于此,岂祖考之意哉! 又车服制度,恣极耳目。田荒不耕,游食者众。有司其申明科禁,宜于今者,宣下郡国。②

永平十八年(公元74年)八月,明帝在临终之前,也留下遗诏,同样重申丧事从简的原则。

> 无起寝庙,藏主于光烈皇后更衣别室。帝初作寿陵,制令流水而已。石椁广一丈二尺,长二丈五尺,无得起坟。万年之

---

① 《后汉书》卷1下《光武帝纪》。
② 《后汉书》卷2《明帝纪》。

后,埽地而祭,杆水脯糒而已。过百日,唯四时设奠,置吏卒数人供给洒扫,勿开修道。敢有所兴作者,以擅议宗庙法行事。①

汉明帝作为一个守成的君主,与其父亲一样,也没有为自己的享乐大兴土木。皇帝带头节俭。在一定程度上限制了贵族、官僚和地主富豪们享受欲望的发展,抑制了腐败之风的发展,也就在一定程度上延缓了剥削率增长的速度。

与提倡节俭相表里,东汉皇朝从公元 30 年至公元 104 年的 70 多年间,曾经数次下达减免田赋的诏令。东汉建国之初,由于处于战争时期,耗费巨大,因而曾实行以什一税制收取田赋。建武六年(公元 30 年)十二月,下令恢复西汉时期长期实行的三十税一的田赋制度。这对占有大片土地的豪族地主自然有最大的好处,但对占人口绝大多数的自耕农也还是有利的。元和二年(公元 85 年)春正月,为了奖励人口增殖,汉章帝下诏对产子和怀孕者减免租算:“人有产子者复,勿算三岁”,“诸怀妊者,赐胎养谷,人三斛,复其夫勿算一岁”②。和帝时,曾四次下令减免田租、刍稿,其中有两次下令减免全国田租之半。这些措施对于减轻劳动人民的负担,安定人心,稳定社会秩序,特别是提高农民的生产积极性,的确起到了重要的作用。应该承认,这些减轻剥削的措施之所以能够实行,原因是多方面的。它既与统治阶级提倡节俭有关,也与东汉初期实行较大规模的军屯,开辟了新的财政来源有关,更与精简机构、对兵役制度进行重大改革有关。建武六年(公元 30 年),刘秀下诏“省诸郡都尉,并职太守,无都试之役”③。第二年,

---

① 《后汉书》卷 2《明帝纪》。
② 《后汉书》卷 3《景帝纪》。
③ 《后汉书》志 24《百官一》。

又下诏"罢轻车、骑士、材官、楼船士及军假吏,令还复民伍"①。不仅军队数量大大减少,而且基本上废除了全民服兵役的制度。这就大大节省了国家的财政开支,减轻了百姓负担。

四、减省刑罚与选用廉吏。

西汉中期以后的严刑峻法,尤其是王莽时期的严刑峻法,曾是统治阶级残害劳动人民的重要手段,也是导致社会矛盾激化的重要因素。刘秀登上帝位以后,立即打出废除王莽苛政的旗号争取民心:"务用安静,解王莽之繁密,还汉世之轻法。"②以后,直至和帝时期,东汉皇朝曾数十次下诏减省刑法,收到了缓和阶级矛盾与社会矛盾,安定社会秩序的良好效果。

在刘秀做皇帝的 32 年中,曾多次下令释放囚徒,减轻罪罚和刑期。尤其在全国统一前的 15 年间,为了争取民心,其政策更为宽大。建武二年(公元 26 年)三月,他针对当时"狱多冤人,用刑深刻"的情况,发布了大赦天下的诏令。第二年七月,又发布诏令,废除了 80 岁以上、10 岁以下的男子以及所有妇女的连坐律。建武五年(公元 29 年)五月,发布了赦免"殊死"以下全部罪犯,刑徒一律免为庶人的诏令。建武六年(公元 30 年),又一次赦免三辅地区"殊死"以下罪人。下一年再次下诏,赦免"殊死"以下罪人和释放刑徒。建武二十九年(公元 53 年),下诏除"殊死"外,其余系囚均减死一等。汉明帝在位期间,发布过六次减刑的诏令。永平二年(公元 59 年)正月,诏令赦免"殊死以下,谋反大逆"之外的一切罪犯。此后,又多次实行减罪戍边的政策,规定:凡是死罪囚徒,可以减死一等,戍边赎罪。如永平八年(公元 65 年)冬十月

---

① 《后汉书》卷 1 下《光武帝纪》。
② 《后汉书》卷 76《循吏传》。

诏:"三公募郡国中都官死罪系囚,减罪一等,勿笞;诣度辽将军营,屯朔方、五原之边县,妻子自随,便占著边县;同母同产欲相代者,恣听之。凡徙者,赐弓弩衣粮。"①永平九年(公元66年),永平十六年(公元73年),又两次下达类似的诏令。汉章帝在位期间,也曾六次下诏,减轻刑罚,以戍边抵死罪。其中建初七年(公元82年)七月下诏:"天下系囚减死一等,勿笞,诣边戍;妻子自随,占著所在;父母同产欲相从者,恣听之,有不到者,皆以乏军兴论。"②以后,因汉羌关系紧张,减死戍边者大部徙往对羌作战的前线金城郡(今兰州以西至青海湖附近)。和帝在位期间,也发布过四次减刑的诏令。其与以前不同的是,对戍边者增加了"免归田里"的规定。如永元元年(公元89年)冬十月诏:"令郡国弛刑,输作军营,其徙出塞者,刑虽未竟,皆免归田里。"③同时还制定了残废、老小和妇女减刑的规定,如永元十一年(公元99年)春二月丙午诏:"郡国中都官徒及笃癃老小女徒各除半刑,其未竟三月者,皆免归田里。"如果与西汉末年,尤其是王莽时期相比较,可以发现,东汉初年减刑的次数不仅增多了,而且多是实质性的减免。这应该是缓和阶级矛盾与社会矛盾的一项重要措施。不可否认,在封建社会触犯刑律的,虽然也有封建官吏与地主豪绅,但作为地主阶级的专政,劳动人民触犯刑律者,应该是绝大多数。东汉前期实行的减死戍边和减免刑罚的规定,对劳动人民无疑是有好处的。它一方面保存了一部分社会生产力,另一方面又可减少一般戍边服役者的人数。对于发展生产和安定社会秩序无疑都是有利的。

总之,东汉皇朝初期,主要是光、明、章三个皇帝当政期间所实

---

① 《后汉书》卷3《明帝纪》。
② 《后汉书》卷3《章帝纪》。
③ 《后汉书》卷4《和帝纪》。

行的政策,都在不同程度上反映和保留了农民战争的一些成果,调整了生产关系和上层建筑中许多与生产力和经济基础不相适应的环节,对促进生产力的发展和社会经济的繁荣发挥了积极的作用。

东汉初年,与调整封建统治政策相适应,最高统治者还比较注意选用"循吏"作为执行这种政策的人选。由于这一时期相继当政的皇帝刘秀、刘庄、刘炟都是励精图治的好皇帝,都有知人之明,再加上特定社会环境的制约,以及舆论的提倡和奖掖,的确有一部分"循吏"被选拔到重要的岗位上。他们兢兢业业,自奉简约,俯察民情,辛勤工作,真正做到了为官一任,造福一方。在发展生产、繁荣经济、兴办教育、传播文化、澄清史治等方面做了许多有益的好事。如邓晨为汝南(今河南平舆一带)太守时,兴修了鸿郤陂水利工程,使数千顷良田得到灌溉,汝南从此富庶起来,"鱼稻之饶,流衍他郡"①。建武六年(公元30年),李忠做丹阳(今安徽宣城、歙县)太守,鉴于那里文化教育落后于中原地区,"乃为起学校,习礼容,春秋乡饮,选用明经,郡中向慕之。垦田增多,三岁间,流民占著者五万余"②。杜诗更是一位著名的廉吏,建武七年(公元31年),"迁南阳太守。性节俭,而治绩清平,以诛暴立威,善于计略,省受民役,造作水排,铸为农器,用力少,见功多,百姓便之。又修治陂池,广拓土田,郡内比屋殷足"③。张堪为渔阳(今北京密云、河北平滦一带)太守,他利用当地较好的水利条件,督民开垦稻田8 000余顷,"劝民耕种,以致殷富"④。卫飒被任命为地处南疆的桂阳(今湖南郴县、广东韶关一带)太守,因为该郡与交趾(今两广

---

① 《后汉书》卷15《邓晨传》。
② 《后汉书》卷21《李忠传》。
③ 《后汉书》卷31《杜诗传》。
④ 《后汉书》卷31《张堪传》。

与越南北部)邻近,经济文化不发达,落后的社会风俗还很多。卫飒到任后,"修庠序之教,设婚姻之礼,期年间,邦俗从化"。他还积极革除弊政,为居住于深山里的居民做了件好事:

> 先是含洭、浈阳、曲江三县,越之故地,武帝平之,内属桂阳。民居深山,滨溪谷,习其风土,不出田租,去郡远者或且千里。吏事往来,辄发民乘船,名曰传役。每一役出,骚及数家,百姓苦之。飒乃凿山通道五百余里。列亭传,置邮驿,于是民省劳役,奸吏杜绝。流民稍还,渐成聚邑。①

任延做武威(今甘肃中部一带)太守时,针对河西少雨干旱的特点,修理沟渠,兴办水利,给当地百姓带来实际利益。又建立学校,发展教育,使该郡有了第一批"儒雅之士"。他做九真(今越南中部)太守时,"乃令铸作田器,教之垦辟。田畴岁岁开广,百姓充给",改变了当地居民"以射猎为业,不知牛耕"的生产生活方式。为了改变"雒越之民无嫁娶礼法,各因淫好,无适对匹,不识父子之性,夫妇之道"的落后风俗,任延下令男女"皆以年龄相配。其贫无礼聘,令长吏以下各省奉禄以赈助之。同时相要者二千余人"②,大大提高了他们的文明程度。秦彭为山阳(今河南焦作市)太守时,一面"兴起稻田数千顷",改善当地的生产条件,一面建立一套使奸吏难以销其奸的制度,改善了百姓的生活环境。为了使种田农民公平地纳税,他"每于农月,亲度顷亩,分别肥瘠,差为三品,各立分簿,藏之乡县。于是奸吏跼蹐,无所容诈"③。著名水利

---

① 《后汉书》卷76《循吏传·卫飒》。
② 《后汉书》卷76《循吏传·任延》。
③ 《后汉书》卷76《循吏传·秦彭》。

专家王景在建初八年（公元 83 年），被任命为庐江（今安徽桐城、庐江、潜山一带）太守，他上任以后，兴修水利，教民牛耕，结果是"垦阔倍多，境内丰给"①，农业生产有了显著的发展。

从总体上看，东汉的经济发展虽然没有达到西汉的水平，但在局部地区和某些生产部门则较西汉有显著发展。如铁器、牛耕、养蚕、纺织技术向南方和边疆地区的发展，南方人口的显著增加，以及手工业方面水碓、水排的发明，天然气的利用，造纸术的改进等，都超过了西汉。

东汉皇朝建立以后，在光、明、章三代六十多年间，逐步地在上层建筑和经济基础领域里进行了一系列的政策调整，既保留了部分农民战争的胜利成果，又改造了生产关系中与生产力发展不相适应的某些环节，从而给东汉初年生产力的发展和社会经济的繁荣创造了较好的条件。广大劳动人民充分利用农民战争造成的客观环境和有利条件，以空前的热情努力生产。到汉明帝时期，东汉经济的发展就达到了繁荣的顶峰。其时，"天下安定，人无徭役，岁比登稔，百姓殷富，粟斛三十，牛羊被野"。② 历史的灾难虽然必不可免地给人类社会造成巨大的损失，但也总是能够得到合理的补偿。王莽制造的历史灾难以及为了消除这种灾难而掀起的农民战争所造成的巨大破坏，恰恰由东汉初年生产力的发展和经济的繁荣做了补偿。而在封建社会里，农民起义和农民战争推动历史前进的不朽功勋，也恰恰在这里得到较集中的体现。

---

① 《后汉书》卷76《循吏传·王景》。
② 《后汉书》卷2《明帝纪》。

# 第十四章　功过任评说

## 1. 卑劣的篡弑者,还是失败的改革家?
## 看来学术上的争论还要继续下去

　　由于王莽在中国封建社会的历史上是第一个用篡弑的手段登上皇帝宝座的人物,他所建立的新皇朝又是一世而亡,因而在此后近1900年的中国封建社会里,王莽作为一个"逆子贰臣"的典型,不断地遭到口诛笔伐。班彪、班固父子在《汉书》中对王莽的评论,为此后一切封建史家的评论定下了基调。荀悦的《汉纪》、范晔的《后汉书》,基本上沿袭了《汉书》的观点。因为班固在《汉书》中要为东汉皇朝代替新朝找到正义凛然的根据,所以对王莽的评论就难以摆脱偏见。《汉书·王莽传》字里行间充满着对王莽的鄙视、讥讽、揶揄、挞伐就是可以理解的了。司马光主编的《资治通鉴》,虽然是一部严肃的历史巨著,但因为作者生活在理学确立的北宋时期,在当时的新旧党争中又执着于旧党的营垒,故而特别注重对历史人物的道德评论。因此,该书对王莽的评论不仅承袭了《汉书》的基本倾向,一字不遗地录用了班彪、班固那些充满激情的议论,而且以经过精心选择的史料的编排、组合,进一步强化了王莽作为"乱臣贼子"的形象,把王莽牢牢地钉在了封建道德的耻辱柱上。一代思想巨人王夫之,生活在明清鼎革之际,他撰写的《读通鉴论》一书,充满着超过前人的历史思索和深沉的兴亡之感。他从"人心"与"风俗"的变化探索王莽篡政成功的原因，显示了不凡的眼光：

> 元寿二年六月，哀帝崩，明年正月，益州贡白雉，群臣陈莽功德，号安汉公，天下即移于莽。以全盛无缺之天下，未浃岁而迁，何其速也！上有闻主而未即亡，故桓、灵相踵而不绝；下有权奸而未即亡，故曹操终于魏王；司马懿杀曹爽，夺魏权，历师、昭迄炎而始篡天下者，待一人以安危，而一人又待天下以兴废者也。唯至于天下之风俗波流簧鼓而不可遏，国家之势，乃如大堤之决，不终旦溃以无余。故莽之篡如是其速者，合天下奉之以篡，莽且不自意其能然，而早已然也。莽之初起，人即仰之矣；折于丁、傅，而讼之者满公车矣；元后拔之废置之中，而天下翕然戴之矣。固不知莽之何以得此于天下，而天下糜烂而无余，如疫疬之中人，无能免也。环四海以狂奔，氾滥滔天，而孰从挽之哉？夫失天下之人心者，成、哀之淫悖为之，而蛊天下之风俗者不在此。宣、元之季，士大夫以鄙夫之心，挟儒术以饰其贪顽。故莽自以为周公，则周公矣；自以为舜，则舜矣。周公矣，舜公矣，无惑乎其相惊如狂风而戴之也。①

尽管王夫之的观点较班固、司马光有高明之处，但在将王莽定位于"乱臣贼子"这一根本之点上，王夫之并没有较班固、司马光前进半步。明朝的李贽是一个具有叛逆思想的人物，他在《史纲评要》中对王莽的评判也还是囿于传统观点，在"诏莽称假皇帝"下批了"千古笑话"四个字，说明他对王莽问题的认识较王夫之肤浅得多。封建社会的思想家和史学家对王莽的观点虽然并不完全

---

① 《读通鉴论》卷5《平帝》。

一致,但有一点却基本相同,这就是从封建道德出发的道德评价。

1840年以后,特别是1919年五四运动以后,随着西方史学观点和史学方法论的引进,学术界开始摈弃封建史学对王莽的道德谴责,将对王莽的认识和评判提到一个新的水平。

胡适于1928年写了一篇名为《1900年前的社会主义皇帝王莽》的文章,首次对王莽发出了赞美之词,认为他是一个"社会主义者"①,一个空想家和无私的统治者,他的失败乃是因为他的思想和政策都太超前了。撇开胡适反对社会主义的政治立场不谈,他的实用主义的方法论幻化出来的观点,只不过是一个肤浅比附的胡说而已。

范文澜于1942年出版的《中国通史简编》中,第一次提出了一个马克思主义史学家对王莽的较全面的评价:

> 王莽用欺骗方法,表示有解决社会问题的办法,因此代替失去了统治作用的西汉做皇帝。做皇帝以后,由于王田法的失败,农民实行起义。由于五均六管法的失败,小工商参加起义。五均六管打击了商贾和高利贷商人,这些人也反对王莽了。由于对外侵略战争的频繁,更催促起义的加速爆发。②

这里,运用的是阶级分析的方法,得出的是对王莽否定的结论。

翦伯赞于1946年出版的《秦汉史》中,对王莽做了基本肯定的评价:"王莽的名字,现在已经成了篡窃者的符号。两千年来,在道德的法庭之前,遭受了历史家之残酷的裁判。虽然如此,假如

---

① 《皇家亚洲学会华北分会会刊》第59期(1928年)。
② 《中国历史简编》第二编,人民出版社1958年第3版,第99页。

我们离开'祖刘'的立场,则王莽仍不失为中国史上最有胆识的一位政治家,这就从他大胆的执行改良政策表现出来。"①

吕思勉于1947年出版的《秦汉史》中,全面为王莽辩护,将王莽推尊为继承先秦改革意识的"志士仁人":"先秦之世,仁人志士,以其时之社会组织为不善,而思改正之者甚多。……此等见解,旁薄郁积,汇为洪流,至汉而其势犹盛……此等思想,虽因种种阻碍,未之能行,然既旁薄郁积如此,终必有起而行之者,则新莽其人也。新莽之所行,盖先秦以来志士仁人之公意,其成其败,其责皆当由抱此等见解者共负之,非莽一人所能尸其功罪也。新莽之为人也,迂阔而不切于事情,其行之诚不能无失。然苟审于事情,则此等大刀阔斧之举动,又终不能行矣。故曰:其成其败,皆非一人之责也。"同时,又对《汉书》"曲诋"王莽之做法加以抨击:"凡莽之所行,汉人悉以一伪字抹杀之,其实作伪者必有所图,所图既得,未有不露其本相者,莽则始终如一,果何所为而为伪哉?《汉书》言其敢为激发之行,处之不惭恶,此乃班氏父子曲诋新室之辞,平心论之,正觉其精神之诚挚耳。"②

胡寄窗对王莽基本持否定态度。他在《中国经济思想史》一书中断言王莽"绝不是进步思想家,也不是什么改良主义者":

> 只是一个对经济问题具有一定观察力的,平凡的封建剥削阶级知识分子。他被历史的偶然条件幸运地送上皇帝宝座,使他不能不面临和解决现实的重要经济矛盾。由于他是对经济问题具有一定观察力的知识分子,故能对以前的思想家在这方面的成就加以综合利用,并在某些方面有较深刻的

---

① 《秦汉史》,北京大学出版社1983年版,第310页。
② 《秦汉史》,上海古籍出版社1983年版,第197—198页。

或独到的认识。这种较深刻的观察力,使他发现了前人解决这些问题的办法的缺点或软弱无力,因而采取较猛烈的步骤,这就使他失败得更快,更悲惨。[①]

郭沫若主编的《中国史稿》对王莽采取了全盘否定的态度:

> 西汉末年,剧烈的土地兼并,繁重的徭役和赋税,加以连年的灾荒,使人民陷于水深火热的绝境。在阶级矛盾十分尖锐的形势下,地主阶级把王莽推上皇帝的宝座,幻想他能够解决严重的社会危机,阻止农民革命的爆发。但历史的发展恰恰与他们的愿望相反。王莽一系列倒行逆施的政策和措施,不但没有能使当时动荡不宁的封建统治秩序稳定下来,反而给人民增加了无数新的灾难,使阶级矛盾更加激化。[②]

谢天佑在《秦汉经济政策与经济思想史稿》一书中,着重分析了王莽思想与政策的矛盾,认为"王莽改革是一个怪胎","是一种不伦不类的杂拌":

> 王莽因袭和发展了重农抑商派董仲舒的井田制思想,提出了"王田"和"私属"的主张,禁止买卖土地和奴婢。他继承和发展了武帝所推行的国家商业资本的措施,但是,他抛弃了桑弘羊的商品经济思想。简单地说,王莽的经济思想就是重农抑商派的井田制思想和国家商业资本思想的杂拌。其表现形式是急进的改革,而实质是保守的。其愿望是解决土地和奴婢两大社会问题,实质是为了增加财政收入。抛开武帝铸

---

① 《中国经济思想史》,上海人民出版社1963年版,第176—177页。
② 《中国史稿》第2册,人民出版社1979年版,第260—261页。

五铢钱的成功经验不用,频繁改铸钱币,造成经济大紊乱。一面废除奴婢,一面制造奴婢,旧的奴婢未除,新的奴婢激增。王莽是以守旧的思想指导一场"急进"的改革,依靠的是腐败的官僚机构。思想与实践相矛盾,目的与手段相矛盾,改革与改革力量相矛盾,时时处处被矛盾所牵制,忽进忽退,朝令夕改,举止失措,漏洞百出,寸步难行。①

外国学者对王莽的评价也有很大分歧。大体上可分为肯定与否定两派。例如,美国学者德效骞在其《〈汉书〉译注》中就断言王莽是一个"阴谋家"。克莱德·萨金特在其所著的《王莽》一书中,则认为王莽的政策得罪了所有的人,因而最后遭到毁灭。英国的崔瑞德、鲁惟一撰写的《剑桥中国秦汉史》,是西方研究中国史的代表性著作。该书对王莽持肯定的评价,其观点与吕思勉比较接近。它认为"王莽的传记带有无情的偏见和捍卫汉朝的情绪",把王莽的一切活动都看作矫揉造作是不公平的:"实际上,王莽显然是一个能干而有雄心的人,在必要时也残酷无情。他具有吸引别人追随他的才能,兴趣异常广泛。他对亲戚的感情可能完全是真诚的。在早期,他根本不可能怀有篡夺皇位之心。"②王莽不是班固所述的那个无能、狡猾、伪善和妄自尊大的蠢人:

> 在提倡古文学派和对待奴隶制和土地改革的态度方面,他是改造派。在依赖国家专卖事业稳定价格和推行法律方面,他是时新派。王莽不是革命空想家,而是一个在治理中国

---

① 《秦汉经济政策与经济思想史稿》,华东师范大学出版社 1989 年版,第 260—261 页。

② 《剑桥中国秦汉史》,中国社会科学出版社 1992 年版,第 241 页。

时其作为很像在他之前的汉代诸帝的务实主义者。①

最近三十多年来,我国学术界在王莽的评价问题上的争论又有了新的进展。争论围绕着王莽建立新朝是外戚篡权还是顺应了历史潮流,王莽改制是复古倒退还是改革图新,王莽是野心家还是改革家等问题进行。这些争论从总体上看尽管还是以前论题的延续,但无论就深度还是广度而言,都无疑超越了前人。看来关于王莽的学术争论将会长期继续下去,因为随着社会的发展,人们的学术视野将进一步开阔,视角将逐步转换,研究方法将不断更新,对于许多问题的认识必然层层深化,论点也会自然地推陈出新。

## 2. 事实无法更改,认识却应该不断深化

马克思指出:"人类历史上存在着某种类似报应的东西。按照历史上报应的规律,制造报应工具的,并不是被压迫者,而是压迫者本身。"②逆历史潮流而动的王莽被农民起义军碎尸万段,就受到了历史的十分严酷的报应。以王莽为代表的王氏外戚集团,是一个豪族地主既得利益集团。政治上,他们一门十侯,五大司马,几十年来长期把持朝政,占据了从中央到地方的一系列重要位置,形成了一个党徒爪牙遍天下的当权者集团。经济上,他们通过封赏和兼并占有大量土地,依靠对佃农和奴婢的残酷剥削,依靠大量的俸禄和赏赐,依靠巧取豪夺和贪污受贿,攫取了惊人的社会财富,过着骄奢淫逸的生活。正是豪族地主阶级世袭政治特权和社会财富的要求,推动着他们把已经不能很好地代表他们利益的西

---

① 《剑桥中国秦汉史》,中国社会科学出版社1992年版,第255页。
② 《马克思恩格斯全集》第12卷,人民出版社1962年版,第308页。

汉皇朝招牌换记,使王莽的篡汉获得成功。目的是用新皇朝的形式,使自己的权力稳定化与永久化。

王莽同时在一定程度上也代表着富商大贾的利益。他继汉武帝之后,进一步打破了秦朝以来商人不能做官的传统政策,使不少富商大贾进入了新朝的各级机构,成为五均六管等项政策的执行人,发号施令,富而且贵了起来。在汉代,不少豪族地主兼营工商业,而相当多的富商大贾又利用赚来的钱财兼并土地。经济上的联系使二者在政治上能够找到好多共同语言。但是,无论从政治上看还是从经济上看,王莽政权的主体还是豪族地主阶级,因为他们占有的大量土地是这个政权存在的经济基础。一般说来,富商大贾不过是豪族地主在政治和经济上的附庸而已。王莽虽然是豪族地主的一员,但当他戴上皇帝的冠冕时,他考虑问题的角度又往往从整个封建国家的立场出发,他实行的政策,如带有国有土地特征的"王田"制,国家统制工商的"五均六管"等,又与豪族地主和富商大贾的利益出现一定程度的离异。这在历史上是一种经常碰到的普遍现象。这种现象还不足以说明王莽就是豪族地主的对头。

王莽的思想主要源于经过董仲舒改造的儒家思想,其基本内容是神道主义的世界观、独裁专制的政治观以及市侩主义和两面派的策略与方法等。封建社会的历史评论,虽然几乎都对王莽的贪婪、残暴、虚伪、奸诈的两面派品格进行了詈骂和谴责,但他们不会也不可能看到,王莽的这种品格正是豪族地主和富商大贾阶级品格个性化的表现。正是豪族地主和富商大贾这个阶级的腐朽和没落,决定着王莽具备这样的阶级品格。汉末的整个统治阶级都在迅速地腐化着,今文经学越来越走向谶纬化、神学化的结果,使西汉末年的思想界越来越笼罩在荒唐迷信的天人感应的氛围里。王莽本人正是在这种时代和阶级的条件制约下,作为这个阶级的特殊代表,把这个阶级的品性发挥到淋漓尽致的程度,成为有着独异色彩的一个典型。

王莽集团是一个以王氏外戚为核心的豪族地主集团。这个集团的发迹在很大程度上是靠了作为皇后的王政君的长寿,所以富贵荣华来得特别容易。这就必然造成这个集团的特别骄奢淫逸,特别腐朽无能,"民生之苦"和"稼穑之难"是完全在他们的视野之外的。汉末政治的特别腐败,与母后越来越严重的干政,外戚越来越厉害的擅权有着直接联系。外戚势力的膨胀和胡作非为,给西汉末年的政坛罩上浓重的黑暗。这是中国封建社会比较突出和普遍的历史现象之一。外戚干政作为封建专制制度的毒瘤之一,只能随封建专制制度的彻底消灭而消失。尽管历代有不少圣君贤相已经看到它对封建国家的危害,提出了多种多样的救治之策,但外戚之祸却几乎代代多有。其原因就在于它是封建专制制度本身带来的不治之症。而消除这种不治之症的根本途径,只能是彻底消灭封建专制制度。

> 在政治权力对社会独立起来并且从公仆变为主人以后,它可以朝两个方向起作用。或者按照合乎经济发展的规律和方向去起作用,在这种情况下,它和经济发展之间就没有任何冲突,经济发展就加速了。或者违反经济发展而起作用,在这种情况下,除去少数例外,它照例总是在经济发展的压力下陷于崩溃。①

在剥削阶级占统治地位的社会里,统治阶级的政治活动完全

---

① 恩格斯:《反杜林论》,《马克思恩格斯选集》第3卷,人民出版社1972年版,第222页。

顺应经济发展方向的情况是很少的,两者的关系总是处在矛盾之中。剥削阶级及其代表人物的进步历史作用,就在于他们的活动自觉或不自觉地在总体上顺应了经济发展的客观要求,因而成为历史运动的不自觉的工具。在封建社会里,地主阶级当权人物的进步作用,主要表现在他们的各项政治经济措施,都能在不同程度上缓和地主和农民两大对立阶级的矛盾,缓和地主阶级内部各个阶层和集团的矛盾,把对农民阶级的剥削限制在他们可以接受的限度内,使得他们把主要精力用以发展生产,因而促进了生产力的发展和社会经济的繁荣。但是,由于封建社会的农民和地主始终处于严酷的阶级对立状态,地主阶级贪得无厌的本性,使他们老是想把剥削推到农民可以接受的界限之外,封建国家也老是把不堪负重的赋役加到农民头上。王莽的"改制"活动提供了典型的例证。经济上,强力推行他的"王田"政策,禁止土地买卖,这就违背了私有制下生产发展的需要;他的奴婢政策,不从断绝奴婢产生的根源入手,而仅仅想以禁止买卖加以限制,结果是徒滋纷扰,实际上连奴婢买卖也无法禁止;他的币制改革,完全违背了货币作为一般等价物所特有的规律,一味凭借政治权力硬性规定货币的价值和强制货币的流通,结果造成社会经济生活的一片混乱。政治上,王莽一面无限地加强中央集权,千方百计地集权力于一人,集思想于一个脑袋;另一方面,又大搞什么"分封",梦想在形式上来个成周之世的再现。这就不仅在政策上出现矛盾和抵牾,而且必然会加剧统治集团内部的矛盾,也与秦代以来适应于封建专制需要的郡县制的行政体制背道而驰了。正因为王莽的活动在一些基本方面违背了历史的发展规律,因而其失败也是必然的。中外学术界对王莽持肯定态度的学者,几乎都把王莽看成是当时改革派或改良派的代表,特别强调不能以成败论英雄,因而不能把王莽改制的失败作为全盘否定王莽的理由。问题不在改制的成与败,而在改制的内容本身是否顺应了历史发展的趋势。不能单纯以成败论英雄自然不无道理,但是,无论成功与失败,一个政治人物所进行的政治活动造成的影响与后果,总应该作为评价其历史功过的重要依据吧。历史已经证明:王莽的全部活动,不仅没能缓和汉末以来日益尖锐的社会矛盾与阶级矛盾,而是使这种矛盾进一步加剧;不仅没有缓和土地集中的趋势,而是使土地兼并加快进行;不仅没有减少私有奴婢的数量,而是使官奴婢的数量因刑罚的苛暴而大增;不仅没有促进社会生产力的发展,而是使社会生产力遭到一次空前的大破坏。王莽的改制以最后全部废除新政而告终,而他全部活动导致的最后结果,是绿林、赤眉、铜马等为代表的农民大起义的爆发,王莽本人的被戮渐台和新皇朝的彻底灭亡。在封建社会里,如果说激起大规模农民起义的政策也一定要肯定的话,那么,封建统治者的政策还有什么可以否定的呢!

从西汉中期以后直至王莽新朝灭亡,封建统治者挽救社会危机的全部活动表明,由于时代和阶级的局限,封建统治者尽管在政治和经济上居于社会的支配地位,尽管他们手中掌握着选择和制定政策的权力,但是,他们解决和缓和阶级矛盾与社会矛盾的能力却是十分微弱的,他们活动的余地是狭小的。董仲舒、师丹等提出的"限田""限奴"的建议始终是一纸空文,它的作用仅仅是为后代提供认识当时社会情况的资料。王莽在推行"王田"奴婢政策三年后被迫宣布作废,这说明以土地集中和奴婢激增为核心的社会矛盾,在当时是统治者本身所无法解决的。

"人民,只有人民,才是创造世界历史的动力。"①既然封建统

---

① 《论联合政府》,《毛泽东选集》合订本,人民出版社 1966 年版,第 932 页。

治者无力解决西汉末年以来日益尖锐的社会矛盾和阶级矛盾,这一任务便只能由劳动人民以暴力手段去加以解决。以绿林、赤眉、铜马等为代表的新末农民大起义,虽然由于阶级和时代的局限,最后也都失败了,然而,如上所述,这些农民起义和农民战争却在一定程度上暂时解决或缓解了统治阶级不能解决的那些社会矛盾,表现了农民阶级作为封建社会历史创造者的英雄气概和巨大威力。王莽精心经营了二十多年的庞大皇朝,在农民大起义的洪流冲击下,土崩瓦解,一朝覆灭。劳动人民总是在最关键的时刻显示自己的力量,展现自己作为历史脊梁的雄姿。不可一世的王莽作为历史的罪人已经消失得无影无踪了,而新末农民英雄们所建树的不朽业绩却永远铭刻在中华民族的辉煌史册中,为后世子孙所传颂。

# 附　录

## 王莽生平大事年表

　　王莽字巨君,自谓黄帝和虞舜之后,为田齐后裔。其先祖为齐王建之孙田安,曾被项羽封为济北王。汉兴,田安失国,齐人谓之"王家",因以为氏。田安孙王遂居东平陵(今山东章丘),生子贺,为武帝绣衣御史,后迁居魏郡元城(今河北大名东)委粟里。贺生子禁,为廷尉史。禁生四女八男:女君侠、政君、君力、君弟;男凤、曼、谭、崇、商、立、根、逢时。五凤二年(公元前56年),王政君入宫为太子刘奭之妃。甘露三年(公元前51年),她生子刘骜。黄龙元年(公元前49年),宣帝死。刘奭即帝位,王政君被立为皇后,其父王禁封阳平侯,王氏外戚开始发迹。

**元帝初元四年(公元前45年)　1岁**

　　王莽生,其父王曼。

**元帝永光元年(公元前43年)　3岁**

　　天下大饥。

**永光五年(公元前39前)　7岁**

　　黄河决口于清河郡灵县鸣犊口,屯氏河绝。

**元帝竟宁元年(公元前33年)　14岁**

　　正月　王昭君嫁匈奴呼韩邪单于。

　　五月　元帝卒。

　　六月　太子刘骜即帝位。帝舅王凤为大将军,领尚书事,王氏专权自此始。

**成帝建始元年（公元前 32 年） 15 岁**

正月 封舅王崇为安成侯,谭、商、立、根、逢时等为关内侯。

**建始四年（公元前 29 年） 17 岁**

三月 王商为丞相。

秋 大雨水,黄河决东郡金堤。

冬,十一月 南山儌宗等数百人起义。

**河平二年（公元前 27 年） 19 岁**

六月 封帝舅谭、商、立、根、逢时五人为侯。

**河平三年（公元前 26 年） 20 岁**

八月 诏刘向等校书中秘。

黄河于平原决口,流入济南千乘。此时,王莽"群兄弟皆将军五侯子,乘时奢靡,以舆马声色佚游相高"。莽因父早死,"独孤贫,因折节为恭俭。受《礼经》,师事沛郡陈参,勤身博学,被服如儒生。事母及寡嫂,养孤兄子,行甚敕备。又外交英俊,内事诸父,曲有礼意"。

**河平四年（公元前 25 年） 21 岁**

六月 以张禹为丞相。

**阳朔元年（公元前 24 年） 22 岁**

京兆尹王章因劾王凤,下狱死。

**阳朔二年（公元前 23 年） 23 岁**

四月 以王音为御史大夫

**阳朔三年（公元前 22 年） 24 岁**

六月 颍川铁官徒申屠圣 180 人起义。

八月 王凤卒,王音为大司马。王凤病时,王莽"侍疾,亲尝药,乱首垢面,不解衣带连月"。王凤死前,将王莽托于太后及成帝,拜黄门郎,迁射声校尉。

**鸿嘉元年(公元前 20 年)　26 岁**

四月　以薛宣代张禹为丞相。

**鸿嘉三年(公元前 18 年)　28 岁**

十一月　广汉男子郑躬 60 余人起义。

**鸿嘉四年(公元前 17 年)　29 岁**

冬　王谭卒,王商领城门兵,置幕府。

**永始元年(公元前 16 年)　30 岁**

五月　封王莽为新都侯,迁光禄大夫侍中。"爵位益尊,节操愈谦","收赡名士,交结将相卿大夫甚众","虚誉隆洽,倾其诸父矣"。

六月　立赵飞燕为皇后。

**永始二年(公元前 15 年)　31 岁**

正月　王音卒。

三月　以王商为大司马、卫将军。王立领城门兵。

十一月　以翟方进为丞相。

是时,比岁不登,仓廪空虚,百姓饥馑,流离道路,疫病死者以万数。

**永始三年(公元前 14 年)　32 岁**

十一月　尉氏男子樊并起义。

十二月　山阳铁官徒苏令起义。

**元延元年(公元前 12 年)　34 岁**

十二月　大将军王商卒,以王根为大司马。

**绥和元年(公元前 8 年)　38 岁**

二月　立定陶王刘欣为太子。

四月　改御史大夫为大司空。

十月　王莽设计杀卫尉、定陵侯淳于长,放红阳侯王立归封地,代王根为大司马。

## 绥和二年(公元前7年)　39岁

二月　丞相翟方进自杀。

三月　成帝卒,以孔光为丞相。

四月　刘欣继帝位。

七月　王莽以触怒傅太后罢大司马,回新都封地闲居。师丹为大司马。

九月　京师与边郡国30余处地震。

## 哀帝建平元年(公元前6年)　40岁

四月　傅喜为大司马。

王莽居新都,结交新都相孔休。

王莽儿子王获杀奴,被其勒令自杀。

## 建平二年(公元前5年)　41岁

正月　傅喜、孔光免为庶人,朱博为丞相。

六月　丁太后卒。哀帝接受夏贺良建议,改号"陈圣刘太平皇帝",改元"太初元将"。

八月　夏贺良下狱死,朱博自杀。

是年,百姓饥馑,流离道路以十万数。王莽居新都。

## 建平三年(公元前4年)　42岁

四月　以王嘉为丞相。

王莽居新都。

## 建平四年(公元前3年)　43岁

二月　驸马都尉董贤贵幸。

六月　傅太后为太皇太后。

八月　谏大夫鲍宣上书言民有七亡七死。

王莽居新都。

## 元寿元年（公元前 2 年）　44 岁

正月　傅晏为大司马、卫将军，丁明为大司马、骠骑将军。傅太后卒。

十二月　以董贤为大司马、卫将军。

贤良周护、宋崇对策颂王莽功德，哀帝下诏征其回京师，侍候元后王政君。

## 元寿二年（公元前 1 年）　45 岁

六月　哀帝卒　元后任王莽为大司马、领尚书事。王舜为车骑将军。董贤免官，夫妻自杀，斥卖其财产 43 万万。

九月　中山王刘衎即帝位。元后临朝，王莽秉政。

## 平帝元始元年（公元 1 年）　46 岁

正月　王莽讽益州，令塞外蛮夷自称越裳氏重译献白雉一，黑雉二。

二月　王莽为太傅，号安汉公，益封 28 000 户。

## 元始二年（公元 2 年）　47 岁

春　黄支国献犀牛。

四月　甄丰为大司空，孙建为左将军，甄邯为右将军。诏封汉兴以来大功臣之后为列侯及关内侯凡 117 人。

郡国旱、蝗，青州尤甚，民流亡。王莽上书愿出钱百万，献田 30 顷，付大司农助给贫民。

## 元始三年（公元 3 年）　48 岁

春　聘王莽女为皇后。

夏　立学官。王莽子王宇与妻舅吕宽通平帝外家卫氏，密谋使卫氏入京师。谋泄，王莽穷治吕宽之狱，何武、鲍宣等不附莽者死数百人。

**元始四年（公元4年） 49岁**

夏　王莽奏起明堂、辟雍、灵台，为学者筑舍万区。王莽加号"宰衡"，分中国为12州，更定官名。

**元始五年（公元5年） 50岁**

四月　吏民以王莽不受新野田而上书颂功德者前后487 572人。

五月　王莽加九锡。

十二月　王莽鸩杀平帝。前辉光谢嚣奏武功长浚井得白石，文曰："告安汉公莽为皇帝"，为符命之始。王莽称"摄皇帝"。

**居摄元年（公元6年） 51岁**

三月　立宣帝玄孙婴为太子，号曰孺子。

四月　安众侯刘崇起兵反莽，攻宛未克死。

五月　王莽称假皇帝。

**居摄二年（公元7年） 52岁**

五月　更造货币，列侯以下不得挟黄金。

九月　东郡太守翟义起兵反莽。三辅民赵明、霍鸿起义。

十二月　翟义等败死。

**居摄三年、初始元年（公元8年） 53岁**

春　王莽赦天下。

二月　赵明等败。

十一月　期门郎张充等共谋劫王莽，发觉被杀，改居摄三年为初始元年。

十二月　哀章献符命，王莽称皇帝，国号新。

**王莽始建国元年（公年 9 年）　54 岁**

正月　更官名,任命四辅、三公、四将,诸侯王之号皆称公,四夷称王者更为侯。更定货币。

四月　徐乡侯刘快起兵反莽,旋败。宣布"王田",奴婢政策。

秋　遣五威将 12 人班符命 42 篇于天下。

**始建国二年（公元 10 年）　55 岁**

春二月　令汉诸侯悉上印绶为民。颁行五均六管之法。

十二月　更名匈奴单于为"降奴服于",募天下囚徒、丁男等 30 万人攻匈奴。再次实行货币改革。

**始建国三年（公元 11 年）　56 岁**

是年与匈奴开战,内郡愁于征发,民弃城郭流亡。黄河决口魏郡,不塞。

**始建国四年（公元 12 年）　57 岁**

春二月　王莽下书,以长安为西都,洛阳为东都,全国设九州,五等爵位,大分封,以图簿未定,不授国邑,诸侯困乏。西南夷、高句丽等起兵反莽,边衅益急。废王田奴婢令。

**始建国五年（公元 13 年）　58 岁**

春二月,西域反新。

**天凤元年（公元 14 年）　59 岁**

四月　据《周官·王制》置万国,改易地方名称,一郡至五易名。

是年　北边大饥,人相食。又一次更定货币。

**天凤二年（公元 15 年）　60 岁**

是年　五原、代郡百姓不堪边兵所扰起义。

## 天凤三年（公元 16 年） **61 岁**

二月　遣平蛮将军冯茂击句町，士卒疫死者什六七，赋敛民财什取五，益州虚耗。

冬　更遣天水、陇西骑士，广汉、巴蜀、犍为吏民转输者合 20 万人，击句町，士卒疾疫。

是年　五威将军王骏在西域被焉耆袭杀，西域与新朝绝。

## 天凤四年（公元 17 年） **62 岁**

八月　郡置羲和命士督五均六管之法。临淮瓜田仪起义于会稽长州。琅邪吕母起义海上。荆州王匡、王凤等起义，占据绿林山。

## 天凤五年（公元 18 年） **63 岁**

春　令吏致富者以其家财五分之四给军。莽孙王宗坐自画容貌被服天子衣冠刻印，自杀。

琅邪樊崇起义于莒，转入泰山，合琅邪人逢安、东海人徐宣、刁子都之众，转战青、徐一带。

## 天凤六年（公元 19 年） **64 岁**

春　益州越巂蛮反叛，匈奴寇边甚。募天下丁男及死罪囚、吏民奴，名猪突豨勇，以为锐卒，与匈奴作战。税天下吏民，訾三十取一。

是年　田荒不耕，谷价腾贵，斛粟数千，青、徐民多流亡。关东饥旱连年，刁子都众至六七万。

## 地皇元年（公元 20 年） **65 岁**

二至八月　王莽春夏斩人都市，百姓道路以目。

九月　莽起九庙于长安城南，规模宏丽，功费数百余万，卒徒死者万数。

巨鹿男子马适求起义。

416

## 地皇二年（公元 21 年） 66 岁

正月 遣太师羲仲景尚等将兵击青、徐义军。

秋 民犯私铸者众，及五人连坐没为官奴婢传诣钟官以十万数。

是年 南郡秦丰聚众起义，平原女子迟昭平起义，绿林军发展至五万之众。

## 地皇三年（公元 22 年） 67 岁

二月 樊崇击杀景尚。

四月 樊崇与众相约："杀人者死，伤人偿创。"朱其眉，号曰赤眉。绿林军遇疾疫，王常、成丹入南郡，号"下江兵"，王匡、张卬等北去南阳，号"新市兵"。天下灾异，流民入关者数十万人，饥死者什六七。

七月 王匡攻随，平林人陈牧、廖湛聚众响应，号"平林兵"。刘縯、刘秀起兵加入绿林军。

冬 无盐索卢恢等起兵加入赤眉军。赤眉军大败莽军于成昌，杀更始将军廉丹。

## 地皇四年、刘玄更始元年（公元 23 年） 68 岁

正月 刘縯、王常等击斩甄阜、梁丘赐。

二月 绿林军立刘玄为皇帝。

三月 刘秀、王凤等攻下昆阳、定陵、郾等县。

六月 刘秀、王匡大破莽军于昆阳城下，击斩司徒王寻。刘玄杀刘縯。隗嚣据陇西七郡。公孙述据益州自立。

七月 卫将军王涉、国师公刘秀（歆）、大司马董忠共谋劫王莽降更始，事泄，王涉、刘歆自杀，董忠被杀。

八月 王匡攻洛阳，申屠建、李松攻武关。析人邓晔、于匡起兵响应。王莽率群臣至南郊哭天。九"虎"将军被起义

军击败,莽军最后的抵抗被粉碎。

十月一日　起义军从宣平门攻入长安,血战一日,占领除皇宫外的全部官邸府第。

十月二日　城中少年朱弟、张鱼起事,与义军一起攻入皇宫。

十月三日　王莽千余人据渐台同义军对战,战至黄昏,死伤殆尽。义军冲上渐台,商人杜吴杀死王莽,义军战士一拥而上,将其碎尸万段。

不久,王莽之首传之宛城,悬城门之上,百姓提击之,有人切其舌而食。

责任编辑:宫　共
封面设计:杜维伟
责任校对:吕　飞
版式设计:鲍春琴

## 图书在版编目(CIP)数据

王莽传/孟祥才 著.—北京:人民出版社,2017.7(2024.3 重印)
(中国历代帝王传记)
ISBN 978－7－01－017802－8

Ⅰ.①王…　Ⅱ.①孟…　Ⅲ.①王莽(约前45—23)-传记
Ⅳ.①K827＝341

中国版本图书馆 CIP 数据核字(2017)第 133533 号

# 王　莽　传
### WANGMANG ZHUAN

孟祥才　著

**人民出版社** 出版发行
(100706　北京市东城区隆福寺街 99 号)

北京中科印刷有限公司印刷　新华书店经销

2017 年 7 月第 1 版　2024 年 3 月北京第 3 次印刷
开本:850 毫米×1168 毫米 1/32　字数:308 千字
印张:13.25

ISBN 978－7－01－017802－8　定价:57.00 元

邮购地址 100706　北京市东城区隆福寺街 99 号
人民东方图书销售中心　电话 (010)65250042　65289539